Das große Hildegard von Bingen-Lesebuch

Veröffentlichung der St. Hildegard-Akademie Eibingen e. V.
Zentrum für Wissenschaft, Forschung und europäische Spiritualität

Das große Hildegard von Bingen-Lesebuch

Worte wie von Feuerzungen

Herausgegeben von Maura Zátonyi OSB

FREIBURG · BASEL · WIEN

Frau Prof. Dr. Hildegard Kasper
in Dankbarkeit gewidmet

© Verlag Herder GmbH, Freiburg im Breisgau 2022
Alle Rechte vorbehalten
www.herder.de
Umschlaggestaltung: Verlag Herder
Umschlagmotiv: Miniatur aus dem ›Liber Scivias‹,
Faksimile der Prachthandschrift (Wiesbaden, Hoch- und Landesbibliothek
RheinMain, ehemals Hessische Landesbibliothek, Hs. 1, verschollen), fol. 1r,
Abdruck mit freundlicher Genehmigung der Abtei St. Hildegard/Eibingen
Buch Icon: Flaticon.com
Satz: Barbara Herrmann, Freiburg
Herstellung: CPI Druckdienstleistungen GmBH,
Ferdinand-Jühlke-Straße 7, 999095 Erfurt
Printed in Germany
ISBN Print 978-3-451-39166-8
ISBN E-Book (PDF) 978-3-451-83166-9

Inhalt

Wissenswertes vor der Lektüre 11
1. Wer ist Hildegard von Bingen? 14
2. Eine Fundgrube von Weisheit 17
3. Das Geheimnis der Visionen 23

Die deutschsprachige Gesamtausgabe der Werke Hildegards 26

Verwendete Literatur 27

Danksagung 29

I. Hildegard über sich selbst

1 Alles hat damit angefangen 30
2 Aus der Verborgenheit in die Öffentlichkeit – das Wagnis einer Frau 34
3 Zwischenbilanz – ein Werkkatalog 37
4 Worte wie blitzende Flamme – eine außergewöhnliche Begabung 39
5 „Die Wonne deiner Gegenwart" – in freundschaftlicher Zuneigung 43
6 Wie eine kleine Feder – und weitere Selbstbilder 46
7 Inmitten von Krankheiten – ein beachtenswertes Zeugnis . 47
8 Unterstützt von Freunden – ein dankbarer Rückblick 49

II. Vorspiel zum Heil

9 Unbegreiflichkeit und Zugewandtheit – Gottes Beziehung zu den Menschen 53
10 Der alles Fassungsvermögen übersteigt, ist Herr über Kosmos und Geschichte 57
11 Die feurige Kraft der Liebe 62
12 Im geheimnisvollen Hauch geschrieben 65
13 Es erklang das Wort des Vaters 69
14 Die Erde gab ihre Grünkraft 73
15 So wie die Morgenröte sich erhebt 75

III. Der Mensch, das wunderbare Werk Gottes

16 Aus Liebe und zur Liebe geboren 77
17 Mehr als die Engel – mit Vernunft und Leib begabt 79
18 Durch die fünf Sinne bildet der Mensch Gott ab 80
19 Wie ein Baum 82
20 Kosmische und psychische Zusammenhänge 87
21 Im Kosmos spiegelt sich der Mensch 90
22 Wenn Gott ins Gesicht des Menschen schaut 92
23 Vollkommene Liebe – die Verbindung zwischen Mann und Frau 93
24 Nur wer fragt, bekommt eine Antwort 94
25 Spiegelhafte Erkenntnis von der vollbrachten Tat 96
26 Symphonische Seele – Erinnerung an die himmlische Harmonie 99

IV. Die geliebte Schöpfung

27 Die Liebe überflutet das All 103
28 Der Kuss des Schöpfers 104
29 Als zu Anbeginn der Geist des Herrn über die Wasser getragen wurde 106
30 Wie ein vollkommenes Rad 107
31 Mit den Elementen gefestigt 109
32 Der sichtbare Ort, der das Unsichtbare kundtut 112
33 Sinnbilder aus der Tierwelt 114
34 Klingender Kosmos 117

V. Gott teilt sich mit

35 Im Anfang war das Wort 119
36 Eine saphirfarbene Gestalt durchflutet vom Licht 122
37 Der lebendige Quell 125
38 Die Liebe legte Gottes Sohn in den Schoß der Jungfrau ... 128
39 Gott erstrahlt im Erdenlehm 130
40 Gott neigt sich in zärtlicher Liebe herab 131
41 Im Klang des Schattens – das Wesen der Prophetie 134
42 Gottes Gebet 136
43 Die Braut Gottes und ihre mütterliche Güte 137

44	Gottes Hochzeitsgeschenk – die Eucharistie 140
45	Gott wird nie müde, barmherzig zu sein 142
46	Die Gaben des Lichtes 145

VI. Gottes Geschichte mit den Menschen

47	Das Schicksal des allerschönsten Geschöpfs 148
48	... Und die Fortsetzung der Geschichte 150
49	Der aufgehobene Glanz 153
50	Rundgang im Heilsgebäude 155
51	Die fünf irdischen Epochen 159
52	Das Szenario mit dem Antichrist 162
53	Noch einmal über den Antichrist 166
54	In Symphonie vollendetes Sein 169

VII. Heil – Heilung – Heiligung

55	Wenn die Liebe zurückgewiesen wird 176
56	Der Rebell 181
57	Entfremdung und Heimatlosigkeit 183
58	In Bedürftigkeit und Not 188
59	Neuanfang aus der Schwachheit 189
60	Berührt werden – die Zärtlichkeit der Gnade 193
61	Heil des Körpers 199
62	Salben für die schmerzenden Wunden 201
63	Geborgen in Gottes Herzen 202
64	Die Wunden verwandeln sich in kostbare Perlen 205

VIII. Zur Kreativität berufen

65	Das Werk des Wirkens Gottes 208
66	Inmitten der Welt – die Macht, zu wirken 209
67	Wie tüchtige Bauarbeiter 211
68	Frohes Leben aus der Kraft der Elemente 214
69	Für den irdischen Bereich zuständig – Friede 217
70	Auf dieses Werk kommt es an! 221
71	Eine Vorahnung von der Erfüllung 223

IX. Im Rausch der Sinne

72 Die fünf Sinne, die im Menschen lebendig sind 228
73 Kräftig vom Hauch des Lebens und der Grünkraft der
   Erde 233
74 Grünende Lebenskraft 235
75 Gott lässt sich erfahren 237
76 Die wahre Attraktivität 240
77 In dir symphonisiert der Heilige Geist 243

X. Vom Großmut der Erlösten

78 Erfreue dich am Herrn 246
79 Alles mit Maß 248
80 Lernprozess in den Bedrohungen des Lebens 249
81 „Was dürr ist, lasse grünen" – kollegialer Austausch 251
82 Diskretiver Führungsstil 254
83 Mahnungen an Regierende 257
84 Von Frau zu Frau 260
85 Das Lieblingslied Hildegards 262

XI. Leben in Fülle

86 „Ich bin das liebliche Kraut in aller Grünkraft" –
   Barmherzigkeit 266
87 „So vollende ich alles, was ich beginne" – Geduld 268
88 „Niemand zupft die Harfe so, dass ihre Saiten zerreißen" –
   Enthaltsamkeit 269
89 „An den Peripherien der Erde" – Demut 271
90 „Ich bin die liebenswürdige Freundin am Throne Gottes" –
   Liebe 273
91 „Der Wille in Gott" – Gehorsam 276
92 „Beflügelt durch die gute Erkenntnis" – Heiligkeit 278
93 „Die Sonne küsse ich und den Mond umarme ich" –
   Zufriedenheit 280
94 „Denn in mancher Traurigkeit findet sich noch Frohsinn" –
   Himmelsfreude 281

XII. Vollendetes Dasein

95 Mühe des tätigen Lebens im Verlangen nach dem Licht ... 286
96 Allen alles geworden 288
97 Gleichsam Tropfen süßen Regens 290
98 Überfließender Quell heilbringender Weisheit 292
99 Niemand kann Gottes Stärke übertreffen 293
100 Mut zur Schwachheit 298
101 Am Sonntag bei beginnender Abenddämmerung 300
102 Aufbruch ins dritte Jahrtausend 302

Literaturverzeichnis 308
1. Lateinische Ausgaben der Werke Hildegards von Bingen 308
2. Deutschsprachige Übersetzungen 310
3. Literaturempfehlungen 311

Register 319

Wissenswertes vor der Lektüre

Hildegard von Bingen (1098–1179) ist eine der faszinierenden Frauen aus dem Mittelalter: visionäre Theologin, begnadete Nonne und furchtlose Politikerin. Dies sind nur einige wenige Charakteristika dieser außergewöhnlichen Persönlichkeit, die in vielem ihrer Zeit weit voraus war und deren Denken und Handeln bis in die Gegenwart ausstrahlen. Zahlreiche Menschen suchen die Stätten auf, wo ihr Geist noch heute spürbar ist: den Disibodenberg, auf dem sie fast 40 Jahre lebte; die Wallfahrtskirche in Rüdesheim-Eibingen, in der ihre Gebeine ruhen; und die weithin sichtbare, über dem Rhein thronende Abtei St. Hildegard, die den Geist ihrer ehemaligen Klostergründungen auf dem Rupertsberg und in Eibingen weiterträgt. Man kommt schnell ins Schwärmen, wenn es um die hl. Hildegard geht.

Die Lektüre ihrer theologischen Werke erweist sich als ein eher schwieriges Unterfangen. Selbst ehrliche Hildegard-Begeisterte stehen nicht selten irritiert vor den durchmeditierten Texten und den mächtigen Bildern ihrer Visionen, wie auch den befremdlich anmutenden Überlegungen und Reflexionen. Was haben diese Texte mit der verehrten Heiligen, der beliebten Heilkundigen und der berühmten Visionärin zu tun? Eigentlich sollten ihre eigenen Werke uns Hildegard näher bringen, denn diese sind die einzig erreichbaren authentischen Zeugnisse über ihr Leben, Denken und Wirken. In ihren Werken spricht sie uns im Originalton an, hier hören wir ihre Stimme. Hier finden wir wieder, was sie bewegte, was ihr am Herzen lag, was sie der Welt als Botschaft vermitteln wollte. In ihren Werken tritt sie uns als Person entgegen.

Dazu ist aber zu bedenken, dass zwischen ihren Werken und uns Heutigen eine Zeitspanne von mehr als acht Jahrhunderten liegt. Das bedeutet einen enormen geschichtlichen und kulturellen Unterschied. Hildegard lebte im 12. Jahrhundert. Wie jede Epoche, so hat auch die Zeit Hildegards eigene Prägungen. Die gesellschaftlichen Strukturen waren damals ganz anders als heute, ebenso die Formen, in denen sich die Menschen ausdrückten. Man verfügte damals über einen anderen Wissenstand von Welt und Mensch und stellte sich das Universum anders vor als heute. Kenntnisse über die mittelalterliche Welt helfen beim Verstehen der Werke Hildegards und lassen manche ihre Aussagen begreifen. Wenn wir die zeitbedingten Elemente richtig einordnen, kommen wir zum Kern der Botschaft Hildegards.

Dann können wir mit Überraschung feststellen, dass sich die damaligen Menschen mit ähnlichen Fragen beschäftigten wie wir heute und ihnen die gleichen Themen wichtig waren wie uns heute. So stellt der Mensch immer wieder die Fragen: Wie lässt sich die Welt deuten und erklären? Was ist der Mensch? Worin besteht das Glück und wie ist es zu erreichen? Wie kann man mit Schwierigkeiten umgehen und wo findet man wahren Trost und Zuspruch? Die Sehnsucht des Menschen nach Heil und Heilung in einer Welt, die sich als wunderbar zeigt und dennoch vom Bösen geprägt ist, hat sich durch die Jahrhunderte nicht verringert. Zudem erlebt der Mensch sich selbst in seinen Kompetenzen, indem er die Welt – Natur, Gesellschaft, Kultur, Politik, Wirtschaft – gestalten kann, und zugleich in seiner Verwundbarkeit, da er immer wieder gefährdet ist, körperlich durch Krankheit, seelisch durch eigene Schuld oder durch zugefügtes Leid und Unrecht. Diese Erfahrungen führen den Menschen unausweichlich zur Frage nach dem Sinn des Lebens, und letztendlich zur Frage nach Gott: Wer ist Gott? Auf welche Weise teilt sich Gott uns Menschen mit? Wie lassen sich Gottes Liebe und Barmherzigkeit erfahren? All diese Fragen und Themen kommen in Hildegards Werken zur Sprache. Hildegard reflektiert über all das, was dem Menschen existenziell wichtig ist.

Die Schriften Hildegards kommen aber nicht nur unserer Generation 800 Jahre später als schwer verständlich vor. Schon ihre Zeitgenossen scheinen Probleme mit der Lektüre gehabt zu haben. Darauf wies ein Mönch namens Gebeno hin, der einige Jahrzehnte nach Hildegards Tod, zu Beginn des 13. Jahrhunderts, in der Nähe von Hildegards Kloster in der Abtei Eberbach lebte. Er war mit der Gemeinschaft auf dem Rupertsberg befreundet und schätzte die Schriften Hildegards hoch. Er war sich dessen bewusst, dass in Hildegards Büchern wertvolle und nützliche Hinweise hinsichtlich aktueller Probleme zu finden sind. Er kannte aber die Erfahrung, dass die meisten Menschen vor der Lektüre ihrer Bücher zurückscheuten, nicht nur wegen ihres Umfangs, sondern auch wegen des ungewöhnlichen Stils und der dunklen Ausdrucksweise. Daher nahm sich Gebeno vor, eine Auswahllektüre aus Hildegards Schriften zusammenzustellen. So wollte er die Werke Hildegards einem breiten Publikum zugänglich machen. Er wählte Textstücke aus, die seiner Ansicht nach für die Probleme der damaligen Zeit geeignete Lösungsversuche anboten. Es ging ihm dabei vor allem darum, die Gerüchte von der bevorstehenden Ankunft des Antichrist zu bekämpfen und der Verunsicherung der Menschen hinsichtlich des gegenwärtigen und des künftigen Schicksals abzuhelfen. Dieses Werk mit ausgewählten Texten von Hildegard nannte er „Spiegel der künftigen Zeiten oder Pentachronon". Offensichtlich gelang es Gebeno, die Erwartungen seiner Leserinnen und Leser zu erfüllen. Seiner Auswahllektüre war eine Erfolgsgeschichte beschert. Mehr als die Schriften Hildegards in ihrem ursprünglichen Umfang lasen die Menschen im Mittelalter das von ihm komponierte Lesebuch.

Diese Verfahrensweise Gebenos ermutigt dazu, die Werke Hildegards auf unsere Fragen hin fokussiert zu lesen und die uns ansprechenden Texte auszuwählen. Der vorliegende Band ist die Frucht langjähriger Erfahrungen mit Hildegards Werken und anregender Begegnungen mit Menschen, die bei Hildegard nach Rat, Orientierung und Impulsen für ihr eigenes Leben suchten. So sind hier jene Stellen gesammelt, bei denen damit zu rechnen sind, dass sie bei den heutigen Leserinnen und Lesern Resonanz finden.

Jede Auswahl ist subjektiv. Mehrere Kriterien führten zu dem vorliegenden Lesebuch. Es war wichtig, einen Querschnitt durch das gesamte Werk Hildegards zu bieten. Das ermöglicht, sowohl das große Spektrum der Themen als auch die Vielfalt der literarischen Formen, in denen sich Hildegard ausdrückt, aufzuzeigen. Ebenso war es ein Anliegen, das existenzielle Interesse von Leserinnen und Lesern des 21. Jahrhunderts zu berücksichtigen und auf ihre ganz persönlichen Fragen bei Hildegard nach Antworten zu suchen. Dieses Lesebuch versteht sich auch als eine Einladung, in den Originalwerken Hildegards weiterzulesen. So kann vielleicht jede und jeder für sich weitere Stellen bei Hildegard entdecken, die im Hinblick auf die konkrete Lebenssituation neue Perspektiven eröffnen, in eine neue Richtung weisen oder ermutigen, dem eingeschlagenen Lebensweg weiter zu folgen.

1. Wer ist Hildegard von Bingen?

Hildegard hat sich an mehreren Stellen in ihren Werken über Ereignisse ihres Lebens geäußert und zudem autobiographische Aufzeichnungen verfasst. So lässt sich feststellen, dass sie 1098 geboren wurde. Als ihr Geburtsort wurde Bermersheim im heutigen Rheinhessen ermittelt, anderen wissenschaftlichen Forschungen zufolge erblickte Hildegard in Niederhosenbach das Licht der Welt. Als gesichert gilt, dass sie aus einer adligen Familie stammte. Es ist bekannt, dass sie neun Geschwister hatte, von denen zwei Brüder Geistliche waren. Eine Schwester folgte später Hildegard ins Kloster. Nach dem damals üblichen Brauch erhielt Hildegard ihre geistliche und geistige Ausbildung außerhalb ihres Elternhauses. Als junges Mädchen kam sie daher zu der befreundeten gräflichen Familie von Sponheim und wurde dort zusammen mit der Tochter der Familie, der sechs Jahre älteren Jutta, erzogen.

Im Jahre 1112 begab sich Hildegard mit Jutta und einem dritten Mädchen auf den Disibodenberg, um dort ein klösterliches Leben zu führen. Auf diesem Berg befand sich ein benediktinisches Mönchskloster, in dessen Nachbarschaft sich die kleine Frauengemeinschaft zu einem Nonnenkonvent entwickelte. Unter der Leitung Juttas von Sponheim eignete sich Hildegard die Kenntnisse an, die für eine Nonne wichtig waren: Sie lernte die Heilige Schrift und den liturgischen Gesang kennen, wurde aber auch durch das Beispiel Juttas an eine tugendhafte Lebensweise herangeführt. Nach Juttas Tod, im Jahre 1136, wurde Hildegard als „Magistra", als Leiterin der Nonnengemeinschaft, eingesetzt und übernahm damit die Verantwortung für die ihr anvertrauten Nonnen.

Das Jahr 1141 brachte einen Wendepunkt in Hildegards Leben. Ihrem Bericht zufolge wurde sie in einer überwältigenden Lichtschau von einer himmlischen Stimme, die sich das „Lebendige Licht" nannte, beauftragt, ihre „Visionen" aufzuschreiben. Seit ihrer Kindheit verfügte Hildegard über eine besondere Gabe, „Visionen" zu empfangen, die sie als eine Art Lichtschau beschrieb. Aber erst aufgrund des ausdrücklichen Auftrags durch das „Lebendige Licht" begann sie, diese „Visionen" schriftlich festzuhalten. Von diesem Zeitpunkt an begleitete die literarische Tätigkeit ihr ganzes Leben, und sie brachte als Schriftstellerin ein beachtliches theologisches Lebenswerk zustande. Hildegard legte großen Wert darauf, ihr Visionswerk auch von kirchlichen Amtsträgern autorisieren zu lassen: Bernhard von Clairvaux († 1153), Zisterzienserabt und der damals einflussreichste Mann der Kirche, und Papst Eugen III. († 1153) erteilten ihren Schriften beispielsweise die Anerkennung. Hildegards erstes großes Hauptwerk, der *Liber Scivias* (*Wisse die Wege*), entstand größtenteils auf dem Disibodenberg.

Noch während der Abfassung des *Liber Scivias* entschloss sich Hildegard, ein neues selbständiges Kloster für ihre wachsende Gemeinschaft zu gründen. Dazu wählte sie den Rupertsberg, der in ziemlicher räumlicher Distanz vom Disibodenberg an der Mündung der Nahe in den Rhein lag. Dadurch geriet sie jedoch in Konflikt mit den Mönchen, die gegen den Wegzug der Nonnen vom Disibodenberg großen Widerstand leisteten. Hildegard ließ sich aber von den Konflikten nicht entmutigen. Dank ihres Einsatzes konnte sie die wirtschaftliche, rechtliche und institutionelle Freiheit ihrer neuen Klostergründung sichern.

Nachdem das benediktinische Leben in ihrem neuen Kloster Wurzeln geschlagen hatte, unternahm sie, wie ihre Lebensbeschreibung berichtet, Predigtreisen, die sie in berühmte Städte führten, wie z. B. nach Mainz, Würzburg, Trier und Köln. In diese Zeit fiel die Entstehung ihres zweiten großen Visionswerkes, des *Liber vitae meritorum* (*Das Buch der Lebensverdienste*). Der Überlieferung zufolge gründete Hildegard etwa im Jahre 1165 ein weiteres Kloster in Eibingen, auf der anderen Rheinseite. Ihr letztes großes Werk, der *Liber divinorum operum* (*Das Buch vom Wirken Gottes*), entstand in den Jahren 1163–1173/74.

Während der Abschlussarbeiten zu diesem Werk musste Hildegard im Jahre 1173 den Verlust ihres langjährigen Mitstreiters, des Mönches Volmar von Disibodenberg, erleiden. Volmar stand Hildegard von Anfang an, schon auf dem Disibodenberg, als sie mit dem Schreiben des *Liber Scivias* begann, mit seinen Hilfeleistungen bei. Die Zusammenarbeit zwischen ihm und Hildegard erwies sich durch die Jahrzehnte hindurch als vielfältig. Volmar fungierte auf dem Rupertsberg als verantwortlicher Geistlicher, als Propst, und unterstützte damit Hildegard bei der spirituellen Leitung ihrer Klostergemeinschaft. Zugleich half er ihr bei der sprachlichen und redaktionellen Überarbeitung ihrer Werke. Es ist bemerkenswert, dass Hildegard nach Volmars Tod aufhörte, große Visionsschriften zu schreiben, obwohl ihr noch weitere sechs Jahre Lebenszeit zur Verfügung standen. Wiederum kam es zu Konflikten mit dem Disibodenberger Mönchskonvent, da der damalige Abt, Helenger, sich weigerte, einen Mönch als Propst auf den Rupertsberg zu senden. Hildegard gelang es jedoch, ihre Rechte durchzusetzen. So kam der Mönch Gottfried von Disibodenberg auf den Rupertsberg, um dort die Aufgaben, die Volmar bislang versehen hatten, zu erfüllen. Kurze Zeit später aber, wohl um 1175/1176, starb Gottfried. Inzwischen knüpfte ein Mönch aus der Benediktinerabtei Gembloux (im heutigen Belgien), Wibert, Kontakt mit Hildegard und tat seine Verehrung ihr gegenüber in Briefen kund. Im Jahre 1177 besuchte er Hildegard auf dem Rupertsberg und blieb dort bis nach dem Tod Hildegards. Wibert übernahm die Stelle des Sekretärs. Es lässt sich feststellen, dass er einen starken Einfluss auf Hildegards letzte literarische Tätigkeit ausübte und manche ihrer Schriften stilistisch überarbeitete.

In den letzten Lebensjahren wartete auf Hildegard eine schwere Probe. Sie hatte einen exkommunizierten, d. h. aus der kirchlichen Gemeinschaft offiziell ausgeschlossenen Adeligen auf dem Klosterfriedhof beigesetzt. Da seine Versöhnung mit der Kirche öffentlich nicht bekannt war, verhängten die Mainzer Prälaten ein Verbot über das Kloster. Den Nonnen war die öffentliche Feier der Liturgie untersagt. Es kostete Hildegard viel Einsatz, bis sie den Konflikt klären konnte. Ihre Kräfte waren inzwischen sehr erschöpft und sie starb am 17. September des Jahres 1179 auf dem Rupertsberg.

Hildegard war ihr ganzes Leben lang von Krankheiten geplagt. Trotz ihrer schwachen Gesundheit erreichte sie nicht nur ein hohes Alter, was angesichts der damaligen Verhältnisse erstaunlich ist. Sie schuf darüber hinaus ein bewundernswertes Lebenswerk. Es ist zum einen in ihren theologischen Schriften erhalten, die aus der Feder einer Frau im Mittelalter in ihrem Umfang und ihrer Qualität einzigartig sind. Zum anderen besteht es in ihren Klostergründungen, die trotz der Wirren der Geschichte – Zerstörung des Rupertsberger Klosters im Dreißigjährigen Krieg im 17. Jahrhundert und Auflösung des Eibinger Klosters im Zuge der Säkularisation im 19. Jahrhundert – heute noch in der neu gegründeten Abtei St. Hildegard Bestand haben.

Schon zu Lebzeiten, noch mehr aber nach ihrem Tod waren die Menschen überzeugt, dass in Hildegards Leben das wunderbare Wirken Gottes zum Ausdruck kommt. Aus dieser Überzeugung heraus waren die Nonnen auf dem Rupertsberg um die Heiligsprechung Hildegards bemüht. Das Heiligsprechungsverfahren scheint im Mittelalter jedoch nicht zum Erfolg geführt zu haben. Erst im 21. Jahrhundert, am 10. Mai 2012, wurde Hildegard von Papst Benedikt XVI. offiziell heiliggesprochen. Einige Monate später wurde der nun heiligen Hildegard darüber hinaus eine außergewöhnliche Anerkennung zuteil: Sie wurde am 7. Oktober 2012 auf dem Petersplatz in Rom ebenso von Papst Benedikt XVI. zur Kirchenlehrerin erhoben. Der Titel „Kirchenlehrer" wurde in der 2000-jährigen Geschichte der Kirche bislang insgesamt 36-mal verliehen. Unter den 36 Kirchenlehrern gibt es neben Hildegard nur einen einzigen Deutschen, Albert den Großen aus Köln; und es gibt zusammen mit Hildegard insgesamt nur vier Frauen unter den Kirchenlehrern. Mit der Erhebung zur Kirchenlehrerin wurde die Botschaft Hildegards für Kirche und Welt im angehenden 21. Jahrhundert auf eine unüberbietbare Weise aktualisiert.

2. Eine Fundgrube von Weisheit

Hildegard war nicht die einzige Frau im Mittelalter, die schriftstellerisch tätig war. Aber als einzige schuf sie ein so umfangreiches und theologisch fundiertes literarisches Werk, dass ihr Name dadurch auf eine besondere Weise unter den mittelalterlichen Schriftstellerinnen herausragt. Hildegards Lebenswerk zeichnet sich durch eine große Vielfalt literarischer Formen aus. Sie verfasste theologische Visionsschriften, komponierte Lieder, drückte ihre Gedanken in Briefen aus, erfand eine neue Sprache und schrieb ihre Predigten nieder. Briefe, Predigten und Lieder waren auch bei anderen mittelalterlichen Autoren beliebt, um theologische Inhalte zu formulieren. Für die Visionsschriften Hildegards dagegen finden wir keine Parallele in der Literaturgeschichte. Mit ihren drei theologischen Hauptwerken entwickelte Hildegard sogar eine eigene literarische Gattung, die „Visionsschrift", die durch ihren durchdachten, komponierten Aufbau besticht.

Alle diese Schriften ergeben ein auch quantitativ beeindruckendes Lebenswerk. Die deutschsprachige Gesamtausgabe von Hildegards Werken, deren Verzeichnis am Ende dieser Einleitung beigefügt wird, besteht aus zehn Bänden. Bevor wir mit der Lektüre einzelner Textstücke beginnen, empfiehlt es sich, einen kleinen Überblick über Hildegards Werke zu gewinnen. Worüber erzählt uns Hildegard in ihren Schriften? Was ist der Inhalt und die Botschaft ihrer Werke?

Ihr erstes Hauptwerk nannte Hildegard *Liber Scivias, Das Buch der Wegweisungen*. In der deutschsprachigen Ausgabe wurde dieser Titel als *Wisse die Wege* übersetzt und ist in der breiten Öffentlichkeit unter diesem Namen bekannt geworden. In diesem Erstlingswerk stellt Hildegard die Geschichte von ihrem Anfang bis zu ihrem Ende, von der Schöpfung bis zur Vollendung der Welt, im Licht der liebenden Zuwendung Gottes dar. In diesem Sinn kann sie den Zeitlauf als „Heilsgeschichte" deuten: die Geschichte Gottes mit den Menschen. Im ersten Teil von *Wisse die Wege* erzählt sie die Vorgeschichte des Heils, beginnend mit der Erschaffung der Welt, der Engel und der Menschen. Zugleich zeigt Hildegard, dass der Mensch mit seiner freien Entscheidungsmöglichkeit dazu neigt, statt des Guten das Böse zu wählen und die ursprünglichen guten Gaben der Schöpfung zu verkehren. Dies nimmt Hildegard zum Anlass, die Erlösungsbedürftigkeit des Menschen zum Ausdruck zu bringen. Der zweite Teil von *Wisse die Wege* handelt vom Werk der Erlösung, das Jesus Christus vollbracht hat und das in den Sakramenten der Kirche wirksam ist. So unterrichtet Hildegard von der heilsamen Kraft der Sakramente: von der Neugeburt in der Taufe, von der Stärkung in der Firmung und von der Eucharistie. Sie schildert auch die unterschiedlichen Lebensformen in der Kirche, die das christliche Leben auf je eigene Weise zur Entfaltung bringen. Im dritten Teil von *Wisse die Wege* beschreibt Hildegard ein sogenanntes „Heilsgebäude". Mit diesem Bild schildert sie die Verwirklichung des Heilplans Gottes im Laufe der Geschichte bis zum Jüngsten Tag. An diesem Heilsgebäude erscheinen schöne Frauengestalten, die Hildegard „Gotteskräfte" („virtus", Plural „virtutes") nennt. Sie verkörpern jene guten Charaktereigenschaften, die zu einem gelingenden Leben führen. Darunter finden sich beispielsweise Barmherzigkeit, Geduld, Liebe, Hoffnung, Tapferkeit. So kann man sich von diesen Gotteskräften inspirieren lassen, um sich auf dem Lebensweg und Glaubensweg orientieren zu können. Zugleich verdeutlicht Hildegard, dass ein gelungenes Leben ein Zusammenspiel von menschlicher Anstrengung und göttlicher Gnade bedeutet.

Das zweite Hauptwerk Hildegards heißt *Das Buch der Lebensverdienste* (*Liber vitae meritorum*), das auch als „Lebensbuch" (*Liber vitae*) oder als „Buch der Lebensentscheidungen" verstanden werden kann. Den größten Eindruck in diesem Werk machen die monströsen Gestalten, Tiere oder verunstaltete Wesen, die dort auftreten und lautstark je eine Rede halten. Hildegard erklärt dazu, dass sie die Laster, wie etwa Verhärtung, Zorn, Neid, Verzweiflung und Stumpfheit, symbolisieren. Im Gegensatz zu den Gotteskräften verkörpern diese ein misslungenes Leben, das in der Welttrauer, dem letzten Laster im *Buch der Lebensverdienste*, ein betrübliches und trauriges Ende findet. Hildegard geht es aber nicht darum, düstere Bilder zu entwerfen. Jedem Laster antwortet daher eine Stimme, die einer Gotteskraft gehört. Diese Gotteskräfte sind aus *Wisse die Wege* bekannt. Im *Buch der Lebensverdienste* entsteht also eine Auseinandersetzung zwischen Lastern und Gotteskräften. Dadurch entspricht dieses Buch der Realität unseres Lebens: Uns sind weder reine Gotteskräfte mit tugendhaften Eigenschaften noch ausschließlich Laster mit lauter Fehlern, sondern eine Mischung von Schatten- und Lichtseiten eigen. Hildegard stellt außerdem diesen unseren täglichen Kampf zwischen Gut und Böse in eine weltumfassende Dimension. Im *Buch der Lebensverdienste* steht nämlich ein den ganzen Kosmos überragender Mann im Mittelpunkt. Hildegard erklärt dazu, dass dieser Mann Gott versinnbildlicht. Gott umfasst die ganze Welt sowohl in ihrer kosmischen als auch in ihrer geschichtlichen Dimension. Darüber hinaus sind in Gott Geheimnisse verborgen, die das menschliche Erkenntnisvermögen übersteigen. Diese Geheimnisse zielen darauf, inmitten unserer irdischen Realität der heilbringenden Liebe Gottes zum Sieg zu verhelfen. So endet das *Buch der Lebensverdienste* mit einer Schau der vollendeten Freude und Seligkeit der erlösten Menschen.

Das dritte Hauptwerk Hildegards, *Das Buch vom Wirken Gottes* (*Liber divinorum operum*), legt den Schwerpunkt auf die kosmologischen Zusammenhänge in der Welt. Die großartigen Visionsbilder im ersten Teil zeigen, dass das ganze Universum in der Struktur des

Menschen abgebildet ist und dass der Mensch in die Mitte der Welt gestellt ist, um dort zu wirken. Ausgehend vom körperlichen Aufbau des Menschen analysiert Hildegard mit feinem psychologischem Gespür auch die seelischen Vorgänge im Menschen, die nicht ohne die Wirkung der Gnade verstanden werden können. Durch diese komplexe Zusammenschau von Welt und Mensch entsteht im *Buch vom Wirken Gottes* eine tiefgründige Verhältnisbestimmung zwischen Gott, dem Schöpfer, und dem Menschen, seinem über alles geliebten Geschöpf. Die Höhepunkte im *Buch vom Wirken Gottes* bilden die Auslegungen zu zwei bedeutenden Stellen aus der Bibel, die beide mit dem Wort „Im Anfang" beginnen: In der vierten Vision, am Ende des ersten Teiles, betrachtet Hildegard den Prolog zum Johannesevangelium (Johannes 1,1–14) mit den Anfangsworten „Im Anfang war das Wort"; die darauf folgende Vision gipfelt im Kommentar des Schöpfungsberichtes (Genesis 1,1–2,3), der mit den Worten „Im Anfang schuf Gott Himmel und Erde" beginnt. Hildegard verbindet die kosmologische Dimension der Welt mit ihrer heilsgeschichtlichen und kann so die Welt im Lichte der Offenbarung Gottes deuten.

Hildegard wählte auch die Briefform zur Darlegung ihrer theologischen Botschaft. Im Mittelalter dienten Briefe nicht in erster Linie der privaten Mitteilung, sondern waren für ein breites Publikum bestimmt und behandelten allgemeingültige Inhalte. Das trifft auch auf Hildegards Briefe zu. In unterschiedlichen Sammlungen sind etwa 300 Briefe erhalten geblieben, die entweder aus ihrer Feder stammen oder von anderen als Anfragen an sie adressiert wurden. Unter ihren Briefpartnern finden sich Päpste, Bischöfe, Äbte und Äbtissinnen, weiterhin Kaiser Friedrich Barbarossa, Grafen und Gräfinnen. Aber auch einfache Leute wandten sich an sie und sie antwortete ihnen. Auf diese Weise spiegeln die Briefe Hildegards ihre Vielseitigkeit und ihre Aufgeschlossenheit gegenüber den verschiedenen Bereichen des Lebens und der Gesellschaft wider. Die Korrespondenz mit den Herrschern und kirchlichen Würdenträgern zeigt ihr waches Interesse an den Ereignissen ihrer Zeit und ihr kirchenpolitisches Engagement. Andere Briefe offenbaren ihre Kompetenz, in theologischen Diskussionen Stellung zu nehmen. Für viele Ratsuchende fand Hildegard tröstende und aufmunternde Worte, die von ihrer Weisheit, Weitsichtigkeit und Menschenkenntnis zeugen. Manche Briefe gewähren einen Einblick in Hildegards persönliche Beziehungen, wie etwa mit Äbten und Äbtissinnen, die die gleiche Verantwortung für eine Gemeinschaft trugen wie sie selbst. Es gibt Briefe, die den gewöhnlichen Umfang sprengen und ausführlichere theologische Abhandlungen enthalten. Dazu gehören zum Beispiel die Auslegung der *Benediktusregel*, ferner das sogenannte *Prophetische Vermächtnis* und die Lebensbeschreibungen des hl. Rupert und des hl. Disibod.

Als Äbtissin fiel Hildegard die Aufgabe zu, ihre Mitschwestern im geistlichen Leben zu unterweisen. Dies tat Hildegard mit ihren Predigten, die sie vor ihrer Klostergemeinschaft hielt. Sie legte die Texte aus dem Evangelium aus, die an den Sonn- und Festtagen, wie etwa Ostern und Weihnachten, bei der Liturgiefeier vorgelesen wurden. Insgesamt sind 58 Ansprachen Hildegards unter dem Titel *Auslegung einiger Evangelien* überliefert worden. Hildegard lag es am Herzen, die ihr anvertrauten Nonnen vom Evangelium ausgehend zu ermutigen, die für das Gemeinschaftsleben unentbehrlichen Tugenden, beispielsweise Gehorsam, Demut und Maßhalten, zu verwirklichen. Zugleich zeigte sie in ihren Evangelienauslegungen den letzten Sinn eines jeden Tugendstrebens auf: Es geht um das Mitwirken an der Heilsgeschichte, so wie sie diese in ihren großen Visionswerken schilderte.

Hildegard war sehr phantasievoll. Nur so lässt sich ihr Werk erklären, das als *Unbekannte Sprache* (*Lingua ignota*) bezeichnet wird. Dieses Werk mutet wie ein Wörterbuch an. Hildegard hat nämlich über 1.000 Wörter in einer unbekannten Sprache zusammengestellt. Sie sind ihre ganz persönlichen erfinderischen Wortschöpfungen. Wir kennen die Bedeutung der einzelnen Wörter nur, weil zu den jeweiligen fremden Wörtern die Übersetzung in lateinischer oder teilweise in deutscher Sprache eingetragen ist. So wissen wir, dass diese Wörter die ganze Wirklichkeit zum Ausdruck bringen sollen: von Gott bis zur Zikade – das sind das erste und das letzte Wort. Durch diese Liste bekommen wir einen Eindruck von Hildegards Interpretation des gesamten Lebens. Neben grundlegenden Bestimmungen, wie Gott, Mensch, Engel, kommen auch Verwandtschaftsbeziehungen, Krankheiten und Berufe vor. Für den kirchlichen Bereich werden ebenso unbekannte Wörter erfunden wie für die Gegenstände von Ackerbau, Schreibstube, Näharbeiten, Schusterhandwerk. Eine lange Liste von neuen Wörtern ist der Natur gewidmet: Bäume, Gewürze, Pflanzen, Vögel und Insekten bekommen eine Bezeichnung in Hildegards unbekannter Sprache. Über den Sinn und die Bedeutung dieser *Unbekannten Sprache* wird viel gerätselt. Nach den Zeugnissen aus Hildegards direktem Umfeld ist zu vermuten, dass diese Sprachschrift eng mit ihrem musikalischen Werk verbunden war. Einige unbekannte Wörter kommen nämlich in Hildegards Gesängen vor.

Der *Unbekannten Sprache* fügte Hildegard auch *Unbekannte Buchstaben* hinzu, ein Alphabet in Geheimschrift. Auch in Bezug auf dieses Werk ist schwer zu sagen, wozu Hildegard es schuf.

Hildegard hat auch Gesänge komponiert. Glücklicherweise sind sie mit Noten erhalten geblieben, so dass man sie heute noch singen kann. Inhaltlich kommen in diesen Gesängen dieselben Themen vor wie in den großen Visionswerken: die Heilsgeschichte, besonders mit ihren beiden Brennpunkten, der Schöpfung und der Menschwerdung Gottes; menschliches Leben als Kampf zwischen Gut und Böse, die Großartigkeit und die Gefährdung des Menschen, seine Geschöpflichkeit und sein erlöstes Dasein. Die Gesänge sind geeignet, die unbegreiflichen und unaussprechlichen Geheimnisse Gottes mit Lobgesängen zu preisen.

Zwei naturheilkundliche Schriften werden Hildegard zugeschrieben. Es ist jedoch umstritten, inwieweit Hildegard als Autorin dieser Werke gelten kann. Sie selbst berichtet zwar darüber, dass sie ein Buch mit dem Titel *Feinheiten der verschiedenen Naturen der Geschöpfe (Liber subtilitatum diversarum naturarum creaturarum)* verfasst hat. Dieses ist aber in seiner ursprünglichen Form nicht erhalten geblieben. Die heute bekannten zwei Werke, *Physica (Heilsame Schöpfung)* und *Causae et curae (Ursprung und Behandlung der Krankheiten)*, können von ihrem Inhalt her dem von Hildegard genannten Werk entsprechen. Aber wann und von wem wurde das ursprünglich eine Werk Hildegards in zwei Werke aufgeteilt? Und warum wurde es auf so massive Weise umgestaltet und ergänzt? Über diese Fragen wird viel gerätselt. Der erste greifbare Beleg für eine Aufspaltung eines ursprünglichen Werkes in zwei Werke begegnet uns aus den Jahren 1220–1222, von dem oben erwähnten Gebeno von Eberbach. Es ist also vorstellbar, dass er selbst Hildegards Werk umgestaltet hat. Das heute bekannte Werk *Physica* gilt als eine Fortschreibung des *Liber subtilitatum*. *Causae et curae* ist größtenteils eine spätere Zusammenstellung, wobei in die ersten zwei Teile möglicherweise hildegardisches Material eingearbeitet wurde. Textstücke aus jenen Teilen dieser Werke, die mit den gesichert authentischen Werken Hildegards gedanklich übereinstimmen, haben in die vorliegende Textauswahl Eingang gefunden.

3. Das Geheimnis der Visionen

Das charakteristische Merkmal, das Hildegard auszeichnet, ist, dass sie sich in Visionen ausdrückt. Ob in den großen Visionsschriften oder in den Briefen, die gelegentlich auch nur aus ein paar Zeilen bestehen können, beruft sie sich stets auf die wahre Schau, in der sie die Inhalte und die Worte erhielt, die sie niederschreibt. Zugleich betont sie, dass sie ihre Visionen nie in Ekstase oder mit den Augen des Körpers empfängt, sondern im wachen Zustand und im vollen Besitz ihres Bewusstseins. Es sind die inneren Sinne, mit denen sie ihre Visionen wahrnimmt.

Aufgrund dieser Aussagen lässt sich schlussfolgern, dass jenes Phänomen, das Hildegard als Empfang von Visionen beschreibt, eine besondere Art von Erkennen ist. Demzufolge verfügt Hildegard über eine intuitive Erkenntnis, die sie befähigt, in die Tiefendimensionen unseres Lebens vorzudringen. In unserem Alltag kommen wir mit den „Dingen" meistens nur oberflächlich in Kontakt, unsere Wahrnehmung begrenzt sich meistens auf das, was für die Bewältigung unseres Lebens wichtig ist. Die Visionen Hildegards führen uns dagegen zum Wesentlichen unserer gottgewollten Existenz. Das geschieht dadurch, dass die Visionen unsere Wirklichkeit in eine neue Dimension stellen, die durch das „Lebendige Licht" sichtbar wird. So können wir bei der Lektüre der Visionen die Dynamik, die aus dem „Lebendigen Licht" strahlt, erfahren. Das geschieht, indem wir jene Sinngehalte, die allem, was ist, innewohnen, entdecken: den Sinn der Natur, die uns umgibt; den Sinn der Geschichte, die wir aus der Vergangenheit kennen und die uns in den gegenwärtigen Ereignissen erreicht; den Sinn unseres Lebens, das wir trotz aller Rätsel und Unerklärbarkeiten grundsätzlich als lebenswert empfinden, und den Sinn unserer Erwartungen und Hoffnungen.

Hildegard schreibt keine Traktate über Welt, Mensch und Gott. Ihre Visionen enthalten großartige Bilder, deren Reichtum uns bei der Lektüre schnell überwältigen kann. Berge und blendendes Licht, Sterne und Planeten, Lichtkreis und Wirbelstürme, Feuer und lodernde Flamme, Scharen von Menschen, aber auch finstere Geister, Gebäude mit Arkaden, Treppen, Türmen und Säulen ... Hinter der einzigartigen Bildersprache Hildegards steht ihre Überzeugung, dass die Vielschichtigkeit der Wirklichkeit nicht auf einen einzigen Begriff gebracht werden kann. Nur die Vielfältigkeit der Bilder kann die Welt und das Dasein auf eine angemessene Weise ausdrücken. Es ist einerseits notwendig, dass wir unsere Erfahrungen durch Begriffe ordnen, damit wir uns in der Welt orientieren können. Andererseits ist es ebenso wichtig, uns bewusst zu werden, dass sich die Wirklichkeit unserem Zugriff letztlich entzieht und uns daher unbegreiflich bleibt. In dieser Sichtweise erhält die dichterische und künstlerische Tätigkeit eine wichtige Aufgabe: das Unbegreifliche – das Geheimnis unseres Lebens – doch zum Ausdruck zu bringen. Das ist das Ziel der visionären Bildersprache Hildegards.

Hildegard geht es grundsätzlich darum, unsere Welt und unsere Erfahrungen, aber auch das, was darüber hinausgeht – die transzendente Welt und letztlich Gott –, verständlich zu machen, soweit dies eben möglich ist. Dazu entwirft sie immer neue Bilder, die uns auf nicht wahrgenommene Facetten und verborgene Details in unserem Leben aufmerksam machen, größere Sinnzusammenhänge erahnen lassen und uns für die Gegenwart Gottes öffnen. Hildegards Visionen stellen daher keine exklusive Gotteserfahrung dar, wie etwa die mystische bräutliche Vereinigung einer Einzelseele mit ihrem Schöpfergott. In ihren Visionen zeigt Hildegard die Wege zu Gott, die für jeden Menschen zugänglich sind und die jeder Mensch gehen kann. Das ist nach Hildegards Glauben möglich, weil Gott sich bereits auf den Weg zu uns gemacht hat und uns entgegenkommt: in der Schöpfung, in Jesus Christus, dem menschgewordenen Wort, in der Kirche und der Heilsgeschichte.

Die Visionen verhelfen uns zu einem wachsenden Verstehen unseres Lebens. Auf diese Weise gewinnen wir neue Einsichten, die uns bestärken, auf unserem je individuellen „Gottes-Weg" neue Schritte zu wagen. So laden die Visionen Hildegards uns dazu ein, unseren Alltag mit spiritueller Kraft zu durchdringen. Wenn uns unser Dasein manchmal wie ein Knäuel von unterschiedlichen, widerstrebenden Kräften erscheint, unsere Beziehungslandschaft zu einem unüberschaubaren Dickicht wird und Probleme unsere Augen verdunkeln, dann kann die Meditation über die Visionsbilder Fassung und Klärung bringen. Und in Lebenslagen, in denen alles vermeintlich im Fluss ist und leicht von der Hand geht, können wir unsere hellen Erfahrungen in das Licht der Visionen eintauchen oder von ihnen widerspiegeln lassen und solcherart Gewissheit in ihrem Vollzug gewinnen.

Die Visionen Hildegards dienen als zuverlässige Wegbegleitung für diejenigen, die sich mit Ausdauer der Lektüre widmen und offen sind, das Gelesene für das eigene Leben fruchtbar zu machen. Hildegard war sich dessen bewusst, dass die Worte der Visionen ein ganzheitliches Empfangen verlangen. Die Lektüre erfordert eine Meditation, die den ganzen Menschen mit seiner Vernunft und seiner Emotionalität, in seiner leiblichen und psychischen Verfasstheit in Anspruch nimmt. Hildegard ermutigt wiederholt:

„Daher soll jeder, der Erkenntnis im Heiligen Geist und Flügel im Glauben hat, diese meine Mahnungen nicht übergehen, sondern soll sie annehmen, indem er sie im Verkosten seiner Seele umfasst."

Es kommt darauf an, sich den Zuspruch aus den Visionen vollständig anzueignen: mit dem Geschmacksinn der Seele auszukosten, mit affektiver Zuneigung zu umarmen und mit dem Verstand aufzunehmen. Dann wachsen dem Menschen Flügel, die ihn auf seinem Weg weitertragen und zum Ziel seiner Hoffnung emporschwingen. Es ist hier und jetzt die beste Gelegenheit, dies auszuprobieren ...

Die deutschsprachige Gesamtausgabe der Werke Hildegards

Die ausgewählten Hildegard-Texte des Lesebuches sind folgenden Bänden entnommen, die hier alphabetisch geordnet aufgelistet sind. Die Seitenzahlen bei den Angaben zu den einzelnen Texten beziehen sich auf den entsprechenden Band.

HILDEGARD VON BINGEN: *Briefe – Epistolae*, übersetzt und eingeleitet von WALBURGA STORCH OSB, Beuron 2012.

HILDEGARD VON BINGEN: *Das Buch der Lebensverdienste – Liber vitae meritorum*, übersetzt und eingeleitet von MAURA ZÁTONYI OSB, Beuron 2014.

HILDEGARD VON BINGEN: *Das Buch vom Wirken Gottes – Liber divinorum operum*, übersetzt von MECHTHILD HEIECK, eingeleitet von CAECILIA BONN OSB, Beuron 2012.

HILDEGARD VON BINGEN: *Heilsame Schöpfung – Die natürliche Wirkkraft der Dinge. Physica*, übersetzt und eingeleitet von ORTRUN RIHA, Beuron 2012.

HILDEGARD VON BINGEN: *Katechesen – Kommentare – Lebensbilder. Opera minora*, hg. von der Abtei St. Hildegard, Rüdesheim/Eibingen, Beuron 2015.

HILDEGARD VON BINGEN: *Lieder – Symphoniae*, übersetzt und eingeleitet von BARBARA STÜHLMEYER, Beuron 2012.

HILDEGARD VON BINGEN: *Prophetisches Vermächtnis – Testamentum propheticum*, übersetzt und eingeleitet von MAURA ZÁTONYI OSB, Beuron 2016.

HILDEGARD VON BINGEN: *Ursprung und Behandlung der Krankheiten – Causae et Curae*, übersetzt und eingeleitet von ORTRUN RIHA, Beuron 2011.

HILDEGARD VON BINGEN: *Wisse die Wege – Liber Scivias*. Eine Schau von Gott und Mensch in Schöpfung und Zeit, übersetzt von MECHTHILD HEIECK, eingeleitet von MAURA ZÁTONYI OSB, Beuron 2010.

Das Leben der heiligen Hildegard von Bingen – Vita Sanctae Hildegardis, übersetzt von MONIKA KLAES-HACHMÖLLER, eingeleitet von MICHAEL EMBACH, Beuron 2013.

Verwendete Literatur

Das vorliegende Lesebuch ist die Frucht der langjährigen Beschäftigung mit den Werken der hl. Hildegard. Daher wurde bei den Erläuterungen zu den Texten aus Hildegards Werken teilweise auf frühere Veröffentlichungen zurückgegriffen. Folgende Publikationen (Autorin überall MAURA ZÁTONYI) haben Verwendung gefunden:

„Gotteskräfte. Über die Tugenden bei Hildegard von Bingen", in: *Erbe und Auftrag 84* (2008) 246–262.

(mit STEFAN ALBRECHT): „Die Visionen Hildegards und der Disibodenberg. Bergdarstellungen in Vita S. Disibodi und Scivias", in: *Als Hildegard noch nicht in Bingen war. Der Disibodenberg – Archäologie und Geschichte*, hg. von FALKO DAIM und ANTJE KLUGE-PINSKER, Regensburg/Mainz 2009, 173–181.

„Lebendige Ordnung. Über die Disziplin nach Hildegard von Bingen", in: *Erbe und Auftrag 86* (2010) 154–171.

Vidi et intellexi. Die Schrifthermeneutik in der Visionstrilogie Hildegards von Bingen (Beiträge zur Geschichte der Philosophie und Theologie des Mittelalters. Neue Folge 76), Münster 2012, 2014².

(mit RAINER BERNDT SJ): *Glaubensheil.* Wegweisung ins Christentum gemäß der Lehre Hildegards von Bingen (Erudiri Sapientia 10), Münster 2013.

„'Die Gabe tiefsinnender Schriftauslegung.' Schriftverständnis durch Bildhermeneutik: Der Beitrag Hildegards von Bingen zu neuen Deutungsmustern der Bibel", in: *Theologie und Glaube 103* (2013) 280–294.

„Christozentrische Anthropologie. Eine Studie zur modellhaften Schriftauslegung Hugos von Saint-Victor und Hildegards von Bingen", in: *Wort Gottes. Die Offenbarungsreligionen und ihr Schriftverständnis*, hg. von JOSEF RIST in Verbindung mit Christof Breitsameter (Theologie im Kontakt. Neue Folge 1), Münster 2013, 85–114.

„Kirchbauten, Buchstaben, Theologie. Die dreifache Rezeption des Rupertsberger SCIVIAS-Kodex", in: *Erbe und Auftrag 90* (2014) 152–169.

„Der Mensch in der Mitte der Schöpfung. Christozentrische Dimensionen in der Anthropologie und der Kosmologie Hildegards von Bingen", in: *Gießener Hochschulgespräche und Hochschulpredigten der ESG 25* (WS 2013–2014), Sonderausgabe Hildegard von Bingen, 9–23.

„Tempus praesens. Benediktinische Entwürfe aus dem 12. Jahrhundert über das Verhältnis des Menschen zur Zeit", in: *Unversehrt und unverletzt. Hildegards von Bingen Menschenbild und Kirchenverständnis heute,* hg. von RAINER BERNDT in Verbindung mit Maura Zátonyi OSB (Erudiri Sapientia 12), Münster 2015, 99–120.

Hildegard von Bingen (Zugänge zum Denken des Mittelalters 8), Münster 2017.

(mit DOROTHEA FLANDERA OSB): „Jeder, der Flügel im Glauben hat … Betrachtungen über Glaube, Hoffnung und Liebe bei der Kirchenlehrerin Hildegard von Bingen", in: *Zum 90. Geburtstag. Festschrift der Gesellschaft zur Förderung christlicher Verantwortung e. V. für den Heiligen Vater em. Benedikt XVI. 16. April 2017*, hg. von GEORG RATZINGER und ROGER ZÖRB, Rohrbach bei Weimar 2017, 34–54.

(mit MECHTHILD DREYER): „Die Briefe Hildegards von Bingen. Werkstattbericht zum Projekt einer Neuedition und Neubewertung", in: *Studien und Mitteilungen zur Geschichte des Benediktinerordens 129* (2018) 27–58.

„Kommunizierendes Friedensverständnis. Inspirationen durch Hildegard von Bingen", in: *Geist und Leben 92,2* (2019) 116–124.

„Visionäre Philosophie. Erkenntniswege bei Hildegard von Bingen", in: *Münchener Theologische Zeitschrift 71* (2020) 114–128.

(mit EBERHARD J. NIKITSCH): „Realität und Vision bei Hildegard von Bingen. Von der Frauenklause auf dem Disibodenberg zum Heilsgebäude im *Liber Scivias*", in: *Europäische Spiritualität. Kontemplation im Wirken*, hg. von MAURA ZÁTONYI in Verbindung mit Frank Höselbarth, Münster 2021, 165–183.

Danksagung

Bei der Entstehung und der Realisierung des vorliegenden Lesebuches habe ich vielfältige Hilfe erfahren.

Mein erster Dank gilt Frau Prof. Dr. Hildegard Kasper. Im regen Gedankenaustausch mit ihrem Bruder, Walter Kardinal Kasper, wurde die Idee eines Hildegard-Lesebuches geboren. In der Folge hat Frau Prof. Kasper dieses Projekt von Anfang an maßgeblich gefördert. Für ihren ermutigenden geistlichen Beistand und ihre großzügige finanzielle Unterstützung danke ich sehr herzlich.

Des Weiteren bin ich Mons. DDDr. Michael H. Weninger zu Dank verpflichtet dafür, dass er die Mühe der Manuskriptlektüre auf sich genommen hat. Durch seine begleitenden Korrekturen, fachlichen Bemerkungen und einfühlsamen Ergänzungen hat er dazu beigetragen, dass die Texte gleichermaßen angenehm und anregend zu lesen sind.

Auch danke ich all den Menschen, mit denen ich mich im Rahmen von Vorträgen und Seminaren über die hl. Hildegard und ihre Werke austauschen konnte. Zahlreiche daraus resultierende Fragen und Reaktionen haben in dieses Lesebuch Eingang gefunden, in der Überzeugung, dass all diese Impulse für einen sehr weiten Kreis von Leserinnen und Lesern von Interesse sein können.

Ich danke dem Verlag Herder, namentlich Herrn Clemens Carl, für die kreative Zusammenarbeit. Als deren Ergebnis kann das Lesebuch in einer ansprechenden Gestaltung zum zehnjährigen Jubiläum der Erhebung der hl. Hildegard zur Kirchenlehrerin zur Freude einer gewiss großen Leserschaft erscheinen.

Vielen Dank!

I. Hildegard über sich selbst

Hildegard von Bingen gewährt in ihren Schriften interessante Einblicke in ihr eigenes Leben. Mit erstaunlicher Offenheit berichtet sie von sehr persönlichen Erfahrungen: ihrer Kindheit, ihren Plänen und dem zähen Ringen um deren Verwirklichung, ihren wiederholten Krankheiten und ihren freundschaftlichen Beziehungen. Auf diese Weise erfahren wir, dass ihr Kämpfe, Ängste und Widerstände nicht erspart blieben. Die Größe ihrer Person liegt nicht darin, dass ihr immer alles gelang, sondern dass sie nie aufgab, für ihre Überzeugungen einzutreten und Lösungen herbeizuführen. Die unerschütterliche Kraft dafür fand sie in ihrem Glauben. Zeitlebens war sie von einem tiefen Vertrauen erfüllt, dass ihr Tun und Lassen im Wirken Gottes aufgehoben war.

1 Alles hat damit angefangen ...

Auf den allerersten Seiten, mit denen ihr Gesamtwerk beginnt, im Vorwort zu *Wisse die Wege*, legt Hildegard Zeugnis von ihrer Berufung ab. Das Interessante an dieser „Bezeugung" (auf Latein „Protestificatio") ist, dass Hildegard hier nicht ihre Berufung in jungen Jahren erzählt, als sie sich für das klösterliche Leben entschied. Die Berufungsgeschichte in der „Protestificatio" ereignete sich in ihrem Leben, als sie schon etwa dreißig Jahre lang als Nonne auf dem Disibodenberg lebte und sogar das Amt der Äbtissin mit verantwortungsvollen Aufgaben übernommen hatte. Der Ruf, den sie in der „Protestificatio" schildert, erreicht sie also in einer bereits etablierten Lebenssituation – und bringt ihr Leben ziemlich durcheinander. Sie muss mit über vierzig Jahren ihren vertrauten Lebensstil aufgeben und sich einer völlig neuen Herausforderung stellen: Sie erfährt sich als Prophetin!

Die Sprache der „Protestificatio" erinnert an die Berufung der alttestamentlichen Propheten, vor allem an die des Jesaja und des Ezechiel (vgl. Jes 6,1–13; Ez 2,1–9) sowie den Auftrag im letzten biblischen Buch, in den Offenbarungen des Johannes: „Am Tag des Herrn wurde ich vom Geist ergriffen und hörte hinter mir eine Stimme, laut wie eine Posaune. Sie sprach: Schreib, was du siehst, in ein Buch ..." (Offb 1,10–11). Hildegard erfährt sich als in die lange Reihe der Propheten hineingestellt und als Prophetin ausgewiesen. Sie übertrifft dabei aber die alttestamentlichen Propheten. Während diese die Verheißung des kommenden Messias verkündet haben, wird Hildegard zu einer Prophetin der Menschwerdung Gottes. Denn Prophetentum beschränkt sich nicht allein auf die Vorhersage des Künftigen, sondern zielt darauf, Verborgenes zu deuten: die Gegenwart und das Wirken Gottes in der Welt, in der Geschichte und im eigenen Leben.

Zudem finden sich in der „Protestificatio" Anklänge an das Pfingstereignis, wie die Apostelgeschichte die Aussendung des Heiligen Geistes erzählt: „Da kam plötzlich vom Himmel her ein Brausen, wie wenn ein heftiger Sturm daherfährt, und erfüllte das ganze Haus, in dem sie waren. Und es erschienen ihnen Zungen, wie von Feuer, die sich verteilten" (Apg 2,2–3).

Hildegards Erzählung in der „Protestificatio" ist exemplarisch: Jedem Leben wird das Pfingstereignis auf einmalige Weise eingeprägt: die Erfahrung vom Wirken des Heiligen Geistes, das Bewusstwerden eines speziellen, ganz persönlichen Auftrags und der Aufbruch ins Neue und Unbekannte in der Kraft der Sendung. Dies gelingt, wenn der Mensch seine geschöpfliche Realität vom göttlichen Licht durchfluten lässt.

Wisse die Wege, Protestificatio, S. 15–17.

Und siehe, im 43. Jahr meines Lebens, als ich in großer Furcht und zitternder Aufmerksamkeit mit einer himmlischen Vision befasst war, schaute ich einen strahlend hellen Glanz, in dem eine Stimme vom Himmel an mich erging, die zu mir sprach:

„Du gebrechlicher Mensch, Asche von Asche, Fäulnis von Fäulnis, sage und schreibe, was du siehst und hörst. Aber weil du furchtsam bist zum Reden und einfältig zum Auslegen und ungebildet, um es aufzuschreiben, sage und schreibe das nicht auf nach der Sprache der Menschen noch nach der Einsicht menschlicher Erfindung noch nach dem Willen menschlicher Gestaltung, sondern gemäß dem, was du droben in den himmlischen Bereichen in den Wundertaten Gottes siehst und hörst. Lege es also so dar, wenn du es verkündest, wie auch ein Hörer die Worte seines Lehrers aufnimmt, indem er sie ganz nach dessen Aussageabsicht kundtut, wie dieser es will, darlegt und anordnet. So also sprich auch du, o Mensch, über das, was du siehst und hörst. Schreibe es auf nicht nach deinem oder eines anderen Menschen Gutdünken, sondern nach dem Willen dessen, der alles weiß und sieht und in der Verborgenheit seiner Geheimnisse anordnet."

Und wiederum hörte ich eine Stimme, die vom Himmel zu mir sprach:

„Rede also von diesen wunderbaren Dingen, und schreibe sie, auf diese Weise belehrt, nieder und berichte sie!"

Es geschah im Jahre 1141 der Menschwerdung des Sohnes Gottes Jesus Christus, als ich 42 Jahre und sieben Monate alt war; ein feuriges Licht mit stärkstem Leuchten, das aus dem offenen Himmel kam, durchströmte mein ganzes Gehirn und meine Brust und entflammte sie, ohne sie jedoch zu verbrennen; doch es war heiß, wie die Sonne das erwärmt, worauf sie ihre Strahlen wirft. Und plötzlich verstand ich die Bedeutung der Schriftauslegung, nämlich des Psalters, des Evangeliums und der anderen katholischen Bände sowohl des Alten als auch des Neuen Testaments. Jedoch hatte ich keine Kenntnis von der Deutung der Worte ihres Textes noch von der Silbentrennung noch von der Deklination oder Konjugation. Die Kraft aber und das Geheimnis verborgener, wunderbarer Schauungen hatte ich schon seit meiner Kindheit, d. h. seit jener Zeit, als ich fünf Jahre alt war, bis in die Gegenwart auf wunderbare Weise in mir verspürt, wie auch jetzt noch. Das tat ich dennoch keinem Menschen kund mit Ausnahme einiger weniger Ordensleute, die mit mir unter derselben Regel lebten; doch in der Zwischenzeit bis zu dem Zeitpunkt, als Gott sie in seiner Gnade kundtun wollte, versenkte ich sie in tiefem Schweigen. Die Visionen aber, die ich schaute, habe ich weder in Träumen noch schlafend noch in Geistesverwirrung noch mit den leiblichen Ohren des äußeren Menschen noch an verborgenen Orten wahrgenommen, sondern ich empfing sie wachend und umsichtig bei klarem Verstand mit den Augen und Ohren des inneren Menschen an zugänglichen Orten nach dem Willen Gottes. Auf welche Weise das geschieht, ist für einen Menschen im Fleisch schwer zu verstehen.

Doch als das Ende meiner Jugend vorbei war, als ich zu dem erwähnten Alter der vollen Lebenskraft gelangt war, vernahm ich eine Stimme vom Himmel, die sprach:

„Ich, das lebendige Licht, das das Dunkel erleuchtet, habe den Menschen, den ich wollte und den ich, wie es mir gefiel, erschüttert habe, in großen Wundern über das Maß der alten Menschen hinausgestellt, die in mir viele Geheimnisse schauten. Doch ich habe ihn auf die Erde hingestreckt, damit er sich nicht in irgendeiner Überheblichkeit seines Geistes aufrichtet. Auch die Welt fand an ihm keine Freude, weder Ausgelassenheit noch Geschicklichkeit in den Dingen, die die Welt betreffen. Denn ich habe ihn von hartnäckiger Vermessenheit befreit, dadurch dass er Furcht hat und sich bei seinen Aufgaben ängstigt. Er hat nämlich im Mark und in den Adern seines Leibes Schmerzen erlitten, da sein Geist und seine Sinne gebunden waren und er viel körperliches Leid erduldete, sodass in ihm keine widersetzliche Sicherheit verborgen war; vielmehr fühlte er sich in all seinen Aufgaben schuldig. Denn ich habe die Spalten seines Herzens schützend umgeben, damit sein Geist sich nicht in Stolz oder Ruhmsucht erhebt, sondern in alldem mehr Furcht und Schmerz als Freude und Übermut hat. Daher hat er aus Liebe zu mir in seinem Herzen geprüft, wo er jenen fände, der den Weg des Heils (mit)laufen würde. Und er hat einen gefunden und liebgewonnen (Volmar), weil er erkannte, dass er ein zuverlässiger Mensch war und ihm ähnlich in dem Teil dieser Arbeit, die sich auf MICH bezieht. Und er hielt an ihm fest und rang mit ihm zusammen in alldem mit himmlischem Eifer darum, damit meine verborgenen Wunder offenbart wurden. Auch erhob sich derselbe Mensch nicht über sich selbst, sondern neigte sich in der Erhebung der Demut und der Absicht seines guten Willens zu dem, den er fand. Du also, o Mensch, der du das nicht in der Unruhe einer Täuschung, sondern in der Reinheit der Aufrichtigkeit empfängst, die du zur Offenbarung von Verborgenem bestimmt bist, schreibe nieder, was du siehst und hörst."

Aber obwohl ich dies sah und hörte, weigerte ich mich dennoch aus Zweifel und Argwohn und wegen der Vieldeutigkeit der Worte der Menschen zu schreiben, jedoch nicht aus Starrsinn, sondern in der Unterwerfung der Demut so lange, bis ich durch die Geißel Gottes gebeugt aufs Krankenlager fiel. So legte ich endlich, bedrängt von vielen Krankheiten, Hand ans Schreiben nach dem Zeugnis einer jungen Adligen mit guten Sitten (Richardis von Stade) und jenes Mannes, den ich, wie bereits erwähnt, insgeheim gesucht und gefunden hatte. Während ich das tat und die unergründliche Tiefe der Auslegung der Schriften verstand, wie ich es zuvor sagte, kam ich wieder zu Kräften und erhob mich von meiner Krankheit. So vollbrachte ich mit Mühe dieses Werk in zehn Jahren und führte es zu Ende.

In den Tagen des Erzbischofs Heinrich von Mainz, des römischen Königs Konrad und des Abtes Kuno auf dem Berg des heiligen Disibodus unter Papst Eugen entstanden diese Visionen und Schriften.

Und ich habe diese Dinge nicht nach der Erfindung meines Herzens oder irgendeines Menschen geschrieben, sondern wie ich sie im himmlischen Bereich gesehen, gehört und durch die verborgenen Geheimnisse Gottes empfangen habe.

Und wiederum hörte ich eine Stimme vom Himmel, die zu mir sagte: „Verkünde es also laut, und schreibe es so nieder!"

2 Aus der Verborgenheit in die Öffentlichkeit – das Wagnis einer Frau

Es ist nicht selbstverständlich, dass eine Nonne, die in der Verborgenheit eines Klosters lebt, zur Feder greift und an den mächtigsten Mann ihrer Zeit einen Brief aufsetzt. Das tat aber Hildegard, als sie sich im Jahre 1146–1147 in einem Brief an Bernhard von Clairvaux († 1153) wandte. Selbst der Papst jener Tage, Eugen III. (1088–1153), stand unter dem Einfluss dieses französischen Abtes, war er doch vor seinem Pontifikat im Kloster Clairvaux Mönch gewesen und Abt Bernhard mit der ganzen Anhänglichkeit eines Jüngers zugeneigt. Bernhard von Clairvaux galt als eine der bedeutendsten Persönlichkeiten des 12. Jahrhunderts. Er wirkte nicht nur in seinem Kloster in der Position des Abtes, sondern er war auch kirchenpolitisch aktiv. Er beteiligte sich maßgeblich an weitreichenden Entscheidungen, zu denen der Aufruf zum zweiten Kreuzzug wie auch die Verurteilung namhafter Theologen in dogmatischen Streitigkeiten gehörten.

Nun schrieb Hildegard ausgerechnet an diesen Mann, dessen Machtwort großen Einfluss auf theologische Lehrmeinungen und kirchliche Politik hatte. Sie machte keinen Hehl aus ihrer Angst und Unsicherheit, ja der Zerrissenheit, die sie erfuhr, weil sie sich – als Frau und ohne das damals übliche Studium – trotzdem zum Verfassen theologischer Schriften berufen fühlte. Wir sehen aber, dass ihr Brief der klugen Diplomatie nicht entbehrt. Das beweist einmal mehr, dass die Ehrlichkeit und die Wahrhaftigkeit, sich zur eigenen Schwäche zu bekennen, zum Ziel und Gelingen führen. In diesem Bekenntnis ist zugleich die Bereitschaft enthalten, sich für ein Größeres zu öffnen, als was man sich innerhalb seines eigenen Horizontes vorstellen kann.

Hildegards Brief hat sein Ziel nicht verfehlt. Sie hat von Bernhard Antwort erhalten. Er erkennt die Wahrhaftigkeit Hildegards an, was in seiner Wortwahl „Demut" heißt. Bernhard weiß darum, dass in der Demut die größte Kraft liegt, der niemand widerstehen kann. Deshalb gibt er seine Zustimmung: „Wir freuen uns mit dir über die Gnade Gottes. Und was uns angeht, so ermahnen und beschwören wir dich, sie als Gnade zu erachten und ihr mit der ganzen Liebeskraft der Demut und der Hingabe zu entsprechen."

Briefe, 1–1r, S. 17–19.

Hildegard an Abt Bernhard von Clairvaux: O verehrungswürdiger Vater Bernhard, wunderbar stehst du da, aus Gottes Kraft, hoch angesehen. Furcht erregend bist du für die sträfliche Torheit dieser Welt. Mit dem Banner des heiligen Kreuzes nimmst du voll erhabenen Eifers in brennender Liebe zum Gottessohn die Menschen gefangen, damit sie im christlichen Heer gegen die Wut der Heiden Krieg führen. Ich bitte dich beim lebendigen Gott, höre meine Fragen an.

Vater, ich bin gar sehr beunruhigt wegen dieser Schau, die sich mir im Geist als ein Mysterium erschloss. Nie schaute ich sie mit den äußeren, fleischlichen Augen. Ich, erbärmlich und mehr als erbärmlich in meinem Sein als Frau, schaute von meiner Kindheit an große Wunderdinge; meine Zunge könnte sie nicht aussprechen, wenn nicht Gottes Geist mich belehrte, damit ich glaube.

Vertrauenswürdiger und milder Vater, antworte in deiner Güte mir, deiner unwürdigen Dienerin. Von Kindheit an lebte ich nie in Sicherheit, nicht eine einzige Stunde. Bei deiner Vaterliebe und Weisheit forsche in deiner Seele, wie dich der Heilige Geist belehrt, und schenke deiner Magd Trost aus deinem Herzen.

Ich begreife nämlich im Text den inneren Sinn der Auslegung des Psalters, des Evangeliums und der anderen Bücher, der mir durch diese Schau gezeigt wird. Wie eine verzehrende Flamme rührt sie mir an Herz und Seele und lehrt mich diese Tiefen der Auslegung. Doch Schriften in deutscher Sprache lehrt sie mich nicht; sie kenne ich nicht. Ich verstehe nur einfältig zu lesen, weiß aber den Text nicht zu gliedern. So antworte mir: Was hältst du von all dem? Ich bin ja ein Mensch, der nicht in einer Schule über die äußere Materie unterrichtet wurde. Nur innen in meiner Seele bin ich unterwiesen. Deshalb spreche ich gleichsam zweifelnd.

Aber da ich von deiner Weisheit und Vaterliebe höre, bin ich getröstet. Denn keinem Menschen wagte ich es zu sagen – es gibt nämlich, wie ich die Leute reden hörte, unter den Menschen viele Meinungsverschiedenheiten –, nur einem Mönch <Volmar>, den ich geprüft und in seinem klösterlichen Wandel bewährt gefunden habe. Ihm habe ich alle meine Geheimnisse offenbart und er hat mich mit der Gewissheit getröstet, sie seien erhaben und Ehrfurcht gebietend.

Um der Liebe Gottes willen begehre ich, Vater, dass du mich tröstest. Dann werde ich Gewissheit haben. Ich sah dich vor mehr als zwei Jahren in dieser Schau als einen Menschen, der in die Sonne blickt und sich nicht fürchtet, sondern sehr kühn ist. Und ich habe geweint, weil ich so sehr erröte und so zaghaft bin. Gütiger Vater, mildester, ich bin in deine Seele hineingelegt, damit Schweigen bewahren soll. Denn große Drangsal erdulde ich in dieser Schau, inwieweit ich das, was ich gesehen und gehört habe, sagen soll. Ja, bisweilen werde ich – weil ich schweige – von dieser Schau mit schweren Krankheiten aufs Lager niedergeworfen, sodass ich mich nicht aufrichten kann.

Trauernd klage ich deshalb vor dir: Ich bin so wankelmütig in meiner Natur wie ein leicht beweglicher Kelterbaum. Er stammt aus der Wurzel, die auf Teufelseinfluss in Adam entsprang, sodass dieser auf die fremde Erde verbannt wurde. Nun aber erhebe ich mich und eile zu dir. Ich sage dir: Du bist nicht wankelmütig, sondern du richtest ständig den Baum empor und bist Sieger in deiner Seele. Und du richtest nicht allein dich selbst, sondern die Welt zum Heil auf. Du bist auch der Adler, der in die Sonne blickt.

Ich bitte dich bei der Hoheit des Vaters, bei seinem wunderbaren Wort und bei der süßen Tränengabe der Zerknirschung, dem Geist der Wahrheit, und bei dem heiligen Schall, von dem die ganze Schöpfung ertönt, bei Ihm, dem Wort, aus dem die Welt entstanden ist, bei der Erhabenheit des Vaters, der in zarter Zeugungskraft das Wort in den Schoß der Jungfrau sandte. Aus ihr sog es das Fleisch wie die Wabe ringsum den Honig umbaut. Und dieser Schall, die Kraft des Vaters, ergieße sich in dein Herz und richte deine Seele auf, dass du nicht bei den Worten dieses Menschen da teilnahmslos erlahmst, da du doch alles bei Gott, beim Menschen oder im Geheimnis selbst suchst, bis du durch die Öffnung deiner Seele so weit vordringst, dass du dies alles in Gott erkennst. Leb wohl, trage Kraft in deiner Seele und sei in Gott stark im Kampf.

Abt Bernhard von Clairvaux an Hildegard: Der in Christus geliebten Tochter Hildegard <entbietet> Bruder Bernhard, genannt Abt von Clairvaux, wenn es etwas vermag, das Gebet eines Sünders.

Da du von unserer Wenigkeit weit anders zu denken scheinst, als unser Gewissen sich selbst einschätzt, so glauben wir, dass dies einzig deiner Demut zuzuschreiben ist. Doch habe ich keineswegs übersehen, deinen lieben Brief zu beantworten, obwohl die Menge der Geschäfte mich zwingt, es kürzer zu tun, als ich gern möchte.

Wir freuen uns mit dir über die Gnade Gottes, die in dir ist. Und was uns angeht, so ermahnen und beschwören wir dich, sie als Gnade zu erachten und ihr mit der ganzen Liebeskraft der Demut und Hingabe zu entsprechen. Du weißt ja, dass „Gott den Stolzen widersteht, den Demütigen aber Gnade schenkt" (Jakobusbrief 4,6; 1. Petrusbrief 5,5). Was können wir übrigens noch lehren oder wozu ermahnen, wo schon eine innere Unterweisung besteht und eine Salbung über alles belehrt? Vielmehr bitten und verlangen wir inständig, dass du unser bei Gott gedenkst und auch derer, die uns in geistlicher Gemeinschaft im Herrn verbunden sind.

3 Zwischenbilanz – ein Werkkatalog

In den Jahren 1158–1163 verfasste Hildegard ihr Werk *Das Buch der Lebensverdienste*. Im Vorwort schaut sie auf ihre bisherige literarische Tätigkeit zurück und listet auf, was sie alles in den vorausgehenden Jahren hervorgebracht hatte. Die meisten Bezeichnungen in diesem Werkkatalog lassen sich identifizieren. Als erstes handelt es sich um das Werk *Wisse die Wege*, dessen Niederschrift zehn Jahre, von 1141–1151, in Anspruch nahm. Außerdem verweist Hildegard auf ihre Briefe („Antworten und Ermahnungen für mehrere, sowohl niedrigere als auch höhere Personen"), das musikalische Werk („Symphonie der Harmonie der himmlischen Offenbarungen") und die „unbekannte Sprache". Eine Schrift mit theologisch-visionärem Charakter, ähnlich dem Werk *Wisse die Wege*, und mit naturkundlichem Inhalt („Feinheiten der verschiedenen Naturen der Geschöpfe"), wie dieses Vorwort es nahelegt, ist in dieser Form nicht erhalten geblieben. Zum Schluss dieser Liste erwähnt Hildegard, dass sie auch Auslegungen verfasste. Unter diesem Ausdruck versteht man jene Werke, die zusammen mit Briefen zustande gekommen sind. Dazu gehört wahrscheinlich die Auslegung der Regel des hl. Benedikt. Vermutlich lag auch ein Entwurf zur Auslegung des athanasianischen Glaubensbekenntnisses vor. Diese Schrift wurde aber nicht als eigenständiges Werk überliefert, sondern in das *Prophetische Vermächtnis* integriert.

Dieser Text bestätigt auf eine beeindruckende Weise, dass die ganze Bandbreite der literarischen Gattungen in Hildegards Werk bereits von Anfang an vorhanden war. Bis auf die *Unbekannte Spra-*

che sind diese Werke in der Beuroner Gesamtausgabe in deutscher Übersetzung zugänglich.

📖 Das Buch der Lebensverdienste, Prolog, S. 44–45.

Und es geschah im neunten Jahr, nachdem die wahre Schau mir, einem einfachen Menschen, jene wahren Visionen geoffenbart hatte, mit denen ich mich zehn Jahre lang abgemüht hatte. Es war das erste Jahr, nachdem dieselbe Schau mir die *Feinheiten der verschiedenen Naturen der Geschöpfe*, ferner *Antworten und Ermahnungen* für mehrere, sowohl niedrigere als auch höhere Personen, weiterhin die *Symphonie der Harmonie der himmlischen Offenbarungen*, eine *unbekannte Sprache* und *Briefe mit etlichen anderen Auslegungen* gezeigt hatte, um sie zu erklären. In all dem habe ich, belastet mit vielen Krankheiten und Mühsal des Körpers, acht Jahre lang nach den erwähnten Visionen durchgehalten. Als ich sechzig Jahre alt war, habe ich eine starke und wunderbare Schau gesehen, an der ich ebenfalls fünf Jahre lang gearbeitet habe. Also habe ich in meinem einundsechzigsten Lebensjahr, im 1158. Jahr der Menschwerdung des Herrn, während der Bedrängnis des Apostolischen Stuhls und unter der Herrschaft Friedrichs, des Kaisers des Römischen Reiches, eine Stimme aus dem Himmel gehört, die zu mir sprach:

„Du, die du seit deiner Kindheit durch den Geist des Herrn nicht mit körperlicher, sondern mit geistiger Schau belehrt bist, verkünde, was du jetzt siehst und hörst. Denn seit Beginn deiner Visionen sind dir einige Visionen wie flüssige Milch gezeigt, andere wie süße und leichte Speise enthüllt, wiederum andere aber wie feste und vollkommene Nahrung geoffenbart worden. Verkünde also auch jetzt nach mir und nicht nach dir; und schreibe mir gemäß, nicht dir gemäß."

Und auf das Zeugnis jenes Menschen hin, den ich, wie bereits in den früheren Visionen gesagt, heimlich gesucht und gefunden hatte, und auf das Zeugnis jenes Mädchens hin, das mir beistand, legte ich Hand an das Schreiben. Und wiederum hörte ich eine Stimme aus dem Himmel, die zu mir sprach und mich auf diese Weise belehrte.

4 Worte wie blitzende Flamme – eine außergewöhnliche Begabung

Hildegards Ruhm wuchs weit über die Grenze ihrer Region hinaus. Eine besondere Verehrung wurde ihr von Wibert, einem Mönch aus der Benediktinerabtei Gembloux (im heutigen Belgien), entgegengebracht. Wibert, dieser „feurige Wallone und reichbegabte Geist" (Adelgundis Führkötter) war mehr als 25 Jahre jünger als Hildegard und verfügte über eine profunde Bildung, die er in seiner Abtei erwarb. Dort erfuhr er auch über die rheinische Visionärin. Wortgewandt und voller Leidenschaft schrieb er Briefe an Hildegard, er wollte über sie vieles wissen, besonders was ihre Visionen angeht. So überflutete er sie wortwörtlich mit Fragen: „Ich, und viele mit mir, möchten nämlich gern wissen, ob folgendes Gerücht, das über dich umgeht, stimmt, obwohl man mich nicht leicht davon überzeugen kann: Entgleiten deine Visionen deinem Gedächtnis, wenn sie auf dein Geheiß und nach deiner Anweisung schriftlich von Sekretären aufgezeichnet wurden, sodass du dich gar nicht mehr an das Gesagte erinnerst? Wir möchten auch gerne erfahren, ob du diese Visionen in lateinischer Sprache diktierst, oder ob du sie deutsch aussprichst und ein anderer sie ins Lateinische überträgt? Trotzdem sind wir begierig, auch das zu wissen: Hast du schreiben gelernt und die Heilige Schrift durch eifriges Lesen kennen gelernt? Oder war allein die göttliche Salbung deine Lehrmeisterin?" (*Briefe* 102, S. 171–172).

Hildegard ließ sich auf diese Fragen ein und beschrieb detailliert die Art und Weise ihrer „Visionen". Die „Protestificatio" (Text Nr. 1) und der Brief an Bernhard (Text Nr. 3) sind die ersten Zeugnisse über ihre Visionserfahrung, in ihrem Brief an Wibert dagegen schaute sie im Jahre 1175 als betagte Frau auf ihre außergewöhnliche Begabung, die ihr ganzes Leben bestimmte, zurück.

In diesem Bericht reflektiert Hildegard über ihre Vision als eine differenzierte Lichtschau. Wie sie schreibt, nimmt sie zwei Formen des Lichtes wahr: Das eine Licht nennt sie den „Schatten des Lebendigen Lichtes", das andere „das Lebendige Licht". Der „Schatten des Lebendigen Lichtes" bildet die Grundlage der gesamten visionären Erfahrung Hildegards und wird von ihr als andauerndes Licht erlebt. Er ist sozusagen der „unräumliche" Raum, in dem sich die bilderreichen Visionen entfalten. In diesem „Schatten des Lebendigen Lichtes" schaut Hildegard das „Lebendige Licht", das für sie den Gipfel der Visionserfahrung bedeutet. Es erscheint – anders als der „Schatten des Lebendigen Lichtes" – nur gelegentlich. Das Ereignis, das Hildegard in der „Protestificatio" schildert (Text Nr. 1), entspricht dem Erscheinen des „Lebendigen Lichtes", das sich sogar als solches durch die himmlische Stimme erkennen ließ. Hildegards Darstellung gemäß ist der „Schatten des Lebendigen Lichtes" das tragende und umfassende Element, in dem sich sowohl das Aufleuchten des „Lebendigen Lichtes" als auch das Erscheinen bildhafter Inhalte vollzieht. Diese Visionsinhalte entziehen sich jedoch zunächst der menschlichen Aussprechbarkeit. Hildegard sieht Worte wie eine „blitzende Flamme". Damit deutet sie an, dass alles, was sie in den Visionen sieht und hört, die Möglichkeiten menschlicher Vorstellungs- und Ausdruckskraft sprengt. Dennoch bleibt Hildegard weder bei einer Sprachlosigkeit stehen, noch verharrt sie in „mystischem" Schweigen, sondern sie übersetzt die Botschaft ihrer Visionen in menschliche Sprache. Dadurch entsteht der große Bilderreichtum ihrer Werke.

Wie schon in den früheren Zeugnissen, betont Hildegard, dass sie ihre Visionen ohne Entrückung, im wachen Zustand erfährt. Trotzdem spielen ambivalente Emotionen eine wichtige Rolle in ihrer Visionserfahrung. Hildegard fühlt sich ausgespannt zwischen verschiedenen Polen. Sie wird erschüttert von außerordentlichen Erscheinungen, zugleich erfährt sie eine physische Leichtigkeit und Verjüngung. Die Angst vor den Verpflichtungen, die mit der Schau verbunden sind, macht sie krank, die Einwilligung in die Visionen lässt ihre Kräfte wieder erstarken. Ihren Worten liegt ein Innewerden göttlicher Gnade zugrunde, das ihr ein Leben lang geheimnisvoll bleibt. Das Göttliche, das Absolute greift in ihr Dasein als ein überstrahlendes, überströmendes Licht ein und offenbart sich mit blitzenden feurigen Worten – und Hildegard antwortet mit allem, was ihr als Mensch zur Verfügung steht: mit ihren Gefühlen und ihrem Verstand, in ihrer leiblichen und seelischen Verfasstheit, mit Krankheit und Tapferkeit, und nicht zuletzt mit ihrer menschlichen Sprache, die bei ihr poetische Höhen erreicht.

📖 **Briefe, 103r, S. 176–178 (Auszug).**

Von meiner Kindheit an aber, als meine Knochen, Nerven und Adern noch nicht erstarkt waren, bis heute, erfreue ich mich stets dieser Schau in meiner Seele, da ich doch schon mehr als siebzig Jahre bin. Mein Geist jedoch steigt, je nachdem, wie Gott es will, in dieser Schau bis zur Höhe des Firmaments empor und erhebt sich in die verschiedenen Luftregionen. Und sie erstreckt sich auf verschiedenartige Menschen, mögen sie auch weit entfernt von mir in fernen Gegenden und Orten sein. Und weil ich das auf solche Weise schaue, erblicke ich es auch gemäß der Veränderlichkeit der Wolken und der anderen Kreaturen. Dies aber höre ich weder mit leiblichen Ohren, noch in der Phantasie meines Herzens, und empfange es auch nicht durch die Vermittlung meiner fünf Sinne, sondern nur in meiner Seele, mit offenen äußeren Augen, sodass ich dabei niemals den Erschöpfungszustand einer Ekstase erleide. Vielmehr sehe ich es wach, Tag und Nacht. Und beständig werde ich von Krankheiten gelähmt und bin derart von großen Schmerzen gefesselt, dass sie mich zu Tode zu bringen drohen. Doch hat Gott mich bis jetzt erhalten.

Das Licht, das ich also sehe, ist nicht räumlich, sondern viel strahlender als eine Wolke, die die Sonne trägt, und ich vermag seine Höhe, Länge und Breite nicht zu ermessen. Und es wird mir als Schatten des Lebendigen Lichts bezeichnet. Und wie Sonne, Mond und Sterne im Wasser erscheinen, so strahlen Schriften, Worte, Tugenden und manche Werke der Menschen – in ihm dargestellt – für mich wider.

Was immer ich jedoch in dieser Schau gesehen oder erfahren haben mag, behalte ich lange Zeit im Gedächtnis, sodass ich mich erinnere, weil ich das einmal gesehen oder gehört habe. Und ich sehe, höre und weiß es gleichzeitig, und lerne gleichsam in einem Augenblick das, was ich weiß. Was ich aber nicht sehe, das weiß ich nicht, weil ich ungebildet bin. Und was ich schreibe, das sehe und höre ich in einer Schau und gebrauche („pono") keine anderen Worte als diejenigen, die ich höre. Und ich spreche sie in ungefeiltem Latein aus, wie ich sie in der Schau höre, weil ich ja in dieser Schau nicht schreiben gelehrt werde, wie die Philosophen schreiben. Die Worte, die ich in dieser Schau sehe und höre, sind nicht wie Worte, die aus Menschenmund ertönen, sondern wie eine blitzende Flamme und wie eine Wolke, die in klarer Luft dahinzieht. Die Gestalt dieses Lichts vermag ich überhaupt nicht zu erkennen, wie ich auch den Sonnenball nicht ganz anschauen kann.

Und in demselben Licht erblicke ich zuweilen – nicht oft – ein anderes Licht, das mir als Lebendiges Licht bezeichnet wird. Allerdings bin ich noch viel weniger imstande auszusagen, wie ich es sehe, als beim vorhergehenden, und doch wird mitunter, während ich es schaue, alle Traurigkeit und aller Schmerz aus meiner Erinnerung genommen, sodass ich mich dann wie ein einfaches Mädchen verhalte und nicht wie eine ältere Frau.

Doch wegen einer chronischen Krankheit, an der ich leide, empfinde ich manchmal Widerwillen, über die Worte und Visionen, die mir dort gezeigt werden, zu sprechen. Denn wenn meine Seele sie verkostet und schaut, verändert sich mein Zustand, wie oben gesagt. Ich übergebe allen Schmerz und alle Bedrängnis der Vergessenheit, und was ich dann in dieser Schau sehe und höre, schöpft meine Seele wie aus einem Quell; doch bleibt dieser trotzdem voll und unerschöpflich.

Meiner Seele jedoch fehlt es zu keiner Stunde an dem erwähnten Licht, das Schatten des Lebendigen Lichtes genannt wird, und ich sehe es, als ob ich in einer leuchtenden Wolke das Firmament ohne Gestirne erblickte. Und in ihm sehe ich, was ich gewöhnlich sage und was ich den Anfragenden gemäß dem Aufblitzen des Lebendigen Lichts antworte.

In einer Schau sah ich auch, dass das erste Buch meiner Visionen „Scivias" genannt werden sollte, weil es auf dem Weg des Lebendigen Lichts hervorgebracht wurde, und nicht von einer anderen Lehre. Über die Kränze aber schaute ich, dass alle kirchlichen Stände deutliche Hinweise auf die himmlische Herrlichkeit tragen, die Jungfräulichkeit jedoch – außer einem schwarzen Schleier und dem Zeichen des Kreuzes – kein deutliches Zeichen besitzt. Daher sah ich, dass auch das ein Zeichen für die Jungfräulichkeit ist, nämlich, dass das Haupt der Jungfrau mit einem weißen Schleier bedeckt würde, wegen des schneeweißen Gewandes, das der Mensch im Paradies besaß und verloren hatte; und auf ihrem Haupt einen Reif („rota") aus drei Farben, die miteinander eine einzige <Farbe> bildeten – das bezeichnet die Heilige Dreifaltigkeit – dem sich vier Reifen anschließen; einer davon trägt vorn ein Lamm Gottes, rechts einen Cherubim und links einen Engel, hinten aber einen Menschen. Und das alles deutet („pendent") auf die Dreifaltigkeit. Dieses gegebene Zeichen wird Gott segnen, weil Er den ersten Menschen mit dem Glanz der Herrlichkeit bekleidet hatte. Und im Buch „Scivias" ist das ausführlich enthalten. Ich schrieb das Buch „Scivias" und die andern Bücher also in einer wahren Schau nieder und arbeite noch an diesem Werk. Auf zweierlei Weise – nämlich hinsichtlich des Leibes und der Seele – kenne ich mich selbst nicht und erachte mich gleichsam als Nichts. Und ich strecke mich nach dem lebendigen Gott aus und überlasse Ihm all das, damit Er, der weder Anfang noch Ende hat, mich bei all dem vor dem Bösen bewahre. Daher bitte auch du, der du nach diesen Worten verlangst, mit all denen, die sie gläubig hören möchten, für mich, nämlich, dass ich im Dienst Gottes glücklich ausharre.

5 „Die Wonne deiner Gegenwart" – in freundschaftlicher Zuneigung

Hildegard hat ein ausgedehntes Netzwerk an Gesprächspartnern unterhalten. Das belegt ihre umfangreiche Korrespondenz. Diese enthält nicht nur Dokumente von politischer und gesellschaftlicher Bedeutung, wie etwa Briefe an Könige und Päpste, sondern auch Briefwechsel, die von freundschaftlichen Beziehungen zeugen. Zu denen, die mit Hildegard in gegenseitig wertschätzender Freundschaft verbunden waren, gehörte Abt Philipp von Park, der seinerseits mit Wibert von Gembloux befreundet war. Die Prämonstratenserabtei Park befindet sich in der Nähe von Löwen im heutigen Belgien. Der Prämonstratenserorden entstand in der ersten Hälfte des 12. Jahrhunderts im Zuge der religiösen Reformbewegungen. Die Abtei Park wurde 1129 gegründet und Philipp war dort der zweite Abt. Offensichtlich kümmerte er sich um das geistige und das geistliche Wachstum seiner Gemeinschaft. Aus diesem Grund dürfte er auch das Werk *Wisse die Wege* von Hildegard für seine Klosterbibliothek abschreiben haben lassen. Diese Handschrift ist heute noch erhalten und wird in Brüssel, in der Bibliothèque Royale Albert I unter der Signatur Cod. 11568 aufbewahrt.

Der Briefwechsel zwischen Hildegard und Philipp besteht aus insgesamt vier Schreiben, von denen hier zwei präsentiert werden. In seinem Brief erzählt Philipp von seinem Besuch auf dem Rupertsberg und legt seine Motive offen dar: seine Zuneigung zu Hildegard und seine Sehnsucht nach einem persönlichen Austausch von Angesicht zu Angesicht. Hildegards Worte bekräftigen die herzliche Verbundenheit. Sie ermutigt Philipp in vertraulichem Ton zur Standhaftigkeit in seinem verantwortungsvollen Dienst, zugleich vertraut sie sich seinem Gebet an.

In diesem Briefwechsel lässt sich exemplarisch erahnen, was Freundschaft ausmacht. Gegenseitige Sympathie verbindet hier zwei Menschen, die sich miteinander geistlich und geistig austauschen, einander beim Tragen der Verantwortung ermutigen, Nöte und Sorgen miteinander teilen, einander Trost und Zuspruch schenken, füreinander beten. Offensichtlich ist aber auch bei einer Freundschaft, die grundsätzlich geistlich ausgerichtet ist, die persönliche Begegnung sehr wichtig: die spürbare Nähe des bzw. der Anderen, das einander Auge in Auge Schauen – die pure Freude daran, miteinander zu sein.

Briefe, 179r–180, S. 289–291.

Abt Philipp (Park) an Hildegard: Philipp, durch Gottes Gnade Abt der Gemeinschaft von St. Maria genannt, die sich in Park bei Löwen befindet, <wünscht> Hildegard von Bingen, der ehrwürdigen Meisterin der Mägde Gottes, das Gut des ewigen Heils.

Glaube, ehrwürdige Mutter, glaube, von Gott Geliebte, dass ich dich hoch geachtet habe, seitdem ich durch ein rühmliches Gerücht von deinen Tugenden, mit denen die göttliche Güte ihre Magd wunderbar verherrlicht hat, Kenntnis erhielt. Von dir handelte häufig unverdrossen meine Lobrede, du warst sehr oft der Betrachtungsstoff meines Herzens. Dafür zeugt die Mühe der Reise, die ich auf mich nahm, um dein verehrungswürdiges Antlitz, d. h. den Spiegel deines erleuchteten Geistes zu schauen und mit dir von Mund zu Mund sprechen zu können. Gott sei Dank, ich erlangte die Wonne deiner Gegenwart, die ich gesucht und <mir> so lange gewünscht hatte. Und du hast mir Unwürdigem die Begegnung („consortium") mit dir im Gespräch nicht verweigert.

Doch es schmerzt mich, dass ich meinen Brüdern willfahrte, die mit mir gekommen waren und keinen längeren Aufenthalt bei dir – wie ich es wollte – zuließen. Doch hoffe ich, mich noch deiner im Herrn zu erfreuen, ob in diesem Leben oder danach, wenn ich kraft deiner Gebete in die anmutigen Gefilde des Paradieses eingegangen bin. Bete daher, ehrwürdige Mutter, bitte für mich, der die Gnade Gottes in dir liebt und ehrt, und für die Gemeinschaft der Brüder und Schwestern, die ich zu leiten habe, damit uns der Herr Frieden und Eintracht gewähre, die Sünden nachlasse und uns beharrlich in seinem Dienst mache.

Bezüglich der Büßerin Ida aber gehorchte ich deinem Willen, den ich für Gottes Willen halte, und legte ihr eine Buße auf für die Sünde, die du ihr auf Gottes Offenbarung ungeschminkt („ad purum") enthüllt hast. Doch weil sie aus Altersschwäche entkräftet und von vorgeschriebenen Bußübungen schon lange Zeit aufgerieben ist, bitte ich, du möchtest ihr zu ihrer Erleichterung gewähren, was du erkennst und für ihre Seele nützlich erachtest. Lebe wohl.

Hildegard an Abt Philipp (Park): Der Glaube an Gott, den der Mensch durch die Einhauchung des Heiligen Geistes in brennendem Herzen trägt, ist gar herrlich, wenn er in der Umarmung wahrer Liebe das Unsichtbare wie das erfreuliche Sichtbare umfängt. So ist es auch löblich von dir, dass du dich aus Liebe zu Gott gewürdigt hast, mich schwache und ungelehrte Frau aufzusuchen und anzuhören. Ein Wind blies nämlich von einem hohen Berg und brachte mit seinem Wehen vor geschmückten Bürgern und Türmen eine kleine Feder in Bewegung, die aus sich selbst keine Fähigkeit zum Fliegen, sondern nur durch den Wind besaß. Zweifellos gedachte Gott dies zu tun, um zu zeigen, was Er durch ein Wesen („per rem"), das von sich nicht das geringste erwartete, zu wirken vermag.

Ihr aber, die ihr mannhaft im Prophetendienst steht, mit dem die Sorge des apostolischen Amtes verbunden ist, gewährt mir eure Gebetshilfe, damit ich in der Gnade Gottes zu verharren vermag. Ihr habt mich bis jetzt vor euch auf meinem Krankenlager daniederliegen sehen. Denn ich behielt keinerlei Sicherheit in mir und habe all meine Hoffnung und mein ganzes Vertrauen auf die Barmherzigkeit Gottes gesetzt.

Nun aber, o Vater, der du an Christi Stelle stehst, trage Sorge für die Schafe seiner Herde mit dem Stab der Gebote Gottes, mit denen du sie zurechtweisen und lenken sollst, damit sie sich nicht in Hochmut erheben. Dieses Laster gleicht einer Stadt, die keineswegs auf Fels gegründet ist und daher zusammenstürzt und zerstört wird, weil sie kein festes Fundament besaß. Salbe auch häufig die von irgendeinem Laster verwundeten Sünder mit dem Öl der Barmherzigkeit, damit sie nicht in der bösen Gewohnheit der Sünden übel riechen wie Lazarus, der vier Tage begraben war. Und richte unter all den Deinen das Horn des Heiles – d. h. der wahren Demut – auf. Diese Tugend gleicht einer saphirblauen Wolke, durch die die Sonne mächtig hindurchstrahlt. Dadurch ahmst du die wahre Sonne nach, den Sohn der Jungfrau, der in tiefster Demut zur Erde niederstieg und in ihr auch zur Rechten des Vaters aufstieg. Entferne von ihnen auch die böse Gewohnheit zu sündigen und bemühe dich, sie auf diese Weise wie ein Halsband mit Edelsteinen zu schmücken, damit ihr – du mit ihnen und sie mit dir – zur ewigen Freude gelangt.

Jetzt aber mache dich die Gnade des Heiligen Geistes zu einer Leuchte der wahren Liebe für den allmächtigen Gott, der dir auch für die Hilfe, die du mir an Leib und Seele erweist, ewigen Lohn zu verleihen geruhe.

6 Wie eine kleine Feder – und weitere Selbstbilder

Mit welchem Bild würde ich mein Leben ausdrücken? In welchem Gleichnis könnte ich die Erfahrungen von mir selbst einfassen? Diese Fragen haben auch Hildegard beschäftigt. Wie für die kosmischen Zusammenhänge und die heilsgeschichtlichen Ereignisse hat sie auch für ihr eigenes Dasein stimmige Bilder und Metaphern gefunden.

Drei Bilder sind besonders charakteristisch für Hildegard. Sie erfährt sich als eine kleine Feder, die vom Wind in die Höhe getragen wird. An diesem Bild faszinieren die Leichtigkeit und das vollständige Vertrauen auf die Kraft eines Größeren. Ähnliches drückt sich im Bild des Zeltes aus, in dem Hildegard die Begegnung mit der Wirkkraft Gottes als eine Berührung beschreibt. Berühmt geworden ist das Bild von Hildegard als Posaune Gottes. Meistens wird darin ein Symbol für ihr starkes Auftreten und ihre entschlossene Verkündigung erkannt. Liest man aber die Überlegungen von Hildegard selbst, dann wird deutlich, dass in diesem Bild dieselbe Erfahrung zum Ausdruck kommt wie schon bei der kleinen Feder: Nicht aus eigener Kraft ertönt die Posaune, sondern sie lässt sich in Dienst nehmen und die Stimme eines anderen durch sich selbst ertönen. In dieser Hingabe erfüllt sie ihre eigene Berufung.

Diesen Bildern ist gemeinsam, dass sie die Angewiesenheit nicht als Schwäche thematisieren. Vielmehr zeugt Hildegard davon, dass das Vertrauen auf Gottes Gnade eine beflügelnde Schwungkraft in das Leben bringt und ungeahnte Möglichkeiten zur Wirklichkeit werden lässt.

📖 **Briefe, 40r, S. 80–81 (Auszug).**

Hildegard an Odo von Soissons: Nun höre! Ein König saß auf seinem Thron und stellte hohe, sehr schöne Säulen mit kostbaren Ornamenten vor sich auf, die über dem elfenbeinernen Schmuckwerk angebracht waren. Sie trugen sehr würdevoll sämtliche königlichen Gewänder und zeigten sie von allen Seiten. Da gefiel es dem König, eine kleine Feder vom Boden aufzuheben und er gebot ihr, so zu fliegen, wie er, der König, es wollte. Eine Feder aber fliegt nicht von selbst, sondern die Luft trägt sie. So bin ich nicht mit menschlicher Gelehrsamkeit oder starken Kräften erfüllt, auch strotze ich nicht vor körperlicher Gesundheit, sondern ich halte mich an den Beistand Gottes.

📖 **Briefe, 8, S. 28 (Auszug).**

Hildegard an Papst Anastasius: Jener aber, der ohne Minderung groß ist, hat jetzt ein kleines Zelt berührt, damit es Wunder schaue, eine unbekannte Schrift schaffe und eine unbekannte Sprache erklingen lasse. Und man sagte ihm: Was du in der dir von oben offenbarten Sprache nicht in der gebräuchlichen menschlichen Ausdrucksweise vorbringen kannst – denn dieser Sprachgebrauch wurde dir nicht geschenkt –, soll der, welcher eine Feile hat, nicht versäumen, zu der für die Menschen geeigneten Redeweise zu glätten.

📖 **Briefe, 201r, S. 328 (Auszug).**

Hildegard an die Nonne Elisabeth (Schönau): Jetzt höre nochmals! Die danach verlangen, Gottes Werke zu vollbringen, mögen stets beachten, dass sie tönerne Gefäße sind – weil sie Menschen bleiben – und immer ihren Blick darauf richten, was sie sind und was sie sein werden. Das Himmlische sollen sie dem überlassen, der himmlisch ist, weil sie selbst Verbannte sind und das Himmlische nicht kennen. Vielmehr künden sie die Geheimnisse nur wie eine Posaune, die bloß den Ton von sich gibt und <ihn> nicht erzeugt. Aber ein anderer bläst hinein, damit sie einen Ton wiedergibt. Doch auch den Panzer des Glaubens sollen sie anlegen, sich mild, sanft, arm und erbärmlich zeigen, wie auch jenes Lamm es war, dessen Posaunenton sie sind, und auch die Gesinnung der Kindeseinfalt besitzen. Denn Gott züchtigt immer diejenigen, die seine Posaune blasen, und achtet darauf, dass ihr tönernes Gefäß nicht zugrunde geht, sondern Ihm wohl gefällt.

O Tochter! Gott macht dich zu einem Spiegel des Lebens. Aber auch ich, die ich im Kleinmut meines Herzens daniederliege, werde sehr häufig von ängstlicher Furcht gequält. Zuweilen erklinge ich ein wenig wie ein schwacher Posaunenton vom Lebendigen Licht. Daher helfe mir Gott, dass ich in seinem Dienst ausharre.

7 Inmitten von Krankheiten – ein beachtenswertes Zeugnis

Wer die Bedeutung der Bilder von Feder, kleinem Zelt und Posaune einfühlsam auskostet, versteht Hildegards Umgang mit dem Leiden. In ihrem Leben hatte sie genug Gelegenheit, Krankheit und Schmerz zu erfahren. Dreimal war sie lebensbedrohlich erkrankt, aber auch grundsätzlich beschreibt sie sich als eine von Gebrechen geschwächte Frau.

Hildegards Stärke liegt im Mut zur Schwachheit. Sie stellt sich tapfer den körperlichen Schmerzen und auch der seelischen Unsicherheit sowie dem Zweifel, ob sie ihre Aufgaben erfüllen kann. Durch die Annahme der eigenen Unzulänglichkeit öffnet sie sich für das Wirken von Gottes Kraft und wird dadurch erst recht befähigt, zur Erfüllung zu gelangen.

📖 **Das Buch vom Wirken Gottes, III. 5. 38, S. 387–388.**

Und wiederum hörte ich vom Himmel eine Stimme, die mich diese Worte lehrte: Jetzt sei Gott Lob in Seinem Werk, dem Menschen. Für seine Erlösung hat Er die gewaltigsten Kämpfe auf der Erde geführt und Er hat sich gewürdigt, ihn über die Himmel zu erheben, damit er zusammen mit den Engeln Sein Antlitz in jener Einheit lobt, in der Er wahrer Gott und wahrer Mensch ist.

Er, der allmächtige Gott, möge Sich aber würdigen, die armselige Frau, durch die Er diese Schrift herausgegeben hat, mit dem Öl Seiner Barmherzigkeit zu salben. Sie lebt ohne alle Sicherheit und besitzt auch nicht das Wissen, sich an den Schriften zu erbauen, die der Heilige Geist zur Unterweisung der Kirche offenbart hat und die wie die Mauern einer großen Stadt sind. Vom Tag ihrer Geburt an ist sie nämlich durch Krankheiten in Schmerzen wie in ein Netz verstrickt, sodass sie in all ihren Adern, ihrem Mark und ihrem Fleisch von dauernden Schmerzen gequält wird. Dennoch hat es Gott bis jetzt noch nicht gefallen, dass sie aufgelöst wird, weil sie durch die Kammer ihrer vernunftbegabten Seele bestimmte Geheimnisse Gottes auf geistige Weise schaut.

Die vorliegende Vision aber drang so durch die Adern dieser Frau, dass sie ihretwegen oft von tiefer Erschöpfung befallen wird, wobei sie jedoch bald leichter, bald schwerer an der Erschöpfung einer Krankheit litt. Deshalb hat sie auch eine Lebensweise, die von den verschiedenen Lebensweisen der Menschen abweicht, wie ein Kind, dessen Adern noch nicht so ausgereift sind, dass es die Lebensweise der Menschen unterscheiden könnte.

Mit der Inspiration des Heiligen Geistes ist nämlich ihr Wesen Dienen. Sie hat ihre leibliche Struktur von der Luft, weshalb ihr auch aus der Luft, vom Regen, vom Wind und jeder Witterung die Krankheit so eingeprägt ist, dass sie in keiner Weise eine körperliche Sicherheit in sich haben kann. Anders könnte die Inspiration des Heiligen Geistes nicht in ihr wohnen. Aber der

Geist Gottes weckte sie manchmal mit der großen Macht Seiner Güte aus dieser Krankheit gleichsam durch erquickenden Tau wie vom Tode auf, damit sie in ihrem Dienst mit der Inspiration des Heiligen Geistes in der Welt leben kann. Der allmächtige Gott aber, der jede Erschöpfung des Leidens dieser Frau wahrhaft erkannt hat, möge sich würdigen, Seine Gnade in ihr so zu vollenden, dass Seine Güte darin verherrlicht wird und ihre Seele, wenn sie aus dieser Welt gegangen ist, sich freuen darf, von Ihm in Milde in die ewige Herrlichkeit aufgenommen und gekrönt zu werden.

Aber das Buch des Lebens, das die Schrift des Wortes Gottes ist, durch das die ganze Schöpfung in Erscheinung trat und das Leben von allem nach dem Willen des ewigen Vaters aus sich aushauchte, wie Er es im Voraus angeordnet hatte, hat die vorliegende Schrift durch keine Gelehrsamkeit im menschlichen Wissen, sondern durch eine einfache, ungebildete Frauengestalt auf wunderbare Weise mitgeteilt, wie es Sein Wille war.

Daher soll kein Mensch so kühn sein, dass er den Worten dieser Schrift etwas durch Erweiterung hinzufügt oder durch Kürzung wegnimmt, damit er nicht aus dem Buch des Lebens und aus aller Glückseligkeit, die unter der Sonne ist, getilgt wird, außer es geschieht wegen des Ausfeilens von Worten oder Ausdrücken, die durch die Inspiration des Heiligen Geistes auf einfache Weise hervorgebracht wurden. Wer es sich anders anmaßt, sündigt gegen den Heiligen Geist. Deshalb wird ihm weder hier noch in der künftigen Welt vergeben werden.

Nun sei wiederum Lob dem allmächtigen Gott in all Seinen Werken vor der Zeit und in der Zeit, denn Er ist der Erste und der Letzte. Diese Worte aber sollen die Gläubigen in der demütigen Liebe ihres Herzens aufnehmen, weil sie zum Nutzen der Gläubigen mitgeteilt sind von Ihm, der der Erste und der Letzte ist.

8 Unterstützt von Freunden – ein dankbarer Rückblick

Wenn etwas Großes entsteht, dann ist das meist nicht das Werk eines einzigen Menschen allein, sei er noch so begabt. Wieviel Rat und Ermutigung, tatkräftige Unterstützung und vielfältige Hilfeleistung ein Mensch braucht, um etwas wertvoll Bleibendes hervorbringen zu können! Auch Hildegard war sich dessen bewusst. In der Annahme ihrer Schwachheit wusste sie sich von der Gnade Gottes getragen. Zugleich schätzte sie den Beistand, den ihr befreundete

Menschen gaben. Sie vergaß nie, was sie ihren Gefährten zu verdanken hatte.

Am Ende ihres letzten umfangreichen Werkes, des *Buches vom Wirken Gottes*, fügt Hildegard eine sehr persönliche Notiz, einen Epilog, hinzu. Voller Dankbarkeit gedenkt sie all derer, die ihr bei der Erfüllung ihres Auftrags, der Niederschrift ihrer Visionen, geholfen haben. An erster Stelle gedenkt Hildegard Volmar, der ihr seit ihren jungen Jahren auf dem Disibodenberg beistand. Schon in der „Protestificatio", zu Beginn ihres Erstlingswerkes (Text Nr. 1), charakterisiert Hildegard Volmar als einen zuverlässigen Menschen, mit dem sie sich sowohl in den Idealen des gottgeweihten Lebens als auch in der Verwirklichung ihres Auftrags verbunden fühlte. Diese hohe Wertschätzung für Volmar drückt sie nun zu Ende ihres Spätwerkes ebenso aus. Sein Tod im Jahre 1173 brachte einen schmerzlichen Einschnitt in Hildegards Leben. In dieser Trauer durfte sie jedoch wiederum Trost von zugeneigten Menschen empfangen. Namentlich erwähnt sie im Epilog Abt Ludwig von St. Eucharius in Trier († 1188). Die gute Beziehung zwischen ihm und Hildegard wird auf wiederholte Weise bestätigt. Auf Hildegards Rat übernahm Abt Ludwig zusätzlich auch die Leitung des Klosters Echternach von 1173 bis 1181. Er ließ zudem Hildegards Werke für sein Kloster in Trier anschaffen. Über ihren Tod hinaus erwies er ihr die Ehre dadurch, dass er zusammen mit seinem Nachfolger, Abt Gottfried von Echternach, die Verfassung der Biographie Hildegards beauftragte (siehe Texte Nr. 95–101). Die dritte Person, die Hildegard im Epilog nennt, ist ihr Neffe Wezelin, Propst von St. Andreas in Köln († 1185). Auch er verehrte Hildegard auf innigste Weise und gehörte zu ihren Vertrauten. Ihm verdankte Hildegard neben der literarischen Hilfe auch die Schlichtung des Konflikts mit den Mönchen auf dem Disibodenberg. Dieser Streit entstand, als sich der Abt und der Konvent von Disibodenberg nach Volmars Tod weigerten, einen Geistlichen vom Disibodenberg zur geistlichen Betreuung von Hildegards Nonnenkonvent auf dem Rupertsberg als Nachfolger Volmars zur Verfügung zu stellen. Papst Alexander III. beauftragte Wezelin aufgrund seiner menschlichen und diplomatischen Fähigkeiten, Hildegard zu helfen, welchen Auftrag er erfolgreich erfüllte. Die Lösung des Problems bestand darin, dass der Mönch Gottfried von Disibodenberg als Geistlicher auf dem Rupertsberg eingesetzt wurde.

Für alle diese Menschen, deren Zuwendung Hildegard erfahren konnte, erbittet sie das Größte, das sie nur wünschen kann: Freude ohne Ende. Mit diesem Epilog bringt sie uns zugleich jenes Wort bei, das nach jedem Gelingen und jedem überstandenen Schmerz allein angemessen klingt: Dank.

📖 **Das Buch vom Wirken Gottes, Epilog, S. 390–391.**

In jener Zeit, als ich in der wahren Vision mich mit der Niederschrift dieses Buches abmühte, wobei mir ein frommer und in der Beobachtung der Regel des Heiligen Benedikt gottesfürchtiger Mönch behilflich war, durchbohrte Traurigkeit meine Seele und meinen Leib, weil ich dieses gesegneten Mannes durch das Los des Todes in dieser Welt beraubt und von ihm getrennt wurde.

Er hörte nämlich als Dienst an Gott alle Worte dieser Vision mit großem Eifer und ohne Unterbrechung der Arbeit an und erörterte sie beim Verbessern. Er mahnte mich stets, nicht wegen irgendeiner körperlichen Schwäche es aufzugeben, Tag und Nacht an dem, was mir in dieser Vision gezeigt wurde, durch Aufschreiben zu arbeiten. So tat er es bis zu seinem Lebensende und konnte sich nie an den Worten dieser Visionen sättigen. Daher rief ich nach seinem Tod mit klagender Stimme zu Gott mit diesen Worten: Oh mein Gott, der Du an Deinem Diener, den Du mir als Helfer für diese Visionen gegeben hast, so gehandelt hast, wie es Dir gefiel, steh mir jetzt bei, wie es Dir gebührt!

Da wurde der bei Gott und den Menschen hoch geachtete und weise Mann Ludwig, der Abt von St. Eucharius in Trier, von großem Mitleid über meinen Schmerz bewegt. Er bot mir durch sich selbst und durch andere weise Männer mit beharrlichen Bitten freimütig Hilfe an. Und weil er selbst den erwähnten seligen Mann und mich und meine Visionen schon vorher gut kannte, freute ich mich unter Tränen und Seufzen, als ob ich ihn von Gott bekommen hätte. Auch der Adlige Wezelin, der Propst von St. Andreas in Köln, der in großer Standhaftigkeit vor Gott und den Menschen einen ehrenhaften Lebenswandel führte und in heiligem Verlangen sich mühte, gute Werke zu vollbringen, hörte mit aufmerksamem Eifer den gesamten Wortlaut dieser Visionen und schrieb ihn auf. Auch dieser selige Mann stand mir in meinem ganzen Schmerz und meiner Verlassenheit selbst und durch andere weise Männer tröstend bei. Er hörte alle Worte dieser Visionen ohne Überdruss gläubig an und schätzte sie, weil sie für ihn süßer waren als Honig und Honigseim. Und so ist durch die Gnade Gottes mit Hilfe der genannten ehrwürdigen Männer die Niederschrift dieses Buches vollendet worden.

Ich aber hörte vom lebendigen Licht, das mich in diesen Visionen unterwies, eine Stimme, die so sprach: Denen, die den einfältigen Menschen bei der Niederschrift Meiner Visionen unterstützten und trösteten, werde Ich Anteil geben am Lohn für ihre Mühen. Und ich armselige Frau, die in dieser Vision unterwiesen wurde, sprach: Mein Herr, mögest Du allen, die mir, die ich unter großer Furcht litt, bei den Visionen, die Du mir von Kindheit an eingeprägt hast, mit dem Trost beistanden, den Lohn der ewigen Herrlichkeit im himmlischen Jerusalem schenken, sodass sie sich ohne Ende durch Dich in Dir freuen.

II. Vorspiel zum Heil

Jedes ihrer Werke beginnt Hildegard mit einer programmatischen Vision. Darin gelingt es ihr, unsere erfahrbare Welt – die Natur und die natürlichen Vorgänge, die Geschichte und das menschliche Leben – in die große Perspektive Gottes zu stellen. So können wir verstehen, dass die Natur Gottes geliebte Schöpfung ist, dass die natürlichen Vorgänge vom göttlichen Wirken in Bewegung gesetzt und gehalten sind, dass die Geschichte dem Heilsplan Gottes folgt und dass unser Leben in Gottes Gnade geborgen ist. Der Beginn eines jeden Werkes Hildegards fungiert als eine Ouvertüre, die uns auf je neue Weise auf die unfassbare Liebe Gottes einstimmt. Im Folgenden schlagen wir die ersten Blätter der Werke Hildegards auf und lassen uns in den großen Horizont der Gotteswahrnehmung einführen.

9 Unbegreiflichkeit und Zugewandtheit – Gottes Beziehung zu den Menschen

Die Lichtgestalt in der ersten Vision von *Wisse die Wege* ist ein starkes Gottesbild. Das so stark blendend leuchtende Licht, dass von der Gestalt keine nähere Beschreibung möglich ist, drückt bildhaft aus, dass Gott da, aber für uns Menschen unfassbar ist. Jeder Versuch, Gott zu begreifen, muss scheitern. In der Erkenntnis der Unbegreiflichkeit Gottes liegt der Anfang der Gotteserkenntnis. Jede Offenbarung Gottes ist zugleich eine Verhüllung – blendendes Licht.

Der unbegreifliche Gott ist uns Menschen dennoch unendlich gütig zugewandt. Dies zeigt sich im Bild ebenso. Von der Lichtgestalt breiten sich Schatten wie Flügel aus. Das Licht lässt sich beschränken, und durch diesen Schatten wird es den Menschen zugänglich. Dieser Schatten gestaltet sich zu Flügeln, die bergen und schützend beschirmen. In diesem Bild klingt ein Psalm an: „Wer im Schutz des Höchsten wohnt, der ruht im Schatten des Allmächtigen. Ich sage zum Herrn: Du meine Zuflucht und meine Burg, mein Gott, auf den ich vertraue … Er beschirmt dich mit seinen

Flügeln, unter seinen Schwingen findest du Zuflucht, Schild und Schutz ist seine Treue" (Psalm 91,1–4).

Gott mutet dem Menschen seine Unbegreiflichkeit zu und umgibt ihn zugleich mit seinem Schutz. Damit setzt sich Gott in Beziehung zu uns Menschen. Eine Beziehung verlangt aber Erwiderung. Die menschliche Antwort wird in der Vision durch die zwei Gestalten, die vor der Lichtgestalt am Fuße des Berges stehen, dargestellt. Die eine Gestalt voller Augen versinnbildlicht jenen Menschen, der voller Aufmerksamkeit, voller Wachsamkeit und voller Offenheit für die Zuwendung Gottes ist. Mit biblischer Sprache wird diese Haltung „Gottesfurcht" genannt. Die zweite Gestalt, auf deren Haupt eine große Helligkeit von der Lichtgestalt fällt, zeigt die Erfülltheit. Wenn diese Gestalt Armut im Geiste genannt wird, dann wird deutlich, dass Armut nicht als ein Mangel verstanden werden kann, sondern als ein Freisein für eine größere Gabe aufgefasst werden muss. Im Evangelium wird den Armen im Geiste in der ersten Seligpreisung das Himmelreich verheißen (Matthäus 5,3).

Gottesfurcht und Armut im Geiste stellen zwei Anfangstugenden dar. In der christlichen Tradition gilt die Gottesfurcht als erste der sieben Gaben des Heiligen Geistes, deren Erfüllung die Weisheit ist (vgl. Jesaja 11,2 und Psalm 111,10); der Armut im Geiste gilt, wie erwähnt, die erste der acht Seligpreisungen (Matthäus 5,3–10). Beide Gestalten zeigen sehr plastisch jene Haltungen, die zu Beginn auf unserem Weg zum Heil, einem erfüllten, gelingenden Leben, vonnöten sind: Aufmerksamkeit und Freisein – Achtsamkeit und Offenheit.

📖 Wisse die Wege, I. 1, S. 18–21.

Ich sah gleichsam einen großen eisenfarbenen Berg und auf ihm Einen von solcher Herrlichkeit sitzen, dass sein Glanz meine Augen blendete. Von seinen beiden Seiten erhob sich ein sanfter Schatten wie Flügel von erstaunlicher Breite und Länge. Und vor ihm am Fuße dieses Berges stand ein Wesen, über und über mit Augen bedeckt. Wegen dieser Augen konnte ich an ihm keine menschliche Gestalt erkennen, und vor ihm eine andere Gestalt im Kindesalter mit mattfarbenem Gewand, doch mit weißen Schuhen. Auf ihr Haupt fiel von dem, der auf dem Berg saß, ein so heller Glanz, dass ich ihr Antlitz nicht anzuschauen vermochte. Doch von dem, der auf dem Berg saß, gingen viele lebendige Funken aus, die diese beiden Gestalten mit großer Anmut umflogen. In dem Berg selbst aber waren sehr viele kleine Fenster zu sehen, in denen teils bleiche, teils weiße Köpfe von Menschen erschienen.

Und siehe, der auf dem Berg saß, rief mit gewaltiger, durchdringender Stimme und sprach: „O du Menschenfrau, gebrechlich bist du vom Staub der Erde und Asche von Asche, rufe und verkünde vom Zugang zur unvergänglichen Erlösung, damit die belehrt werden, die den innersten Kern der Schriften kennen, ihn jedoch nicht aussagen und verkünden wollen, weil sie lau und stumpf zur Beobachtung der Gerechtigkeit Gottes sind. Ihnen eröffne ich die verschlossenen Geheimnisse, die sie selbst furchtsam in einem versteckten Acker ohne Frucht verbergen. Also ergieße dich in einen überfließenden Quell und verströme dich so in geheimnisvoller Lehre, dass durch die Flut deiner Bewässerung jene aufgerüttelt werden, die dich wegen der Übertretungen Evas für verächtlich halten wollen. Denn du nimmst die Schärfe dieses tiefen Sinnes nicht von einem Menschen, sondern du empfängst sie von dem himmlischen und furchtgebietenden Richter aus der Höhe, wo diese Herrlichkeit in hellem Licht unter den Leuchtenden stark aufstrahlen wird. Erhebe dich also, rufe und verkünde, was dir durch die mächtige Kraft des göttlichen Beistandes offenbart wird; denn er, der seine ganze Schöpfung kraftvoll und gütig regiert, durchströmt die mit dem Licht himmlischer Erleuchtung, die ihn fürchten und ihm in süßer Liebe im Geist der Demut dienen, und wenn sie auf dem Weg der Gerechtigkeit ausharren, führt er sie zu den Freuden der ewigen Schau."

Wie du siehst, bezeichnet deshalb auch dieser große, eisenfarbene Berg die Stärke und den Bestand der Ewigkeit des Gottesreiches, das durch keinen Ansturm der dahinschwindenden Veränderlichkeit vernichtet werden kann. Der auf dem Berg in solcher Herrlichkeit sitzt, dass ihr Glanz deine Augen blendet, zeigt im Reich der Seligkeit Ihn, der im Glanz des unvergänglichen Lichtes über den gesamten Erdkreis herrscht; in seiner himmlischen Gottheit ist er unfassbar für den Menschengeist. Von seinen beiden Seiten erhebt sich ein lichter Schatten wie Flügel von erstaunlicher Breite und Länge: Das ist sowohl in Ermahnung als auch in Züchtigung der gütige, milde Schutz der segensreichen Verteidigung, der gerecht und gütig in der Beständigkeit der wahren Geduld auf die unaussprechliche Gerechtigkeit hinweist.

Und vor ihm, am Fuße des Berges, steht eine Gestalt, über und über mit Augen bedeckt. Es ist die Furcht des Herrn, die vor den Augen Gottes in Demut auf das Reich Gottes blickt; umgeben von Klarheit der guten und gerechten Absicht, bewirkt sie in den Menschen Eifer und Beständigkeit. Sodass du wegen dieser Augen an ihr kein menschliches Aussehen erkennen kannst.

Denn mit der scharfen Schneide ihres Blickes vertreibt sie alles Vergessen der göttlichen Gerechtigkeit, das die Menschen oft im Widerwillen ihres Herzens spüren, weil das menschliche Bemühen in seiner Schwäche ihre Wachsamkeit nicht vereitelt.

Daher erscheint vor ihr eine andere Gestalt im Kindesalter mit mattfarbenem Gewand, doch mit weißen Schuhen. Denn wenn die Furcht des Herrn vorausgeht, folgen ihr die Armen im Geiste nach, weil die Furcht des Herrn in der Hingabe an die Demut ein starker Halt für die Glückseligkeit der Armut im Geiste ist, die nicht nach Prahlerei noch nach Überheblichkeit des Herzens strebt, sondern die Einfalt und Nüchternheit des Geistes liebt. Sie schreibt wie in der Schwäche der Unterwerfung nicht sich, sondern Gott ihre gerechten Werke zu, gleichsam die Umhüllung ihres blassfarbenen Gewandes, und folgt treu den lichten Spuren des Gottessohnes. Auf ihr Haupt fällt ein so heller Glanz von dem, der auf dem Berg sitzt, dass du ihr Antlitz nicht anzuschauen vermagst; denn die so große Strahlkraft der Heimsuchung durch Ihn, der ruhmvoll über die gesamte Schöpfung herrscht, verströmt die Macht und Stärke dieser Seligkeit so reich, dass du in deiner sterblichen schwachen Betrachtung seine Absicht nicht erfassen kannst; denn Er, der den himmlischen Reichtum besitzt, hat sich demütig der Armut unterworfen.

Dass aber von dem, der auf dem Berg sitzt, viele lebendige Funken ausgehen, die diese beiden Gestalten mit großer Anmut umfliegen, bedeutet: Vom allmächtigen Gott gehen verschiedene überaus starke Tugenden aus, in göttlicher Klarheit leuchtend. Sie umgeben jene, die Gott wahrhaft fürchten und die Armut im Geiste treu lieben, mit ihrer Hilfe und ihrem Schutz, umfangen sie glühend und gewinnen sie.

Deshalb sind auch in dem Berg selbst viele kleine Fenster zu sehen, in denen teils bleiche, teils weiße Köpfe von Menschen erscheinen. Denn in der erhabenen Höhe der tiefen und scharfen Erkenntnis Gottes können die Absichten der Menschen weder verheimlicht noch verborgen werden, da sie sehr oft Lauheit und Redlichkeit an sich selbst zu erkennen geben; denn bald sind die Menschen in ihren Herzen und Taten müde und schlafen in Schmach, bald werden sie durch Ehre angestachelt und erwachen. So bezeugt es nach meinem Willen Salomo, wenn er sagt: „Die lässige Hand macht arm, die Hand der Starken erwirbt Reichtum" (Buch der Sprichwörter 10,4). Das heißt: Schwach und arm hat sich der Mensch gemacht, der nicht Gerechtigkeit üben noch die Ungerechtigkeit vernichten noch Schuld erlassen wollte; denn er blieb untätig gegenüber den wunderbaren Werken der Seligkeit. Wer aber die kraftvollen Werke des Heils tut, indem er den Weg der Wahrheit läuft, erreicht den Quell der ausströmenden Herrlichkeit, aus dem er den kostbarsten Reichtum auf Erden und im Himmel für sich gewinnt.

Daher soll jeder, der Erkenntnis im Heiligen Geist und Flügel im Glauben hat, diese meine Mahnungen nicht übergehen, sondern soll sie annehmen, indem er sie im Verkosten seiner Seele umfasst.

10 Der alles Fassungsvermögen übersteigt, ist Herr über Kosmos und Geschichte

Im Mittelpunkt der Vision im *Buch der Lebensverdienste* steht ein Mann, der in seinem Symbolcharakter auf das Absolute hinweist. In der Auslegung teilt Hildegard lapidar mit, dass dieser Mann in ihrer Schau Gott bedeutet. Mit dieser Bezeichnung macht Hildegard jedoch keine Aussage über das Geschlecht Gottes. Vielmehr versteht sie das lateinische Wort für „Mann" („vir") als Bild für jene absolute Vitalität, die Gott ausstrahlt: Gott als „vir" ist der Ursprung aller Lebenskraft („vis") und jeglicher Zeugungskraft („viriditas"), aus ihm kommt alles Leben („vita") und er gibt jene Kräfte („virtutes") in Fülle, die den Sieg des Guten vollbringen.

Wie die Visionsgestalt des Mannes über sich hinaus auf den unbegreiflichen Gott verweist, so sprengt auch der Kosmos, der den Mann in Hildegards Schau umhüllt, den Rahmen des geschaffenen Weltalls. Die Schichten des Universums, von den höchsten Wolken des Himmels bis hinab in den Abgrund, werden als die Epochen der Heilsgeschichte gedeutet. Der Kosmos wird aber nicht nur für die zeitlich erfassbare Heilsgeschichte zum Symbolbild, sondern auch für das Geheimnis vor und nach der Zeit: für das „Voranfängliche" der Welt („ante principium mundi") und für das „Nachzeitliche" der Geschichte.

Der unbegreifliche Gott geht mit uns Menschen auf eine Geschichte ein, indem er, der alles menschliche Fassungsvermögen übersteigt, sich unserer Auffassungskraft entsprechend mitteilt. Hildegard erkennt drei Epochen der Selbstoffenbarung Gottes in der uns zugänglichen Geschichte: Von der Erschaffung der Welt an hat Gott die Menschheit auf sein Kommen vorbereitet. Diese Epoche nennt Hildegard die Zeit des „alten Gesetzes", in der Gott – bildlich ausgedrückt – den Klang seines Wortes vorausschickte, ähnlich wie eine sich nähernde Person ihren Schatten vorauswirft. Mit seiner Menschwerdung, der höchsten Offenbarung Gottes, hat sich Gott in seinem eigenen Wort ausgesprochen. Diese Epoche hat das „neue Gesetz" gebracht. Darauf folgt die dritte Epoche, in der ein neues Volk berufen wird, das auf der ganzen Welt das Evangelium verbreitet. Diese Epoche wird zwar von Bedrängnissen und Kämpfen gegen das Böse gezeichnet. Im Vertrauen auf Gottes Verheißung darf das neue Volk aber der Vollendung entgegenharren. Dann wird „sein" Volk in den „himmlischen Wohnungen" – ein Symbol für Gottes bergende Liebe – aufgenommen werden.

📖 **Das Buch der Lebensverdienste, I. Vision; 18–20; 23–24; 27–33; 35–36, S. 46; 56; 57–58; 59–62; 64.**

Und ich sah einen Mann von so großem Wuchs, dass seine Gestalt von den höchsten Wolken des Himmels bis in den Abgrund reichte: Von seinen Schultern aufwärts war er über den Wolken von heiterstem Äther umgeben, von seinen Schultern nach unten bis zu seinen Schenkeln unter jenen Wolken von einer blendenden Wolke; von seinen Schenkeln bis zu seinen Knien befand er sich in der irdischen Luft, von seinen Knien bis zu seinen Waden in der Erde, von den Waden nach unten bis zu den Fußsohlen in den Wassern des Abgrunds, und zwar so, dass er über dem Abgrund stand. Er wandte sich nach Osten, so dass er sowohl nach Osten als auch nach Süden schaute. Sein Gesicht aber leuchtete in einer so großen Helle, dass ich es nicht vollkommen anschauen konnte.

Obwohl der Mensch über viele Kenntnisse verfügt, kann er weder Gottes Werke zählen, noch diejenigen, die den Himmel besitzen werden. Denn wie Gottes Wunder unzählbar sind, so sind auch jene unzählbar, die durch diese Wunder die himmlischen Wohnungen erlangen. Aber auch diejenigen sind nicht zu zählen, die, durch die Einflüsterungen des Teufels verführt, mit ihm wohnen werden. Gott weiß jedoch um die Zahl aller.

Denn in Gott gibt es überaus viele Geheimnisse, die er niemandem offenbart, wie sie sind, sondern nur teilweise und je nachdem, wie es ihm gefällt und wie er es will. Er allein kennt alles, wie auch alles, was er gemacht hat, zusammenhält und bewahrt, denn er ist in allem nach seiner Gnadenordnung da. Dies bezeugt auch die gegenwärtige Vision, die du siehst.

Der Mann nämlich, der von so großem Wuchs ist, dass seine Gestalt von den höchsten Wolken des Himmels bis in den Abgrund reicht, bedeutet Gott.

Er wird zu Recht Mann („vir") genannt, denn alle Kraft („vis") und alles, was lebt („vivunt"), gehen aus ihm hervor.

Dieser Mann ist aber von so großem Wuchs, dass sich seine Größe vom Anfang der Schöpfung bis zum Ende der Welt erstreckt. Denn der Mensch kann von dem Moment an, da er erschaffen ist, bis zu seinem Ende Aussagen machen; was aber vor ihm war und was nach ihm sein wird, das kann er nicht erkennen. Nur Gott allein hat weder Anfang noch Ende.

Daher ist dieser Mann von seinen Schultern aufwärts über den Wolken von heiterstem Äther umgeben, denn was vor dem Anfang der Welt war, kennt Gott allein im Geheimnis der göttlichen Klarheit. Gott ist nämlich über alles und in allem erhaben, so dass weder die Engel noch die Seelen der Gerechten ihn an ein Ende führen können. Aus ihm gehen alle lebendigen Wesen hervor, während er selbst keinen Ursprungsanfang hat, sondern allein in sich bestehen bleibt. Denn er lebt in sich, ist mächtig in sich und erkennt in sich. Der, der lebt und mächtig ist und erkennt, ist Gott; durch diese drei Kräfte sind alle Werke Gottes geordnet und vollendet, und in ihm haben seine Werke die Fähigkeit zu wirken.

Dass aber der Mann von seinen Schultern nach unten bis zu seinen Schenkeln unter jenen Wolken von einer blendenden Wolke umgeben ist, bedeutet, dass Gott vom Aufgang der Schöpfung bis zum wahren Aufgang, als die Wahrheit aus der Erde hervorgesprossen ist, im Geheimnis seiner Gottheit viele Wunder im Glanz seiner Ehre umfasste, von denen er einige offenbarte, andere aber verhüllte – denn Gottes Wille ist in der Ordnung und der Bewahrung der heiligen Seelen hell, und er ist strahlend im verborgenen und geistlichen Leben –, es ist aber unmöglich, dass der menschlichen Erkenntnis alles geoffenbart wird.

Doch hat Gott wie unterhalb seiner Schultern im Menschen eine Art Kriegsdienst errichtet, als er ihm die alten Gesetzesvorschriften auferlegte, die gleichsam der Klang des Wortes, jedoch nicht das Wort selbst waren. Man hört ja zuerst den Klang eines Wortes, versteht aber erst danach das Wort selbst. So war auch das alte Gesetz der Klang und der Schatten des Wortes, bis dann das Wort, das heißt Christus, erschienen ist.

Von seinen Schenkeln bis zu seinen Knien befindet sich der Mann in der irdischen Luft, denn wie alles Fleischliche aus dem Schenkel hervorgeht und von den Knien gehalten und befördert wird, so wird alles Geschaffene von Gott getragen und durch die feurige Glut und die feuchte Luft, in der das sichtbare Leben aller Körper gedeiht, ernährt. Und so wird auch das neue Volk, das aus der wahren Keuschheit emporsteigt und zur tragenden Stärke heranwächst, wodurch es allen sichtbar wird, obwohl es im Irdischen erscheint, in aller Milde der Wunder und der Kräfte im richtigen Maß gefestigt. Als sich nämlich die Gottheit mit der Jungfrau verbunden hat, wurde das Wort durch die Eingebung des Heiligen Geistes in seiner Menschheit erkannt, was das neue Gesetz zeigt. Und dort trafen Klang und Wort aufeinander, wo das alte und das neue Gesetz übereinstimmten.

Wie das alte Gesetz mit Schatten verhüllt war, das neue aber offen sieht, so haben auch die Seelen der Heiligen, die ihrer Wohnungen entblößt sind, gleich der Zeit des alten Gesetzes, noch nicht die vollkommene Freude, denn sie sehen noch nicht vollkommen das Angesicht des Vaters; es ist nämlich unmöglich, dass ein getrennter Teil das vollkommen sehen könnte, was ungeteilt ist. Wenn sie aber ihre Wohnungen wiedererlangt haben werden und selbst ungeteilt sein werden, dann werden sie das vollkommen sehen, was ungeteilt ist. Von da an werden sie keiner Änderung mehr unterworfen sein, ähnlich wie das neue Gesetz das vollkommen sieht, was das alte Gesetz unter dem Schatten nicht zu erkennen vermochte, und es wird sich nie mehr ändern.

Der Mann befindet sich von seinen Knien bis zu seinen Waden in der Erde, denn wie die Knie den Menschen tragen und wie seine Waden den Füßen Kraft verleihen, so bewegt auch Gott alles fort, kräftigt alles und gibt der Erde Festigkeit, damit auch sie die anderen Geschöpfe halten kann, denn sie ist die Stärke der anderen Naturen. Die Erde ist nämlich für die restlichen Geschöpfe wie die Knie und die Waden; denn wie die Räder und die Achse den Wagen in Bewegung setzen, so die Erde die übrigen Geschöpfe. Sie führt das Wasser hierher und dorthin, damit es fließt, denn wenn die Erde nicht zwischen die Luft und das Wasser gesetzt wäre, könnte die Luft das Wasser nicht strömen lassen.

Wie sich aber die Knie bisweilen beugen und dabei doch von den Waden gestützt werden, so wird auch die Erde durch die Geschöpfe manchmal in einen anderen Zustand geführt, wenn sie ihrer eigenen Bestimmung nicht richtig folgt. Dennoch bricht sie nicht zusammen, weil Gottes Stärke sie in ihrer rechten Weise wiederherstellt.

So ist es auch mit der Berufung des neuen Volkes, die auf dem ganzen Erdkreis mit der Verbreitung des Evangeliums ans Licht gekommen ist und in dieser Offenbarung gestärkt wurde. Das neue Volk wird in vielen Bedrängnissen von Schweiß durchnässt, wenn seine Knie angesichts des Antichrist erschüttert werden. Da es jedoch in seinen Waden stark ist, wird es nicht stürzen, denn es vertraut seinem Haupt. Denn wie sein Haupt in den irdischen Elementen ohne Sünde wandelte und sich in seinem Leiden, als es anders wurde, als es vorher den Menschen erschienen war, von den Menschen abwandte, so beugen sich auch die Knie. Wie das Haupt aber in seiner Kraft unaufhörlich bestehen bleibt, so wird auch die Kirche, die im neuen Gesetz wandelt, im bösen Verderber bisweilen zwar gebeugt werden, aber sie wird ihre Kräfte zurückgewinnen und so unbesiegbar ausharren.

Dass aber der Mann sich von seinen Waden nach unten bis zu den Fußsohlen in den Wassern des Abgrunds befindet, und zwar so, dass er über dem Abgrund steht, bedeutet, dass Gottes Stärke und das wunderbare Leben im Verborgenen – gleichsam auf Fußsohlen, die nicht zu sehen sind, das heißt in jenen Geheimnissen, die für den Menschen nicht zu erkennen sind – wie in den Wassern des Abgrunds sind. Denn wie es in den oberen Bereichen vieles gibt, was nicht erkannt werden kann, so gibt es auch in den unteren Bereichen des Abgrunds vieles, wodurch die Wasser gefestigt werden, was jedoch der Mensch nicht erkennen kann. Denn alles, was unter der Erde ist, hält Gott in seiner Macht, er regiert es und beurteilt es und er entscheidet über das unterweltliche Gericht. Es gibt nichts, was er nicht in seiner Macht hält.

Daher steht Gott fest in diesen seinen Geheimnissen, weil er seine Geheimnisse niemandem vollkommen offenbart, sondern er ruht darin, wie der Mensch auf seinen Fußsohlen, und zwar in der Weise, wie er am siebten Tag von seinem ganzen Werk ausruhte. Auch die Berufung des neuen Volkes, die ihre Stärke angesichts des Antichrist nicht verliert, sondern sie bis zum guten Ende von Gottes Wundern, die der Mensch nicht erkennen kann, bewahrt, ruht, gleichsam auf den Fußsohlen stehend, in diesen Wundern bis zum Jüngsten Tag und wird nicht mehr wanken, weil ihre Schwäche dort ein Ende finden wird.

Denn wie niemand den Abgrund erforschen kann, so kann auch kein Mensch wissen, was nach dem Ende des verlorenen Menschen geschehen wird.

Und dieser Mann wendet sich nach Osten, so dass er sowohl nach Osten als auch nach Süden schaut, denn Gott hat im Anfang der Welt die Geschöpfe wie die strahlende Sonne aufgehen lassen. Er hat sie nicht nur hervorgebracht, sondern sie auch in Vollkommenheit, gleichsam im Süden, vervielfacht, als er auch den Menschen, der den guten Anfang empfangen hat, dann jedoch von ihm in das Böse gestürzt ist, nicht nur in seine ursprüngliche Form umgestaltet, sondern in ihm auch größere Kräfte der Heiligkeit kundgetan hat.

Dass sein Gesicht aber in einer so großen Helle leuchtet, dass du es nicht vollkommen anschauen kannst, bedeutet, dass die heilige Gottheit so glühend und so leuchtend in aller Güte und Gerechtigkeit ist, dass niemand sie zu erforschen vermag. Denn es gibt keinen Gott außer Gott, und niemand ist ihm in seinen Werken ähnlich, denn er ist allein Gott in seinen Wundern, die genauso, wie auch er selbst, unbegreiflich sind. Er ist nämlich jenes Feuer, von dem die Engel glühen und leben; und er ist jene Klarheit, aus der die vielen Geheimnisse hervorgehen, die tief in sich das Leben der Wunderwerke haben, das in Gott ist. Jene Wunderwerke sind aber über jegliche Zahl bestimmt, die es im Himmel, auf der Erde und im Abgrund gibt.

11 Die feurige Kraft der Liebe

Die wunderbare Gestalt, die Hildegard zu Beginn ihres dritten Hauptwerkes, des *Buches vom Wirken Gottes*, einführt, gibt sich als das Leben schlechthin zu erkennen. In ihrer feurigen Rede verkündet sie mit nachdrücklichen Worten, dass sie die höchste flammende Kraft, das schöpferische Leben der göttlichen Wesenheit, das vollständige Leben, das gleichbleibende Leben in Ewigkeit ist. Ja, ein Leben in Fülle, voll kreativer Weisheit, kraftvoll und unvergänglich. Hildegard nennt diese Gestalt Liebe. Damit verbinden sich Liebe und Leben wesenhaft zu einer einzigen Wirklichkeit. Diese Gestalt der Liebe offenbart uns, dass das Prinzip des Lebens die Liebe ist. In den wiederholten Ich-Aussagen der Liebe klingen die biblischen Ich-Aussagen mit, die allein Gott aussprechen kann: Ich bin der Ich-bin-da (Exodus 3,14), ich bin das Leben (Johannes 14,6). Die Liebe, wie sie in dieser Vision erscheint, ist ein Bild für Gott.

Eine Aussage, die dieser göttlichen Liebe zugeschrieben wird, lädt besonders zum Nachdenken ein: Ich bin die Vernunft („rationalitas"). Wenn die Liebe, das Lebensprinzip schlechthin, sich als Vernunft offenbart, dann eröffnet dieses Gottesbild neue Dimensionen im Menschenbild. Der Theologie zufolge besteht unsere Gottebenbildlichkeit in unserer Vernunftbegabtheit. Was bedeutet aber „Vernunft"? Denken, analysieren, Urteile bilden …? Hildegard lehrt uns etwas Neues. „Rationalitas" ist bei ihr gleichgesetzt mit Liebe und mit Leben: kommunizierender Beziehung und kreativer Kraft wie auch schöpferischer Weisheit. Unsere „rationalitas" begrenzt sich demzufolge nicht auf die Tätigkeit unseres Gehirns. Sie ist ein ganzheitlicher Lebensvollzug des Menschen, der in seiner Geschöpflichkeit von Gott her und auf Gott hin existiert. „Rationalitas" als unsere Gottebenbildlichkeit ist unser Lebensatem, unsere Liebesfähigkeit, unsere Schaffenskraft und unser Gestaltungsvermögen – und schließlich unsere Empfänglichkeit für Gott!

📖 Das Buch vom Wirken Gottes, I. 1. 2–4, S. 22–25.

Und die Gestalt sprach Folgendes: Ich, die höchste feurige Kraft, die ich alle lebendigen Funken entzündet und nichts Sterbliches ausgehaucht habe, ich entscheide über das alles, wie es ist. Indem ich mit meinen oberen Flügeln, das heißt mit der Weisheit, den Erdkreis umflog, habe ich ihn in richtiger Weise geordnet. Ich, das feurige Leben der göttlichen Wesenheit, flamme über die Schönheit der Fluren, leuchte in den Wassern und brenne in Sonne, Mond und Sternen. Mit dem Windhauch, dem unsichtbaren Leben, das alles erhält, erwecke ich alles zum Leben. Die Luft lebt nämlich im Grünen und im Blühen, die Wasser fließen, als ob sie lebten, auch die Sonne lebt in ihrem Licht. Und wenn der Mond abgenommen hat, wird er vom Licht der Sonne entzündet und lebt gleichsam; auch die Sterne leuchten in ihrem Licht, als ob sie lebten. Die Säulen, die den gesamten Erdkreis tragen, habe ich aufgerichtet, das heißt, jene Winde, die ihre untergeordneten Flügel haben, nämlich die sanfteren Winde, die mit ihrer Lindheit jene aushalten, die stärker sind als sie selbst, damit diese sich nicht gefährlich zeigen. So schützt auch der Leib die Seele und hält sie, damit sie sich nicht aushaucht. Und wie der Hauch der Seele den Leib stärkt und zusammenhält, damit er nicht vergeht, so beleben auch die stärkeren Winde die ihnen untergeordneten, damit sie ihre Aufgabe übereinstimmend erfüllen.

Ich bin deshalb als feurige Kraft in diesen verborgen und sie brennen durch mich, wie der Atem ständig den Menschen bewegt und wie im Feuer die windbewegte Flamme ist. Dies alles lebt in seiner Wesenheit, und in ihm ist kein Tod zu finden, weil ich das Leben bin. Ich bin auch die Vernunft, die den Windhauch des tönenden Wortes in sich hat, durch den jedes Geschöpf gemacht ist; und in das alles habe ich Leben gehaucht, sodass keines davon seiner Art nach sterblich ist; denn ich bin das Leben.

Ich bin nämlich das volle („integra") Leben, das nicht aus Steinen gehauen ist oder aus Ästen ausgetrieben hat oder seine Wurzeln aus der männlichen Zeugungskraft geschlagen hat. Vielmehr hat alles Lebendige in mir seine Wurzeln. Die Vernunft nämlich ist diese Wurzel; das tönende Wort aber erblüht in ihr.

Da aber Gott die Vernunft ist, wie könnte es da geschehen, dass Er nicht wirkt, da jedes Werk von Ihm durch den Menschen blüht? Er schuf ihn nach seinem Bild und Gleichnis und zeichnete im Menschen alle anderen Geschöpfe nach ihrer Maßgabe ein. Denn es lag von Ewigkeit her immer fest, dass Gott Sein Werk, den Menschen, schaffen wollte; und als Er dieses Werk vollendete, gab Er ihm alle Geschöpfe, damit er mit ihnen wirke, und zwar so, wie auch Gott selbst Sein Werk, den Menschen, geschaffen hatte.

Aber Ich diene dem Leben, da ja alles Lebendige aus Mir brennt, und Ich bin das gleichbleibende Leben in Ewigkeit, das nicht entstanden ist und nicht endet. Und eben dieses Leben, das sich bewegt und wirkt, ist Gott, und doch ist dieses eine Leben in dreifacher Kraft. Die Ewigkeit wird „der Vater" genannt, das Wort „der Sohn" und der Hauch, der beide verbindet, „der Heilige Geist". So hat es Gott auch im Menschen bezeichnet, in dem Leib, Seele und Vernunft sind.

Dass ich aber über die Schönheit der Fluren flamme, das ist nämlich die Erde, die der Mutterstoff ist, aus dem Gott den Menschen machte; dass ich in den Wassern leuchte, das entspricht der Seele; denn wie das Wasser die ganze Erde durchströmt, so durchdringt die Seele den gesamten Leib. Dass ich aber in Sonne und Mond brenne, das entspricht der Vernunft (die Sterne aber sind die unzähligen Worte der Vernunft).

Dass ich mit dem Windhauch, dem unsichtbaren Leben, das alles erhält, alles zum Leben erwecke, das bedeutet: durch Luft und Wind kommt alles im Wachsen hervor, und wenn es belebt ist, bleibt es erhalten und weicht in nichts von dem ab, was ist.

Und wieder hörte ich die Stimme vom Himmel, die zu mir sprach: Gott, der alles erschaffen hat, hat den Menschen nach Seinem Bild und Gleichnis gemacht (vgl. Genesis 1,26) und in ihm die höheren und niederen Geschöpfe eingezeichnet. Und Er hat ihn so geliebt, dass Er ihn für jenen Ort bestimmte, aus dem der Engel bei seinem Sturz geschleudert worden war, und ihn in den Ruhm und die Ehre einsetzte, die jener mit seiner Seligkeit verloren hatte. Das zeigt auch diese Schau, die du siehst. Denn dass du inmitten des südlichen Luftraumes im Geheimnis Gottes ein schönes, wundervolles Bild wie die Gestalt eines Menschen siehst, das bedeutet: In der Kraft der unvergänglichen Gottheit ist die Liebe des himmlischen Vaters von auserlesener Schönheit und wunderbar in ihren geheimnisvollen Gaben. Sie hat Menschengestalt. Denn als der Sohn Gottes Fleisch annahm, erlöste Er durch den Dienst der Liebe den verlorenen Menschen. Daher ist dessen Angesicht von so großer Schönheit und Klarheit, dass du leichter in die Sonne blicken könntest als auf es. Denn die Fülle der Liebe liegt in dem so mächtig strahlenden Leuchten Seiner Gaben, dass sie jede Einsicht menschlichen Wissens, mit dem es in der Seele die verschiedenen Dinge erkennen kann, so übertrifft, dass man sie mit seinen Sinnen keineswegs erfassen kann. Aber hier wird sie in einem Abbild gezeigt, damit man sie dadurch im Glauben erkennt, die mit den menschlichen Augen nicht gesehen werden kann.

Und ein weiter goldener Reif umgibt das Haupt dieser Gestalt: denn der katholische Glauben, der sich über den ganzen Erdkreis ergießt und im ersten Morgenrot eines außergewöhnlichen Glanzes aufsteigt, umfasst mit aller Ehrfurcht das Übermaß der Fülle der wahren Liebe, in der Gott durch die Menschheit Seines Sohnes den Menschen erlöste und ihn durch die Eingießung des Heiligen Geistes stärkte. So wird der Eine Gott in Seiner Dreifaltigkeit erkannt, Er, der ohne Zeit des Anfangs vor aller Zeit Gott in Seiner Gottheit war. Dass aber in diesem Reif über dem Haupt ein anderes Gesicht wie das eines älteren Mannes erscheint, das bedeutet, dass den Gläubigen die alles überragende Güte Gottes, der ohne Anfang und Ende ist, zur Hilfe kommt. Das Kinn und der Bart dieses Gesichtes berühren den Scheitel des ersten Antlitzes. Denn Gott hat in Seinem Planen und in seiner Fürsorge für alles das Äußerste Seiner Liebe darin gezeigt, dass der Gottessohn in Seiner Menschheit den verlorenen Menschen zum Himmel zurückführt.

12 Im geheimnisvollen Hauch geschrieben

Die Briefe Hildegards haben einen besonderen Anfang, und zwar nicht nur chronologisch mit dem Bernhard-Briefwechsel (siehe Text Nr. 2), sondern durch eine bewusste kompositorische Gestaltung. Der folgende kleine historische Exkurs erklärt die Bedeutung, die dem Beginn des Briefwerkes Hildegards zukommt.

Hildegard hat zahlreiche Briefe geschrieben. Heute sind etwa 300 Schreiben bekannt, die entweder sie selbst verfasste oder an sie gerichtet wurden. Im Mittelalter schrieb man Briefe nicht zum Zwecke privater Mitteilung, sondern mit einer Botschaft, die eine größere Öffentlichkeit betraf. Die überlieferten Briefe gelten dementsprechend nicht nur als historische Dokumente, sondern mehr noch als theologisch-literarische Werke. Solche Briefe mit literarischem Wert werden in Sammlungen überliefert. Von Hildegard verfügen wir über mehrere Briefsammlungen. In ihren früheren Briefsammlungen, die in den 1150er und 1160er Jahren entstanden sind, wurden die einzelnen Briefe ohne organisatorisches Prinzip aneinandergereiht aufbewahrt. In ihrer späteren Briefsammlung, die in den 1170er Jahren erstellt wurde (im sogenannten Riesenkodex), kann man eine kunstvolle Komposition beobachten: So werden beispielsweise einzelne Briefe zu einem einheitlichen Text zusammengefügt, vor welchem jeweils ein Anfragebrief steht, so dass in dieser Briefsammlung nur Briefpaare vorhanden sind, und schließlich sind die Briefe nach der kirchlichen Rangordnung der Briefpartner geordnet. Diese bewusst gestaltete Briefsammlung erhielt denselben Rang wie die theologischen Hauptwerke Hildegards und wurde in Anlehnung an deren Titel (*Buch der Wegweisung, Buch der Lebensverdienste, Buch vom Wirken Gottes*) *Buch der Briefe* (*Liber epistolarum*) genannt. In diesem Briefwerk befasst sich Hildegard mit denselben theologischen Themen wie in ihren weiteren Schriften, sie drückt sich aber in der spezifisch brieflichen Form aus, die solcherart eine Dialogsituation ermöglicht.

Zu Beginn des *Buches der Briefe*, wie er im Riesenkodex überliefert wird, steht die Korrespondenz Hildegards mit den vier Päpsten, die sie während ihrer aktiven Jahre erlebt hat: Eugen III. (1145–1153), Anastasius IV. (1153–1154), Hadrian IV. (1154–1159), Alexander III. (1159–1181). Auf einen Brief vom jeweiligen Papst folgt die Antwort Hildegards. Um diese harmonische Struktur verwirklichen zu können, wurden sogar fiktive Texte verfasst. Der Brief, mit dem das *Buch der Briefe* im Riesenkodex beginnt, ist beispielsweise aller Wahrscheinlichkeit nach kein authentischer Brief des Papstes Eugen III. Aus diesem Grund wurde er in die moderne Ausgabe der Briefe Hildegards nicht aufgenommen und fehlt auch in der Übersetzung. Theologisch gibt dieser Text jedoch die Grundthemen, die für den gesamten Briefwechsel Hildegards wichtig werden, vor: die Bewunderung über Hildegards außergewöhnliche Begabung, die ihr durch den Heiligen Geist zuteilwird; die Ermutigung, diese Gabe zu bewahren und weiterzugeben, und schließlich die Bestätigung der benediktinischen Lebensform in Hildegards Kloster.

Hildegard wendet sich mit einem „durch geheimnisvollen Hauch" inspirierten Schreiben an den Papst. Sie ruft liebevoll das große Ereignis in Erinnerung, als der Papst ihre noch unfertigen Schriften auf der Synode in Trier 1147/1148 in die Hände nahm und daraus mit großer Begeisterung vorlas. Nun teilt sie den Abschluss der Arbeiten an ihrem Werk mit und vertraut es dem Wohlwollen des Papstes an. Hildegard ist zuversichtlich, dass ihre Schriften durch die Weitergabe an die Gläubigen zur Lebendigkeit gelangen: Ihre Schriften werden zur Wurzel werden, erblühen und mit ihrem Blattwerk vor dem Teufel schützen. In der Fortsetzung erinnert Hildegard den Papst an seine Aufgabe, die ihm als Stellvertreter Christi aufgetragen ist. In ihrer Bildersprache ermutigt sie mehrfach den Papst, das Heil der ihm anvertrauten Menschen zu schützen: jener Seelen, die in sein Herz gelegt sind. Einem Papst, der zum Wächter der Kirche gestellt ist, sind alle Gläubigen ins Herz gelegt! Darin ist er Vorbild und Beispiel für diejenigen, die mit einem Leitungsamt betraut sind. Es geht vor allem um das Wohlergehen der ihnen Anvertrauten.

Briefe, 2–3, S. 19–20.

Hildegard an Papst Eugen: O milder Vater, ich armseliges Gebilde habe dir dies in wahrer Schau geschrieben, im geheimnisvollen Hauch, so wie Gott es mich lehren wollte. O ruhmreicher Vater, auf Grund deines Namens kamst du in unser Land, wie Gott es vorherbestimmt hat, und nahmst Einsicht in die Schriften der wahren Gesichte, wie das Lebendige Licht sie mich gelehrt hat. Du hörtest sie und nahmst sie liebend in dein Herz auf. Nun ist dieser Teil der Schrift beendet.

Doch dieses Licht hat mich nicht verlassen, sondern brennt in meiner Seele, wie ich es von Kindheit an erfahren habe. Daher sende ich dir jetzt diesen Brief auf die wahrhaftige Ermahnung Gottes hin. Und meine Seele ersehnt, dass das Licht vom Licht in dir leuchte, dir reine Augen schenke und deinen Geist wach für dieses Schriftwerk mache, damit deine Seele, wie es Gott gefällt, dafür gekrönt werde. Denn viele irdisch gesinnte Kluge verwerfen es in der verborgenen Gesinnung ihres Geistes, weil es von einem armen Gebilde stammt, das aus einer Rippe erbaut und nicht von Philosophen belehrt worden ist.

Du also, Vater der Pilger, höre den, der ist: Ein mächtiger König thronte in seinem Palast. Hohe Säulen standen vor ihm, mit goldenen Bändern umwunden und mit vielen Perlen und kostbaren Steinen herrlich geziert. Diesem König aber gefiel es, eine kleine Feder zu berühren, dass sie wunderbar emporfliege. Und ein starker Wind trug sie, damit sie nicht sinke.

Nun spricht wiederum Er zu dir, der das lebendige Licht ist, das in der Höhe und im Abgrund leuchtet und sich auch nicht in der Verborgenheit hörender Herzen versteckt: Bestätige diese Schrift, damit sie denen zu Gehör gebracht werde, die für mich empfänglich sind. Lass sie grünen und ihren Saft angenehm schmecken; mach sie zur Wurzel, die sich verzweigt, zum wehenden Blatt gegen den Teufel, und du wirst leben in Ewigkeit. Hüte dich, diese göttlichen Geheimnisse zu verachten. Denn sie sind notwendig in einer Notlage, die verborgen ist und noch nicht offen zutage tritt. Lieblicher Duft erfülle dich; und ermüde nicht auf dem rechten Weg.

Der nicht schweigt, spricht dies wegen der Schwachheit derer, die blind zum Sehen, taub zum Hören und stumm zum Sprechen sind, wenn ihnen zu nächtlicher Stunde todbringende Fallstricke nach Räuberart gelegt werden. Was sagt er? Das Schwert blitzt und kreist, es tötet die, die bösen Sinnes sind. O du funkelnde Brustwehr kraft deines Amtes, ursprüngliche Wurzel der neuen Vermählung Christi <mit der Kirche>, du bist zweigeteilt. Einerseits ward deine Seele in der geheimnisvollen Blüte erneuert, die eine Gefährtin der Jungfräulichkeit <im Mönchtum> ist. Andererseits bist du ein Zweig der Kirche. Höre auf den, dessen Wort scharf <wie ein Schwert> ist. Wie ein Sturzbach ergießt er sich und sagt dir: Entferne nicht die Sehkraft vom Auge und trenne nicht das Licht vom Licht, sondern halte dich auf dem eindeutigen Weg, damit du nicht der Anklage verfällst wegen der Seelen, die in dein Herz gelegt sind. Lass nicht zu, dass sie durch die Gewalt der tafelnden Prälaten im Pfuhl des Verderbens versinken.

Ein Edelstein liegt auf dem Weg. Da kommt ein Bär, sieht, wie schön er ist, streckt seine Tatze aus und will ihn aufheben und an seine Brust drücken. Doch plötzlich stößt ein Adler hernieder, packt den Edelstein, birgt ihn unter den Schutz seiner Flügel und trägt ihn zum Hof des Königspalastes. Nun blitzt der Edelstein hell vor dem Angesicht des Königs auf und dieser gewinnt ihn sehr lieb. Aus Liebe zu diesem Edelstein schenkt der König dem Adler goldene Schuhe und lobt ihn sehr wegen seiner Heldentat („probitas"). Du nun, der du als Stellvertreter Christi Wächter auf dem Lehrstuhl der Kirche bist, wähle dir den besseren Teil. Sei wie der Adler, der den Bären überwindet, und schmücke in den dir anvertrauten Seelen den Raum der Kirche, damit du in goldenen Schuhen zu Höherem aufsteigst und dich dem Gegner entziehst.

13 Es erklang das Wort des Vaters

Der Hervorbringen unseres Daseins geschieht durch jenen, der ohne Anfang ist: Gott, der Schöpfer des Himmels und der Erde. Durch das Erklingen seines Wortes entsteht der Anfang, der sowohl Grundlage („principium") als auch Beginn („initium") der erschaffenen Welt in ihrer Zeitlichkeit ist. Gott hat sein Wort ertönen lassen und dadurch alles ins Leben gerufen. Deshalb versteht Hildegard Gottes Wort als Klang des Lebens. Mit diesem ersten Klang beginnt die Geschichte, die nach dem Ende der Zeiten in einem wohlklingenden, harmonischen Gesang vollendet wird.

Der Anfang, das „principium", bedeutet Hildegard zufolge kein abstraktes Prinzip, sondern eine lebendige, liebende Zuwendung des Antlitzes Gottes, in welchem seine väterliche Güte dem Menschen belebend leuchtet. Aber es gibt dennoch ein Geschöpf, das sich weigerte, sich diesem „principium" des Lebens anzuvertrauen. Es ist der erste von jenen leuchtenden Engeln, die durch Gottes erklingendes Wort und strahlendes Antlitz erschaffen worden sind: Luzifer. Statt auf das Antlitz des Vaters zu schauen und sich in die Dynamik des Seins mit einbeziehen zu lassen, schaute er auf die Leere und fixierte er sich im Nichts. Er wollte aus sich selbst heraus größer werden als Gott und versagte sich dadurch die Chance, an der Fülle des Lebens Anteil zu haben. So gelangte er an den Ort der grundlosen Abgründe (siehe Text Nr. 47).

Den Menschen erschuf Gott nicht nur als Licht und Lebenshauch, sondern aus dem Lehm der Erde. So ist der Mensch jenes Geschöpf, das sich zu Gott emporheben kann, aber auch der materiellen Welt wesenhaft verbunden ist. Mehr noch! Hildegard betont in ihrer gesamten Theologie, dass das ganze Universum – Himmel und Erde, die Elemente und alles Geschöpfliche – im Menschen selbst umfassend enthalten ist. Der Mensch ist Abbild Gottes und zugleich ein Mikrokosmos: das Miniaturbild des Weltalls. Darin ist die universale Wechselwirkung zwischen dem Menschen und der Schöpfung insgesamt begründet. Mit diesen theologischen und anthropologischen Überlegungen beginnt daher auch das eine von den naturheilkundlichen Büchern, das Hildegard zugeschrieben wird, *Causae et curae (Ursprung und Behandlung von Krankheiten)*.

Ursprung und Behandlung, I. 1–14, S. 26–29.

Gott war und ist ohne Anfang vor der Erschaffung der Welt, und er war und ist Licht und Glanz und war das Leben. Als nämlich Gott die Welt erschaffen wollte, schuf er sie aus dem Nichts, aber in seinem Willen lag der Stoff der Welt, denn als sich Gottes Wille, das Werk auszuführen, offenbarte, ging alsbald aus dem Willen selbst und, wie Gott es wollte, der Stoff der Welt wie eine dunkle und ungeformte Kugel hervor.

Und es erklang das Wort des Vaters: „‚Es werde Licht', und es wurde Licht" und die leuchtenden Engel. Denn als er sprach: „Es werde Licht", wurde ohne die Himmelslichter das Licht, das die Engel sind, erschaffen. Als er aber sprach: „Es sollen die Himmelslichter entstehen", so ist dies das Licht der Lüfte, das wir sehen.

Luzifer aber sah im Norden einen leeren und untätigen Ort und wollte dort seinen Wohnsitz nehmen, um dort mehr und Größeres zu vollbringen als Gott, da er dessen Willen, die übrigen Geschöpfe zu erschaffen, nicht kannte. Er schaute nämlich das Antlitz des Vaters nicht und kannte weder dessen Stärke noch kostete er seine Güte, weil er, bevor er diese hätte spüren können, versuchte, sich gegen Gott aufzulehnen. Gott hatte nämlich diese [Eigenschaften] noch nicht offenbart, sondern verborgen, wie es ein mächtiger und starker Mann tut, der bisweilen seine Stärke vor den anderen nichtsahnenden Menschen verbirgt, bis er sieht, was diese über ihn denken und was sie beginnen und was sie tun wollen.

Als nun Luzifer sich in seinem verkehrten Willen zum Nichts erheben wollte (denn was er erschaffen wollte, war das Nichts), stürzte er in dieses hinab und konnte nicht zum Stehen kommen, weil er keinen Grund unter sich hatte. Denn er hatte weder über sich eine höchste Höhe noch unter sich eine tiefste Tiefe, die ihn hätte halten können, damit er nicht [weiter] falle. Als er nämlich nach dem Nichts strebte, brachte schon der Beginn dieses Strebens das Böse hervor, und alsbald entflammte durch die Eifersucht auf Gott dieses Böse aus sich selbst – wie ein Rad, das sich dreht und umwälzt, – ohne Helligkeit und ohne Licht, und es wies in seinem Inneren eine feurige Finsternis auf. Und so schied sich das Böse vom Guten, und weder berührte das Gute das Böse noch das Böse das Gute.

Gott aber blieb unberührt wie ein Rad und der Vater in Güte, weil seine Väterlichkeit voll von seiner Güte ist, und so ist diese Väterlichkeit überaus gerecht, gnädig, beständig und stark und so bemessen, wie ein Rad gebaut wird: Ein Rad ist nun irgendwo und mit irgendetwas gefüllt, denn wenn nämlich ein Rad nichts anderes hätte als seinen äußeren Umfang, wäre es leer. Und wenn zufällig ein Fremder dazukäme und dort tätig werden wollte, könnte das nicht sein, denn an einem einzigen Rad können nicht zwei Handwerker ihre Arbeiten verrichten. O Mensch, sieh den Menschen an! Der Mensch hat nämlich Himmel und Erde und die anderen Geschöpfe in sich – in ihm ist alles verborgen –, und doch ist er eine einzige Gestalt. So ist die göttliche Väterlichkeit: Wie der Umfang des Rades die Väterlichkeit ist, ist die Füllung des Rades die Göttlichkeit. In ihr und aus ihr existiert alles, und außer ihr gibt es keinen Schöpfer. Luzifer aber ist kein Ganzes, sondern in Teile gespalten, weil er etwas sein wollte, was er nicht sein durfte.

Als nun Gott die Welt erschuf, hatte er in ewigem Ratschluss, dass nach seinem Willen der Mensch entstehe. Und als er das Licht erschuf, das beweglich war und überall[hin] fliegen konnte, hatte er gleichfalls in seinem Ratschluss, dem geistigen Leben, das der Lebenshauch ist, eine körperliche Masse, d. h. eine aufrechte Gestalt, aus dem Lehm der Erde zu geben, die weder fliegen noch wehen sollte und die sich wegen ihres Unvermögens nicht erheben könnte. Sie sollte deshalb so eingeschränkt sein, damit sie zu Gott umso bewusster emporblickte. Daher hasste die „alte Schlange" diese Beschränkung, weil sich der Mensch, wenn er auch schwer durch seinen Körper wäre, dennoch in seinem Denken zu Gott aufrichten könnte.

Auch die Elemente der Welt erschuf Gott, und diese sind im Menschen, und der Mensch arbeitet mit ihnen. Es sind Feuer, Luft, Wasser und Erde, und diese vier Elemente sind untereinander so eng verknüpft und verbunden, dass keines vom andern getrennt werden kann, und sie haften derart aneinander, dass sie das Firmament genannt werden. Die Sonne aber, fast am höchsten darin, sendet durch sie ihren Glanz und ihr Feuer.

Um sie herum gibt es einige Sterne von solcher Größe und Helligkeit, dass sie sich wie Berge durch das Firmament hindurch zur Erde ausdehnen; daher erscheinen sie umso heller, je näher sie der Erde sind. Um die Sonne herum gibt es aber auch andere Sterne von geringerer Größe und Helligkeit, so dass sie, verglichen mit der Größe der erstgenannten Sterne, nur wie Hügel sind, und deshalb treten sie auch weniger in Erscheinung.

Wenn zu große Hitze und Feuersglut im Äther herrschen, bewirkt diese Glut manchmal ein plötzliches Aufkochen und eine gefährliche Überflutung der Wasser und schickt diese zur Erde, und davon kommen Stürme und Wolkenbrüche, wie wenn ein auf starkes Feuer gestellter Topf plötzlich aufkocht und Schaum wirft. Diese Stürme ereignen sich nach Gottes Urteil sehr oft wegen früherer Sünden oder wegen gerade begangener Missetaten der Menschen oder zur Ankündigung von künftigen Gefahren, zum Beispiel von Kriegen, Hungersnot oder plötzlichem Tod; denn alle unsere Werke berühren die Elemente und werden von diesen beeinflusst, weil sie mit den Elementen in Wechselwirkung stehen.

Wenn aber eine geringere Hitze und Feuersglut im Äther herrschen, schicken sie ein geringeres Aufkochen und Überfluten der Wasser, wie auch ein über schwächeres Feuer gesetzter Topf nur wenig aufkocht und schäumt. Wenn aber die Luft in Feuer und Wasser gemäßigt ist, bewirkt das angenehmes Wetter und es erwärmt sich sanft wie ein auf mäßiges Feuer gesetzter Topf. Aber wenn die Sonne emporsteigt, so dass ihr Feuer in der Höhe des Himmels heftig brennt, dann ist manchmal auch die Luft trocken und dürr von der Sonnenglut, und das Feuer der Sonne berührt manchmal das Feuer des Donners.

Im Donner liegt das Feuer des Gerichts, Kälte und Gestank. Wenn aber einmal das Feuer des Donners vom Feuer der Sonne berührt wird, dann sendet es, dadurch veranlasst, einige Blitze von mäßiger Stärke und grummelt ein bisschen und hört damit auf wie ein Mensch, der manchmal in Zorn gerät, aber ihn nicht ausbrechen lässt, sondern durch Unterdrücken beherrscht. Bisweilen aber wird das Feuer des Donners durch eine allzu große Sonnenglut erschüttert und in heftige Bewegung versetzt, so dass es starke und gefährliche Blitze aussendet und seine Stimme kräftig erhebt wie ein Mensch, der, in heftigen Zorn geraten, diesen mit einer gefährlichen Tat ausbrechen lässt.

Und wenn dann auch einmal das obere Feuer des Donners vom Feuer der Sonne berührt wird, veranlasst es die Kälte, die im Donner ist, sich an einem Ort zu sammeln, wie das Wasser das Eis an einen Ort zusammentreibt, und jene Kälte führt den Hagel zu den Wolken; die Wolken nehmen ihn auf und verteilen ihn und senden ihn zur Erde. Der Hagel ist so etwas wie das Auge des Donners.

Aber wenn die Sonne im Winter im Absteigen ist, sendet sie ihr Feuer nicht zur Höhe des Himmels und brennt mehr unter als über der Erde und glüht nicht in der Höhe des Himmels. Dadurch werden die Wasser, die in den Höhen sind, infolge der Kälte gleichsam zu Pulver zerstäubt und schicken den Schnee. Aber wenn sie später in der Wärme mild sind, schicken sie Regen. Und wenn die Sonne weder zu große Hitze noch zu große Kälte aufweist, dann schickt sie ebenfalls manchmal einen milden Regen, wie der Mensch, wenn er glücklich ist, oftmals vor Freude Tränen vergießt.

14 Die Erde gab ihre Grünkraft

Während die vorausgehenden schöpfungstheologischen Überlegungen in *Causae et curae* mit den Worten „vor der Erschaffung der Welt" beginnen, hebt die Einleitung zu *Physica*, dem anderen naturheilkundlichen Buch, bei der „Erschaffung des Menschen" an. Sie setzt den Gedanken vom Menschen als „Miniaturbild des Weltalls" konkret fort. In diesem Text spielt Hildegard das Gedankenexperiment durch, dass im Menschen die Schöpfung vollkommen abgebildet ist. In den unterschiedlichen Formen der Pflanzen erkennt sie den ganzen Organismus des Menschen vom Fleisch und Blut über Adern und Knochen bis zu den ausgeschiedenen Stoffen. In weiteren Teilen von *Physica* wird sie diese Gedankengänge weiterführen, so dass sie ausgehend vom Verhalten der Tiere eine kleine Anthropologie entwickelt. Die Vögel, heißt es beispielsweise in der Einleitung zum sechsten Teil von *Physica*, verweisen auf jene Kraft im Menschen, mit der er denkt und abwägt, bevor er sein Werk ausführt. Die Einleitung zum siebten Teil deutet die Tiere, die auf dem Land leben, als die Gedanken und die Überlegungen, die der Mensch durch die Tat umsetzt. Die einzelnen Tiere symbolisieren daher unterschiedliche Vermögen und Charaktereigenschaften des Menschen. Der letzte Satz in der Einleitung zum letzten, achten Buch schließt dann den Kreis der gesamten naturkundlichen Darlegungen, indem am Ende ein und dieselbe grundlegende lebensspendende Kraft, die „viriditas", hervorgehoben wird: Die Schöpferkraft des Geistes setzte die Urwasser in Bewegung (vgl. Genesis 1,2), erschuf den Menschen und gab den Pflanzen Wachstum: „Und wie der Geist des Herrn die Wasser zum ersten Mal aufwogen ließ, so hat er auch den Menschen zum Leben erweckt und den Kräutern und Bäumen und Steinen die Grünkraft gegeben" (*Heilsame Schöpfung* IX. Prolog, S. 440).

📖 **Heilsame Schöpfung, I. Prolog, S. 21–22.**

Bei der Erschaffung des Menschen aus Erde wurde andere Erde genommen [als man jetzt gemeinhin sieht], die [nun] der Mensch ist. Und alle Elemente dienten ihm, weil sie merkten, dass er lebte, und sie arbeiteten mit ihm im Sinne all seiner Lebensäußerungen und er mit ihnen. Und die Erde gab ihre

Grünkraft entsprechend Art und Veranlagung und Charakter und jeglichem Umgang des Menschen. Die Erde offenbart nämlich mit den nützlichen Pflanzen, indem sie diese unterscheidet, den Umgang des geistigen Wesens des Menschen, aber an den unnützen Pflanzen zeigt sie seine negativen und teuflischen Züge.

Es gibt bestimmte Pflanzen, die in bestimmten Speisen gekocht werden, und diese machen den Menschen aufnahmebereit für das Essen und sind leicht, weil sie den Menschen nicht beschweren, und sie gleichen dem Fleisch des Menschen. Und der Saft der fruchttragenden Bäume ist ungekocht schädlich und gekocht leicht und lässt sich mit dem Blut des Menschen vergleichen. Aber Hölzer, die keine Früchte tragen und nichts hervorbringen, sind [nur] Hölzer und keine Bäume, sondern sie haben nur Blätter, die für den Menschen nicht nützlich zum Essen sind, so dass sie, wenn sie jemand isst, ihm nicht viel nützen, obschon sie ihm auch nicht sehr schaden, und sie lassen sich mit der Schlacke des Menschen vergleichen. Was aber an Bäumen und Hölzern ist, woraus Seile gemacht werden, das gleicht den Adern des Menschen. Die Steine der Erde aber lassen sich mit den Knochen des Menschen vergleichen und die Feuchtigkeit der Steine mit dem Knochenmark, denn wenn ein Stein Feuchtigkeit hat, besitzt er auch Wärme. Aber die Steine, mit denen die Dächer gedeckt werden, gleichen den Nägeln des Menschen an Händen und Füßen.

Und manche Pflanzen sind luftig, indem sie aus Luft wachsen, und diese sind für den Menschen leicht zu verdauen und von angenehmer Beschaffenheit, so dass sie den Menschen, der sie verzehrt, fröhlich machen, und sie gleichen den Haaren des Menschen, weil diese [auch] leicht und luftig sind. Aber bestimmte andere Pflanzen sind windig, indem sie aus Wind wachsen, und sie sind auch trocken und für den Menschen schwer verdaulich und von trauriger Natur, so dass sie den Menschen, der sie isst, traurig machen, und sie lassen sich mit dem Schweiß des Menschen vergleichen. Der Saft der unnützen Pflanzen aber, die nicht essbar sind, ist giftig, da sie selbst in der Speise des Menschen todbringend sind, und sie lassen sich mit dem Kot des Menschen vergleichen.

Die Erde enthält Schweiß, Feuchte und Saft. Der Schweiß der Erde nun bringt die unnützen Pflanzen hervor, ihre Feuchte die nützlichen Pflanzen, die gegessen werden können und die zu sonstigem Gebrauch des Menschen taugen. Ihr Saft aber bringt Wein und sprossende Bäume hervor. Die Pflanzen, die durch den Einsatz des Menschen gesät werden und langsam keimen und wachsen, verlieren die Schärfe und Bitterkeit ihrer Säfte wegen der Mühe, mit der sie vom Menschen gesät und gejätet werden, wie Haustiere, die der Mensch in seiner Behausung mit Sorgfalt aufzieht; dadurch kommt die Feuchtigkeit ihrer Säfte der Beschaffenheit des Saftes des Menschen ein wenig nahe, und deshalb sind sie in seinen Speisen und Getränken gut und nützlich. Pflanzen aber, die durch das Abfallen ihres Samens und ohne Bemühung des Menschen wachsen und unerwartet und eilig wie ungezähmte Tiere aufschießen, sind dem Menschen zum Essen nachteilig, weil der Mensch durch Stillen und Essen und in maßvoller Zeit aufgezogen wird, was für diese Pflanzen nicht zutrifft. Aber dennoch unterdrücken manche von ihnen in Arzneien schlechte und kranke Säfte.

Jede Pflanze ist aber warm oder kalt und wächst entsprechend, weil die Wärme der Pflanzen die Seele bedeutet und die Kälte den Körper, und damit wirken sie ihrer Art gemäß, wenn sie entweder an Wärme oder an Kälte Überfluss haben: Wenn nämlich alle Pflanzen warm wären und keine kalt, würden sie den Nutzern Nachteile bringen, und wenn alle kalt wären und keine warm, würden sie ebenso den Menschen ein Ungleichgewicht bereiten, denn warme wirken der Kälte und kalte der Wärme des Menschen entgegen. Manche Pflanzen haben die Kraft sehr starker Gewürze und die Herbheit sehr bitteren Geschmacks in sich; deshalb unterdrücken sie auch sehr viele Übel, weil die bösen Geister vor ihnen fliehen und sie verabscheuen. Es gibt aber auch bestimmte Pflanzen, die gleichsam den Schaum der Elemente in sich haben und in denen die getäuschten Menschen das Glück herauszufordern versuchen; diese liebt der Teufel und mischt sich ihnen bei.

15 So wie die Morgenröte sich erhebt

Es gibt ein zentrales heilsgeschichtliches Momentum, das inmitten der zeitlichen Abfolge herausragt: die Menschwerdung Gottes. Noch vor der Erschaffung der Welt hatte Gott in seinem ewigen Ratschluss entschlossen, Mensch zu werden, und in der Fülle der Zeit vollzog er die größte Tat seiner Liebe zum Menschen: Er ist wahrhaft Mensch geworden! Diesem wunderbaren Aufgang des Heils ging die Morgenröte voraus. Mit diesem Bild beschreibt Hildegard Maria, die jungfräuliche Gottesmutter, weil in ihrer Bereitschaft, Gottes Sohn zu empfangen, der Sonnenaufgang verheißen wird. Maria wird auch mit dem blühenden, grünen Zweig verglichen, aus dem Leben sprosst. So dürfen wir von ihr, in der das Heil keimte und sein erstes Licht durchschimmerte, unsere heilsame Zuflucht finden. In großer Weisheit formuliert Hildegard in ihrem Lied die Bitte an Maria: Sie möge uns von der alten Gewohnheit befreien. In dieser Bitte ist die Sehnsucht nach neuer, heilsamer Gewohnheit mit eingeschlossen. Könnten als erste gute Gewohnheit nicht jene wachsame Aufmerksamkeit und freie Offenheit eingeübt werden, die uns Hildegard zu Beginn in *Wisse die Wege* ans Herz gelegt hat (Text Nr. 9): die Gottesfurcht und die Armut im Geiste?

 **Lieder, 10, S. 40.**

O grüner Zweig,
in deinem Adel stehst du,
so wie die Morgenröte sich erhebt.
Nun freue dich und juble,
und würdige uns Schwache
der Befreiung von der schlechten Gewohnheit,
und strecke aus deine Hand,
uns aufzurichten.

III. Der Mensch, das wunderbare Werk Gottes

Hildegard hört nicht auf, darüber zu staunen, was für ein wunderbares Geschöpf der Mensch ist. Ihre Einsichten über die Erhabenheit und die Größe des Menschen schöpft sie aus ihrem biblischen Gottesglauben. Gleich auf den ersten Seiten erzählt die Bibel bekanntlich, dass der Mensch nach Gottes Abbild und Gleichnis erschaffen worden ist. Das zentrale Geheimnis des christlichen Glaubens, die Menschwerdung Gottes, bekräftigt auf eine unausdenkbare Weise die Gottebenbildlichkeit des Menschen: Wenn Gott Vater auf den Menschen schaut, erkennt er in ihm das Bild seines geliebten Sohnes. In dieser Christozentrik – Christus als Mitte – ist die Lehre Hildegards über den Menschen begründet. So gehören Gotteserkenntnis und Menschenkenntnis, Christuskenntnis und Selbsterkenntnis für sie untrennbar zusammen.

In ihren Schriften lässt uns Hildegard zahlreiche Facetten, sozusagen Gesichtszüge der Gottebenbildlichkeit des Menschen entdecken. Damit spornt sie uns an, uns unserer Gottebenbildlichkeit bewusst zu werden und am Gesicht der Mitmenschen das Ebenbild Gottes zu erkennen. Das ist wohl ein lebenslanger Lernprozess, der aus dem Christusglauben lebt. Je mehr Jesus Christus die Mitte unseres Herzens und unserer gesamten Gesinnung einnimmt, umso mehr können wir die Menschen verstehen – und lieben lernen.

16 Aus Liebe und zur Liebe geboren

Als Abbild und Gleichnis Gottes ist der Mensch für die Liebe bestimmt. Er verdankt seine Existenz der Liebe Gottes und trägt in seinem ganzen Wesen ein Liebesverlangen.

Die Liebesbeziehung zwischen Gott und Mensch umfasst ein gegenseitiges Annehmen. Der Mensch empfängt von Gott – im Kuss der wahren Liebe – die Gabe der Vernunft („rationalitas"), die ihn befähigt, in der Schöpfung Gottes liebendes Handeln zu erkennen und zu verkünden. In Jesus Christus empfängt Gott seinerseits die menschliche Natur, so dass er seine Liebe zum Menschen in seiner Menschwerdung mit einer unüberbietbaren Hingabe offenbaren kann.

Wenn Gott die Liebe ist und der Mensch das Ebenbild Gottes, dann muss der Mensch diese Liebe auch mit seinesgleichen erfahren können. Die Liebesbeziehung zwischen Mensch und Mensch erreicht ihre Vollendung in der Liebe zwischen Mann und Frau. Da die Frau in der Vision Hildegards Spiegelbild des Mannes und der Mann Anblick des Trostes für die Frau ist, ermöglichen sie einander Gotteserkenntnis und Selbsterkenntnis. Mann und Frau sind bei der Verwirklichung der je eigenen Bestimmung aufeinander verwiesen und angewiesen: „ein Werk durch das andere" – eben weil der Mensch schlechthin zur Liebe geschaffen ist.

Das Buch vom Wirken Gottes, I. 4. 100, S. 196–197.

Als aber Gott den Menschen anblickte, gefiel er Ihm sehr, weil Er ihn nach dem Gewand Seines Abbildes und nach Seinem Gleichnis (Genesis 1,31; 1,27) geschaffen hatte, damit er mit dem vollen Ton seiner vernünftigen Stimme alle Wunderwerke Gottes verkünde. Der Mensch ist nämlich das vollkommene Wunderwerk Gottes, weil Gott durch ihn erkannt wird und weil Gott alle Geschöpfe seinetwegen erschaffen hat. Ihm hat Er mit dem Kuss der wahren Liebe gestattet, durch seine Vernunft („rationalitas") Ihn zu preisen und zu loben. Aber dem Menschen fehlte eine Hilfe, die ihm ähnlich war (vgl. Genesis 1,18). Daher gab Gott ihm eine Hilfe, die Spiegelgestalt der Frau. In ihr war das gesamte Menschengeschlecht verborgen, das in der Schöpferkraft Gottes hervorgebracht werden sollte, wie Er auch den ersten Menschen in der Macht seiner Schöpferkraft vollendet hatte. Mann und Frau sind miteinander so eng verbunden, wie ein Werk durch das andere ist. Denn der Mann würde ohne die Frau nicht Mann heißen, und die Frau würde ohne den Mann nicht Frau genannt. Die Frau ist nämlich Werk des Mannes und der Mann Anblick des Trostes für die Frau; und keiner von beiden könnte ohne den anderen sein. Der Mann bezeichnet die Gottheit des Gottessohnes, die Frau aber Seine Menschheit (vgl. 1. Korintherbrief 11–12). Der Mensch sitzt also auf dem Richterstuhl der Erde und befiehlt der gesamten Schöpfung, und sie untersteht seiner Weisung („disciplinatus") und ist ihm untergeben. Er selbst aber steht über allen Geschöpfen.

17 Mehr als die Engel – mit Vernunft und Leib begabt

In philosophischen Systemen wird die Wirklichkeit nach einer bestimmten Rangordnung eingeteilt. Gemäß einer in der Antike und im Mittelalter verbreiteten Auffassung, die von der philosophischen Richtung der Platoniker-Neuplatoniker stammt, steht ein Wesen umso höher in der Seinshierarchie, je geistiger es ist. So ergibt sich, dass die reine körperliche Welt, wie etwa Steine oder Wasser, auf der untersten Stufe zu finden ist. Auf der nächsten Stufe folgen jene Wesen, die über das Lebensprinzip verfügen, also wachsen können, wie z. B. die Pflanzen. Dann kommen die Lebewesen, deren Lebensprinzip auch das Wahrnehmungsvermögen beinhaltet, das sind die Tiere. Auf der höchsten innerweltlichen Stufe steht der Mensch, weil er zwar durch seinen Leib der materiellen Welt anhaftet, mit seiner Vernunftbegabtheit aber in die geistige Welt hineinragt. Der Mensch wird aber von jenen Wesen übertroffen, die keinen Körper haben, sondern reine Geisteswesen sind, diese werden Engel genannt. Über der gesamten Seinshierarchie steht Gott, der jenseits unserer wahrnehmbaren und denkbaren Wirklichkeit existiert.

Im Gegensatz zu dieser skizzierten Seinshierarchie, welche die Engel über den Menschen stellt, weil sie keinen materiellen Körper haben, betont Hildegard, dass sich der Mensch gerade durch seine Leibhaftigkeit in der gesamten Schöpfung auszeichnet. Da der Mensch gleichzeitig körperliche und geistige Dimensionen in sich birgt, erkennt Hildegard seine überragende Stellung im Vergleich zu den anderen Lebewesen. Den Tieren gegenüber ist der Mensch durch seine Seelenkraft bzw. Vernunft überlegen. Aber, so Hildegard, auch den Engeln gegenüber weist der Mensch Vorzüge auf! Mittels seiner Vernunft hat der Mensch, genauso wie die Engel, Anteil an der geistigen Welt. Durch seine Leibhaftigkeit partizipiert er an der materiellen Welt und ist dadurch fähig, den Schöpfungsakt Gottes fortzuführen. Der Mensch kann mithilfe seines Leibes Werke in der sichtbaren Welt vollbringen und so – als Mitarbeiter Gottes in der Schöpfung – Gott ähnlich wirken. Damit übertrifft der Mensch die Engel, die mangels eines Leibes in der Welt nicht materiell-schöpferisch handeln können. Die wesenhafte Verbindung von Vernunft und Leib macht, so Hildegard, den Menschen zu einem „vollkommenen Geschöpf".

📖 **Das Buch der Lebensverdienste, V. 77, S. 301.**

Wie Gott von den Engeln gelobt wird und seine Werke in diesem Lob erkannt werden, wenn sie durch Harfe und Trommel sowie zahlreiche Stimmen des Lobpreises erklingen – das ist nämlich ihr verpflichtetes Gesetz –, so soll er auch vom Menschen gelobt werden, weil der Mensch in zwei Teilen erscheint: nämlich dass er Gott lobt und dass er in sich gute Werke aufweist. Denn durch den Lobpreis des Menschen wird Gott erkannt und durch die guten Werke werden in ihm Gottes Wunder sichtbar. Der Mensch ist nämlich durch den Lobpreis engelhaft, durch die heiligen Werke aber Mensch. Er ist das vollständige Werk Gottes, weil alle Wunder Gottes in ihm durch sein Loben und durch sein Wirken vollendet werden.

18 Durch die fünf Sinne bildet der Mensch Gott ab

Mit immer neuen Überlegungen legt uns Hildegard ans Herz, mit welcher Würde wir Menschen in unserer Gottebenbildlichkeit begnadet sind. Die Vorzüglichkeit unserer vernunftbegabten und leibhaftigen Existenz konkretisiert sie dadurch, dass sie das Funktionieren der fünf Sinne des Menschen bedenkt.

In ihrem *Prophetischen Vermächtnis* beschreibt Hildegard den Menschen als eine Einheit von vernunftbegabter Seele, Leib und den fünf Sinnen. Der Mensch wirkt durch die fünf Sinne des Leibes, deren schöpferisches Wirken von der Vernunft („rationalitas") geleitet wird. Sinne und Leib sind von der Vernunft durchdrungen, so dass Sinneswahrnehmung immer schon von der Vernunft bestimmt wird. Zugleich wertet Hildegard die vernunftbegabte Betätigung der fünf Sinne auf mehrfache Weise auf. Die fünf Sinne tragen erstens zur Vollendung menschlichen Daseins konstitutiv bei und haben eine grundlegende Funktion im menschlichen Wirken. Sinnliche Wahrnehmung führt zweitens durch die Erkenntnis der Geschöpfe sogar zu einer Art Gotteserkenntnis. Im Text wird angedeutet, dass es mehrere Stufen der Erkenntnis Gottes gibt. Hildegard unterscheidet nämlich Gotteserkenntnis im engeren Sinne („cognoscit"), Gottesbegreifen („comprehendit") und Gottesschau („videre"). Während ein Begreifen Gottes bzw. seiner Werke den fünf Sinnen in einem schwachen Maße möglich ist (wie der Ausdruck

„vix comprehendit" dies suggeriert), kommt das Schauen Gottes allein dem Glauben zu. Zur Gotteserkenntnis im engeren Sinne („cognoscere") scheint der Mensch bereits durch die Sinneswahrnehmung Zugang zu haben, vermittelt durch die Erkenntnis der Geschöpfe. Drittens sieht Hildegard in der Erfassung der Geschöpfe durch die fünf Sinne die Gottebenbildlichkeit des Menschen begründet, mehr noch, der Mensch arrangiert sich durch seine Sinnlichkeit zu einem „Gottesexemplar" in der sinnlich wahrnehmbaren Welt („in hoc deum exemplatur"). Der Mensch stellt durch sein Sinnesvermögen Gott in der Welt exemplarisch dar.

📖 **Prophetisches Vermächtnis, 22, S. 85–86.**

Gott hat beide Werke erschaffen, den Engel nämlich und den Menschen zusammen mit der ganzen Schöpfung. Der Engel ist Geist, der Mensch aber wurde nach Gottes Abbild und Ähnlichkeit erschaffen, damit er mit den fünf Sinnen seines Leibes wirkt. Er ist durch diese nicht geteilt, sondern durch sie ist er weise, wissend und verständig, seine Werke zu vollenden. Diese drei Kräfte hat Gott im Menschen eingezeichnet, und zwar so, dass die Seele des Menschen, die den Leib zum Wirken bewegt, vernunftbegabt ist und in ihr die fünf Sinne des menschlichen Leibes ganz und gar vollendet werden. Durch das Gesicht nämlich erkennt der Mensch die Geschöpfe; durch das Gehör aber erzählt ihm die Vernunft, was das ist, was er hört; durch den Geruchssinn unterscheidet er, was ihm zuträglich oder abträglich zum Gebrauchen ist; durch den Geschmackssinn erkennt er, womit und in welcher Qualität er sich ernährt; durch den Tastsinn wirkt er schließlich die guten und die bösen Werke; und all seine Werke lenkt er mit den genannten fünf Sinnen. Diese fünf Sinne verbinden sich im Menschen zu einer Einheit, so dass der eine den anderen nicht entbehren kann; sie sind in dem einen Menschen, der dadurch nicht in zwei oder drei Menschen geteilt wird, sondern all seine Werke mit diesen fünf Sinnen ausführt und der eine Mensch bleibt. Dadurch aber, dass der Mensch weise, wissend und verständig ist, erkennt er die Geschöpfe. Ferner erkennt er („cognoscit") durch die Geschöpfe und durch seine großen Werke, die er auch mit seinen fünf Sinnen kaum erfassen kann („vix comprehendit"), Gott, den der Mensch allein nur im Glauben zu sehen („videre") vermag. Der Mensch erfasst und erkennt also alles in den Geschöpfen durch seine fünf Sinne, denn durch das Gesicht liebt er, was er schmeckt, durch das Gehör unterscheidet er, was er durch den Geruchssinn als angemessen auswählt, und durch den Tastsinn bewirkt er, woran er Gefallen hat. Darin bildet der Mensch Gott ab, der alle Geschöpfe erschaffen hat. Indem der Mensch weise ist, spürt er, was ihm zum Frieden dient oder ihm zum Schaden gereicht. Indem er wissend ist, festigt er mit seinen Befehlen die Schöpfung, damit diese sich ihm dienend unterwirft, und so zieht der Mensch alles an sich, was er will, und wehrt alles von sich ab, was er nicht will. Indem er aber verständig ist, erkennt er, was einem jeden Geschöpf in seiner Bestimmung zukommt. Mit diesen drei Kräften und ihren Zusätzen ist der Mensch vernunftbegabt in seiner Seele, die nicht geteilt ist. Selbst wenn durch die Einflüsterung des Teufels ein Glied des Menschen abgetrennt wird, die vernunftbegabte Seele wird keineswegs geteilt. Der Leib ist nämlich das Gebäude für die Seele und wirkt mit dieser mithilfe des Sinnesvermögens zusammen, gleich einer Mühle, die vom Wasser angetrieben wird.

19 Wie ein Baum

Der Mensch als ein leiblich-sinnlich-seelisch-geistiges Geschöpf nimmt dementsprechend viele verschiedene Kräfte und Sehnsüchte in sich wahr. Einmal ist es der Leib, der den Menschen mit den elementarsten Bedürfnissen drängt. Sein Herz wieder verlangt nach geborgener Einsamkeit und beglückender Gemeinsamkeit, nach selbstverwirklichendem Schaffen und hingebender Ruhe. Der tiefste Wunsch des Menschen bleibt jedoch der nach Lieben und Geliebtwerden, wobei er sich auch immer wieder mit Gefühlen konfrontieren muss, die die Kehrseite der Liebe sind, wie Hass, Eifersucht, Zorn. Zu all dem, was unser irdisches Sein ausmacht, kommt schließlich unsere Sehnsucht nach dem Himmel, nach dem Absoluten, der absoluten Liebe, die ihre letzte Erfüllung in Gott findet.

Hildegard weiß um die Vielfalt von geistig-seelisch-körperlichen Kräften, die im Menschen erwachen, wachsen und mit seiner Hinfälligkeit schließlich schwinden, und sie beschreibt dies sehr anschaulich. Ihre detaillierten Darlegungen münden in einem lebendigen Bild vom Baum, in dem alle diese Kräfte als organische Einheit zusammengefasst betrachtet werden. Dieses allgemeingültige Bild lässt sich aber mit individuellen Inhalten füllen: Wo reichen meine Wurzeln hin? Wo spüre ich einen Stamm, der mir Halt gibt? Wohin strecke ich mich mit meinen Blättern aus? Wo hole ich

Licht? Was sind meine Früchte? ... Mit einem Nachspüren der eigenen Lebenskräfte kann auch der eigene Lebensbaum zum Leben erwachen.

📖 **Wisse die Wege, I. 4. 18–26, S. 75–79.**

Der Mensch hat aber drei Pfade in sich. Welche sind das? Die Seele, der Leib und die Sinne. In ihnen vollzieht sich das menschliche Leben. Auf welche Weise? Die Seele belebt den Leib und haucht aus sich die Sinne; der Leib aber zieht die Seele an sich und öffnet die Sinne; die Sinne jedoch berühren die Seele und locken den Leib an. Die Seele verleiht nämlich dem Leib das Leben, wie das Feuer der Finsternis Licht eingießt. Sie hat zwei Hauptkräfte, nämlich den Verstand und Willen wie zwei Arme; nicht dass die Seele Arme hätte, um sich zu bewegen, sondern weil sie sich in diesen Kräften sichtbar zeigt, wie die Sonne sich durch ihren Glanz offenbart. Daher, o Menschenfrau, die du kein Bündel aus Mark bist, sei aufmerksam beim Erkennen der (heiligen) Schriften.

Der Verstand ist so in die Seele eingefügt wie der Arm dem Leib. Denn wie der Arm, mit dem die Hand mit den Fingern verbunden ist, sich vom Leib ausstreckt, so geht auch der Verstand unter Mitwirkung der übrigen Seelenkräfte, durch die er jedes einzelne Tun des Menschen erkennt, unzweifelhaft von der Seele aus. Er erkennt nämlich vor den anderen Seelenkräften, was in den Taten der Menschen ist, ob sie gut oder böse sind, sodass man durch ihn wie durch einen Lehrer alles begreift: denn er siebt sie so aus, wie man auch den Weizen von aller Spreu reinigt, indem er genau untersucht, ob sie nützlich oder schädlich, liebens- oder hassenswert sind oder ob sie zum Leben oder zum Tod gereichen. Wie eine Speise ohne Salz fade schmeckt, so sind daher auch die übrigen Seelenkräfte ohne den Verstand stumpf und einsichtslos. Doch er ist auch in der Seele wie die Schulter am Leib; er ist das Mark der übrigen Seelenkräfte, wie auch die Schultern des Leibes stark sind. Er erkennt auch die Gottheit und die Menschheit in Gott, was dem Beugen des Armes entspricht. So hat er auch in seinem Wirken den rechten Glauben, was die Beugung der Hand zeigt, mit dem er dann die verschiedenen Taten mit der Unterscheidungsgabe („discretio") wie mit den Fingern beurteilt. Er selbst aber wirkt nicht so wie die anderen Seelenkräfte. Was bedeutet das?

Der Wille erwärmt nämlich das Werk, das Gemüt empfängt es und die Vernunft bringt es hervor. Der Verstand aber erkennt das Werk, weil er Gut und Böse erkennt, wie auch die Engel diese Erkenntnis haben und so das Gute lieben und das Böse verachten. Und wie der Leib ein Herz hat, so hat die Seele den Verstand, der in einem Teil der Seele seine Kraft ausübt wie der Wille im andern. Auf welche Weise? Der Wille hat große Kraft in der Seele. Inwiefern? Die Seele steht an der Ecke des Hauses, d. h. an der Festung des Herzens, wie ein Mann, der sich an einer Ecke seines Hauses hinstellt, um das ganze Haus zu übersehen und das Hauswesen zu leiten. Er hebt nämlich den rechten Arm, indem er bezeichnet und darauf hinweist, was für dieses Haus nützlich ist, und wendet sich dabei nach Osten. So macht es auch die Seele, die durch die Wege des ganzen Leibes zum Sonnenaufgang blickt. Sie setzt den Willen gleichsam als rechten Arm zur Festigung der Adern und des Markes und zur Bewegung des ganzen Körpers ein; denn der Wille bewirkt jedes Werk, sei es gut oder böse.

Der Wille ist nämlich wie ein Feuer, das jedes Werk wie in einem Ofen bäckt. Denn das Brot wird dazu gebacken, dass die Menschen davon ernährt und stark werden, um leben zu können. So ist auch der Wille die Kraft des ganzen Werkes. Denn zu Beginn mahlt er es, in seiner Kraft gibt er den Sauerteig dazu und klopft es in seiner Härte; so bereitet er mit seiner Überlegung sein Werk vor wie Brot, bäckt es mit der vollen Einwirkung seiner Glut vollkommen aus und bietet den Menschen auf diese Weise im Werk eine wichtigere Speise als im Brot. Die Speise vergeht im Menschen mit der Zeit; das Werk des Willens aber dauert in ihm bis zur Trennung seiner Seele vom Leib. Und wie verschieden das Tun in der Kindheit, in der Jugend, im Vollalter und im gebeugten Greisenalter auch sein mag, so geht es dennoch im Willen voran und zeigt in ihm seine Vollendung.

Doch der Wille hat beim Menschen in der Vorkammer des Herzens ein Zelt, nämlich das Gemüt, dem der Verstand und der Wille selbst und jede einzelne Seelenkraft ihre Stärke geben. Und sie alle werden in diesem Zelt erwärmt und verbinden sich miteinander. Wie? Wenn Zorn aufsteigt, schwillt die Galle an und schickt so Qualm in das Zelt und macht den Zorn zur Tat. Wenn sich schamlose Freude („laetitia") erhebt, wird der Brand der Begierde in seinem Kern berührt und so erhebt sich jene Begehrlichkeit, die zur Sünde führt, und findet sich in diesem Zelt ein. Doch gibt es eine andere liebenswerte Freude („gaudium"), die in diesem Zelt vom Heiligen Geist entzündet wird. Wenn sich die Seele in ihm freut, nimmt sie diese gläubig auf und vollbringt in Sehnsucht nach dem Himmel ein gutes Werk. Es gibt auch eine gewisse Traurigkeit, aus der in diesem Zelt durch die Säfte, die rings um die Galle vorhanden sind, ein inneres Erlahmen entsteht, das Unwillen, Verstocktheit und Trotz in den Menschen hervorruft und die Seele niederdrückt, wenn sie nicht möglichst schnell befreit wird, weil ihr die Gnade Gottes zu Hilfe kommt.

Aber auch wenn in diesem Zelt entgegengesetzte Gründe aufeinandertreffen, wird es oft durch Hass und die übrigen todbringenden Leidenschaften aufgewühlt, die die Seele töten; und bei ihrem Untergang verursacht es großes Unheil. Wenn aber der Wille entschlossen ist, dann setzt er die Kräfte des Zeltes in Bewegung und bringt sie, ob gut oder böse, in heiße Glut. Wenn dem Willen aber diese Werkzeuge gefallen, kocht er mit ihnen seine Speise und setzt sie dem Menschen zum Kosten vor. Dann erhebt sich im Zelt ein großes Getümmel von Gut und Böse, wie wenn jemand sein Heer an einem Ort versammelt. Kommt dann der Feldherr und das Heer gefällt ihm, nimmt er es in Dienst („suscipit"), missfällt es ihm aber, entlässt er es. So verfährt auch der Wille. Wieso? Wenn sich in der Vorkammer des Herzens etwas Gutes oder Böses erhebt, vollendet es der Wille oder er beachtet es nicht.

Aber sowohl im Verstand als auch im Willen zeigt sich gleichsam als Klang der Seele die Vernunft; sie bringt jedes Werk hervor, sei es von Gott oder vom Menschen. Der Klang trägt nämlich das Wort in die Höhe, wie der Wind den Adler trägt, damit er fliegen kann. So sendet auch die Seele den Klang der Vernunft in das Ohr und in den Verstand der Menschen, damit ihre Kräfte verstanden werden und jedes Werk zur Vollendung kommt. Der Leib ist nämlich das Zelt und die Stütze aller Seelenkräfte; denn die Seele wohnt im Leib und wirkt mit dem Leib und der Leib mit ihr, sei es Gutes oder Böses.

Das Sinnesvermögen aber ist es, das sich mit dem Werk der inneren Seelenkräfte verbindet, sodass sie an den Früchten jedes Werkes durch es erkannt werden; und es ist ihnen unterstellt; denn sie veranlassen es zur Tat, doch diese wird ihnen nicht von ihm auferlegt. Denn es ist deren Schatten und handelt ganz nach dem, was sie beschlossen haben. Auch der äußere Mensch erwacht zunächst mit dem Sinnesvermögen im Leib der Mutter, bevor der Mensch geboren wird, während die übrigen Seelenkräfte noch verborgen bleiben. Was bedeutet das? Die Morgenröte kündet das Tageslicht an, so macht auch das Wirken der Sinne zusammen mit der Vernunft alle Seelenkräfte sichtbar. Und wie das Gesetz und die Propheten an den zwei Geboten Gottes hängen (vgl. Matthäus 22,40), so ist auch das Wirken der Sinne des Menschen in der Seele und in ihren Kräften lebendig. Was heißt das?

Das Gesetz ist zum Heil des Menschen aufgestellt und die Propheten künden die Geheimnisse Gottes; so hält auch das Sinnesvermögen des Menschen alles Schädliche von ihm fern und enthüllt das Innere der Seele. Denn die Seele atmet das Sinnesvermögen aus. Wie? Sie belebt den Menschen mit dem lebendigen Gesicht und stattet ihn wunderbar aus mit der Fähigkeit zum Sehen, Hören, Schmecken, Riechen und Ertasten, sodass der Mensch, vom

Sinnesvermögen berührt, für alle Dinge hellwach wird. Das Wirken der Sinne ist nämlich das Zeichen für alle Seelenkräfte, wie auch der Leib das Gefäß der Seele ist. Auf welche Weise? Das Wirken der Sinne umschließt alle Seelenkräfte. Was bedeutet das? Der Mensch wird am Gesicht erkannt; er sieht mit den Augen, hört mit den Ohren, öffnet den Mund zum Reden, tastet mit den Händen, geht auf den Füßen; deswegen ist das Sinnesvermögen im Menschen wie kostbare Edelsteine und wie ein wertvoller Schatz, der in einem Gefäß versiegelt ist. Doch wie man das Gefäß sieht und um den Schatz in ihm weiß, so erkennt man auch am Sinnesvermögen die übrigen Kräfte der Seele.

Die Seele aber ist die Herrin, das Fleisch jedoch die Magd. Wieso? Die Seele lenkt den ganzen Leib, dadurch dass sie ihn belebt, der Leib aber nimmt ihre belebende Führung an; denn wenn die Seele den Leib nicht beleben würde, würde der Körper sich auflösen und zerfallen. Wenn der Mensch aber mit Wissen der Seele ein schlechtes Werk vollbringt, so ist das für die Seele so bitter wie für den Leib ein Gift, wenn er es mit Wissen einnimmt. Über ein gutes Werk aber jedoch freut sich die Seele, wie sich der Leib an einer süßen Speise ergötzt. Die Seele durchströmt auch den Körper wie der Saft den Baum. Was bedeutet das? Durch den Saft wird der Baum grün und so bringt er Blüten hervor und setzt dann Frucht an. Und wie kommt diese dann zur Reife? Durch ausgewogene Witterung. Wie? Die Sonne erwärmt sie, der Regen spendet ihr die Feuchtigkeit und so reift sie durch die ausgewogene Witterung. Was bedeutet das? Die Barmherzigkeit der göttlichen Gnade wird den Menschen wie die Sonne erleuchten, der Hauch des Heiligen Geistes wird ihn wie Regen betauen, und so wird ihn die Maßhaltung („discretio") wie eine gut ausgewogene Witterung zur Vollendung guter Früchte führen.

Aber die Seele ist im Leib auch wie der Saft im Baum und ihre Kräfte sind gleichsam die Gestalt des Baumes. Wieso? Der Verstand ist in der Seele wie die Grünkraft der Zweige und Blätter am Baum, der Wille wie die Blüten, das Gemüt wie die erste hervorbrechende Frucht, die Vernunft wie die voll ausgereifte Frucht, das Wirken der Sinne („sensus") jedoch ist gleichsam seine Höhe und die Ausdehnung in der Breite. Auf diese Weise wird der Leib des Menschen von der Seele gefestigt und gestützt. Daher, o Mensch, mache dir bewusst, was du durch deine Seele bist, der du deinen gesunden Verstand ablegst und dich mit dem Vieh gleichstellen willst.

20 Kosmische und psychische Zusammenhänge

Wie entsprechen der Makrokosmos, das gesamte Universum, und der Mikrokosmos, der menschliche Körper, einander? Hildegard beantwortet diese Frage mit einer langen Darstellung der vielfältigen Zusammenhänge zwischen Welt und Mensch in einem kosmologischen Werk, dem *Buch vom Wirken Gottes*. Diesem komplizierten Geflecht von Entsprechungen liegt Hildegards Überzeugung zugrunde, dass im Menschen die ganze Schöpfung eingezeichnet ist. So erkennt Hildegard am Körper der Menschen die Proportionen des Firmaments. Zugleich schließt Hildegard vom sichtbaren Aufbau des menschlichen Körpers auf das unsichtbare Wirken der Seele. Der Körper, der nach der Struktur des Kosmos geformt ist, drückt sich in der Seele aus. Das Wesen dieser Verhältnisbestimmung kommt aus dem Glauben: Der Mensch ist Gottes ausgezeichnetes Geschöpf, weil er in der Schöpfung Gottes Abbild verkörpert. Der Mensch erfüllt mit seiner puren Existenz den Auftrag, den unsichtbaren Gott in der sichtbaren Welt zu versinnbildlichen. In Hildegards Gedankenwelt bilden Kosmologie (Lehre von der Welt), Anthropologie (Lehre vom Menschen), Psychologie (Lehre von der Seele) und Theologie (Lehre von Gott) eine Einheit. Erst in dieser Einheit erschließt sich für Hildegard die Gesamtheit der Wirklichkeit.

Das Buch vom Wirken Gottes, I. 4. 14–15 und 17, S. 108–112.

Und in Seinem uralten Ratschluss, der ewig in Ihm war, ordnete Er an, wie Er dieses Sein Werk vollende: Und Er formte aus der lehmigen Erde den Menschen, wie Er dessen Gestalt vor der Zeit festgelegt hatte, wie ja auch das Herz des Menschen die Vernunft in sich einschließt und alle tönenden Worte ordnet, die er dann äußert. So tat es auch Gott mit Seinem Wort, als Er alles schuf. Denn im Vater ruhte das Wort verborgen, das Sein Sohn ist, wie das Herz im Menschen verborgen ist. Und Gott bildete die Gestalt des Menschen nach Seinem Bild und Gleichnis, weil Er wollte, dass dessen Gestalt die Heilige Gottheit umhüllen sollte. Und deshalb hat Er alle Geschöpfe in den Menschen eingezeichnet, wie auch jedes Geschöpf durch Sein Wort hervortrat.

Daher ist am Kopf des Menschen wie am kreisenden Rad der Scheitelpunkt das Gehirn. An ihm ist eine Leiter angelegt, die Stufen zum Aufstieg hat, mit den Augen im Sehen, mit den Ohren im Hören, mit der Nase im Riechen und dem Mund im Sprechen. Mit diesen Sinnesorganen sieht, erkennt und unterscheidet der Mensch alle Geschöpfe, er teilt sie ein und gibt ihnen Namen. Gott nämlich hat den Menschen geformt und ihn mit dem lebendigen Atem, der Seele, belebt; mit Fleisch und Blut ließ er ihn gerinnen (Buch der Weisheit 7,2). Er gab ihm Halt durch die Knochen und festigte ihn so, wie die Erde durch Steine gefestigt ist; denn wie die Erde ohne Gestein nicht bestehen könnte, so könnte auch der Mensch nicht ohne Knochen sein.

Auch das Firmament trägt Sonne, Mond und Sterne nicht ohne die feste Bestimmung ihrer Bereiche, in denen sie ihre Bahn ziehen. Denn dieses Zusammenwirken der Gestirne („constellationes") könnte ohne Festlegung ihrer Bereiche nicht gefestigt werden. Daher sind alle ihre Räume im richtigen Maß angeordnet, damit die Kreisbahn des Firmaments richtig umlaufen kann. So ist auch alles in der Gestalt der Menschen festgelegt, wenn auch nicht in der Anordnung und Vollendung wie in der oberen Welt.

Das hat auch Bezug zur Seele. Der Scheitel des Kopfes bezeichnet nämlich den Beginn des Wirkens der Seele, die mit umsichtiger Vernunft jedes Werk des Menschen plant und ordnet. Die Seele selbst entscheidet als Scheitelpunkt im Leib des Menschen das, was dieser fordert und begehrt; und das bewirkt sie, indem sie die vier Stufen hinauf- und hinuntersteigt, nämlich Sehen, Hören, Riechen und Schmecken, mit denen sie auch die Geschöpfe wahrnimmt und fühlt. Und ihr fleischliches Gefäß streckt sich mit ihr aus zu den Geschöpfen und zieht sie ihrem Wollen entsprechend an sich. Auch mit jedem heranwachsenden Geschöpf fliegt sie wie die Luft in allen Begierden des Leibes, indem sie diese erfüllt; in der Erkenntnis der Namen der Geschöpfe erhebt sie sich dem Leib entsprechend entweder zur Liebe oder zum Hass ihnen gegenüber.

Die Länge der menschlichen Gestalt und seine Breite sind gleich, wenn Arme und Hände von der Brust her gleichmäßig ausgestreckt sind, wie auch das Firmament dieselbe Länge und Breite hat. Denn im Maß der Länge und Breite des Menschen, die bei ihm gleich sind, wird das Wissen um Gut und Böse einsichtig gemacht, das das Gute am Nutzen, am Unnützen aber das Böse erkennt. Durch das Begehren des Fleisches und Blutes nämlich und der übrigen Organe wird die Seele wie in ein Netz verstrickt, so wie durch den Jäger ein Tier gefangen wird. So kann die Seele kaum atmen, bevor der Leib seine Begierden befriedigt hat, und danach lässt sie den Leib oft mit ihr seufzen. [...]

Im Kopf des Menschen sind auch die drei oberen Elemente bezeichnet, nämlich von der Schädeldecke bis zur Stirn das leuchtende Feuer mit dem dahinterliegenden schwarzen Feuer, von der Stirn bis zur Nasenspitze der reine

Äther, von der Nase bis zur Kehle die wasserreiche Luft mit der ihr unterstellten starken, weißleuchtenden Luft. Und diese Bereiche sind im gleichen Maße voneinander getrennt, wie auch die Dichte des oberen Feuers mit dem schwarzen Feuer, ebenso die Dichte des reinen Äthers; ferner sind die Dichte der wasserreichen Luft mit der weißleuchtenden Luft von gleichem Maß.

Denn auch in der Seele sind drei Kräfte, das Begreifen („comprehensio"), mit dem sie in der Kraft Gottes das Himmlische und das Irdische begreift; die Einsicht („intelligentia"), durch die sie das meiste einsieht, indem sie weiß, dass die Sünden böse sind, und sie sie durch die Reue ablehnt; und schließlich die Triebkraft („motio"), durch die sie in sich überall bewegt wird, wenn sie nach dem Vorbild der Gerechten mit ihrer Wohnstätte (dem Leib) heilige Werke vollbringt. Jenes Begreifen aber und die Einsicht verbinden sich miteinander zur Triebkraft der Seele. Wenn nämlich die Seele mehr begriffe, als sie einsehen oder bewegen kann, wäre sie in unrechtem Maß. Und eben diese Kräfte sind in der Seele auf diese Weise einmütig, und die eine übertrifft nicht die andere.

Das Begreifen der Seele umgibt nämlich den ganzen Leib mit all seinen Gliedern, indem er alles in ihm im rechten Maß zu dem bewegt, was das Fleisch durch Fühlen und Schmecken begehrt, wie ein Baumeister sein Haus für die Menschen zum Bewohnen richtig zumisst. Der Leib wird durch die Seele bewegt, und die Seele kann es nicht unterlassen, den Leib zu entgegengesetzten Werken anzuregen, denn sie hat Einsicht in das, was das Fleisch begehrt, da ja das Fleisch durch sie lebt. Und die Seele, die das Leben ist, ist auch das lebendige Feuer im Leib. Der Leib aber als geschaffenes Werk kann sich deshalb nicht zurückhalten, auf beiden Wegen tätig zu sein, entweder nach dem Begehren des Fleisches oder nach dem Sehnen der Seele. Ein gutes Werk der Seele ist wie ein wunderschönes Gebäude vor Gott und Seinen Engeln, ihre schlechte Tat aber ist wie ein Haus aus Lehm, das mit sehr viel Unrat angefüllt ist. Deshalb wird die Seele, die gute Werke vollbringt, von den Engeln gelobt, und die, die schlechte Taten entsprechend dem Begehren des Fleisches ausführt, vom Lob ausgeschlossen.

In dem rechten und gleichen Maß, das vom Scheitel des menschlichen Kopfes vorn bis zu den Augenbrauen und den beiden Ohren und hinten bis zum Anfang des Nackens besteht, wird die gleiche Dichte der Elemente mit den zu ihnen gehörenden Drehungen bezeichnet. Auf diese Weise gibt es entsprechend in der Seele drei Kräfte, das Vergeistigen („exspiratio"), das Erkennen („scientia") und das Fühlen („sensus"), mit denen sie ihre Aufgaben erfüllt. Durch das Vergeistigen beginnt sie das, was sie tun kann, und das ist sozusagen der vordere Teil des Kopfes. Mit dem Erkennen breitet sie sich gleichsam zu den beiden Ohren aus, und durch die Empfindung wendet sie sich gewissermaßen zurück bis zum Beginn des Nackens. Diese drei Kräfte sind auf diese Weise gleichwertig, weil ja die Seele durch das Vergeistigen nicht mehr zu tun beginnt, als die Erkenntnis begreifen oder die Empfindung ertragen kann. Und so wirken sie einmütig, weil keine von ihnen eine andere übertrifft, wie ja auch der Kopf das richtige Maß hat.

21 Im Kosmos spiegelt sich der Mensch

Es ist ein Experiment wert, den im Menschen eingezeichneten Kosmos zu spüren, gleichsam zu materialisieren. Dazu lädt der Text aus dem Hildegard zugeschriebenen naturheilkundlichen Werk, *Causae et curae*, ein. Der Vergleich zwischen Mensch und Firmament wird konkret: Die Adern im Menschen sind ähnlich den Sternen, die das Firmament durchziehen. Das pulsierende Blut im eigenen Körper als Glanz und Wärme der Sterne zu beschreiben hat eine poetische Kraft.

Der Text spricht weiterhin davon, dass in den Sternen Zeichen zu sehen sind. Diese sind aber nicht als magische Vorhersagen zu verstehen. Vielmehr werden diese Zeichen als Spiegelung menschlichen Handelns gedeutet. Dieser Gedanke dient dazu, bewusst zu machen, welche Auswirkung der Mensch auf seine Umwelt hat. Jede positive oder negative Regung des Menschen – Wille, Gedanke, Tun – hat Konsequenzen für die Natur.

📖 **Ursprung und Behandlung, I. 33–36, S. 38–40.**

Auch wird das Firmament durch die Sterne zusammengehalten, damit es sich nicht auflöst, wie der Mensch von den Adern gestützt wird, damit er nicht zerfließt und nicht zerfällt. Und wie die Adern den ganzen Körper des Menschen vom Fuß bis zum Kopf durchziehen, so auch die Sterne das Firmament. Und wie sich das Blut in den Adern bewegt und wie das Blut diese bewegt und sie springen und Pulsschläge geben lässt, so bewegt sich auch das Feuer in den Sternen und setzt sie in Bewegung und lässt sie so manche Funken wie eine Art Sprünge und Schläge abgeben. Und das sind die gewöhnlichen Sterne, die auf sich eine Art Wellen schlagen entsprechend den jeweiligen Taten der Menschen. Aber die Planeten werden nie in abweichender Weise bewegt, sondern nur durch das, was sie von Sonne und Mond empfangen und wie es jene größeren Sternzeichen bestimmen.

Von dem Platz aus, an dem jeder Stern sitzt, durchläuft er nach oben das ganze Firmament, wie eine Ader, die vom Fuß bis zum Kopf des Menschen aufsteigt. Und sie geben dem ganzen Firmament Glanz und Wärme, wie die Adern, die die Leber des Menschen durchqueren, dieser Leber Blut und Wärme geben. Und sie sind über das ganze Firmament gesetzt, sowohl an jenem Firmament, das wir am Tag sehen, als auch an jenem, das wir bei Nacht erblicken. Aber die Sterne werden vom gewaltigen Glanz der Sonne, die den Tag bringt, überdeckt, so dass sie am Tag nicht gesehen werden können, weil der Glanz [der Sonne] größer ist als ihr Licht, so wie das gemeine Volk verstummt, wenn die Fürsten genannt werden, und das gemeine Volk hervortritt, wenn die Fürsten sich zurückziehen. Andernfalls würden [die Sterne] sowohl am Tag wie in der Nacht gesehen.

Die Sterne nun zeigen manchmal viele Zeichen an sich, dem entsprechend, wie die Menschen sich gerade in ihren Werken verhalten. Aber sie zeigen weder die Zukunft noch die Gedanken der Menschen, sondern nur das, was der Mensch bereits in seinem Willen oder mit Worten oder Werken tut, weil die Luft das aufnimmt, und sie vermittelt es den Sternen, die auf diese Weise sofort die Werke des Menschen anzeigen. Gott aber hat die Sterne zum Dienst des Menschen geschaffen, damit sie ihm leuchten und dienen. Und deshalb zeigen sie auch seine Werke an, wie ein Diener den Willen und das Werk seines Herrn kundtut. Denn wie die Seele im Körper des Menschen erst aufleuchtet und dann zur Tat schreitet, so leuchten auch die Sterne am Firmament auf und zeigen die Werke des Menschen, wenn der Mensch bereits handelt.

Sonne, Mond und übrige Planeten jedoch zeigen die Werke des Menschen nicht immer, sondern selten. Und wenn sie etwas anzeigen, dann ist es etwas Großes und betrifft eine öffentliche Angelegenheit. Der oberste Planet nun, der das „Auge" genannt wird, und jener, der der nächste oberhalb des Mondes ist, der der „Arme" genannt wird, sind in der Tiefe des Firmaments wie zwei Nägel befestigt und erscheinen den Menschen nicht, außer dass manchmal, wenn die Wolken verdunkelt sind, so etwas wie ein Blitz von ihnen in den Wolken erscheint, wenn sie etwas Künftiges andeuten. Dass aber manchmal an der Sonne irgendwelche Zeichen erscheinen, kommt daher, dass diese zwei Planeten sich der Sonne annähern, so dass an ihr auf diese Weise Zeichen entstehen, wenn etwas Wundersames geschehen soll. Die Planeten selbst jedoch werden nicht so erscheinen, dass man sie vollkommen und ganz sieht, erst vor dem Tag des Gerichts. Und dann werden sie ungewohnt ihren Glanz vom Zenit auf die Erde schicken, und dadurch werden die klugen Menschen erkennen, dass der Tag des Gerichts naht.

Der Planet jedoch, der „Augapfel" genannt wird und der nach dem höchsten kommt, brachte die Sintflut hervor und zeigte sie an. Er erscheint nicht in der Art eines Sterns, sondern schießt gleichsam Wurfspieße und hat manchmal einen blassen Glanz, indem er so auf etwas hinweist. Der Planet aber, der nach dem zweiten kommt, wird der „Reiche" genannt und zeigte an, dass Christus gegen den Teufel kämpfen würde. Aber jetzt erscheint er nicht wie ein Stern, sondern wie ein Blitz am Himmel und dann weist er auf künftige Wunder hin.

Wenn sich an der Sonne eine Beeinträchtigung oder eine ungewöhnliche Veränderung der Farbe zeigt, verkündet das, dass auf der Welt Großes bevorsteht. Dass aber die Sonne am Morgen rot ist, wenn sie aufgeht, das kommt von der Kälte und der Feuchtigkeit der Luft, weil die Feuchtigkeit und die Kälte, die dann herrschen, den Augen der Menschen Röte bringen. Auf ähnliche Weise kommt das auch in später Stunde, wenn sie gegen Abend rot wird, von der Kälte der Luft, wenn sie sich dann zum Untergang neigt.

Der Abendstern jedoch, der auch „Begleiter" heißt, ist so etwas wie der engste, geheime Freund der Sonne. Er bemisst Getreide und Wein, zu einer Zeit mehr, zu einer anderen weniger. Danach kommt der Planet, der der „Arme" heißt, und zeigt seine Zeichen, wie oben gesagt, und er bringt auch Armut trotz einer Fülle an Früchten der Erde.

22 Wenn Gott ins Gesicht des Menschen schaut ...

Gott schauen – das ist die große Sehnsucht glaubender Menschen. Die Theologie nennt dies die seligmachende Schau Gottes, die uns, zur Fülle gebracht, nach dem Tod erwartet. Es gibt aber auch eine Seligkeit bereits in unserem jetzigen Leben: unser Glaube, dass Gott uns anschaut. Wir werden angesehen. Dieses Ansehen, das dem Menschen von Gott geschenkt wird, bedeutet eine beglückende Würde. Hildegard lässt uns in ihrem Gedicht darüber hinaus erahnen, dass es auch für Gott selig und beglückend ist, uns Menschen anzuschauen. Über dieses Geheimnis kann der Mensch nur staunend stottern: O wie wunderbar ...

📖 **Lieder, 60, S. 180.**

O wie wunderbar ist das Vorherwissen
des göttlichen Herzens, das vorherwusste alle Kreatur.
Denn als Gott das Gesicht des Menschen ansah,
den er geformt hatte,
erblickte er all seine Werke
heil und ganz in dieser Gestalt des Menschen.
O wie wunderbar ist der Hauch,
der den Menschen so erweckte.

23 Vollkommene Liebe – die Verbindung zwischen Mann und Frau

In der zweiten Vision in *Wisse die Wege*, also ziemlich am Anfang ihres Werkes, beschäftigt sich Hildegard mit Fragen der Sexualität. Die überraschende Bevorzugung dieses Themenbereichs erklärt sich von der Bibel her, von der ausgehend Hildegard das menschliche Dasein deutet. Auf der ersten Seite der Bibel, die von der Erschaffung der Welt und des Menschen berichtet, steht Folgendes: „Dann sprach Gott: Lasst uns Menschen machen als unser Abbild und uns ähnlich. […] Gott schuf also den Menschen als sein Abbild; als Abbild Gottes schuf er ihn. Als Mann und Frau schuf er sie" (Genesis 1,26–27). Das erste Merkmal von Menschsein und Gottebenbildlichkeit des Menschen besteht demzufolge in der Geschlechtlichkeit. Diese biblische Sicht auf den Menschen spiegelt sich in Hildegards Werk wider, wenn sie die Darlegung der Geschöpflichkeit des Menschen mit der Sexualität beginnt.

Hildegard hat eine außerordentlich positive Auffassung von der Liebe zwischen Mann und Frau. Sie hält das Ordensleben und besonders die Jungfräulichkeit zweifelsohne für ein großes Ideal, wie sie in derselben zweiten Vision ausführlich darlegt. Dennoch verwendet sie das Wort „vollkommene Liebe" („perfecta caritas") für die Verbindung zwischen Mann und Frau. Damit stellt sie die eheliche Liebe über allen Formen der Liebe. Selbst das Ideal der engeren Nachfolge, die „brennende Liebe" zu Christus („ardens amor illius"), wird zurückgestellt, um die eine bindende Kraft der ehelichen Liebe zu bewahren. Diese Stelle bei Hildegard lässt sich mit den Worten von Papst Benedikt XVI. aus seiner ersten Enzyklika *Deus caritas est* (c. 2) treffend kommentieren: „In dieser Bedeutungsvielfalt [von Liebe] erscheint aber doch die Liebe zwischen Mann und Frau, in der Leib und Seele untrennbar zusammenspielen und eine Verheißung des Glücks aufgeht, die unwiderstehlich scheint, als der Urtypus von Liebe schlechthin."

📖 **Wisse die Wege, I. 2. 11, S. 28–29.**

Dass aber die erste Frau aus dem Mann gebildet wurde, bezeichnet die eheliche Verbindung zwischen Mann und Frau. Das ist so zu verstehen: Diese Verbindung ist nicht ohne Zweck und darf nicht in Gottvergessenheit vollzogen werden. Denn Er, der die Frau vom Mann nahm, hat diese Verbindung gut und ehrenhaft begründet, indem er Fleisch aus Fleisch bildete. Wie deshalb Adam und Eva ein Fleisch waren, so werden auch jetzt Mann und Frau in der Liebesvereinigung ein Fleisch zur Vermehrung des Menschengeschlechts. Und deshalb muss in diesen beiden die Liebe („caritas") vollkommen sein wie in jenen ersten (Menschen). Adam hätte nämlich seine Frau beschuldigen können, dass sie ihm durch ihren Rat den Tod einbrachte, aber er entließ sie dennoch nicht, solange er in dieser Welt lebte, weil er erkannte, dass sie ihm durch göttliche Macht gegeben war. Daher soll der Mann wegen der vollkommenen Liebe („caritas") seine Gattin nicht verlassen, außer wegen jenem vernünftigen Grund, den die Kirche durch ihren Glauben sich vorbehält. Es soll für sie durchaus keine Scheidung geben, wenn nicht beide einmütig auf meinen Sohn hinblicken wollen, indem sie in brennender Liebe („amor") zu Ihm sagen: „Wir wollen die Welt verlassen und Ihm nachfolgen, der für uns gelitten hat." Wenn aber diese beiden in der Hingabe, die Welt zu verlassen, nicht einer Meinung sind, dann sollen sie sich keinesfalls voneinander trennen. Denn wie das Blut nicht vom Fleisch getrennt werden kann, solange darin noch Lebenshauch ist, so sollen sich auch weder der Ehemann noch die Ehefrau voneinander trennen, sondern sie werden einmütig miteinander ihr Leben führen.

24 Nur wer fragt, bekommt eine Antwort

Die Welt ist voller Geheimnisse. Auf die wichtigsten Fragen des Lebens haben die Naturwissenschaften noch keine eindeutigen Antworten gefunden, etwa auf die Frage, wie die Welt entstanden ist oder ob es ein Leben nach dem Tod gibt. Die Frage nach der Existenz Gottes bleibt die drängendste Frage des Menschen, und nicht nur heute in einer aufgeklärten, offenen Gesellschaft, in der jegliche Auffassung überprüft und in Frage gestellt wird. Auch im Mittelalter war es jedem Menschen aufgegeben, sich der Frage nach Gott zu stellen und Stellung zu nehmen: die Bejahung im Bekenntnis oder die Verneinung in der Verleugnung. Über diese Entscheidung schreibt Hildegard in einem Text über einen der Engelchöre.

Nach der antiken und der mittelalterlichen Tradition unterscheidet Hildegard neun Engelchöre. Jedem von ihnen kommt eine besondere Aufgabe zu, um den Menschen in den Herausforderungen des Lebens beizustehen und ihnen die göttlichen Geheimnisse als Boten kundzutun. Einer der Engelchöre bildet die „Kräfte" („virtus", im Plural „virtutes"). Sie sind dafür zuständig, das Ringen der Menschen mit positiver Kraft zu begleiten. Menschliches Leben bedeutet nach Hildegards Auffassung ein Kämpfen und eine Auseinandersetzung, da der Mensch in der Welt mit dem Bösen konfrontiert wird. Das gute Werk wird durch negative Mächte, die in Hildegards Sprache „teuflische Nachstellungen" heißen, gefährdet und fordert daher ein tapferes Einstehen für die eigene Überzeugung. Diese eigene Überzeugung wird dadurch gestärkt, dass der Mensch im existenziellen Fragen nach Gott auf den Heiligen Geist vertraut. Auf diese Weise kann der Mensch Gott als Schöpfer und Erlöser bekennen.

Hildegard hält es für wichtig zu betonen, dass der Mensch aktiv und bewusst fragen muss. Solange der Mensch ein Suchender und Fragender bleibt, wird er von Gott getragen. Wer fragt, bekommt eine Antwort. Diese Erfahrung gilt in jeder Situation, und gerade für den Umgang mit Schwierigkeiten. Wenn wir den Mut hätten, Probleme in offene Fragen zu wandeln, dann könnten wir darauf vertrauen, dass wir eine Antwort bekommen. Mit gewisser Phantasie und Entschlossenheit könnten wir auf solche offenen Fragen eine Antwort finden. Immer gelingt es nicht. Hildegard ist aber überzeugt, dass uns bei der Suche nach Antworten der Heilige Geist zu Hilfe kommt. Wenn der Mensch nicht bereit ist, Fragen zu stellen und umzudenken, dann kann er mit Gottes Gaben auch nicht rechnen.

📖 Wisse die Wege, I. 6. 4, S. 93–94.

Daher haben die in der ersten Reihe gleichsam ein Menschengesicht und leuchten von der Schulter abwärts in hellem Glanz. Das sind die Kräfte, die sich im Herzen der Gläubigen erheben und in glühender Liebe einen hohen Turm, nämlich ihre Werke, in ihnen errichten. Denn in ihrer Vernunft zeigen sie die Werke der auserwählten Menschen und in ihrer Stärke führen sie diese im hellen Glanz der Seligkeit zu einem guten Ende. Wie? Wenn nämlich die Erwählten, weil sie die Klarheit ihres inneren Sinnes haben, alle Bosheit ihrer Sünden wegen jenes Lichtes abwerfen, mit dem sie erleuchtet sind, kämpfen sie tapfer gegen die teuflischen Nachstellungen. Diese Kämpfe, die sie so gegen die teuflische Horde ausfechten, stellen diese Kräfte mir, ihrem Schöpfer, unaufhörlich vor Augen. Denn die Menschen haben in sich Kämpfe zwischen dem Bekenntnis und der Verleugnung (Gottes). Inwiefern? Sodass jener mich bekennt, dieser mich verleugnet. Doch in diesem Kampf geht es um die entscheidende Frage: „Gibt es einen Gott oder nicht?" Dann erhält diese Frage im Menschen folgende Antwort des Heiligen Geistes: „Gott ist es, der dich erschaffen hat. Doch auch er selbst hat dich erlöst."

Aber solange diese Frage und diese Antwort im Menschen sind, wird ihn die Kraft Gottes nicht verlassen, weil an dieser Frage und Antwort die Reue hängt. Wo aber diese Frage im Menschen nicht ist, gibt es auch nicht diese Antwort des Heiligen Geistes; denn dieser Mensch stößt die Gabe Gottes von sich und stürzt ohne die Frage der Reue sich selbst in den Tod. Die Auseinandersetzungen dieser Kämpfe aber bringen die Kräfte Gott dar, denn sie sind vor Gott das Siegel, durch das offenbar werden wird, in welcher Absicht Gott verehrt oder verleugnet wird.

25 Spiegelhafte Erkenntnis von der vollbrachten Tat

„Spekulativ" hört sich nach Grübeln oder nach Geschäft an. Nicht so bei Hildegard. Um dies zu verstehen, erklärt sie das Wort von seinem Ursprung her. Denn sie leitet das Wort „speculativa" vom „speculum" ab, das auf Deutsch „Spiegel" heißt. Wie der Mensch sein Gesicht im Spiegel betrachtet, so kann er in seinem Geist seine Taten beurteilen. Aus Hildegards Darlegung geht hervor, dass eine solche „spiegelhafte Erkenntnis" ein spezielles Merkmal menschlicher Existenz ist.

Aufgrund seiner Vernunftbegabtheit verfügt der Mensch über das Wissen von Gut und Böse. Zudem, wie Hildegard wiederholt ausführt, kann der Mensch durch seinen Leib wirken. Der Mensch ist also dadurch ausgezeichnet, dass er, selbst ein geschaffenes Wesen, schaffend und verantwortlich in der Welt wirkt. Dieses Wirken vollzieht er in voller Freiheit. Das bringt die Konsequenz mit sich, dass der Mensch sich bei jedem Tun und Lassen entscheiden muss. Wir sind ständig in einer Entscheidungssituation, die uns in Bewegung setzt: entweder zum Guten oder zum Bösen. Die spiegelhafte Erkenntnis dient dazu, unsere Taten nach den Grundsätzen von Gut und Böse zu unterscheiden. Diese Selbstreflexion wird zur Einsicht und führt dazu, dass der Mensch in seinem Handeln umsichtig vorgeht. Es liegt an uns, in unseren inneren Spiegel zu schauen. Diese spiegelhafte Überprüfung unserer Handlungen bzw. der Auswirkung unserer Taten lehrt uns Orientierung in einer Welt, die uns permanent zur Entscheidung herausfordert. In diesem Prozess lernen wir, die richtige Entscheidung zu treffen und uns zum Guten zu bewegen.

📖 **Wisse die Wege, III. 2. 8–9 und 11–12, S. 301–304.**

Der Mensch hat die spiegelhafte Erkenntnis durch die sehr genaue und sichere Erforschung der Betrachtung seines Geistes, damit er in all seinen Angelegenheiten umsichtig ist; und das Fleisch des Menschen ist aus Asche, weil der Mensch von Gott erschaffen ist als ein geschaffenes Werk, das in seinem Tun wirkt.

Auch diese spiegelhafte Erkenntnis leuchtet im Glanz des Tageslichtes, weil durch sie die Menschen ihre Taten sehen und erwägen. Denn sie ist ein heller Lichtstrahl des menschlichen Geistes, der sich vorsichtig umblickt. Im Menschen zeigt sich diese ganz klare Erkenntnis wie eine weiße Wolke, die schnell durch den Geist der Menschen hindurchzieht, wie eine Wolke in der Luft zerfließt, und sie leuchtet wie das Tageslicht, weil sie glänzendweiß erscheint wegen des herrlichen Werkes, das Gott gütig in den Menschen wirkt, nämlich dass sie, indem sie das Böse meiden, Gutes vollbringen, das in ihnen gleichsam wie Tageslicht leuchtet.

Aus dieser Erkenntnis geht jedes Werk im Menschen hervor. Wie? Der Mensch hat zwei Wege. Wieso? Er selbst weiß in seinem Empfinden um Gut und Böse. Solange er vom Bösen dazu übergeht, Gutes zu wirken, ahmt er Gott nach, da er das Gute in ihm tut, der gerecht ist und die Ungerechtigkeit nicht will. Während er aber Böses tut, wird er durch den Teufel, der in die Enge führt, in Sünden verwickelt, weil dieser nicht von ihm ablassen will, bis er ihn in der Fessel der bösen Taten weiß. Denn der Teufel sucht die Ungerechtigkeit und flieht die Heiligkeit. Wenn der Mensch sich jedoch dem Bösen entzieht und das Gute tut, dann nimmt die größte Güte ihn auf, weil er sich selbst aus Liebe zu Gott überwunden hat, der seinen Sohn für ihn in den Kreuzestod hingab.

Daher ist auch diese Erkenntnis spiegelhaft, weil sie wie ein Spiegel folgender Art ist: wie ein Mensch sein Gesicht im Spiegel betrachtet, ob es schön oder entstellt ist, so untersucht er in der Erkenntnis das Gute und das Böse in der vollbrachten Tat, die er bei dich erwägt. Denn diese Erwägung beruht auf dem vernünftigen Sinn, den Gott dem Menschen eingehaucht hat, als er in sein Gesicht den Hauch des Lebens der Seele hauchte. Denn das Leben der Tiere vergeht, weil es nicht vernunftbegabt ist, die Seele des Menschen jedoch verlischt nie, weil sie in Ewigkeit lebt, da sie ja vernunftbegabt ist. Daher spürt auch der Mensch bei der Erwägung von Gut und Böse, welche Tat verkehrt oder erwählenswert ist, denn er ist durch die Gnade Gottes geformt und zu Beginn seiner Erschaffung mit dem Sinn der Vernunft angehaucht und diese Gnade stellte ihn in der Erwählung der Taufe und in der Erlösung der Seele im Neuen Bund wieder her. [...]

Gott stellt der Seele bei ihrer ersten Erweckung eine große, durchdringende Kraft zur Seite, nämlich das Voraussehen von guten und bösen (Taten); das sind Wasser und Feuer. Doch wie Wasser immer überschwemmt und viele todbringende Lebewesen in sich birgt und sehr viel Unnützes, so ist auch der Mensch überfließend in seinen bösen Taten, wobei er sie verbirgt, damit es nicht bekannt wird. Und wie auch das Feuer brennt und nichts Unliebsames in sich unverbrannt lässt und wie ein Silberschmied seine Kleinodien durch Entfernung des Rostes heller macht, so macht auch das Gute den Menschen rein, indem es den Rost der Bosheit von ihm nimmt. Denn Wasser und Feuer widerstreiten sich und ersticken und töten sich gegenseitig. So macht es auch der Mensch. Mit dem Bösen tötet er das Gute und mit dem Guten tötet er das Böse. Und bei beiden verbirgt er immer stillschweigend in sich seine Wünsche, wobei er sie auf dieses oder jenes richtet.

Und bei diesem Bewegen seiner Wünsche hat er die Wahl seines Willens für den Beweggrund, den er wünschst; ihm wendet er sich mit dem Willen zur Tat zu und streckt gleichsam seine Hand danach aus. Er vollbringt nämlich das gute Werk mit Gottes Hilfe durch die Gnade und führt das Böse aus, weil der Teufel durch die Einflüsterung seiner Ränke ihm nachstellt. Der Mensch hat dabei die Einsicht in der Erkenntnis seiner Vernunft. In dieser Erkenntnis blickt er nämlich auf Gut und Böse und daraus entsteht in ihm das Verlangen nach der Wahl zwischen den beiden Beweggründen, d. h. dem guten und dem bösen, gemäß seinem Willen. Was heißt das?

Die Wahl besteht darin, dass der Mensch im Verlangen seines Geistes wie in einem Spiegel bestimmte Dinge sieht, wobei er zu sich sagt: „Könnte ich doch dieses oder jenes tun!" Er macht sich noch nicht durch ein Werk daran, sondern hat es in seiner Erkenntnis niedergelegt, gleichsam am Anfang von zwei Wegen (vgl. Ezechiel 21,26), d. h. er hat die Erkenntnis der beiden Beweggründe, nämlich von Gut und Böse, und so strebt er schließlich entsprechend seinem Wunsch nach diesem Werk in die Höhe oder in die Tiefe.

26 Symphonische Seele – Erinnerung an die himmlische Harmonie

Menschliche Existenz kann als ein klingendes Dasein erlebt werden. Das hat Hildegard Tag für Tag erfahren, wenn sie als Benediktinerin mit ihren Mitschwestern den Gottesdienst feierte. In einem benediktinischen Kloster wurde – und wird auch heute noch – der gesungenen Liturgie viel Zeit eingeräumt, gemäß den Vorschriften der Regel des hl. Benedikt. Hildegard betrachtet die musikalisch – mit Instrumenten und Gesang – gestaltete Liturgiefeier als eine Erinnerung an jenes ursprüngliche Wissen, das dem ersten Menschen, Adam, im paradiesischen Zustand eigen war. Dieses Wissen bedeutete für den Menschen ein unversehrtes Erkenntnisvermögen, das mit der Fähigkeit verbunden war, die Sprache des lebendigen Geistes zu hören und in den freudenerfüllten Lobgesang der Engel einzustimmen. Diese ungebrochene Erfahrung von der Lieblichkeit himmlischer Harmonien und der Klangfülle göttlicher Stimme wurde aber durch den Ungehorsam zerstört. Das lateinische Wort für Ungehorsam, „inoboedientia", lässt den Prozess dieses Verlustes erkennen. Durch das Verweigern eines „Entgegenlauschens" („ob-audire", „entgegen-hören") war der Mensch zum Gehorchen und Gehorsam („oboedientia") nicht mehr in der Lage. Ohne das Hören auf die Stimme des lebendigen Geistes („inoboedientia") verwickelte er sich in die Finsternis innerer Unwissenheit. Daher ist Hildegard zufolge eine innere Erleuchtung nötig, damit der Mensch den Erinnerungszustand an das Paradies erlangt. Es ist bemerkenswert, dass Hildegard diese Wiedererinnerung als Aufgabe der Propheten betrachtet. Prophetie zielt demgemäß nicht darauf, künftige Ereignisse vorherzusagen, sondern das verlorene Glück wiederherzustellen. Die Propheten und Weisheitslehrer erreichen das dadurch, dass sie durch Psalmen, Gesänge und den Klang der Musikinstrumente die vergessene Melodie des Paradieses ins Gedächtnis rufen und an das unversehrte Wissen im Paradies erinnern. Beim Singen und Musizieren erfährt sich die Seele in ihrer ursprünglichen Bestimmung als „symphonisch", erfüllt von Harmonie.

Jedem Menschen ist mit der Seele, die symphonisch ist, eine Lebensmelodie eingegeben. Es liegt an uns, sie hörbar zu machen. Ein benediktinisches Kloster verwirklicht diesen symphonischen Lebensvollzug auf eine konkrete Weise. Zu festgesetzten Zeiten wird der Lobpreis dem Schöpfer dargebracht. Das ist ein Sinnbild für das Leben aller. Jeder Mensch ist berufen, die Symphonie seines Lebens erklingen zu lassen. Das tut er, wenn er sein Leben in Dankbarkeit und Zuversicht auf sich nimmt: Jede dankbare Regung unseres Herzens, jede tapfere Annahme von Schwierigkeiten, jede zuversichtliche Hinwendung zur Gegenwart bringt einen symphonischen Klang hervor, der die Welt liebenswürdig macht.

Briefe, 23, S. 52–54 (Auszug).

Und ich hörte eine Stimme, die vom lebendigen Licht ausging, über die verschiedenen Arten des <Gottes>lobes, von denen David im Psalm spricht: „Lobt ihn im Schall der Posaunen, lobt ihn mit Harfe und Zither" usw. bis: „Alles was Odem hat, lobe den Herrn" (Psalm 150,3–6). Mit diesen Worten werden wir durch äußere Dinge über innere belehrt, nämlich, wie wir entsprechend der materiellen Gestaltung der Instrumente und ihrer Beschaffenheit die Obliegenheiten unseres inneren Menschen am besten auf das Lob des Schöpfers ausrichten und gestalten sollen. Wenn wir eifrig darauf bedacht sind, erinnern wir uns daran, wie der Mensch nach der Sprache des lebendigen Geistes forschte. Adam hatte sie durch Ungehorsam verloren. Im Stande der Unschuld – vor der Übertretung – nahm er in nicht geringem Maß am Lobgesang der Engel teil, den diese kraft ihrer geistigen Natur besitzen. Vom Geist, der Gott ist, werden sie Geister genannt. Adam hatte die Ähnlichkeit mit den Stimmen der Engel, die er im Paradies besaß, verloren und ist über dem Wissen, mit dem er vor der Sünde begabt war, eingeschlafen, so wie ein vom Schlaf erwachender Mensch nichts mehr oder nur Unbestimmtes von dem weiß, was er im Traum gesehen hat. Als er von der Einflüsterung des Teufels getäuscht wurde und sich gegen den Willen seines Schöpfers auflehnte, wurde er zur Strafe für seine Sünde in die Finsternis innerer Unwissenheit gehüllt.

Gott aber, der die Seelen der Auserwählten mit dem Licht der Wahrheit erfüllt und für die frühere Glückseligkeit aufbewahrt, gelangte zu diesem seinem Ratschluss: Er wollte die Herzen möglichst vieler durch die Eingießung des prophetischen Geistes erneuern, damit sie durch seine Erleuchtung etwas von jenem Wissen zurückgewännen, das Adam vor der Bestrafung seiner Übertretung besessen hatte.

Damit sie sich aber auch an die süße Erfahrung des Lobpreises erinnerten, deren sich Adam vor seinem Fall mit den Engeln in Gott erfreute und nicht <nur> seines hiesigen Exils gedächten, und damit auch sie dazu angeregt würden, erstellten die heiligen Propheten – von demselben Geist, den sie empfangen hatten, belehrt – nicht nur Psalmen und Lieder zum Singen, um die Andacht der Zuhörer zu entflammen, sondern auch verschiedene Musikinstrumente zur klangvollen Begleitung. Das geschah mit Rücksicht darauf, dass die Hörer sowohl durch Gestalt und Beschaffenheit dieser Instrumente, als auch durch den Sinn der Worte, die dazu vorgetragen wurden, wie schon gesagt, äußerlich ermuntert und angeregt, über den Inhalt belehrt würden.

In der Nachahmung derer, d. h. der heiligen Propheten, haben gelehrte, weise und kunstfertige Männer selbst einige Musikinstrumente erfunden, um nach Herzenslust singen zu können. Und die Melodie stellten sie anhand der Fingergelenke, die sich durch Krümmen beugen, dar in Erinnerung daran, dass Adam vom Finger Gottes, dem Heiligen Geist, gebildet wurde. Seine Stimme hatte vor seiner Verfehlung einen lieblichen Klang voller Harmonie in aller Tonkunst. Und wäre er im ursprünglichen Zustand verblieben, hätte die Schwäche des sterblichen Menschen die Kraft und Klangfülle dieser Stimme gar nicht zu ertragen vermocht.

Als aber sein Verführer, der Teufel, hörte, dass der Mensch aus göttlicher Eingebung heraus zu singen begonnen hatte und dadurch wieder dazu überging, die lieblichen Gesänge des himmlischen Vaterlands zu pflegen, erkannte er, dass seine verschlagenen Listen nichts ausrichten würden. Darüber erschrak er so, dass es ihn nicht wenig beunruhigte. Seitdem bemüht er sich ständig, vielerlei Erfindungen seiner Bosheit auszuhecken und herauszufinden, um nicht nur aus den Herzen der Menschen durch böse Einflüsterungen, unreine Gedanken oder ablenkende Geschäftigkeit, sondern auch – wo er nur kann – aus dem Mund der Kirche durch Streitereien, Ärgernisse oder ungerechte Unterdrückung das Bekenntnis des schönen, wohlklingenden Gotteslobes und der geistlichen Lobgesänge zu verbannen oder es unablässig zu stören.

Deshalb müsst ihr und alle Vorsteher euch um größte Wachsamkeit bemühen. Bevor ihr den Mund einer Gemeinschaft, die das Lob Gottes singt, durch einen Urteilsspruch verschließt oder ihnen die Verwaltung und den Empfang der heiligen Sakramente verbietet, müsst ihr die Beweggründe für diese Maßnahme sorgfältig prüfen und erörtern. Und ihr müsst darauf bedacht sein, euch dabei vom Eifer der Gerechtigkeit Gottes und nicht von Unwillen, unrechter Gemütserregung oder Rachegelüsten leiten zu lassen. Auch müsst ihr euch stets davor hüten, bei eurer Rechtsprechung vom Satan überlistet zu werden, der den Menschen der himmlischen Harmonie und den Wonnen des Paradieses entzogen hat.

Bedenkt also: Wie der Leib Christi vom Heiligen Geist aus der unversehrten Jungfrau Maria gezeugt wurde, so wurde auch der Gesang des <Gottes>lobes durch den Heiligen Geist als Widerhall der himmlischen Harmonie in der Kirche verwurzelt. Der Leib jedoch ist das Gewand der Seele, die eine laute Stimme besitzt; und deshalb kommt es dem Leib zu, Gott durch die Stimme mit der Seele zusammen zu lobsingen. Daher gebietet auch der prophetische Geist bezeichnenderweise, Gott mit schallenden und jubilierenden Zimbeln und den übrigen Musikinstrumenten, die Weise und Gelehrte erfunden haben, zu loben.

Und weil der Mensch beim Anhören eines Liedes oft tief Atem holt und aufseufzt, wenn er sich an die ursprüngliche himmlische Harmonie erinnert, erwägt der Prophet feinfühlig das unergründliche Wesen des Geistes im Wissen darum, dass die Seele von Harmonie erfüllt ist („symphonialis est"), und ermuntert uns im Psalm dazu, den Herrn mit Zitherspiel zu loben und Ihm mit der zehnsaitigen Harfe zu psallieren. Er möchte mit der tiefer klingenden Zither auf die Zucht des Leibes, mit der heller tönenden Harfe auf das Streben des Geistes und mit den zehn Saiten auf die Erfüllung des Gesetzes hinweisen.

IV. Die geliebte Schöpfung

„Seh' ich den Himmel, das Werk deiner Finger, Mond und Sterne, die du befestigt!" (Psalm 8,4) Wenn es uns gegönnt wird, uns vom nächtlichen Sternenhimmel bezaubern zu lassen, einen verheißungsvollen Sonnenaufgang zu erleben, in eine schneebedeckte Berglandschaft zu schauen oder dem Rauschen des Meeres innezuwerden, dann kann auch uns das Staunen des Psalmisten ergreifen. Angesichts der phantasievollen Schönheit und der atemberaubenden Vielfältigkeit der Natur berührt uns das Geheimnis der Schöpfung, und wir erahnen, dass es einen Urheber dieser Welt gibt. Hildegards zentrale Botschaft ist, dass ein liebender Schöpfer die Welt erschaffen hat. In der Theologie wird uns die Lehre von der „Erschaffung der Welt aus dem Nichts" eingeprägt. Hildegard dagegen setzt einen neuen Akzent: Die Welt ist nicht aus dem Nichts erschaffen worden – sondern aus Liebe!

27 Die Liebe überflutet das All

Ausdrucksvoll erscheint die alles umfassende göttliche Macht der Liebe in einem Lied Hildegards. Sie ist Fülle und Zärtlichkeit, Schwung und Frieden. Ihr Wirken durchdringt das ganze Universum von den tiefsten Abgründen bis über die Sterne.

 Lieder, 16, S. 59.

Die Liebe überflutet alles
von den Tiefen bis zu den höchsten Sternen.
Und sie ist voller Liebe zu allen,
weil sie dem höchsten König
den Kuss des Friedens gab.

28 Der Kuss des Schöpfers

Die „Revolution der Zärtlichkeit" durchzieht die ganze Bibel und so auch die Spiritualität Hildegards. Um die Tiefe und die Leidenschaft der göttlichen Liebe zur Schöpfung zu veranschaulichen, wählt Hildegard das Bild von der Liebe zwischen Mann und Frau. Hildegard geht vom Hohelied aus, einem Liebes- bzw. Hochzeitsgedicht in der Bibel, und verleiht dadurch ihrer Beschreibung eine poetische Kraft. Es ist ein intimes Zwiegespräch zwischen Schöpfer und Schöpfung, „im vertrauten Umgang der Liebe". Die sehnsuchtsvolle Hingezogenheit der Schöpfung zum Schöpfer erfüllt sich im Kuss, mit dem Gott seine Geschöpfe mit Sein und Gnade beschenkt. Hildegard lehrt nicht einen Gott, der sich erlernen, sondern einen, der sich lieben lässt. Sie verkündet Gott als den Liebenden, der von seinem Geschöpf nichts anderes erwartet als geliebt zu werden.

📖 **Das Buch der Lebensverdienste, V. 31, S. 276–278.**

Verrate mir du, den meine Seele liebt: Wo weidest du, wo lagerst du am Mittag, damit ich nicht anfange, durch die Herden deiner Gefährten umherzuschweifen (Das Hohelied 1,6)? Der Sinn dieser Worte ist folgender:
Die Weisheit hat dies durch Salomo gesprochen. Denn als sich Salomo von der Weisheit durchdrungen fühlte, redete er zu ihr im vertrauten Umgang der Liebe wie zu einer Frau. Und ich, die Weisheit, spreche: Dann bin ich aufgestanden, habe mein Gewand geschüttet und es mit tausend und abertausend Tropfen Tau durchtränkt: Mit diesem Geschenk bedenkt Gott den Menschen. So sprachen wir miteinander. Denn wie ich alles geordnet habe, als ich um den Kreis des Himmels ging, so habe ich auch in Salomo über die Liebe des Schöpfers zu seiner Schöpfung und über die Liebe der Schöpfung zu ihrem Schöpfer gesprochen: darüber, wie der Schöpfer die Schöpfung geschmückt hat, als er sie erschaffen hat, weil er sie sehr liebte; und wie die Schöpfung vom Schöpfer den Kuss erlangte, als sie ihm gehorchte, weil sie ihm in allem gehorsam war. Denn die Schöpfung empfing vom Schöpfer bereits den Kuss, als Gott ihr alles Notwendige gab. Ich vergleiche aber die Liebe des Schöpfers zur Schöpfung und der Schöpfung zum Schöpfer mit der Liebe und der Treue, durch die Gott den Mann und die Frau verbindet, damit Nachkommen aus ihnen hervorgehen, so wie auch die ganze Schöpfung aus Gott

hervorgegangen ist. Und so achtet die ganze Schöpfung mit ihrem Dienst auf Gott und tut nichts ohne sein Gebot, wie auch die Frau auf den Mann schaut, damit sie seine Befehle erfüllt und auf diese Weise ihm gefällt.

Daher wird die ganze Schöpfung zum Schöpfer hingezogen, wenn sie ihm in allem gehorcht; und der Schöpfer steht der Schöpfung bei, wenn er ihr Grünkraft und Stärke einfließen lässt. Die Schöpfung aber erweist sich als schwarz, wenn sie in irgendeinem Dienst dem göttlichen Gebot gegenüber zögerlich ist; sie ist jedoch schön, wenn sie ihren Dienst recht erfüllt. So gelangt ein guter Ruf von ihr zu denen, die ihr in den Bedürfnissen des Lebens anhangen, weil sie alles, wozu sie verpflichtet ist, gut und geordnet hervorbringt.

Deswegen spricht die Schöpfung in achtsamer Liebe zum Schöpfer wie zu ihrem Geliebten. Sie fragt ihn, wo er Weide, wo er Ruhe in seiner Kraft entstehen lässt, die sie von ihm schöpferisch empfängt, damit sie nicht verirrt und wegen Götzen herumrennt, die den Namen der Gottheit fälschlich für sich beanspruchen. Nach diesem Gleichnis sucht auch der Mensch, der die ganze Schöpfung ist, in seiner Seele mit gutem Willen den Kuss von Gott, wenn er seine Gnade erlangt. Unter Seufzen verlangt er danach, dass er zu Gott hingezogen wird, um in seiner Lieblichkeit entschlossen zu laufen. Wenn den Menschen aber der Schatten der Sünde schwarz macht, so lässt ihn die Reue dennoch wieder schön werden. So steigt von ihm ein guter und heiliger Duft in gutem Ruf auf zu den Töchtern des himmlischen Jerusalem, wenn er danach verlangt, aus seinen Sünden durch die göttliche Mahnung aufzustehen. Deshalb spricht er dann auch zu Christus, seinem Erlöser, indem er sagt:

Durch die Schönheit deiner Gebote zeige mir Du, den ich in meiner Seele mit ganzer Liebe halte, denn in Deiner Menschwerdung hast du mich erlöst und aus dem Tod erweckt: Wo weidest Du in der jungfräulichen Natur, in der Du Fleisch angenommen hast und durch die Du all deine Werke vollbracht hast, so wie gute Spezereien im Garten der Gewürze duften. Denn die Demut hat in Deiner Menschheit all Deine Werke benetzt, wie der Tau aus dem Himmel fällt, um die Erde zu begießen. Zeige mir auch, wo ruhst Du bei der Beisetzung nach dem Tod, denn die vollständige Glut der Sonne, nämlich des Heiligen Geistes, hat in der Fülle des Glaubens die Getreuen erfüllt, als das Alte Gesetz nach Deiner Auferstehung und Deiner Himmelfahrt durch denselben Heiligen Geist in größere Tiefe umgewandelt wurde. Meine Schritte möchte ich nicht in eine falsche Richtung lenken, damit ich nicht rückwärts laufe durch die alten Gebote des Gesetzes oder die alten Philosophen, die in Deiner Gesellschaft waren, als sie das, was sie sprachen, durch göttliche Einhauchung weise hervorbrachten. Ich unterlasse aber, dies zu tun, damit ich nicht den schmutzigen Sitten und dem Müßiggang ohne Werke verfalle, wodurch ich von jeder Tauglichkeit des Glücks abgetrennt wäre.

29 Als zu Anbeginn der Geist des Herrn über die Wasser getragen wurde

Von „achtsamer Liebe" der Schöpfung ihrem Schöpfer gegenüber schreibt Hildegard. Was bedeutet diese Achtsamkeit und wie hat man sie sich konkret vorzustellen? Dafür ist die Einleitung zu den Beschreibungen der unterschiedlichen Metalle in dem Werk *Physica* ein schönes Beispiel. Im Gold, Silber, Stahl und Eisen erkennt Hildegard in liebendem und aufmerksamem Glauben das Wirken des Geistes, der im Anfang, als Gott Himmel und Erde schuf, über den Wassern schwebte. Hildegard gibt keine naturkundliche Erklärung zur Entstehung von Gold, Silber, Stahl und Eisen, sondern deutet deren Eigenschaften – die Feuerkraft des Goldes, die Reinheit des Silbers und die Stärke von Stahl und Eisen – theologisch. Im *Buch vom Wirken Gottes* kommentiert sie die entsprechende Stelle aus der Bibel so: „Und der Geist Gottes schwebte über den Wassern. Denn der Geist Gottes ist das Leben, und dieses Leben bringt die Wasser zum Fließen" (*Buch vom Wirken Gottes*, II. 1. 17, S. 236). Geist und Leben werden durch das fließende Wasser in der Schöpfung wirksam und bewirken die Wandlung, welche die Vielfalt der Geschöpfe in Schönheit und Kraft hervorbringt und in den Metallen ihre Versinnbildlichung erfährt.

📖 Heilsame Schöpfung, IX. Prolog, S. 440.

Als zu Anbeginn der Geist des Herrn über die Wasser getragen wurde und als das Wasser noch nicht Überschwemmungen anrichtete, sondern ohne die Unruhe der Überschwemmung blieb, ließ der Heilige Geist durch seinen Hauch die [Wasser] fließen, und so übergossen diese Wasser die Erde und festigten sie, damit sie nicht auseinanderbrach. Und dann verwandelte sich dort, wo die feurige Kraft, die im Wasser fließt, die Erde durchdrang, das Feuer dieses Wassers zusammen mit der Erde, die es übergoss, in das Metall Gold. Wo aber die Reinheit des überfließenden Wassers die Erde durchdrang, dort wurde die Reinheit des überfließenden [Wassers] zusammen mit der von ihr übergossenen Erde zum Metall Silber. Wo aber eine von Winden bewegte Wasserflut die

Erde durchdrang, dort verwandelte sich diese Flut zusammen mit der Erde, die sie übergoss, in das Metall Stahl und Eisen. Deshalb sind auch Stahl und Eisen stärker als die übrigen Metalle, wie auch eine von Winden bewegte Wasserflut stärker ist als ruhige Lüfte. Und wie der Geist des Herrn die Wasser zum ersten Mal aufwogen ließ, so hat er auch den Menschen zum Leben erweckt und den Kräutern und Bäumen und Steinen die Grünkraft gegeben.

30 Wie ein vollkommenes Rad

Was ist die Welt? Diese Frage nach der Weltdeutung ist ebenso schwer zu beantworten wie die Frage nach Gott. Unsere Aussagen über die Welt gelten eher als Deutungsversuche. Wir möchten unsere Welterfahrung mit Begriffen ausdrücken, dennoch müssen wir zugeben, dass die Welt unbegreiflich bleibt und dass wir unsere Erfahrungen nur unzulänglich zum Ausdruck bringen können.

Hildegard greift daher nach Bildern. Sie will die Welt nicht durch Begriffe definieren und sie so in ein künstliches System einfangen. Sie beschreibt Bilder in reicher Vielfalt und lässt dadurch immer wieder eine Facette vom Geheimnis der Welt aufleuchten. Dabei weiß sie, dass sie die Auslegung des Weltalls nie abschließen kann. Bei jedem neuen Verstehen von Universum und Mensch bleibt noch mehr unerklärlich. So macht sich Hildegard auf die Suche nach neuen Bildern, nach neuen Deutungsmustern, im Bewusstsein, dass es keine endgültige Antwort gibt. Hildegard lehrt uns, dass wir der Wirklichkeit nur als Suchende und Fragende angemessen begegnen können. Wir sind aufgerufen, unser Denken bei der Welterschließung immer neu aufzubrechen und für neue Möglichkeiten offen zu halten.

Exemplarisch zeigt sich dies – neben vielen anderen Beispielen – in Hildegards Beschreibung des Kosmos. In ihrem Spätwerk, dem *Buch vom Wirken Gottes*, veranschaulicht Hildegard die Weltgestalt mit dem Bild des Rades. Dabei nimmt sie ausdrücklich Bezug auf ihre frühere Vision in *Wisse die Wege* (I. 3), in der sie – achtundzwanzig Jahre davor! – die Welt als ein ovales, „eiförmiges" Gebilde darstellte (siehe Text Nr. 32). Sie reflektiert über die Differenz der zwei Darstellungsformen. Jede Gestalt – Ei und Rad – kann nur einen Aspekt der Wirklichkeit einfangen, die Welt als solche bleibt einem direkten Zugriff entzogen. Während die Eiform die Unterschiedenheit der Elemente ausdrückt, aus denen das Weltall zusammengesetzt ist, zeigt die Gestalt des Rades den Umlauf und das richtige Verhältnis derselben Elemente. Zugleich kommt im *Buch vom Wirken Gottes* auch eine neue Dimension hinzu: Das Weltenrad erscheint nicht aus dem Nichts. Es wird von der göttlichen Liebe auf der Brust getragen. Das Bild des Kreises in der liebenden Umarmung Gottes gewährt einen Einblick in jenes Geheimnis der Welt, das unser Fassungsvermögen übersteigt, aber im Glauben empfangen werden kann: die Liebe Gottes.

Das Buch vom Wirken Gottes, I. 2. 2, S. 37.

Und wieder hörte ich eine Stimme vom Himmel, die zu mir sprach: Gott hat zur Ehre Seines Namens die Welt aus den Elementen zusammengefügt. Er hat sie mit den Winden verstärkt, mit den Sternen verknüpft und erleuchtet und auch mit den übrigen Geschöpfen erfüllt. In ihr hat Er den Menschen mit all diesem umgeben und ausgerüstet und ihn ganz mit größter Kraft durchströmt, damit die gesamte Schöpfung ihm zu allem beistehe und an seinen Werken teilhabe, sodass er mit ihnen wirkt. Denn der Mensch kann ohne die Schöpfung weder leben noch bestehen, wie es dir in dieser Schau gezeigt wird.

Denn auf der Brust der vorher erwähnten Gestalt (vgl. *Das Buch vom Wirken Gottes* I. 1, S. 22, siehe Text Nr. 11) erscheint ein Rad von wunderbarem Anblick mit seinen Zeichen, ähnlich dem Bild, das du vor achtundzwanzig Jahren in Gestalt eines Eies als Sinnbild gesehen hattest, wie es dir in früheren Visionen gezeigt wurde. Denn die Gestalt der Welt existiert im Wissen der wahren Liebe, die Gott ist, ohne dem Vergessen anheimzufallen, unaufhörlich kreisend und wunderbar für die menschliche Natur, sodass sie von keinem Alter verbraucht, aber auch nicht durch Neues vermehrt werden kann. Wie sie am Anfang von Gott geschaffen wurde, so wird sie bis zum Ende der Zeit bleiben. Denn die Gottheit ist in Ihrem Vorauswissen und in Ihrem Werk wie ein vollkommenes Rad und in keiner Weise geteilt. Sie hat nämlich weder Anfang noch Ende, noch kann Sie von irgendjemand begriffen werden, weil Sie ohne Zeit ist. Und wie ein Kreis das umfasst, was in ihm geborgen ist, so umfasst die Heilige Gottheit unbegrenzt alles und übertrifft alles, weil niemand Sie in Ihrer Macht zerteilen noch übertreffen noch an ein Ende bringen kann.

31 Mit den Elementen gefestigt

Die vier Elemente – Feuer, Luft, Wasser, Erde – garantieren den Bestand der Welt. Von Gott dazu bestimmt, ermöglichen sie, dass in der Natur die Lebenskraft, „viriditas", wirksam wird. Dieser Schlüsselbegriff in Hildegards Denken und Glauben durchzieht die Beschreibung der vier Elemente und wird unterschiedlich übersetzt, mit Wörtern, die sich alle auf das Leben und die Lebendigkeit in der Schöpfung beziehen: Wachstum, Fruchtbarkeit, Grünen, Lebenskraft. Damit wird die Farbe „Grün" eine grundlegende Metapher für die göttliche Schöpfungskraft, die durch die Elemente in die Geschöpfe hinein vermittelt wird. Der Ursprung dieser „viriditas" wurzelt im Wort Gottes, welches die Erschaffung der Welt bewirkte.

Das miteinander verbundene Wirken der vier Elemente zeigt die Ordnung im Universum auf. Die Aufeinanderbezogenheit der Elemente wird bereits darin erkennbar, dass in jedem Element Bestandteile der anderen Elemente vorhanden sind. Für unsere Vorstellung ist es wahrscheinlich merkwürdig, dass dem Feuer etwa Kälte zugeordnet wird, dass die Luft die Sterne befeuchtet oder dass das Wasser nicht nur Pflanzen und Bäume mit Feuchtigkeit versorgt, sondern auch den Steinen Feuchtigkeit gibt. Mit dieser Weltdeutung präsentiert Hildegard eine fundamentale Verbundenheit aller Geschöpfe miteinander.

Die natürliche Ordnung der vier Elemente stellt Hildegard in Entsprechung zur gesamten Wirklichkeit dar. Sie begründet die Zahl ihrer Kräfte zwar nicht aus kausalen Zusammenhängen, vielmehr durch eine ganzheitliche Sichtweise, die der Weltdeutung Hildegards eine Symbolkraft verleiht: Die fünf Kräfte des Feuers symbolisieren die fünf Sinne des Menschen, die vier Kräfte der Luft die vier Regionen der Erde, d. h. die vier Himmelsrichtungen, die fünfzehn Kräfte des Wassers die Zehn Gebote und die fünf Bücher des Moses. Die Erde wird nicht in dieser Systematik behandelt. Darüber hinaus betont Hildegard die fundamentale Bedeutung des Geistes und das Zusammenwirken der Elemente in der Erhaltung des Lebens. Dies tut sie dadurch, dass sie die negative Erscheinung beschreibt, wenn Geist und Zusammenwirken fehlen: Verzweiflung, Zerfallen (ursprünglich: geteilt werden) und Sterben (ursprünglich:

fallen). Wenn also das Leben schlechthin durch die Elemente gefestigt wird, bedeutet dies, dass die Schöpfung dadurch Hoffnung, Einheit und Aufrichtung erhält.

📖 **Ursprung und Behandlung, I. 42–47, S. 44–46.**

Als Gott die Welt erschuf, festigte er sie mit den vier Elementen, Feuer, Luft, Wasser und Erde, wie oben gesagt ist. Das Feuer nun, das das höchste am Firmament und unter den Elementen ist, hat fünf Kräfte, nämlich Glut, Kälte, Feuchtigkeit, Luft und Bewegung, wie der Mensch aus fünf Sinnen besteht. Denn das Feuer brennt, aber die Kälte wirkt ihm entgegen, damit seine Glut sich nicht übermäßig ausbreitet. Das Wasser liefert ihm Feuchtigkeit, damit sein Rauch aufsteigen kann. Von der Luft aber wird es angezündet und von der Bewegung wird es angefacht, dass seine Flamme leuchtet.

Die Luft aber hat vier Kräfte, nämlich das Aussenden des Taus, das Anregen allen Wachstums, das Bewegen des Windhauchs, mit dem sie die Blumen hervorlockt, und die Verbreitung der Wärme, mit der sie alles reifen lässt, wie sie selbst über die vier Erdteile verbreitet ist. Die Luft ist nämlich ein zarter Hauch, der im Tau den Keimen Feuchtigkeit eingießt, so dass alles grünen kann, und der durch das Wehen die Blumen hervorlockt und durch die Wärme alles zur Reife ermutigt. Die Luft, die der Position von Mond und Sternen am nächsten ist, befeuchtet die Gestirne, wie die irdische Luft die Erde und die unvernünftigen und [nur] sinnenbegabten Tiere nach ihrer Natur belebt und bewegt und dennoch an Menge nicht weniger wird. Wenn nun diese Tiere sterben, kehrt die Luft zu ihrem früheren Zustand zurück und nimmt davon nicht zu, sondern bleibt, wie sie vorher war. Die irdische Luft, die die Erde befeuchtet, lässt Bäume und Kräuter grünen und wachsen und sich bewegen. Und sie wird, wenn sie in diesen steckt, an Menge nicht weniger, und sie wird auch nicht mehr, wenn diese abgeschnitten oder ausgerissen werden und sie sie verlässt, sondern sie bleibt im gleichen Zustand wie vorher. Die Seele des Menschen aber, die vom Himmel herab von Gott in den Menschen kommt und ihn belebt und verständig macht, stirbt nicht, wenn sie den Menschen verlässt, sondern geht, ewig lebend, entweder zu den Belohnungen für das Leben oder zu den Qualen des Todes.

Das Wasser jedoch hat fünfzehn Kräfte, das sind Wärme, Luft, Feuchtigkeit, Überfluten, Schnelligkeit, Beweglichkeit; es gibt den Gehölzen Saft, den Obstbäumen den Geschmack, den Kräutern das Grün; mit seiner Feuchtigkeit benetzt es alles, es trägt die Vögel, ernährt die Fische, lässt die Tiere in seiner

Wärme leben, umzäunt die Würmer in seinem Schaum und erhält alles am Leben: Genauso sind die Zehn Gebote und die fünf Bücher Moses' des Alten Testaments, die Gott alle auf geistige Einsicht ausgerichtet hat. Aus einer lebendigen Quelle nämlich stammen die springenden Wasser, die allen Schmutz abwaschen. Das Wasser gleitet durch jedes bewegliche Geschöpf und ist auch der Funke jeder Lebenskraft bei unbeweglichen Geschöpfen. Es fließt infolge der Wärme der feuchten Luft, und wenn es die Wärme nicht hätte, wäre es hart wegen der Kälte. Durch die Wärme also fließt es herab und durch die Feuchtigkeit der Luft strömt es. Wenn es diese Luft nicht hätte, könnte es nicht fließen. Durch diese drei Kräfte, Wärme, Flüssigkeit und Luft, ist es schnell, so dass nichts Widerstand leisten kann, wenn es die Übermacht gewonnen hat. Aber den Gehölzen gibt es Saft und macht sie durch seine Luft beweglich und gibt durch seine warme Feuchtigkeit den Obstbäumen Geschmack, natürlich jedem nach seiner Art. Von seiner fließenden Feuchtigkeit haben die Kräuter ihr Grün, und die Steine schwitzen von seiner Feuchtigkeit. So sammelt die Kraft des Wassers alles, damit es nicht abstirbt, weil seine Feuchtigkeit in allem schwitzt. Auch die Wasservögel erhält es durch seine heiße Wärme und ernährt die Fische, weil sie in ihm geboren sind und von seinem Hauch leben. Aber auch die Tiere, die darin bleiben können, überdauern durch seine Wärme, und die Würmer haben von seinem wässrigen Hauch den Atem, so dass sie leben können. Auf diese Weise erhält und trägt [das Wasser] alles mit seinen Kräften.

Als das Wort Gottes am Anfang ertönte, war der Klumpen der Schöpfung ohne Feuer [und] kalt: „Und der Geist des Herrn schwebte über den Wassern", der Feuer und Leben ist. Und dann hauchte der Geist jedem geformten Geschöpf Leben nach seiner Art ein und entzündete in ihnen durch Einhauchen ein Feuer, so dass jedes Geschöpf Feuer und Leben nach seiner Art in sich hat. Die Wirkung des Wortes nun ist Lebenskraft, aber es gäbe keine Lebenskraft, wenn sie nicht durch Feuer und Wärme erhalten würde. Und jedes Geschöpf würde ohne Trost verzweifeln und zerfallen und sterben, wenn es nicht durch die Grundlage des feurigen Lebensgeistes gestärkt würde. Wie nun der Geist des Herrn Feuer und Leben ist und wie er jedem Geschöpf Sein und Leben gab, so ist das Wasser in ihm beweglich, weil es die anderen Geschöpfe sammelt, erhält und stärkt, und es ist schlüpfrig und zerbrechlich, wobei es Vieles belebt und tötet: Es enthält auch einige [Wesen] fremdartiger Herkunft, die sich über ihm nicht halten können, weil sie stürzen würden, und diese tötet es manchmal. Und dennoch ist im Lauf des Wassers, wohin es läuft, Wind und Feuer.

32 Der sichtbare Ort, der das Unsichtbare kundtut

Im Horizont des Glaubens vollzieht sich Gotteserkenntnis in besonderer Weise durch die Betrachtung der Schöpfung. Alles ist aus der Liebe Gottes entstanden. Deshalb verkünden alle Geschöpfe, schon durch ihre pure Existenz, dass Gottes Wille darin besteht, uns Leben zu schenken. Wenn Hildegard die Schöpfung in ihrer Schönheit und ihren Zusammenhängen betrachtet, versteht sie in dieser sichtbaren Wirklichkeit eine Botschaft über den unsichtbaren Gott. Die Welt ist für uns der erste zugängliche Ort, an dem wir etwas von Gott erahnen können. Damit greift Hildegard einen biblischen Grundsatz auf, den der heilige Paulus in seinem Brief an die Gemeinde in Rom so formuliert hat: „Denn es ist ihnen offenbar, was man von Gott erkennen kann; Gott hat es ihnen offenbart. Seit Erschaffung der Welt wird nämlich seine unsichtbare Wirklichkeit an den Werken der Schöpfung mit der Vernunft wahrgenommen, seine ewige Macht und Gottheit" (Römerbrief 1,19–20). Diesen Vorgang, der von der Wahrnehmung der sichtbaren Wirklichkeit zur Erkenntnis Gottes führt, schildert Hildegard in ihren Visionen. Sie stützt sich bei diesem Erkenntnisprozess auf die Offenbarung. Sie setzt Schöpfung und biblische Inhalte in Verbindung. Es handelt sich nicht um eine Erschließung der Welt in naturwissenschaftlichem Sinn, sondern um eine theologische Auslegung der kosmischen Elemente.

Das einförmige Gebilde, das Hildegard beschreibt, symbolisiert das Weltall. Die drei Schichten – das leuchtende Feuer mit einer dunklen Haut, der reinste Äther und die wasserhaltige Luftschicht mit der weißen Haut – zeigen die drei Zonen des Universums, in dessen Mitte die Erde, als „große Kugel von Sand" dargestellt, steht. Die „rötlich schimmernde Feuerkugel" ist die Sonne, während die „Kugel aus weißglühendem Feuer" der Mond ist. Die drei Fackeln im leuchtenden Feuer und die zwei Fackeln im reinsten Äther bedeuten die Planeten, während die vielen hellen Kugeln für die Sterne stehen. An ihren jeweiligen Orten werden auch die Winde aufgeführt, der Reihe nach: Südwind (im leuchtenden Feuer), Nordwind (in der dunklen Haut); Ostwind (im reinen Äther) und der Westwind (in der Luftschicht).

In *Wisse die Wege* deutet Hildegard dieses Visionsbild theologisch, so dass das Weltall für die Glaubenden als ein Sinnbild für das Heilswirken Gottes steht. Der allmächtige und unbegreifliche Gott ist mit den Menschen eine Geschichte eingegangen, die durch die Freiheit des Menschen geprägt ist. Die freie Entscheidung beinhaltet die Wahl zwischen Gut und Böse und damit auch die Möglichkeit, dass der Mensch sich dem Guten verweigert. Auf diese Weise gibt es in der Welt das Positive, die Bejahung, aber auch das Negative, die Ablehnung. Finsternis und Licht haben ihren Ort in der Welt. Das letzte Wort gilt aber dem Heil. Für diejenigen, die sich dafür öffnen, bedeutet dies das höchste Glück: die Erlösung.

📖 **Wisse die Wege, I. 3. Vision und 1, S. 45–46.**

Danach sah ich ein sehr großes, dunkles, rundes Gebilde, einem Ei ähnlich, oben spitz zulaufend, in der Mitte breit und unten sich wieder verengend. An seiner Außenseite war ringsum leuchtendes Feuer, unter dem gleichsam eine dunkle Haut lag. In diesem Feuer schwebte eine rötlich schimmernde Feuerkugel von solcher Größe, dass dieses Gebilde ganz von ihr erleuchtet wurde. Über sich hatte sie drei Fackeln, die in einer Reihe angeordnet waren und mit ihrem Feuer die Kugel hielten, damit sie nicht hinabstürzte. Diese Kugel hob sich manchmal empor und sehr viel Feuer strahlte auf sie, sodass ihre Flammen weiter hinausloderten, zuweilen neigte sie sich nach unten und große Kälte schlug ihr entgegen, sodass sie ihre Flammen ziemlich schnell zurückzog. Aber von dem Feuer, das dieses Gebilde umgeben hatte, ging ein Wind mit seinen Wirbeln aus; auch von der Haut, die darunter lag, quoll ein anderer Wind mit seinen Wirbeln, die sich in diesem Gebilde nach allen Seiten verbreiteten. In dieser Haut befand sich auch ein düsteres Feuer, das so schrecklich war, dass ich es nicht anschauen konnte. Es erschütterte mit seiner Stärke diese ganze Haut, denn es war voller Getöse, Stürmen und größeren und kleineren sehr spitzen Steinen. Während sich dieses Getöse erhob, gerieten auch das leuchtende Feuer, die Winde und die Luft in Bewegung, sodass Blitze dem Donner vorausgingen; denn jenes Feuer spürte in sich zuerst die Bewegung dieses Getöses.

Aber unter dieser Haut befand sich reinster Äther, der keine Haut unter sich hatte. In ihm erblickte ich noch eine Kugel aus weißglühendem Feuer von beträchtlicher Größe; sie hatte über sich zwei Fackeln, die in der Höhe klar angeordnet waren und die Kugel festhielten, damit sie nicht von ihrer Laufbahn abwich. Und in diesem Äther befanden sich überall viele helle Kugeln. In diese entleerte sich die weißglühende Feuerkugel zuweilen und gab etwas von ihrem Glanz in sie. Und so kehrte sie unter die erwähnte rötlich schimmernde Feuerkugel zurück und erneuerte an ihr ihre Flammen, die sie dann wieder in jene Kugeln hauchte. Aber von dem Äther selbst ging mit seinen Wirbeln ein Wind aus, der sich überall in dem erwähnten Gebilde verbreitete.

Unter diesem Äther aber sah ich eine wasserhaltige Luftschicht, die unter sich eine weiße Haut hatte; sie breitete sich dahin und dorthin aus und spendete dem gesamten Gebilde Feuchtigkeit. Während sie sich einmal plötzlich zusammenzog, sandte sie unter starkem Rauschen einen Platzregen aus. Dann wieder dehnte sie sich behutsam aus und spendete in ruhigem Fall einen sanften Regen. Doch auch daraus kam ein Wind mit seinen Wirbeln, der sich über das ganze Gebilde verbreitete.

Und inmitten dieser Elemente befand sich eine sehr große Kugel voller Sand, die dieselben Elemente so umgeben hatten, dass sie nach keiner Seite hinabfallen konnte. Wenn aber die Elemente zuweilen mit den Winden zusammenstießen, ließen sie manchmal durch ihre Stärke diese Kugel etwas erbeben.

Und ich sah zwischen Norden und Osten etwas wie einen mächtigen Berg, der nach Norden hin viel Finsternis hatte und nach Osten viel Licht; es war jedoch so, dass weder das Licht die Finsternis noch die Finsternis das Licht erreichen konnte.

Und ich hörte wieder die Stimme vom Himmel zu mir sprechen.

Gott, der alles in seinem Willen begründet hat, hat es zur Erkenntnis und Ehre seines Namens erschaffen. Aber nicht nur das Sichtbare und Vergängliche tut er damit kund, sondern er offenbart darin auch das Unsichtbare und Ewige. Darauf weist die Vision hin, die du schaust.

33 Sinnbilder aus der Tierwelt

In den Einleitungen zu den einzelnen Büchern von *Physica* wird deutlich, dass Hildegard die Beobachtung der Natur mit Überlegungen über die spirituelle Beschaffenheit des Menschen verbindet. Durch die sichtbare Realität der Tierwelt deutet sie unsichtbare Wirklichkeiten der menschlichen Seele. Bei der Betrachtung der Vögel erklärt Hildegard, dass diese geflügelten Tiere jene intellektuelle Fähigkeit des Menschen versinnbildlichen, mit deren Hilfe er vor seinen Handlungen abwägt, nachdenkt, überlegt. Seine reflektierenden Gedanken beflügeln den Menschen und eröffnen ihm einen weiten Horizont, über den eigenen, manchmal begrenzten Kreis hinaus. Solcherart ist es dem Menschen möglich, dass er mehrere Aspekte in den Blick nehmen und unterschiedliche Optionen aufstellen kann. Vor jeder Entscheidung gibt es eine Vielfalt an Möglichkeiten und Alternativen. Diese Chance können wir positiv werten, weil sie zeigt, dass wir mit der Fähigkeit zum Wahrnehmen, Verstehen und Wissen ausgestattet sind und in Freiheit unsere Entscheidungen treffen können.

Die Landtiere dagegen symbolisieren jene Gedanken, die wir nach der getroffenen Entscheidung für die Planung und konkrete Realisierung aufwenden. Mit den verschiedenen Tieren veranschaulicht Hildegard den Prozess, der von den ersten Ideen zur Umsetzung in die Tat führt: Es sind ein „löwenstarker" Wille und eine „panthermäßige" brennende Sehnsucht nötig, zusammen mit dem Bewusstsein, dass die Tat aus einer Fülle von Möglichkeiten entsteht. Ist das vollbrachte Werk recht und richtig, erfährt der Mensch einen sanften Frieden in sich, den Hildegard mit den zahmen Tieren vergleicht.

Mit dieser Auslegung der reichen Tierwelt sind die Einleitungen zu den Büchern von *Physica* so gestaltet, wie die Visionen Hildegards in ihren theologischen Hauptwerken: Sie beschreibt die Tiere, und daraus ergibt sich ein Visionsbild. Darauffolgend legt sie diese Bilder im spirituellen Sinn aus. Auf diese Weise kommen „Sinnbilder" aus der Tierwelt zustande, die uns helfen, unser Innenleben wahrzunehmen und zu verstehen.

📖 **Heilsame Schöpfung, VI. Prolog und VII. Prolog, S. 322–323 und 373.**

Die Vögel sind kälter als die Tiere, die auf der Erde bleiben, weil sie nicht mit so großer Hitze der Begierde gezeugt werden. Und sie haben auch reineres Fleisch als die Landtiere, weil sie nicht nackt aus der Mutter hervorgehen, sondern mit einer Schale bedeckt. Manche leben auch von der feurigen Luft und streben deshalb wie das Feuer nach oben. Ferner haben jene, die in ihrem Flug die Höhe suchen, mehr von der feurigen Luft in sich als jene, die bei der Erde verweilen. Diejenigen aber, die sich in Gewässern und auf der Erde und in der Luft aufhalten, suchen nicht die erhabene Höhe der Luft, sondern [bleiben,] wohin sich die Luft der Erde und die Luft des Wassers erstrecken. Jene, die an reichlich Federn Überfluss haben, sind wärmer als diejenigen, die an Federmangel leiden. Und da die Vögel von der Luft leben, merken sie bei irgendeinem Geschehen, von dem die Luft berührt wird, bisweilen von Natur aus eine Bewegung und beginnen entsprechend jener Bewegung zu lärmen: Weil sie von luftiger Beschaffenheit sind, bemerken sie vielfach in sich eine Veränderung der Luft und erheben entsprechend dieser Veränderung sehr oft ihre Stimmen, wie der Hahn die Stunden von Tag und Nacht durch sein Krähen unterscheidet und wie er auch manchmal zu krähen beginnt, wenn sich die Luft in eine andere Beschaffenheit zu verändern scheint.

Die Vögel bezeichnen ferner diejenige Fähigkeit, durch die der Mensch sich mit Nachdenken äußert und durch die er nach eben diesen Vorüberlegungen Vieles abschätzt, bevor er zur Vollendung einer Tat schreitet. Wenn die Seele im Körper des Menschen ist, ist sie seine Luft, solange sie im Körper bleibt, so dass er durch Luft erhoben und aufrecht gehalten wird und ansonsten im Körper ersticken würde. Und sie verweilt im menschlichen Körper mit der Fähigkeit zu sinnlicher Wahrnehmung, Verstehen und Wissen: Und dafür sind die Vögel geschaffen und eingesetzt, mit denen zusammen [die Seele] empfinden, verstehen und wissen soll, was sie wissen muss. Da die Vögel durch ihre Federn in die Luft erhoben werden und überall in der Luft verweilen [können], so wird auch die Seele, solange sie im Körper ist, durch ihre Gedanken erhoben und breitet sich überall aus. Und in der Feuchtigkeit der Erde zeigt sich jene Vollkommenheit, dass der Mensch in seiner Bildung vollkommen ist, und in der Körperlichkeit der Erde erkennt man, dass der Mensch an den Bäumen seine Körperlichkeit erkennt, und an diesen beiden, der Feuchtigkeit und der Körperlichkeit, soll er begreifen, dass er nicht verdorren kann, solange die Seele in ihm ist. [...]

Die geflügelten Tiere, die sich in der Luft aufhalten, bezeichnen diejenige Tugend, dass der Mensch nach Abwägen befiehlt und durch die er, nachdem er bei sich Überlegungen angestellt hat, Vieles erörtert, bevor es sich zur Vollendung eines Werkes entwickelt. Die Tiere aber, die auf der Erde umherlaufen und auf der Erde wohnen, bezeichnen die Gedanken und Überlegungen, die der Mensch durch die Tat umsetzt. Und wie die Werke auf die Gedanken folgen, so vollendet sie auch der Schöpfer der Welt im Himmel, wenn guter Wille und richtige Anliegen und gerechte Seufzer vorausgehen, aber sie werden dort nicht vollendet, bevor sie nicht hier auf der Welt mit geistigem Verlangen in den Gedanken vorangekommen sind. Der Löwe nun und die ihm ähnlichen [Tiere] sind Sinnbild des Willens eines Menschen, der gerade ein Werk hervorbringen will. Aber der Panther und seinesgleichen bezeichnen den brennenden Wunsch, der im bereits beginnenden Werk liegt. Die übrigen Wildtiere stehen für die Fülle des Hervorströmens, die in der Möglichkeit des Menschen liegt, nützliche und unnütze Taten zu vollbringen. Aber die zahmen Tiere, die auf der Erde laufen, zeigen die Zahmheit des Menschen, die er auf rechten Wegen besitzt. Deshalb findet die Vernunft des Menschen, dass sie zu jedem Menschen sagen kann: „Du bist dieses oder jenes Tier", weil bestimmte Tiere Ähnlichkeiten mit der Natur des Menschen an sich haben. Aber Tiere, die andere verschlingen und die von verdorbener Nahrung leben und bei der Fortpflanzung zahlreiche Junge hervorbringen, wie Wolf und Hund und Schwein, die sind der Natur des Menschen entgegengesetzt wie nutzlose Pflanzen beim Essen, weil der Mensch nicht so handelt. Weidetiere aber, die sich von reinem Futter, wie Heu und Ähnlichem, ernähren und bei der Fortpflanzung nicht zahlreiche Junge hervorbringen, sind für den Menschen zum Essen gut wie gute und nützliche Kräuter, und in diesen wie in jenen werden auch bestimmte Heilwirkungen gefunden.

34 Klingender Kosmos

Bei der Erschaffung der Welt, so deutet Hildegard, hat Gott seine Stimme ertönen lassen. Deshalb versteht Hildegard Gottes Wort als Klang des Lebens, der alles Seiende erklingen lässt und die ganze Welt mit seiner göttlichen Melodie erfüllt. Indem die Geschöpfe auf das erklingende Wort Gottes mit ihrem Dasein Antwort geben, entsteht eine klingende, eine tönende Schöpfung. Der Mensch kann die klangliche Wirklichkeit der Welt bewusst hörbar machen.

Mit dem Klang ist die zeitliche Dimension in der Schöpfung erschienen. Der erste Klang, das Wort Gottes, stellt die Bedingung dafür dar, dass es überhaupt Wesen gibt, die geschaffen sind, d. h. Anfang und Ende haben, und die ihr endgültiges, auf Ewigkeit hin geordnetes Sein durch Änderung und Wandlung verwirklichen. Mit dem ersten Klang beginnt die Geschichte, und derselbe Klang wird einst der Zeit ein Ende setzen. Gott hat mit der Erschaffung der Welt einen musikalischen Kosmos hervorgebracht, der in der symphonischen Seele des Menschen widerhallt.

📖 **Das Buch vom Wirken Gottes, I. 4. 105, S. 203–204.**

Im Anfang jenes Ursprungs, als der Wille Gottes sich schon öffnete, um die Erschaffung der Geschöpfe aus sich hervorzubringen – dieser Wille war ohne Anfang in Ihm, auch wenn er sich noch nicht geöffnet hatte –, da war das WORT ohne den Anfang eines Ursprungs. Und das WORT war bei Gott, so wie das Wort in der Vernunft ist, denn die Vernunft hat das Wort in sich, und in der Vernunft ist das Wort; und diese beiden sind nicht voneinander getrennt. Denn das WORT war ohne Anfang vor dem Beginn der Schöpfung und auch in ihrem Beginn. Und dasselbe WORT war vor dem Anfang und im Beginn der Schöpfung bei Gott und in keiner Weise von Gott getrennt. In diesem Seinem WORT wollte Gott, dass Sein WORT alles erschaffe, wie Er es von Ewigkeit vorherbestimmt hatte. Und warum wird Es das WORT genannt? Weil Es mit dem Erschallen Seiner Stimme alle Geschöpfe geweckt und zu Sich gerufen hat. Denn was Gott im WORT sprach („dictavit"), das befahl das WORT mit Seinem Erschallen; und was das WORT befahl, das hat Gott im WORT gesprochen. Und so war Gott das WORT. Das WORT war nämlich in Gott, und Gott sprach in Ihm Seinen ganzen Willen insgeheim aus, und das WORT erklang und brachte alle Geschöpfe hervor; und so sind das WORT und Gott eins. Als das WORT Gottes erklang, rief Es die gesamte Schöpfung, die vor aller Zeit in Gott vorherbestimmt und geordnet war, zu Sich, und durch Seine Stimme wurde alles zum Leben erweckt. So hat es Gott auch im Menschen bezeichnet, der sein Wort in seinem Herzen insgeheim spricht, bevor er das äußert, was beim Aussprechen in ihm ist. So ist das innere Sprechen („dictatus") des Wortes im Wort. Als nämlich das WORT Gottes erklang, erschien dieses WORT in jedem Geschöpf, und dieser Klang war in jedem Geschöpf das Leben. Daher wirkt auch aus diesem Wort die Vernunft des Menschen ihre Werke, und aus diesem Klang bringt sie ihre Werke tönend, rufend und singend hervor. Durch den Scharfsinn ihrer künstlerischen Fähigkeit lässt sie in den Geschöpfen Kithara und Tympanon erklingen. Denn der Mensch ist durch die lebendige Seele vernunftbegabt, und seine Seele zieht mit ihrer Glut das Fleisch an sich, in dem das erste Gebilde des Fingers Gottes erscheint, das Er in Adam geformt hatte. Und die Seele durchdringt es, indem sie es belebt und beim Wachsen mit ihrer Fülle erfüllt. Denn das Fleisch bewegt sich nicht ohne die vernünftige Seele, die Seele aber bewegt das Fleisch und macht es lebendig. Denn das Fleisch ist bei der vernünftigen Seele wie alle Geschöpfe beim WORT sind. Deshalb schuf Es den Menschen im Willen des Vaters. Wie aber der Mensch ohne die Verästelungen der Adern kein Mensch wäre, so könnte er auch ohne die Geschöpfe nicht leben; und weil er sterblich ist, kann er seinem Werk kein Leben verleihen, da er ja selbst Leben ist, das seinen Anfang in Gott hat. Gott aber gibt Seinem Werk das Leben, weil Er selbst Leben ohne Lebensanfang ist.

V. Gott teilt sich mit

Wer ist Gott? Seit jeher sucht die Menschheit Antworten auf diese Frage. Alle Vorstellungen von Vollkommenheit werden als Eigenschaften Gottes definiert: Allmacht, Ewigkeit, Unendlichkeit, Liebe ... Dennoch können wir Gott nicht aus unserer Erfahrungswelt her erklären, sonst entsteht ein verzerrtes Gottesbild. Aber er lässt sich erfahren. Gott selbst kommt uns entgegen und offenbart sich uns. Gott selber ist es, der die Initiative ergreift, sich mitteilt und seine Wirklichkeit zu erkennen gibt. Und da können wir uns auf Überraschungen gefasst machen.

35 Im Anfang war das Wort

Im Anfang („in principio") war das Wort (Johannes 1,1), das ohne Beginn („sine initio") immer in Gott war und ist. Gott selber ist dieses schöpferische Wort und setzt jeden Beginn. Er ist der Initiator, indem er die Initiative ergreift und alles Unsichtbare und alles Sichtbare ins Dasein ruft.

Mit diesen Gedanken leitet Hildegard ihre groß angelegte Deutung des Johannesprologs (Johannes 1,1–18) ein. Dieser zentrale Text der Bibel fasst in einer dichten theologischen Reflexion die Erschaffung der Welt und die Menschwerdung Gottes in Worte. Hildegard meditiert diesen Text Satz für Satz. Die Auslegung des Johannesprologs bildet in Hildegards drittem Hauptwerk, dem *Buch vom Wirken Gottes*, den Gipfel der vier großartigen Visionen des ersten Teils, in denen die kosmischen Zusammenhänge dargelegt werden. Inspiriert vom Johannesprolog verbindet Hildegard die beiden „prinzipalen" göttlichen Offenbarungen des Wortes – Schöpfung und Inkarnation – miteinander. Der Akt, durch den Gott die Welt erschuf, findet seine Entsprechung in jenem Akt, in dem sich Gott mit seinem Geschöpf auf unüberbietbare Weise vereint, in der Menschwerdung. Gottes Offenbarung ist zugleich eine Offenbarung über den Menschen. Indem Gott sich mitteilt, teilt er mit, was wir sind und mit welcher Absicht wir geschaffen sind. In die Mitte der Schöpfung gestellt, zu der die unsichtbare Welt der Engel und die sichtbare Welt der Natur gehören, ist der Mensch mit Vernunft begabt, um die ihn umgebende Wirklichkeit zu begreifen, und mit den fünf Sinnen ausgestattet, um durch die Wahrnehmung der sinnlichen – sichtbaren, hörbaren, riechbaren, tastbaren und zu schmeckenden – Welt sich zu deren Schöpfer hin zu öffnen und zu transzendieren.

📖 **Das Buch vom Wirken Gottes, I. 4. 105, S. 201–203.**

Im Anfang war das WORT (Johannes 1,1). Das ist so zu verstehen: Ich, der Ich ohne Anfang bin und aus dem jedes Beginnen hervorgeht und der Ich der Hochbetagte bin, sage: „Ich bin durch Mich selbst der Tag, Ich, der Ich niemals aus einer Sonne hervorging, sondern von dem die Sonne entflammt wurde. Ich bin auch die Vernunft, die nicht ein Widerhall von einem anderen ist, sondern aus der jedes vernünftige Wesen atmet. So habe Ich zum Anschauen Meines Antlitzes Spiegel geschaffen, in denen Ich alle Meine Wunder des Uranfangs betrachte, die niemals vergehen werden. Und eben diese Spiegel, die in ihren Lobpreisungen zusammenklingen, habe Ich bereitet, weil Ich eine Stimme habe wie ein Donnerschall, mit der Ich den ganzen Erdkreis durch die lebendigen Töne aller Geschöpfe bewege. Das mache Ich, der Hochbetagte, weil Ich durch Mein Wort, das ohne Anfang immer in Mir war und ist, ein großes Licht und mit ihm unzählige Funken, die Engel, hervorgehen ließ. Als diese in ihrem Licht erwachten, vergaßen sie Mich und wollten sein wie Ich bin. Deshalb warf die Vergeltung Meines heiligen Eifers unter mächtigem Donner jene in ihrer Anmaßung, mit der sie Mir widersprachen, hinab. Denn es gibt nur einen einzigen Gott, und kein anderer kann sein.

Darauf habe Ich das kleine Werk, das der Mensch ist, in Mir gesprochen und es nach Meinem Bild und Gleichmaß geschaffen (Genesis 1,26–27), sodass es in gewissem Sinn gleich Mir wirke, da Mein Sohn sich in einen Menschen mit dem Gewand des Fleisches bedecken sollte. Dieses Werk habe Ich auch aus Meiner Vernunft mit Vernunft ausgestattet und Ich habe in ihm Meine Schöpferkraft eingezeichnet. So begreift die Vernunft des Menschen in ihrem Können alles durch Namen und durch die Zahl; denn der Mensch unterscheidet keine Sache anders als durch Namen, noch erkennt er die Vielzahl der Dinge außer durch die Zahl. Ich bin auch der Engel der Stärke, weil Ich mich den Heerscharen der Engel durch Wunder zu erkennen gebe und weil

Ich mich allen Geschöpfen im Glauben zeige. Darin erkennen sie, dass Ich ihr Schöpfer bin; aber trotzdem kann Ich von keinen von ihnen vollkommen verkündet werden.

Der Mensch ist jenes Gewand, von dem umhüllt Mein Sohn sich in königlicher Macht als Gott aller Schöpfung und als Leben des Lebens zeigt. Aber die Heerschar der Engel, die insbesondere Seiner königlichen Macht zu Gebote stehen, kann niemand außer Gott zählen. Auch die, die Ihn einzeln als Gott aller Schöpfung bekennen, kann niemand zu Ende zählen, und keine Zunge reicht aus, die zu bestimmen, die Ihn auf besondere Weise als das Leben allen Lebens verkünden. Selig sind deshalb alle, die mit Ihm wohnen."

Gott hat aber Sein gesamtes Werk in der Gestalt des Menschen eingezeichnet, wie bereits gesagt wurde. Das wird an dieser Stelle durch einige Beispiele an ihm gezeigt.

Denn in der Rundung des menschlichen Gehirns zeigt Er Seine Herrschaft, weil das Gehirn den gesamten Körper hält und lenkt. In den Haaren auf dem Kopf bezeichnet Er Seine Schöpferkraft, die Sein Schmuck ist, wie die Haare den Kopf schmücken. Mit den Augenbrauen des Menschen weist Er auf Seine Stärke hin. Denn die Augenbrauen sind Schutz für die Augen des Menschen, sodass sie alles Schädliche von ihnen abwenden und die Schönheit des Gesichtes zeigen. Sie sind auch wie die Flügel der Winde (Psalm 18,11; Psalm 104,3), mit denen diese sich erheben und oben halten, wie ein Vogel, der mit seinen Flügeln bald fliegt, bald im Fliegen innehält. Denn der Wind weht aus Gottes Kraft, und das Wehen des Windes sind Seine Flügel. Aber auch an den Augen des Menschen offenbart Er Sein Wissen, durch das Er alles vorhersieht und vorausweiß. Die Augen offenbaren an sich sehr viel, denn sie sind voller Licht und wässrig, gleichsam wie der Schatten der anderen Geschöpfe im Wasser erscheint. Der Mensch erkennt nämlich mit seiner Sehkraft alles und unterscheidet es. Wenn ihm die Sehkraft fehlte, wäre er darin wie ein Toter. Auch im Gehör des Menschen öffnet Gott alle Töne der Lobpreisungen über die verborgenen Geheimnisse und der Engelscharen, in denen Gott selbst gelobt wird. Denn es wäre unwürdig, wenn Gott nur durch Sich selbst erkannt würde, während ein Mensch vom anderen durch das Gehör erkannt wird, wo er doch an sich selbst alles versteht. Er wäre gleichsam leer, wenn er das Gehör nicht hätte. An der Nase aber zeigt Gott die Weisheit, die als duftende Ordnung in allem kunstvollen Wirken liegt, sodass der Mensch durch den Duft erkennt, was die Weisheit anordnet. Der Duft nämlich breitet sich über alle Dinge aus und zieht sie an sich, damit der Mensch weiß, was und von welcher Art sie sind. Durch den Mund des Menschen aber bezeichnet Gott

Sein WORT, durch das Er alles geschaffen hat, wie ja aus dem Mund alles durch den Klang der Vernunft hervorgebracht wird. Der Mensch bringt sehr viel durch Äußerungen hervor, wie es das WORT Gottes beim Erschaffen in der Umarmung der Liebe tat, sodass Seinem Werk nichts Notwendiges fehlt. Und wie die Wangen und das Kinn um den Mund gelegt sind, so war bei Gottes WORT, als es erschallte, jener Anfang der gesamten Schöpfung, als alles erschaffen wurde. Und so war im Anfang das WORT.

36 Eine saphirfarbene Gestalt durchflutet vom Licht

Im Christentum glauben wir an den Dreifaltigen Gott. Der einzige Gott ist Vater, Sohn und Heiliger Geist, drei Personen eines Wesens. Was sich in dieser Glaubensaussage verbirgt, gehört zu den für den menschlichen Geist am schwierigsten zu durchdringenden Inhalten der christlichen Theologie. Hervorragende Denker haben sich durch die Jahrhunderte bemüht, die kirchliche Lehre von der Dreifaltigkeit des einzigen Gottes auf der geistigen Höhe ihrer Zeit mit den zur Verfügung stehenden Begriffen der Philosophie und der Theologie zu erklären und zu artikulieren: Augustinus (354–430), Richard von St. Viktor (1110–1173), Thomas von Aquin (1225–1274), Karl Rahner (1904–1984), Gisbert Greshake (* 1933) und viele andere. Mitunter geschah dies in heftigen Auseinandersetzungen, wie etwa im 12. Jahrhundert. In die damaligen trinitarischen Diskussionen wurde auch Hildegard mit einbezogen. In einem Brief wandte sich beispielsweise ein Pariser Professor (im damaligen Sprachgebrauch ein „Magister") namens Odo (Ep. 40–40R) wie auch Bischof Eberhard von Bamberg (Ep. 31–31R) an Hildegard, um sie um eine Stellungnahme in Bezug auf das Verhältnis der göttlichen Personen zu bitten. In ihren Antwortbriefen stellte Hildegard unter Beweis, dass sie sich in der damaligen philosophisch-theologischen Terminologie bestens auskannte.

Von allen ihren Äußerungen über die Dreifaltigkeit ist ihre Vision in *Wisse die Wege*, die auch in einer gemalten Miniatur dargestellt ist, am berühmtesten geworden. In dieser Vision bedient sich Hildegard nicht der theologischen Fachsprache, sondern sie beschreibt ihre wunderbare Schau mit lebendigen Bildern. Sie spricht von einer heiteren Helligkeit, aus der eine mit loderndem Feuer umflutete saphirblaue Gestalt hervortritt. Mit diesem beeindruckenden Bild lässt sie das undenkbare und unaussprechliche Geheimnis der Dreifaltigkeit erahnen. Aus den geheimnisvollen Tiefen Gottes erscheint eine menschliche Gestalt, die ihr göttliches Gesicht uns zuwendet und ihre Hände zur mütterlichen Umarmung hebt. Durch Jesus Christus, den menschgewordenen Sohn, wird die unendliche Liebe des Dreifaltigen Gottes erfahrbar.

📖 Wisse die Wege, II. 2. Vision und 1–4, S. 108–110.

Alsdann sah ich ein überhelles Licht und in ihm die saphirfarbene Gestalt eines Menschen, die durch und durch von einem sanften rötlichen Feuer glühte. Und jenes helle Licht durchflutete ganz dieses rötliche Feuer und das rötliche Feuer ganz jenes helle Licht und das helle Licht und das rötliche Feuer durchfluteten die gesamte Gestalt dieses Menschen, sodass sie ihrem Wesen nach ein einziges Licht in der einen Stärke ihrer Wirkkraft waren.

Und wieder hörte ich dasselbe lebendige Licht zu mir sprechen.

Das ist der Sinn der Geheimnisse Gottes, klar wahrzunehmen und zu verstehen, was jene Fülle ist, die niemals in einem Beginn gesehen wurde und in der kein Schwinden jener durchdringenden Kraft ist, die alle Rinnsale der Starken angelegt hat. Denn wenn der Herr nicht von seiner eigenen Lebenskraft („viriditas") erfüllt wäre, was wäre dann sein Werk? Offenbar wäre es nichtig. Und deshalb erkennt man am vollkommenen Werk, wer sein Urheber ist.

Deshalb siehst du ein überhelles Licht; dieses bezeichnet ohne einen Makel der Täuschung, des Abnehmens und des Betrugs den Vater und darin die saphirblaue Gestalt eines Menschen; sie stellt ohne den Makel der Verhärtung, des Neides und der Bosheit den Sohn dar, der vor aller Zeit seiner Gottheit nach vom Vater gezeugt war, doch dann in der Zeit seiner Menschheit nach auf Erden Fleisch annahm. Sie glüht durch und durch von einem sanften rötlichen Feuer; dieses Feuer ohne den Makel von Trockenheit, Sterblichkeit und Finsternis weist auf den Heiligen Geist hin, von dem der eingeborene Sohn Gottes dem Fleisch nach empfangen und von der Jungfrau in der Zeit geboren, das Licht der wahren Herrlichkeit über die Welt ausgegossen hat. Doch dass dieses helle Licht das rötliche Feuer durchflutet und das rötliche Feuer ganz jenes helle Licht und das helle Licht und das rötliche Feuer die gesamte Gestalt dieses Menschen, sodass sie ihrem Wesen nach ein einziges Licht in der einen Stärke ihrer Kraft sind, bedeutet: Der Vater, der die größte Gerechtigkeit darstellt, aber nicht ohne den Sohn und nicht ohne den Heiligen

Geist ist, und der Heilige Geist, der die Herzen der Gläubigen entzündet, aber nicht ohne den Vater und ohne den Sohn ist, und der Sohn, der die Fülle aller Fruchtbarkeit ist, aber nicht ohne den Vater und den Heiligen Geist, sind untrennbar in der Majestät ihrer Gottheit. Denn der Vater ist nicht ohne den Sohn noch der Sohn ohne den Vater und weder der Vater noch der Sohn ohne den Heiligen Geist oder der Heilige Geist ohne sie beide. So sind diese drei Personen in ihrem Wesen ein Gott in der einen und unversehrten göttlichen Majestät und die Einheit der Gottheit lebt untrennbar in diesen drei Personen; denn die Gottheit kann nicht aufgespalten werden, da sie ja ohne jede Veränderlichkeit immer unverletzbar bleibt. Aber der Vater wird durch den Sohn offenbart, der Sohn durch die Entstehung der Geschöpfe und der Heilige Geist durch den menschgewordenen Sohn. Wieso? Es ist der Vater, der vor aller Zeit den Sohn zeugte; der Sohn ist es, durch den am Anfang der Schöpfung alles vom Vater geschaffen wurde, und der Heilige Geist ist es, der in der Gestalt einer Taube bei der Taufe des Gottessohns gegen Ende der Zeiten erschien.

Daher soll der Mensch es niemals vergessen, mich, den Einen Gott, in diesen drei Personen anzurufen; denn deshalb habe ich sie dem Menschen offenbart, damit er umso glühender in Liebe zu mir entbrenne, da ich ja aus Liebe zu ihm meinen Sohn in die Welt gesandt habe, wie mein geliebter Johannes bezeugt, der sagt:

„*Dadurch erschien die Liebe Gottes unter uns, dass Gott seinen eingeborenen Sohn in die Welt gesandt hat, damit wir durch ihn leben. Nicht darin besteht die Liebe, dass wir Gott geliebt haben, sondern dass er uns zuerst geliebt und seinen Sohn als Sühne für unsere Sünden gesandt hat*" (1. Johannesbrief 4,9–10). Was bedeutet das? Dadurch dass Gott uns geliebt hat, entstand ein anderes Heil als jenes, das wir ursprünglich hatten, als wir Erben der Unschuld und der Heiligkeit waren. Denn der himmlische Vater zeigte seine Liebe in unseren Gefährdungen, als wir straffällig geworden waren; er sandte nämlich sein WORT, das allein vor allen Menschenkindern in voller Heiligkeit war, durch seine göttliche Macht in die Finsternis der Welt. Dort bewirkte dieses WORT alles Gute, indem es in seiner Milde jene zum Leben zurückführte, die durch die Befleckung mit Sünden niedergeworfen waren und nicht in die Heiligkeit zurückkehren konnten, die sie verloren hatten. Was heißt das?

Denn durch diesen Quell des Lebens kam die mütterliche Liebe („materna dilectio") Gottes zu uns, die uns zum Leben genährt hat und die unsere Helferin in Gefahren ist; sie ist die tiefste und zärtlichste Liebe („caritas"), die uns zur Reue anleitet. Wieso?

Gott gedachte barmherzig seines großen Werkes und seiner kostbaren Perle, nämlich des Menschen, den er aus dem Lehm der Erde gebildet und dem er den Odem des Lebens eingehaucht hat. Auf welche Weise? Er selbst rüstete das Leben mit der Reue aus, die in ihrer Wirkkraft niemals versagen wird. Die listige Schlange täuschte nämlich den Menschen durch ihre überhebliche Einflüsterung; doch Gott warf ihn durch die Reue, die Demut zeigt, zu Boden, die der Teufel weder kannte noch übte, denn er verstand es ja nicht, sich zum rechten Weg aufzumachen.

Daher ist diese Rettung aus Liebe nicht von uns ausgegangen, weil wir es weder verstanden noch vermochten, Gott zu unserem Heil zu lieben; denn er, der Schöpfer und Herr über alles, hat sein Volk so geliebt, dass er zu dessen Erlösung seinen Sohn gesandt hat, das Haupt und den Erlöser der Gläubigen. Er hat unsere Wunden ausgewaschen und getrocknet. Aus ihm tropft auch das süßeste Nass (d. h. das Blut), aus dem alle Güter der Erlösung fließen. Deshalb erkenne auch du, o Mensch, dass keine Beeinträchtigung durch Veränderlichkeit Gott berührt. Denn der Vater ist der Vater, der Sohn ist der Sohn und der Heilige Geist ist der Heilige Geist. Diese drei Personen leben nämlich unteilbar in der Einheit der Gottheit.

37 Der lebendige Quell

Mit einer grandiosen visionären Umkehrung unserer gewohnten Denklogik versucht Hildegard die Wirkkraft der Liebe, aus der alle Geschöpfe, die Welt schlechthin, hervorquellen, zu veranschaulichen. In einer Schau beschreibt sie einen Brunnen, d. h. eine mit Stein eingefasste Quelle, in der sich zwei Gestalten verortet finden. Zu ihrer Gemeinschaft gehört eine dritte, die auf dem Stein am Rande der Quelle steht. Sie verkörpern die Liebe, die Demut und den Frieden (siehe Text Nr. 69). Die personifizierte Liebe verkündet, vereint mit der Demut und dem Frieden, in überraschender Konstellation der Verhältnisse das Wunder jener Mitteilung Gottes, die wir Schöpfung nennen. Das Bild des Schattens fungiert als Symbol für die in Gottes Liebe vorauserdachte Wirklichkeit.

Indem die Liebe Gottes mit überhellem, klarem Licht wie eine sprudelnde Quelle herausströmt, wird die zu erschaffende Welt überschattet. Gott umarmt diese Schatten, die im Voraus alle Geschöpfe zeigen, mit leidenschaftlicher Zuneigung und formt sie zu lebendigen Wesen. So wird jedes Seiende in seine Existenz „hineingeliebt". Auf diese Weise werden die Lebewesen, die atmen und instinktiv existieren, bis hin zum Menschen, der als ausgezeichnetes Lebewesen zu denken und zu sprechen vermag, erschaffen. Zudem werden die Propheten als besonders begabte Menschen ausdrücklich hervorgehoben, die durch die Überschattung der Liebe in die Lage versetzt sind, das schattenhafte Zukünftige vorauszusagen. In die Reihe all dessen, was aus dem schattenhaften Dasein zur geschaffenen Vollendung voranschreitet, stellt Hildegard auch ihre eigenen Werke, die sie mit Namen nennt: das Buch *Wisse die Wege* und das *Buch der Lebensverdienste*. Diese kühne Selbstbezeugung ist zugleich ein Zeugnis von der Kraft der Liebe, die den vertrauenden Menschen über die eigene Schwachheit und Gebrechlichkeit hinaus wachsen lässt und zur Entstehung schöpferischer Werke befähigt.

Das Buch vom Wirken Gottes, III. 3. 2, S. 316–318.

Die erste Gestalt sprach: Ich, die Liebe („caritas"), bin die Herrlichkeit des lebendigen Gottes. Die Weisheit hat in mir ihr Werk gewirkt, und die Demut, die im lebendigen Quell verwurzelt ist, ist meine Gehilfin. Mit ihr ist der Friede verbunden. Und durch die Klarheit, die ich bin, leuchtet das lebendige Licht der seligen Engel. Denn wie der Strahl durch das Licht leuchtet, so leuchtet diese Klarheit den seligen Engeln. Sie dürfte nicht sein, ohne zu leuchten, wie es ohne Leuchten kein Licht gibt. Ich habe ja den Menschen entworfen, der in mir gleich einem Schatten verwurzelt war, wie man den Schatten eines jeden Dinges im Wasser erblickt. Daher bin ich auch der lebende Quell, weil alles, was geschaffen ist, wie ein Schatten in mir war. Nach diesem Schatten ist der Mensch mit Wasser und Feuer gebildet, wie auch ich Feuer und lebendiges Wasser bin. Deshalb hat der Mensch auch in seiner Seele (die Fähigkeit), alles zu ordnen, wie er will.

Jedes Lebewesen hat einen Schatten, und was an ihm lebendig ist, geht in ihm wie der Schatten hierhin und dorthin. Gedanken sind nur im vernunftbegabten Lebewesen, nicht aber in den unvernünftigen Tieren, weil jene nur leben und Sinne haben, mit denen sie erkennen, was sie meiden oder was sie suchen sollen. Nur die Seele, die von Gott eingehaucht ist, ist vernunftbegabt.

Meine Klarheit hat auch die Propheten überschattet, die durch heilige Eingebung Zukünftiges voraussagten, wie in Gott alles, was Er schaffen wollte, Schatten war, bevor es wurde. Die Vernunft aber spricht mit dem Klang; der

Klang ist gleichsam der Gedanke und das Wort gleichsam das Werk („verbum quasi opus"). Aus diesem Schatten ist auch die Schrift *Scivias* hervorgegangen durch die Gestaltung einer Frau, die gleichsam ein Schatten von Kraft und Gesundheit war, weil diese Kräfte in ihr nicht wirkten.

Die lebendige Quelle ist also der Geist Gottes, den Er selbst in all Seine Werke verteilt. Von Ihm leben sie, von Ihm haben sie das lebendige Leben, wie auch der Schatten von allem im Wasser erscheint. Und doch gibt es nichts, was deutlich sieht, woher es lebt, sondern es spürt nur das, wodurch es bewegt wird. Und wie das Wasser, das fließen lässt, was in ihm ist, so ist auch die Seele der lebendige Geisthauch („vivens spiraculum"), der immer im Menschen fließt und ihn durch Wissen, Denken, Sprechen und Wirken gleichsam fließen lässt.

Auch in diesem Schatten hat die Weisheit alles im gleichen Maß zugemessen, damit nicht eines das andere an Gewicht übertrifft und auch nicht eines vom anderen in sein Gegenteil gedrängt werden kann; denn sie überwindet und fesselt alle Bosheit teuflischer Künste, weil sie vor dem Anfang aller Anfänge war und nach deren Ende in ihrer stärksten Kraft bestehen wird, und niemand wird ihr widerstehen können. Denn sie hat niemanden zur Hilfe gerufen und keinen gebraucht, weil sie die Erste und Letzte war. Von niemandem erhielt sie Antwort, da sie als Erste die Ordnung aller Dinge wirkte. In sich und durch sich selbst begründete sie alles gewissenhaft und gütig. Es wird auch von keinem Feind mehr zerstört werden können, weil sie den Beginn und das Ende ihrer Werke in hervorragender Weise sah. Das alles richtete sie vollständig ein, sodass auch alles von ihr gelenkt wird.

Sie selbst betrachtete auch ihr Werk, das sie im Schatten des lebendigen Wassers zur richtigen Bestimmung ordnete, indem sie auch durch die eben erwähnte ungebildete Frau gewisse natürliche Kräfte verschiedener Dinge und Schriften über die Verdienste des Lebens und ebenso andere tiefe Geheimnisse eröffnete, die diese Frau in wahrer Vision schaute und dadurch sehr geschwächt wurde.

Aber vor allem hatte diese Weisheit die Worte der Propheten und anderer Weisen und ebenso die der Evangelien aus dem lebendigen Quell geschöpft und sie den Jüngern des Gottessohnes anvertraut, damit durch diese die Ströme des lebendigen Wassers über den gesamten Erdkreis ausgegossen werden, indem die Menschen wie Fische in ein Netz geleitet und zur Rettung zurückgeführt werden.

Ein springender Quell des lebendigen Gottes ist besonders die Reinheit. Auch in ihr spiegelt sich Seine Herrlichkeit. In diesem Glanz umfasst Gott mit großer Liebe alle Dinge, deren Schatten in dem springenden Quell erschienen, bevor Gott ihnen befahl, in ihrer Gestalt hervorzugehen.

In mir, der Liebe, hat sich alles gespiegelt. Mein Glanz zeigt die Gestaltung der Dinge, wie der Schatten die Gestalt anzeigt. Und in der Demut, die meine Gehilfin ist, ging auf Anordnung Gottes die Schöpfung hervor. In derselben Demut hat Gott sich zu mir herab geneigt, um die trockenen Blätter, die abgefallen waren, in der Glückseligkeit emporzuheben, in der Er alles tun kann, was Er will. Weil Er jene aus Erde geformt hatte, hat Er sie daher auch nach dem Fall erlöst.

Denn der Mensch ist vollkommen das Gebilde Gottes („pleniter factura Dei"). Er blickt auf zum Himmel und tritt auf die Erde, indem er sie beherrscht; er befiehlt allen Geschöpfen, weil er durch die Seele zur Höhe des Himmels schaut. Deshalb ist er durch sie auch himmlisch, aber durch seinen sichtbaren Leib ist er irdisch. Gott hat so den Menschen, der in der Tiefe darniederlag, durch die Demut emporgehoben gegen den, der in Verwirrung vom Himmel hinab geschleudert wurde. Denn da die alte Schlange durch Hochmut die Eintracht der Engel spalten wollte, hielt Gott sie mit Seiner starken Macht fest, damit sie nicht von deren Wut zerrissen wurde. Satan nämlich, der in der Höhe großes Ansehen hatte, rechnete bei sich, er könne tun, was er wolle und verliere deshalb nicht den Glanz der Sterne. Aber er wollte alles haben, und deshalb verlor er alles, was er hatte, weil er gierig nach allem trachtete.

38 Die Liebe legte Gottes Sohn in den Schoß der Jungfrau

Zu Hildegards Zeit, im 12. Jahrhundert, gab es noch keine Krippendarstellungen. Erst im 13. Jahrhundert ließ der heilige Franz von Assisi das Weihnachtsgeschehen szenisch darstellen: zwischen Maria und Joseph liegt das Christkind, es kommen die Hirten, Esel und Ochs stehen dabei. Für Hildegard bedeutet das Weihnachtsmysterium die zentrale Glaubenswahrheit der Menschwerdung Gottes, in der sich Gott mit einer unüberbietbaren Selbstoffenbarung mitteilt und sich dem erlösungsbedürftigen Menschen zuwendet. Dieses Geheimnis sucht Hildegard mit ihrem theologischen Scharfsinn zu ergründen. Dabei stößt sie immer wieder auf jene Eigenschaft Gottes, die uns Menschen als einzig begreifbar und aussagbar möglich bleibt: die Unbegreiflichkeit Gottes, bei gleichzeitiger Erfahrbarkeit.

So findet Hildegard wunderbare Bilder, um das Geheimnis, das die Unbegreiflichkeit Gottes noch einmal mehr vertieft, auszudrücken: Dieser unbegreifliche Gott wird Mensch – und zwar geboren als ein kleines Kind, das in den Armen seiner Mutter schläft. Mit liebevoller Zärtlichkeit betrachtet Hildegard die weihnachtliche Geschichte und lässt die Sanftheit spüren, mit der die Liebe den eingeborenen Sohn des ewigen Vaters in den Schoß Marias legt. Liebe und Demut begleiten die Geburt des Gottessohnes und stehen an seiner Krippe. Diese beiden Gefährten kennzeichnen das ganze Leben Jesu Christi von Anfang an. Liebe und Demut sind die stärksten Kräfte, die auch das Leben eines jeden Menschen zu festigen und zu heilen vermögen.

Wenn Hildegard uns schließlich ermuntert, unser Leben in Liebe und Demut zu gestalten, ist das keine moralische Aufforderung, sondern eine Ermutigung, diesen starken Kräften in unserem Herzen Raum zu geben, damit sie sich in unserem Leben zu Gottes Ehre und zu unserem Glück entfalten können.

Wisse die Wege, I. 2. 33, S. 43.

Die Demut bewirkte nämlich, dass der Sohn Gottes aus der Jungfrau geboren wurde. Denn weder in gierigen Umarmungen noch in der Schönheit des Fleisches noch in irdischem Reichtum, in goldenem Schmuck oder in weltlichen Ehren war die Demut zu finden, sondern der Sohn Gottes lag in der Krippe, weil seine Mutter eine arme Frau war. Aber auch die Demut seufzt und weint immer und macht allen Lastern ein Ende; denn das ist ihre Aufgabe. Daher soll jeder, der den Teufel besiegen will, sich mit der Demut schützen und bewaffnen; denn Luzifer meidet sie sehr und verkriecht sich vor ihr wie eine Schlange in ihrer Höhle; wo sie ihn aber erfasst hat, zerreißt sie ihn schnell wie einen brüchigen Faden.

Auch die Liebe („caritas") nahm den eingeborenen Sohn Gottes im Schoß des Vaters im Himmel und legte ihn auf Erden in den Schoß der Mutter, denn sie verachtet weder Sünder noch Zöllner, sondern ringt darum, dass alle gerettet werden. Deshalb entlockt sie auch öfters den Augen der Gläubigen Tränen und erweicht ihre Hartherzigkeit. Darin sind Demut und Liebe leuchtender als die anderen Tugenden, denn Demut und Liebe sind wie Seele und Leib, die stärkere Kräfte besitzen als die übrigen Kräfte der Seele und die Glieder des Leibes. Wie ist das zu verstehen?

Die Demut ist gleichsam die Seele und die Liebe gleichsam der Leib; sie können nicht voneinander getrennt werden, sondern sie wirken zugleich, wie auch Seele und Leib nicht getrennt werden können, sondern miteinander tätig sind, solange der Mensch im Leib lebt. Und wie die verschiedenen Glieder des Leibes entsprechend ihren Kräften von Seele und Leib abhängig sind, so wirken auch die übrigen Tugenden gemäß ihrer richtigen Bestimmung mit der Demut und Liebe zusammen. Deshalb, ihr Menschen, strebt zur Ehre Gottes und für euer Heil eifrig nach Demut und Liebe. Mit ihnen gewappnet, werdet ihr die Nachstellungen des Teufels nicht fürchten, sondern das unvergängliche Leben besitzen.

39 Gott erstrahlt im Erdenlehm

Wir leben von Zuwendung. Ein zugesprochenes Wort kann uns trösten, ermutigen und aufrichten. Wenn wir uns angesprochen fühlen, entfalten wir neue Kräfte. Durch Angesehenwerden erlangen wir Ansehen.

Gott hat uns mit seiner Selbstmitteilung angesprochen und in seiner Menschwerdung sich selbst uns zugesprochen. Wir sehen Gott in seinem menschgewordenen Sohn, Jesus Christus, und er schaut uns mit Gottes zärtlicher Liebe an. Indem das ewige Wort unsere Menschlichkeit angenommen hat, ist dadurch unsere menschliche Natur mit der göttlichen Natur verbunden. Unsere menschliche Existenz hat Jesus Christus mit Göttlichkeit durchdrungen. In unserem aus Erde geformten Leib leuchtet Gottes Da-Sein auf. In diesem Geheimnis liegt die Würde des Menschen.

In einem eigens für ihr *Prophetisches Vermächtnis* komponierten Gedicht besingt Hildegard Gottes liebende Demut, aus der die Größe des Menschen entspringt. In dieser von Gott geschenkten Größe bestehen das wahre Glück und die Bestimmung des Menschen. Denn die Gottheit strahlt in unserem der Erde verhafteten Dasein auf, wenn wir inmitten der Not Hoffnung schöpfen, wenn wir in unserer Traurigkeit Trost verspüren, wenn unsere Angst vom Vertrauen überwunden wird, wenn wir für ein Gelingen danken, wenn wir unser Leben mit seinen konkreten Anforderungen annehmen und uns ganz der Liebe des Schöpfers überlassen. So wird der Zuspruch „Gott erstrahlt im Erdenlehm" zu unserer eigenen Wirklichkeit.

📖 **Prophetisches Vermächtnis, 80, S. 121.**

O du von Gott Geformter,
du Mensch,
du bist in großer Heiligkeit errichtet worden,
weil die heilige Gottheit in Demut
durch die Himmel gedrungen ist.
O welch große Zärtlichkeit ist es,
dass im Erdenlehm die Gottheit erstrahlte
und dass die Engel, die Gott dienen,
Gott in seiner Menschheit sehen.

40 Gott neigt sich in zärtlicher Liebe herab

Die Allmacht Gottes offenbart sich darin, dass Gott die Welt aus dem Nichts erschaffen hat. Hildegard aber vermag sogar diese Vorstellung zu steigern und Gottes Allmacht noch größer auszulegen. Ihre Schöpfungstheologie lässt sich nicht mit dem in der Theologie geprägten Begriff „creatio ex nihilo" („Schöpfung aus dem Nichts") zusammenfassen. Hildegard ist vielmehr überzeugt, dass die Welt nicht aus dem Nichts hervorging – sondern aus der Liebe: „creatio ex amore" („Schöpfung aus der Liebe"). Gottes Schöpferwille offenbart sich darin, dass er in zärtlich-leidenschaftlicher Zuneigung („amor") sich aus sich heraus dem Anderen zuwendet und so die Welt erschafft. Die Liebe, die Gott ist, ist von Ewigkeit her und im Anfang („in principio"), so dass die Liebe sowohl das Schöpfungsprinzip als auch die Schöpfungsmaterie ist. Aus der Liebe ist die gesamte Welt zu den unterschiedlichen Gestalten geformt worden.

Die Liebe als Schöpfungsprinzip und Schöpfungsmaterie fungiert nicht als metaphysische Kategorie. Dadurch, dass Hildegard diese ewige göttliche Liebe personifiziert in der Gestalt eines Mädchens darstellt, hebt sie den personalen Charakter des Schöpfungsaktes vor. Liebe zeigt sich in Zuwendung, Bejahung und Hingezogenwerden: in Beziehung.

Die Liebe als ewiges Schöpfungsprinzip in der Gestalt eines Mädchens trägt in sich das Bild des menschgewordenen Sohnes, die saphirblaue Menschengestalt. Damit drückt Hildegard bildhaft aus, dass Gott sein zu erschaffendes Geschöpf, den Menschen, von Ewigkeit her so sehr geliebt hat, dass die Menschwerdung des Logos als ewiges Geheimnis immer schon – noch vor dem Sündenfall – in Gottes Herzen präexistiert hat.

Gerade aber als der Mensch gefallen war, hat die göttliche Liebe ihre Flügel ausgebreitet und den Menschen aus der Verstrickung der Sünde erhoben. In dieser Erhebung offenbart sich Gottes allmächtige Liebe als Demut, die den Menschen erlöst. Liebe und Demut, die beiden Offenbarungsweisen der Allmacht Gottes, sind dem Menschen im Erlöser als menschgewordener Gott erfahrbar.

Briefe, 85r/a, S. 152–154 (Auszug).

Hildegard an Abt Adam (Ebrach): In einer wahren Schau des Geistes sah ich wachen Leibes etwas wie ein ganz hübsches Mädchen. Es erstrahlte von so großem Glanz des herrlichen Antlitzes, dass ich es nicht vollständig betrachten konnte. Und es trug einen Mantel weißer als Schnee und klarer als die Sterne. Auch war es mit Schuhwerk wie von reinstem Gold angetan. Es hielt aber Sonne und Mond in der rechten Hand und umfasste sie liebevoll. Auf seiner Brust war auch noch eine Elfenbeintafel, auf der eine saphirfarbene Menschengestalt erschien. Und die ganze Schöpfung nannte dieses Mädchen Herrin. Doch auch es selbst sprach zu der Gestalt, die auf seiner Brust erschien: „Bei dir liegt der Ursprung am Tage deiner Kraft im Glanz der Heiligen; aus dem Schoß habe ich dich vor dem Morgenstern gezeugt" (Psalm 110,3).

Und ich hörte eine Stimme zu mir sagen: Das Mädchen, das du siehst, ist die Liebe, die in der Ewigkeit eine Wohnstatt hat. Denn als Gott die Welt erschaffen wollte, neigte Er sich in zärtlicher Liebe herab und sorgte für alles Notwendige vor, wie ein Vater seinem Sohn das Erbe bereitet. Und so ordnete Er in glühendem Eifer alle seine Werke. Da erkannte die Schöpfung in diesen Gestalten und ihren Formen ihren Schöpfer, denn die Liebe war demgemäß der Quell dieser Schöpfung, als Gott sprach: „Es werde, und es ward" (Genesis 1,3), weil die ganze Schöpfung gleichsam in einem Augenblick von ihr hervorgebracht wurde.

Es <das Mädchen> erstrahlt von so großem Glanz des herrlichen Antlitzes, dass du es nicht vollständig betrachten kannst, weil es in so reiner Erkenntnis die Furcht des Herrn darstellt, dass der sterbliche Mensch sie nicht zu erschöpfen vermag. Und es trägt einen Mantel weißer als Schnee und klarer als die Sterne, weil es ohne Heuchelei alles in strahlendweißer Unschuld mit hell leuchtenden Werken in den Heiligen zusammenfasst. Auch ist es mit Schuhwerk wie von reinstem Gold angetan, weil es Wege geht, die zum besten Teil der göttlichen Erwählung gehören. Es hält aber Sonne und Mond in der rechten Hand und umfasst sie liebevoll, weil die Rechte Gottes alle Geschöpfe umfasst und sich überdies auf Völker, Reiche und alle Guten erstreckt. Deshalb steht auch geschrieben: „Der Herr sprach zu meinem Herrn: Setze dich zu meiner Rechten" (Psalm 110,1). Auch ist auf seiner Brust eine Elfenbeintafel, weil in Gottes Wissen das Land der Unversehrtheit in der Jungfrau Maria ständig in Blüte stand, sodass in ihr eine saphirfarbene Menschengestalt erscheint. Denn der Sohn Gottes ging („effulsit") in der Liebe aus dem Altehrwürdigen („antiquus dierum") hervor.

Und die ganze Schöpfung nennt dieses Mädchen Herrin, weil sie aus ihr hervorging. Denn sie war das Erste und erschuf alles. So zeigt auch die Gestalt auf ihrer Brust, dass Gott sich um des Menschen willen mit der Menschheit bekleidet hat. Als nämlich die ganze Schöpfung nach der Anordnung Gottes vervollständigt war, wie Er selbst sagte: „Wachst und mehrt euch und erfüllt die Erde" (Genesis 1,28), stieg die Glut der wahren Sonne wie Tau in den Schoß der Jungfrau herab und bildete aus ihrem Fleisch einen Menschen, wie sie auch Adam aus dem Lehm der Erde zu Fleisch und Blut geformt hatte. Und die Jungfrau gebar ihn in Unversehrtheit.

Doch war es nicht geziemend, dass es der Liebe an Flügeln fehle. Denn als das Geschöpf anfänglich umherirrte („circuivit"), sodass es bei Bedrängnis fliegen wollte und zu Fall kam, hoben es die Schwingen der Liebe empor. Das war die heilige Demut. Als nämlich Adam ein schreckliches Ansinnen niederstreckte, erkannte die Gottheit genau, dass er durch den Fall nicht völlig zugrunde gehen, sondern sie ihn durch die heilige Menschheit retten würde. Das waren Flügel von großer Macht, denn die Demut hob den verloren gegangenen Menschen empor, was die Menschheit des Erlösers bewirkte. Die Liebe hat nämlich den Menschen geschaffen, die Demut ihn erlöst. Die Hoffnung aber ist gleichsam das Auge der Liebe, die Liebe zum Himmlischen ihr Herz und die Enthaltsamkeit ihr Band. Der Glaube jedoch ist wie das Auge der Demut, der Gehorsam wie ihr Herz und die Verachtung des Bösen ihr Band. Die Liebe lebte in der Ewigkeit, und am Anfang aller Heiligkeit brachte sie alle Geschöpfe ohne Vermischung mit Bösem hervor. Sie zeugte auch Adam und Eva aus der reinen Beschaffenheit der Erde. Und wie diese beiden alle Menschenkinder zeugten, so bringen auch diese beiden Tugendkräfte alle übrigen Tugenden hervor.

41 Im Klang des Schattens – das Wesen der Prophetie

Gott vertraut zwar verhüllt, aber doch seine innigsten Geheimnisse dem Menschen an. Damit die Offenbarungen Gottes empfangen und weitergegeben werden, durchdringt Gott den Menschen mit seinem Geist. Das ist das Wesen der Prophetie. Den Propheten ist das Wort, das Gott spricht, auf eine besondere Weise anvertraut. Durch die Prophetie wird das Wort Gottes in der Welt erfahrbar. Durch die Verkündigung der Propheten können die Menschen auch erkennen, dass das Wort Gottes die Welt als gute erschaffen hat. Durch die Prophetie können die Menschen wiederum in dem einen Menschen, der aus der Jungfrau Maria geboren worden ist und sich wie jeder Mensch sehen und hören ließ, dasselbe Wort Gottes erkennen: das gute Wort, mit dem Gott die Welt und die Menschen bejaht. In dieser Erkenntnis, die durch die Propheten vermittelt wird, werden die Menschen folglich zur Liebe erzogen. Das prophetische Wort dient den Menschen, indem es ihnen hilft, die Wirklichkeit – Welt und Mensch – auf Gott hin zu deuten.

Die Prophetie erklingt im Schatten, bevor das Licht in vollem Glanz erscheint. Die Prophetie lässt sich im Ton vernehmen, bevor der Sinn des Wortes vollkommen erkannt wird. Dieser Klang im Schatten begleitet die Menschheit von Anfang bis zur Vollendung, wenn Gott sich unverhüllt zeigen wird. Es kommt darauf an, die leisen Töne und das im Schatten vorausgeahnte Licht zu erahnen.

Hildegard schreibt, dass die Prophetie in Adam ihren Anfang genommen hat. Daraus kann man schlussfolgern, dass die prophetische Gabe dem Menschen ursprunghaft zu eigen ist. Prophetie bedeutet demgemäß die anthropologische Ausstattung, mit deren Hilfe der Mensch sich am guten Wort Gottes orientieren kann: Das prophetische Wort warnt vor den Irrwegen des Lebens und ermuntert zum rechten Weg. Dieses prophetische Wort kann auf vielerlei Weise und vielfältig ertönen und aufleuchten, und ebenso vielfältig sind die Möglichkeiten, es aufzunehmen und ihm im eigenen Leben antwortend zu folgen.

📖 Das Buch vom Wirken Gottes, III. 2. 2–3, S. 294–296.

Daher erscheinen von diesem Felsen fast bis zum anderen östlichen Ende, das nach Süden liegt, Menschengestalten, nämlich Kinder, Jünglinge und Greise wie Sterne durch eine Wolke. Ihr Laut dringt bis nach Westen wie das Meer, das durch den Wind aufgewühlt dahin wogt. Denn aus der göttlichen Kraft nahm die Prophetie beim ersten Werk Gottes, nämlich bei Adam, ihren Anfang, und zwar bis dahin, als das alte Gesetz, das mit Strenge erschien, sein Ende fand, als die Glut der Gerechtigkeit und Wahrheit kam. Sie leuchtete von Geschlecht zu Geschlecht durch die verschiedenen Zeitalter der Menschen wie ein Licht durch die Finsternis (Johannes 1,5). Sie wird auch nicht mit ihrer Stimme aufhören bis zum Ende der Welt. Wenn sie ihre Stimmen in vielfältigen Zeichen verkündet, wird sie durch die Einhauchung des Heiligen Geistes von verschiedenen Geheimnissen durchtränkt. Die Prophetie ist nämlich im Menschen, wie die Seele im Leib ist; wie die Seele im Leib überschattet ist und wie durch sie der Leib gelenkt wird, so ist auch die Prophetie, die aus dem Geist Gottes kommt, der jedes Geschöpf überragt, unsichtbar. Durch sie wird alles, was abwärts geht, ergriffen, und die, die vom richtigen Weg abweichen, werden zurückgeführt.

So sprach auch durch Meine Eingebung Mein Knecht David: „Mein Herz brachte das gute Wort hervor; ich weihe mein Werk dem König" (Psalm 45,2). Der Sinn dieser Aussage ist so zu verstehen: Ich, der Ich der Vater aller bin, zeige offenbar, dass vor aller Schöpfung Meine innere Kraft das gute Wort hervorbrachte, das heißt Ich zeugte Meinen Sohn, durch den alles überaus Gute geschaffen wurde. Deshalb spreche Ich, der ganz Unveränderliche, Ich, der Ich bin, in dem Ich Meine Werke Ihm offenbar mache, der den Erdkreis regieren wird. Denn alle Meine Werke, die vom Anfang an geschaffen wurden, sind Meinem Sohn bekannt.

Auch die Prophetengabe brachte in ihrer Kraft das gute Wort hervor. Sie verkündete im Voraus Wunderbares, als sie sagte, dass dieses Wort, durch das alles geschaffen wurde, Fleisch annehmen sollte. Sie offenbarte es auch als den künftigen König der Könige und als den gerechten Spross, den eine unversehrte Erde hervorbringen sollte, die nicht vom Zeugungsakt des Mannes verletzt ist. Das erkannte die Prophetengabe durch Eingebung des Heiligen Geistes, nämlich in bestimmten Greisen, auch in manchen jungen Männern und Kindern, die in sehr vielen Zeichen von diesem Spross, der das Wort Gottes ist, durch die Eingebung des Heiligen Geistes sprachen.

Denn Gott schuf den Mann aus der Erde und verwandelte ihn in durchblutetes Fleisch; die Frau jedoch, die von demselben Mann genommen wurde, blieb Fleisch vom Fleisch, das nicht in etwas anderes verwandelt wurde. Und diese erkannten im Geiste der Prophetie, dass die Frau durch die Einhauchung des Heiligen Geistes den Sohn Gottes gebären werde, wie eine Blume durch ganz milde Luft wächst. Auch in Aarons Stab (Numeri 17,23ff.) ist das vorausgedeutet, der, vom Baum abgeschnitten, auf die Jungfrau Maria hinwies. Aus ihrem Herzen wurde der Mann so herausgeschnitten, dass sie niemals von der Lust einer geschlechtlichen Vereinigung berührt wurde. Durch die Glut des Heiligen Geistes gebar sie jenen einen Mann („virum unum"). Ihn umgab Gott mit allen Geschöpfen, weil jene, als sie aus Ihm hervorgingen, auch den Genuss empfangen hatten, weshalb sie auch alle Seinem Wort gehorchten. Denn die Propheten hatten gesagt, dass die Frau aus dem Werk der Liebe („ex opere caritatis") gebären müsse, wie der Zweig aus der Wurzel Jesse hervorgeht (Jesaja 11,1). Und alle schrieben diese jungfräuliche Geburt dem König, nämlich dem Sohn Gottes, zu.

Als nämlich diese Frau den Sohn Gottes umgab (Jeremia 31,22), liebten Ihn die Menschen, die Ihn nach ihrem eigenen Abbild sahen und hörten, mehr als wenn sie Ihn nicht gesehen hätten. Denn was die Menschen im Schatten sehen, können sie nicht voll erkennen. Da auch die Propheten im Klang des Schattens sprachen, ging das bisweilen wie ein Schatten an ihnen vorüber, was später alles bei den Menschen Gestalt annahm. Denn der Klang der Weissagungen geht aus den verborgenen Geheimnissen der Gottheit hervor.

42 Gottes Gebet

In der berühmten Vision der Dreifaltigkeit in *Wisse die Wege* tritt Gott uns in einer saphirblauen Gestalt entgegen (siehe Text Nr. 36). Im menschgewordenen Wort, Jesus Christus, wendet sich Gott uns unwiderruflich zu. Aus der unbegreiflichen Tiefe der Dreifaltigkeit erscheint das menschgewordene Wort Gottes in Menschengestalt, zugänglich für uns. Jesus Christus vermittelt uns die Liebe Gottes, wenn er die Menschen mit seinen Augen anschaut, er vermittelt die Barmherzigkeit Gottes, wenn er seine segnenden Hände zur Umarmung öffnet. Ebenso teilt er aber göttlich das menschliche Leben. Durch den menschgewordenen Sohn weiß Gott, wie es um den Menschen steht – nicht weil er als Schöpfer allwissend ist, sondern weil das Menschsein in der Menschwerdung zu Gottes eigener Erfahrung geworden ist.

Jesus Christus wendet sich aus der Realität des menschlichen Schicksals seiner Göttlichkeit zu. In seinem Körper zeigt er Gott unseren verletzten und erschöpften Körper, in seinem Herzen zeigt er Gott unsere Verzagtheit, aber auch unsere Sehnsucht nach blühendem Leben. In Jesus Christus teilt sich der Mensch Gott mit.

Hildegard legt Gebetsworte in den Mund des menschgewordenen Logos, die er an den Vater spricht. In dieser innigsten Zuwendung an Gott-Vater offenbart der Gott-Sohn die Verwundbarkeit unseres menschlichen Lebens: „Ich zeige Dir, Vater, meine Wunden." Zugleich bringt er die unerschütterliche Hoffnung der Menschen auf Heil vor den Vater: Der Blick des Vaters vermag den verwundeten und verwelkenden Körper zur Fülle aufblühen zu lassen und die Wunden in Perlen zu verwandeln (siehe Text Nr. 64).

 Spiel der Kräfte, in: *Lieder*, S. 237.

Am Anfang grünten alle Geschöpfe. In der Mitte (der Zeit) blühten die Blumen, später nahm die Grünkraft ab und das sah der Mann, der Kämpfer (Christus) und sprach: „Ich weiß es, aber die goldene Zahl ist noch nicht voll. Du also, väterlicher Spiegel, schau, ich ertrage Ermüdung an meinem Leib, und auch meine Kleinen werden schwach. Nun erinnere dich, dass die Fülle, die du im Anfang geschaffen, nicht hätte welken sollen. Damals trugst du in dir, dass dein Auge sich nimmer abwenden wolle, bis du meinen Leib erblicktest, voll von Edelsteinen. Denn es ermüdet mich, dass alle meine Glieder ausgelacht werden. Vater, sieh, meine Wunden zeige ich dir!"

43 Die Braut Gottes und ihre mütterliche Güte

Gott geht auf die Menschen zu. Er erwählt sie, ruft und beruft sie, fängt sie ein und umfängt sie mit seiner Liebe. Alle Menschen, die für die werbende göttliche Offenbarung empfänglich sind, führt Gott in seiner Kirche zusammen. Hildegard beschreibt diese Versammlung der Gläubigen solcherart mit Bildern intimer und familiärer Beziehungen. Die Kirche ist in Hildegards Vision eine schöne Frauengestalt, sie ist die geliebte Braut des Gottessohnes, der sich wiederum als Bräutigam gegenüber der Kirche verhält. Im Bild von Braut und Bräutigam drückt sich jene starke Form von Liebe aus, die Gott und die Gemeinschaft der Gläubigen miteinander verbindet.

Wenn Menschen sich in diese innige Liebesgemeinschaft aufnehmen lassen, dann werden sie durch Geist und Wasser – also durch die Taufe – neugeboren und in der mütterlichen Güte der Kirche geborgen. So gehört jeder Mensch, den die Kirche als Mutter durch die Taufe zu einem neuen Leben gebärt, zu einer einzigen Familie. Das ist eine tiefere Sichtweise der Wirklichkeit als jene oftmals weltlich geprägten Darstellungen von der Kirche, die allein auf die gesellschaftlich sichtbaren Erscheinungsformen der Kirche fixiert sind. Solche oberflächlichen Auffassungen von Kirche – nicht selten von Menschen, die zur Kirche gehören, verbreitet – lassen den göttlichen Ursprung der Kirche vergessen. Gegen eine Mentalität, welche die Kirche nur als eine Institution versteht, erinnert uns die Vision Hildegards daran, dass die Kirche wesenhaft das Offenbarwerden der bräutlichen Liebe Gottes zu den Menschen ist. Diese Liebe offenbart sich in der Hingabe Jesu Christi bis zum blutigen Opfer am Kreuz und dieser Liebe entspringt der Zusammenhalt der Gläubigen. Das ausgegossene Blut des Gottessohnes stiftet eine Blutsverwandtschaft, die alle Gläubigen zu Kindern Gottes und zu Geschwistern macht, damit zur Familie der Kirche verbindet.

In einer Familie gilt die Sorge dem Wachstum eines jeden Einzelnen. Der äußere Rahmen dient dazu, dass das Zusammenleben gelingt. Familie besteht aber nicht ausschließlich aus diesen Strukturen. Hildegards Vision erinnert daran, dass die Kirche durch die Fruchtbarkeit ihrer Kinder, die bereit sind zur Läuterung, zum Opfer und zum Früchtetragen, wächst, blüht und gedeiht für die ewige Gemeinschaft mit Gott.

Wer die Kirche in dieser Dimension des Glaubens erkennt, kann im Grund gar nicht anders, als nur danach zu verlangen, in seinem eigenen Dasein als ein Teil kirchlichen Lebens Hingabe, Gebet und gutes Tun zu praktizieren und so der Welt die Güte Gottes sichtbar und erfahrbar zu machen. Kirche erweist sich daher auch als wirksam in der Welt.

📖 **Wisse die Wege, II. 3. 1–2; 4; 6, S. 118–120.**

Daher siehst du nun gleichsam eine Frauengestalt von solcher Größe wie eine große Stadt. Sie bezeichnet die Braut meines Sohnes, die durch die Wiedergeburt im Geist und Wasser ständig ihre Kinder gebärt; denn der tapferste Streiter hat sie dazu eingesetzt, um mit der Weite der Tugenden in seinen Erwählten eine sehr große Schar zu umfangen und zu vollenden. Kein Gegner nämlich vermag sie in feindlichem Ansturm zu erobern, da sie den Unglauben von sich vertreibt und sich gläubig ausbreitet, sodass man in der sterblichen Welt daran erkennt, dass jeder einzelne Gläubige seinem Nächsten ein gutes Beispiel gibt, durch das sie im himmlischen Bereich sehr viele Tugenden bewirken. Wenn jedoch jeder der Gerechten zu den Kindern des Lichtes gelangt ist, dann wird an ihnen das gute Werk offenbar werden, das sie getan haben. In der Sterblichkeit der Asche jedoch kann man es noch nicht erkennen, weil es hier durch den Schatten der Anfechtung verdunkelt ist.

Sie hat ein Haupt, das mit wunderbarem Schmuck gekrönt ist: Denn als sie bei ihrer Entstehung im Blut des Lammes (vgl. Offenbarung 7,14) erweckt wurde, wurde sie in den Aposteln und Märtyrern geziemend geschmückt, sie, die meinem Sohn in wahrer Brautschaft anvermählt ist; denn in seinem Blut formte sie sich gläubig zu einem zuverlässigen Bau der heiligen Seelen.

Dass aber ihr Leib wie ein Netz von vielen Öffnungen durchbrochen ist, durch die eine sehr große Menge Menschen hindurchgeht, das ist ihre mütterliche Güte, die zur Gewinnung gläubiger Seelen durchlässig ist durch die verschiedene Höhe der Tugenden, in denen die gläubigen Menschen im Vertrauen des wahren Glaubens demütig wandeln. Der jedoch, der zum Fang der Fische sein Netz ausgeworfen hat, ist mein Sohn, der Bräutigam seiner geliebten Kirche, die er sich in seinem Blut vermählt hat, um den Fall des verlorenen Menschen wieder zu heilen.

Doch sie steht nur auf ihrem Rumpf vor einem Altar, d. h. vor den Augen Gottes, und umfasst ihn mit ausgebreiteten Händen. Denn sie ist immer schwanger und gebärt ihre Kinder im wahren Reinigungsbad und bringt sie auch in tiefster Demut Gott dar durch die reinen Gebete der Heiligen und den lieblichen Wohlgeruch der verschiedenen verborgenen und offenkundigen Tugenden. Diese werden in der lautersten Absicht der Augen des Herzens hervorgebracht ohne alle Befleckung durch Heuchelei und Sucht nach irdischem Ruhm, so wie Weihrauch von jeder Beeinträchtigung durch widerwärtigen Geruch gereinigt wird. Dieses gute Wirken ist für den Anblick Gottes ein angenehmes Opfer, um das sich die Kirche ständig bemüht. Denn sie lechzt mit ganzem Verlangen im Werk der Fruchtbarkeit der Tugenden nach dem Himmlischen und errichtet mit dreißig-, sechzig- und hundertfacher Frucht den hohen Turm der himmlischen Schutzmauern.

44 Gottes Hochzeitsgeschenk – die Eucharistie

Das Kreuz war in der Antike eines der grausamsten Folterinstrumente. Gott hat dieses todbringende Werkzeug gewählt, um das Böse in der Welt zu besiegen. Aber nicht mit triumphierendem Siegeszug überwand er das Böse, sondern durch den im liebenden Gehorsam seinem Vater gegenüber angenommenen und durchlittenen Kreuzestod. Dadurch, dass der menschgewordene Sohn Gottes, Jesus Christus, mit dem Kreuz das Böse auf sich genommen hat, hat er den Sieg der Liebe gebracht. Mit seiner liebenden Hingabe bis zum Blut zerbrach er die Macht des Bösen. Seitdem ist das Kreuz ein Zeichen der alles Böse überwindenden Liebesmacht.

Dieses Ineinandergreifen von entsetzlichem Leiden und sich hingebender Liebe versinnbildlicht die Vision Hildegards, in der sie das Geheimnis der Kirche entfaltet. Die Frauengestalt, die in den Visionen des zweiten Teiles in *Wisse die Wege* als Braut und Mutter die Kirche verkörpert, erscheint in dieser Vision am Kreuz, an dem Jesus Christus hängt. Tiefsinnig vereint Hildegard die blutigen Bilder der Kreuzigung mit Bildern von Vermählung. Mit dieser Darstellung verdeutlicht Hildegard die göttliche Wirklichkeit, die hinter der grausamen Realität von Kreuz und Martertod steht. Nicht das Kreuz an sich und nicht der Tod an sich, sondern das mit Liebe angenommene Kreuz und der mit Liebe durchlittene Tod erlösen die Menschen. Die Kirche, aus Gottes unergründlichem Grund hervorgehend, empfängt am Kreuz die Liebesmacht, indem sie mit dem Gekreuzigten verbunden wird. In dieser liebenden Vereinigung wird der Kirche ihr Brautgeschenk gereicht: der Leib und das Blut Christi. Das ist die Eucharistie, die in jeder Heiligen Messe gefeiert wird: die Weitergabe einer Liebe, die unüberbietbar ist, im Vergleich zu der es keine größere Liebe geben kann, weil sie alles hingibt, Leib und Blut des Liebenden. Die Kirche ist die Empfängerin und Hüterin der Gaben dieser Liebe. Die göttlichen Gaben kommen im Danken, was „Eucharistie" wörtlich bedeutet, zur Vollendung, weil sie durch den Dank erst als Geschenk angenommen werden. So offenbart sich an der Kirche als Braut, dass Eucharistie zugleich das pure Beschenktsein ist. In diesem Beschenkt-Werden erfahren wir unser erlöstes Dasein. Das feiert die Kirche in jeder Heiligen Messe.

📖 **Wisse die Wege, II. 6. 1, S. 200–201.**

Als Christus Jesus, der wahre Sohn Gottes, an seinem Marterholz hing, wurde die Kirche in der Verborgenheit der himmlischen Geheimnisse mit ihm verbunden und mit seinem purpurnen Blut als Brautgabe beschenkt. Darauf deutet sie selbst hin, wenn sie häufig an den Altar tritt, ihre Brautgabe einfordert und sehr sorgfältig beobachtet, mit wie tiefer Ehrfurcht ihre Söhne zu den göttlichen Geheimnissen hinzutreten und sie empfangen.

Deshalb siehst du, als der Sohn Gottes am Kreuz hing, wie die erwähnte Frauengestalt wie ein heller Glanz eilig aus dem ewigen Ratschluss hervortrat und ihm durch göttliche Kraft zugeführt wurde. Denn als dieses unschuldige Lamm zum Heil der Menschen auf dem Altar des Kreuzes erhöht war, erschien die Kirche im reinen Glanz des Glaubens und der übrigen Tugenden plötzlich durch ein abgrundtiefes Mysterium aus dem geheimen Ratschluss der göttlichen Geheimnisse im Himmel durch die höchste Majestät mit dem Eingeboren Gottes verbunden. Was bedeutet das? Als nämlich aus der verwundeten Seite meines Sohnes Blut strömte, begann alsbald die Errettung der Seelen. Denn jene Herrlichkeit, aus der der Teufel mit seiner Gefolgschaft vertrieben wurde, wurde dem Menschen gegeben, als mein eingeborener Sohn, der den Tod am Kreuz zeitlich auf sich nahm, die gläubigen Seelen der Hölle entriss und sie zum Himmel führte. Dadurch begann sich auch der Glaube in seinen Jüngern und Erben des Himmelreiches wurden. Daher wurde diese Gestalt vom Blut überströmt, das aus seiner Seite floss und sich dabei nach oben erhob, nach dem Willen des himmlischen Vaters in glückseliger Verlobung mit ihm verbunden. Denn als die Kraft des Leidens des Gottessohnes sie glühend überströmte und sich in wunderbarer Weise zum Gipfel der himmlischen Geheimnisse erhob, wie der Duft guter Wohlgerüche sich in der Höhe ausbreitet, erstarkte daran die Kirche in den leuchtenden Erben des ewigen Reiches und wurde nach der Bestimmung des himmlischen Vaters dem Eingeborenen Gottes im Glauben vermählt. Auf welche Weise? Wie die Braut ihrem Bräutigam in der Unterwerfung und Fügsamkeit des Gehorsams sich hingibt und mit dem Liebesbund von ihm die fruchtbringende Gabe, Kinder zu gebären, empfängt und sie für ihr Erbe erzieht, so ist auch die Kirche dem

Sohn Gottes im Dienst der Demut und der Liebe („caritas") verbunden und empfängt von ihm die Wiedergeburt aus Geist und Wasser zusammen mit der Rettung der Seelen zur Wiederherstellung des Lebens und übergibt sie dem Himmel.

Deshalb ist sie auch mit seinem Fleisch und Blut als Brautgabe edel beschenkt, weil der Eingeborene Gottes seinen Leib und sein Blut seinen Gläubigen, die sowohl die Kirche als auch die Kinder der Kirche sind, in strahlender Herrlichkeit so hingab, dass sie durch ihn das Leben in der himmlischen Stadt besitzen.

45 Gott wird nie müde, barmherzig zu sein

Gott ist allmächtig. Aber was bedeutet Allmacht? Gewiss nicht das, was bei den Mächtigen dieser Welt oft der Fall ist, nämlich dass sie ihre Macht, eigenmächtig und selbstherrlich, im eigenen Interesse und mit Willkür einsetzen. Das ist eine verzerrte Form von Machtausübung, ein von Sünde verstörter Machtmissbrauch.

Gottes Allmacht offenbart sich hingegen darin, barmherzig zu sein. Die größte Tat seiner Allmacht ist in einer von Sünde verletzten Welt die Vergebung, die Vernichtung der Sünde, aus Gnade, die einen Neuanfang, eine Neuschöpfung ermöglicht. Dies führt Hildegard aus, wenn sie das Geschehen der Eucharistiefeier in ihrer Vision betrachtet. Im Augenblick, wenn Brot und Wein in den Leib und das Blut Christi verwandelt werden, sieht sie die Mysterien des Lebens Jesu Christi aufleuchten: Geburt, Leiden, Begräbnis, Auferstehung und Himmelfahrt. In dem menschlichen Dasein Jesu verdichtet sich der Wille Gottes: das Heil aller Menschen. Der menschgewordene Gottessohn tut nichts anderes, als den Heilswillen Gottes den Menschen mitzuteilen, indem er mit Vollmacht die Sünden vergibt. Hildegards Vision verdeutlicht dies: In der Vergebung geht es darum, unser verbogenes Herz aufzurichten, von der Übertretung in die richtige Bahn geleitet und von der Last der Schuld befreit zu werden, uns aufatmen zu lassen.

Aus der Erfahrung der empfangenen Vergebung entspringt die Konsequenz, dass die Menschen einander vergeben müssen. Im Vaterunser, das zu beten uns Jesus gelehrt hat, erinnert uns die Bitte „und vergib uns unsere Schuld, wie auch wir vergeben unsern

Schuldigern" an unsere Verpflichtung, Vergebung selbst zu üben. Sooft wir das tun, partizipieren wir an der Allmacht Gottes. Auf diese Weise erfüllt sich die Verheißung: „Allen aber, die ihn aufnahmen, gab er Macht, Kinder Gottes zu werden, allen, die an seinen Namen glauben" (Johannes 1,12).

Gott hört nie auf, allmächtig zu sein und daraus barmherzig zu sein. In dem Maße, wie wir Gott in unserem Herzen aufnehmen und seine Macht in unserem Leben entfalten lassen, werden wir ebenso fähig, barmherzig zu sein. Diese Übergabe der Macht an die Kinder Gottes vollzieht sich in der Eucharistiefeier. Jesus Christus hat der Kirche aufgetragen, die Eucharistie zu feiern: Tut dies zu meinem Gedächtnis! Der Empfang seines Leibes und seines Blutes ist die Teilhabe an seiner Allmacht und solcherart an der Vergebung. Wie Gott nie müde wird, barmherzig zu sein, so werden auch wir in der Eucharistiefeier dazu immer neu gestärkt. Dort empfangen wir mit Jesus Christus jene Macht, welche die Welt zu verwandeln vermag: die Barmherzigkeit.

Wisse die Wege, II. 6. 17–18, S. 210–212.

Daher erscheinen auch, wie du schaust, dort wie in einem Spiegel die Symbole für die Geburt, das Leiden und Begräbnis und ebenso für die Auferstehung und die Himmelfahrt des Erlösers der Menschen, nämlich des Eingeborenen Gottes, wie es sich auch an ihm vollzogen hat, als der Gottessohn auf Erden war. Denn wie du es in einer wahrer Offenbarung schaust, erstrahlen die Mysterien des aus der Jungfrau Geborenen, des am Kreuz Leidenden und im Grab Bestatteten und auch des von den Toten Erstandenen und zum Himmel Aufgefahrenen, also dessen, der zum Heil der Menschen auf die Erde kam, in diesem Sakrament in reinster Herrlichkeit so auf, wie es der eingeborene Sohn Gottes, als er für eine Zeitspanne auf Erden unter den Menschen lebte, nach dem Willen des Vaters an seinem Leib erduldet hat. Was bedeutet das? Vor meinen Augen erscheint, was mein Sohn aus Liebe zum Menschen in der Welt gelitten hat, denn die Geburt, das Leiden und Begräbnis, die Auferstehung und Himmelfahrt meines Eingeborenen haben den Tod des Menschengeschlechts getötet. Daher erstrahlen sie auch im Himmel vor mir, weil ich sie nicht vergessen habe, sondern sie werden vielmehr bis zur Vollendung der Welt wie das Morgenrot in großer Herrlichkeit vor mir erscheinen. Was bedeutet das?

Denn ich schaue in diesen Leiden bis zum Ende der Welt alle die im Voraus, die an dieses Leiden glauben werden und die es verwerfen werden; es wird nämlich immer vor mir aufstrahlen, solange ein Mensch das aussprechen muss, was mein Sohn seine Jünger lehrte, dass sie Gott bitten sollten, wie geschrieben steht: „Und vergib uns unsere Schuld, wie auch wir vergeben unseren Schuldigern" (Matthäus 6,12). Was heißt das? Du, der du alles in deiner Macht hast, blicke auf das Vergießen jenes Blutes, das für das Menschengeschlecht geflossen ist, und vergib uns, die wir Kinder der Übertretung sind, unsere Schuld, die wir dir hätten bezahlen müssen, es aber wegen der Verbiegung unseres Herzens nicht getan haben. Was bedeutet das?

Was wir bei der Taufe versprochen haben, haben wir nicht erfüllt, denn wir haben deine Gebote übertreten und die Unschuld abgeworfen, wie auch Adam im Paradies dir nicht gehorcht und das Kleid der Unschuld verdorben hat. Aber weil du gütig bist, bestrafe uns nicht nach unserer Bosheit, sondern erlasse uns unsere Schuld in deiner Treue, wie auch wir, die wir Sünder sind, obwohl wir viel Bosheit in uns haben, trotzdem in Furcht und aus Liebe zu unserem Erlöser unseren Schuldnern von Herzen das Unrecht vergeben, das sie uns zugefügt haben. Wieso? Jene, die uns als Mitmenschen lieben („diligere") sollten und uns mit vielem belästigen und dadurch dich nicht lieben („amare"), sondern deine Gebote missachten, verfolgen wir nicht entsprechend jener Bosheit, die sie uns zugefügt haben, sondern weil wir auf dein gerechtes Gericht blicken, rächen wir uns nicht an ihnen, soweit wir es vermögen, damit auch du, o Gott, uns gnädig sein mögest, weil du ja gerecht und gut bist.

Höre also, o Mensch! Solange du Hilfe brauchst und solange du anderen Menschen zu Hilfe kommen kannst, solange wird das Leiden meines Sohnes vor mir in der Barmherzigkeit erscheinen und solange wird auch sein Fleisch und Blut auf dem Altar konsekriert werden, damit es von den Gläubigen zur Rettung und Reinigung von ihren Sünden empfangen wird. Denn als mein Eingeborener im Leib auf Erden lebte, wurde auch sein Leib von Getreide und Wein zur Nahrung seines Fleisches und Blutes erhalten; daher wird auch jetzt auf dem Altar sein Fleisch und Blut im Opfer von Weizen und Wein geweiht, damit dadurch die Gläubigen an Seele und Leib erquickt werden. Denn mein Sohn hat den Menschen wunderbar aus der Verlorenheit Adams erlöst und auch jetzt noch die Menschen barmherzig von dem täglichen Übel befreit, in das sie häufig hineingeraten. In der Wandlung des erwähnten Opfers wird nämlich alles offenbar, was mein Sohn an seinem Fleisch zur Erlösung des Menschen leiblich erlitten hat, und das will ich nicht verbergen, weil ich seine

Auserwählten zum Himmlischen emporziehe, damit durch sie sein Leib in seinen im Voraus erwählten Gliedern vollendet wird.

46 Die Gaben des Lichtes

An jedem Tag und zu jeder Stunde dürfen wir mit Gott rechnen. In der Eucharistie beschenkt uns Gott mit den Gaben des erlösten Daseins. Durch den Beistand des Heiligen Geistes reicht er uns die Gaben, die wir zur Bewältigung unseres konkreten Lebens brauchen. Gottes Gegenwart leuchtet in unserem Leben überall dort auf, wenn sich etwas zum Positiven wendet, wenn wir in Schwierigkeiten tapfer durchhalten, wenn wir miteinander respektvoll umgehen, wenn wir das Leben als liebenswürdig erfahren.

In einem Hymnus an den Heiligen Geist besingt Hildegard unterschiedliche Lebenslagen und richtet damit unseren Blick auf das Wirken des Heiligen Geistes. Nur wenn wir bewusst wahrnehmen, dass das Leben nicht von sich aus gelingt, sondern Gnade ist, können wir die Gaben des Lichtes immer neu empfangen. Sehen wir, wo überall unser Leben zum Leuchten kommt? Je mehr wir für diese Wahrnehmung sensibel sind und uns für das Wirken des Heiligen Geistes empfänglich machen, umso mehr kann sich das Helle und das Lichte in unserem Alltag entfalten.

Wie würde mein eigener Hymnus zum Heiligen Geist lauten? Kann ich mich inmitten meines Lebens an den Heiligen Geist wenden? Etwa wenn mir eine gute Idee einfällt und ich sie umsetzen kann: „Du bist heilig, indem du die Formen zum Leben weckst!" Wenn ich von jemandem tief enttäuscht bin und diese Enttäuschung zu einem schmerzlichen Vertrauensbruch geführt hat: „Du bist heilig, indem du die an Gefahren Zerbrochenen salbst!" Wenn ich in meinem Ärger und meiner Wut über andere mir selbst Wunden schlage: „Du bist heilig, indem du die übelriechenden Wunden rein machst!" Wenn ich etwas Gutes tun konnte und auf den Geschmack des Guten gekommen bin: „O süßes Schmecken in unserem Inneren!" Wenn ich in einem glücklichen Augenblick von Wonne erfüllt bin: „In unsere Herzen gießt Du ein den Wohlgeruch der guten Kräfte!" Wenn wir in der Familie einander Verständnis entgegenbringen: „Hoffnung für das Gefüge aller Glieder!" Wenn

Termine, Aufgaben und Erwartungen von allen Seiten mich bedrängen: „Behüte jene, die eingekerkert sind, vor dem Feind, und löse die Gefesselten, die die göttliche Kraft heilen will!" Wenn ich einfach über die Schönheit der Natur staune: „Von Dir ziehen die Wolken aus und fliegt der Äther … und träufelt die Erde die Grünkraft!" Wenn ich mein Leben in Dankbarkeit betrachte: „Lob sei Dir, der Du der Klang des Lobes bist und die Freude des Lebens!"

Lieder, 19, S. 68–69.

O Feuer, Geist, Tröster,
Leben des Lebens aller Welt,
heilig bist du, du belebst die Geschöpfe.
Heilig bist du, du salbst die gefährlich Geschwächten,
heilig bist du, du reinigst die stinkenden Wunden.
Belebender Raum der Heiligkeit,
Feuer der Liebe,
o süßes Schmecken in unserem Inneren,
in unsere Herzen gießt Du ein den Wohlgeruch der guten Kräfte.
O reinster Quell, in dem wir betrachten,
wie Gott die Entfremdeten sammelt und die Verlorenen sucht.
O Schutzraum des Lebens
und Hoffnung der Glieder auf Einheit
und o Gürtel der Ehrbarkeit, heile die Seligen.
Schütze die, die vom Feind gefangen sind,
und befreie, die gefesselt sind,
die göttliche Kraft will sie heilen.
Stärkster aller Wege, der alles durchdringt,
in den höchsten Höhen, auf der Erde und in allen Tiefen.
Du vereinigst alles.
Durch dich ergießen sich die Wolken, fliegt die Luft,
haben die Steine Feuchtigkeit, bildet das Wasser Bäche
und bringt die Erde lebendiges Grün hervor.
Du erziehst auch die Gelehrten und
machst sie glücklich durch weise Inspiration.
Darum sei dir Lob, der du der Klang des Lobes bist
und die Freude des Lebens und die Hoffnung und große Ehre.
Du gibst die Gaben des Lichtes.

VI. Gottes Geschichte mit den Menschen

Der Mensch betrachtet den Ablauf der Zeiten als Geschichte, indem er Ereignisse miteinander ins Verhältnis setzt und Zusammenhänge erkennt. Was wir erleben, was uns widerfährt, was wir durch unser eigenes Tun bewirken, können wir deuten und in all dem ein sinnvolles Ganzes entdecken. Es kommt vor, und angesichts der Unverständlichkeiten in der Welt ist es überwiegend der Fall, dass wir mitunter aber doch keinen Sinn erkennen. Jedoch schon dadurch, dass wir nach dem Sinn fragen können und etwas als sinnvoll oder als das Gegenteil beurteilen, bezeugen wir, dass die Sinnfrage dem Menschen als Instrument und Maßstab bei der Einordnung seines Daseins gegeben ist.

Der glaubende Mensch erkennt in der Geschichte der Menschheit und auch seiner persönlichen Geschichte Gottes Handeln. Er bekennt dann Gott als den Herrn der Schöpfung und der Geschichte, der das Geschick der Welt, das Schicksal eines jeden Menschen trägt und zur glückseligen Fülle vollenden wird. So wird Geschichte im Lichte des Glaubens zur Heilsgeschichte. Dies bedeutet nicht die naive Annahme einer heilen Welt. Im Gegenteil, die gläubige Deutung der Geschichte als Heilsgeschichte betont die Bedeutung der Freiheitsgeschichte. Gott ist der Herr der Geschichte, aber eben als ein Gott der Liebe, der den vernunftbegabten Geschöpfen die Freiheit geschenkt hat: die Wahlmöglichkeit, Ja oder Nein zu seinem Liebesangebot zu sagen – die Liebe anzunehmen oder sie abzulehnen. Freiheit impliziert die reale Möglichkeit, sie auch zum Schlechten, zur Verneinung des Guten, ja zur Ablehnung Gottes zu nutzen. Wenn dieses radikale Nein eine konkrete Seinsweise der Freiheit darstellt und Realität ist, dann haben all die Konsequenzen der Ablehnung der Liebe ebenso ihren Ort im Rahmen der dann negativ gewendeten Heilsgeschichte.

Hildegard geht der Heilsgeschichte mit ihren Höhen und Tiefen nach, sie spannt den Bogen vom Anfang bis zum Ende der Zeiten. Mit ihren Bildern vermag sie den Zeitenlauf in seiner Zielgerichtetheit auf Vollendung zusammenzufassen. Ihre Visionen zeigen, mit welchem Engagement Gott sich auf die Erfahrung mit seinen Geschöpfen eingelassen hat. Heilsgeschichte entfaltet sich als die Geschichte Gottes mit den Menschen, mit all den radikalen Möglichkeiten ihrer Freiheit.

47 Das Schicksal des allerschönsten Geschöpfs ...

Gott hat alles gut geschaffen. „Er sah, dass alles gut war", heißt es im Buch Genesis (1,12 u. ö.). Es ist sein Schöpfungswille, den Geschöpfen Schönheit, Würde, Güte und Ehre zu verleihen. Hildegards Visionen erzählen davon, dass mit dem ersten Schöpfungswort „Es werde Licht" (Genesis 1,3) die allerersten Geschöpfe, die Engel, erschaffen worden sind (*Buch vom Wirken Gottes* I. 1. 10). Sie sind aus Gottes Licht als Funken hervorgegangen. Die bildhafte Bezeichnung der Engel als „brennende Funken" in Hildegards visionärer Sprache weist darauf hin, dass sie vernunftbegabte Geisteswesen sind. Mit ihrer Vernunftbegabtheit haben sie von Gott ihre Personalität empfangen: Sie verfügen über die Freiheit zur Entscheidung. Wie sieht nun die Entscheidung der Engel aus?

Hildegard beschreibt, dass Gott das allererste Geschöpf, den Engelfürst, mit prächtigen Gaben ausgestattet und mit wunderbarer Schönheit geschmückt hat, so dass er weder an Ehre noch an Kraft einen Mangel empfand. Daher heißt der erste und schönste aller Engel „Lichtbringer", „Lichttragender": Luzifer.

Der eine oder andere Leser wird jetzt einwenden: Ist Luzifer nicht der Name des Teufels? Ja, tatsächlich. In Hildegards Vision erfahren wir, wie es durch die freie Entscheidung Luzifers dazu kam, dass er zum Teufel, zum Bösen schlechthin, wurde. Luzifer sah, so Hildegard, seine Schönheit und spürte seine Stärke, und diese Auszeichnungen wollte er für sich allein besitzen. Er wollte wie Gott sein. Durch diesen Stolz zerriss er das Band seiner Beziehung zu Gott. Das ist der in der Bibel angedeutete und bei Hildegard mit Anschaulichkeit beschriebene Engelsturz. Mit der Entscheidung des allerersten und allerschönsten Geschöpfes gegen Gott erfasst Hildegard das Wesen des Bösen. In seiner Freiheit, die er zur Auflehnung und zur Ablehnung benutzte, wandte sich Luzifer hochmütig von seinem Schöpfer ab und wollte aus sich selbst, selbstherrlich existieren. Seinen Glanz, den er als Gabe und Geschenk bekam, wollte er für sich allein beanspruchen. Wenn sich aber ein Geschöpf, sei es das erste und das glänzendste unter allen, von der geschöpflichen Abhängigkeit von seinem Schöpfer abschneidet, stürzt es in die existenzielle Finsternis. Das Dasein wird nicht aufgehoben, aber im Nichts verfangen. Mehrere Engel folgten der widergöttlichen Haltung Luzifers und schlossen sich ihm als ihrem Führer an. Bei den rein geistigen Wesen wird diese Entscheidung zur Endgültigkeit. Die Auflehnung gegen Gott bleibt ihr Zustand.

Der Engelsturz, der das Unheil schlechthin bedeutet, ist jedoch gleichzeitig Teil der Heilsgeschichte, der Geschichte Gottes mit den Menschen. Er ist die bleibende Mahnung an uns, Gott als Schöpfer liebend anzuerkennen: Die Größe und die Schönheit sowie die Würde des Menschen, das Glück und die Erfüllung seines Lebens bestehen darin, seine geschöpfliche Abhängigkeit zu akzeptieren, sein beschenktes Dasein in Dankbarkeit entgegenzunehmen und das Empfangenhaben von Gott zu bejahen.

📖 **Wisse die Wege, III. 1. 14, S. 289–291.**

Du siehst auch, wie aus dem Geheimnis dessen, der auf dem Thron sitzt, ein großer Stern von viel Glanz und Anmut hervorgeht und mit ihm eine sehr große Anzahl weißglühender Funken. Denn auf das Geheiß des allmächtigen Vaters ging der Engel Luzifer hervor, der jetzt der Satan ist. Bei seiner Erschaffung war er mit großer Herrlichkeit geschmückt, mit viel Glanz und Schmuck bekleidet, und mit ihm alle Funken seiner Heerschar, die damals im Glanz des Lichtes hell erstrahlten, jetzt aber im Dunkel der Finsternis erloschen sind. Zum Bösen geneigt, hat er nicht auf mich, den Vollkommenen, geblickt, sondern er meinte im Vertrauen auf sich selbst, er könne beginnen, was er wolle, und vollenden, was er beginne. Was er daher dem, der auf dem Thron saß, an Ehre schuldete, weil er von ihm erschaffen war, das bog er auf sich selbst zurück und damit neigte er sich dem Bösen zu.

Dass aber alle, die mit diesem Stern zusammen nach Süden zogen, den auf dem Thron Sitzenden wie einen Fremden anblickten, sich von ihm abwandten und mehr gierig nach Norden blickten, als dass sie ihn anblicken wollten, bedeutet: Dieser Luzifer und sein ganzes Gefolge, wunderbar im glühenden Gut Gottes erschaffen, stellte sich gleichsam quer, indem er in seinem Hochmut den verachtete, der im Himmel herrscht. Denn diese alle, die aus der Schöpfung entstanden waren, fanden von Anfang an Geschmack an der

Gottlosigkeit, die sich dem Verderben zuwendet, indem sie auf Gott blickten, nicht weil sie ihn in seiner Güte zu erkennen verlangten, sondern weil sie sich über ihn wie über einen Fremden erheben wollten. Sie wandten sich nämlich in brennender Überheblichkeit von der Erkenntnis Gottes ab und strebten mehr nach ihrem eigenen Untergang, als dass sie Gott in seiner Herrlichkeit zu erkennen begehrten. Aber sogleich beim Abwenden ihres Blickes wurden alle ausgelöscht und in das Schwarz von Kohlen verwandelt. Das bedeutet: Während sie es hochmütig verschmähten, Gott zu erkennen, erlosch Luzifer selbst mit allen, die ihm folgten, in seiner Bosheit (und verlor) das Strahlen des hellen Glanzes, mit dem er von der göttlichen Macht bekleidet worden war. Dabei zerstörte er in sich selbst die innere Schönheit, durch die er sich des Guten hätte bewusst sein sollen und streckte sich nach der Gottlosigkeit aus, die ihn verschlang. So erlosch er in der ewigen Herrlichkeit und stürzte in das ewige Verderben. Daher wurden alle ausgelöscht und in das Schwarz von Kohle verwandelt. Denn mit ihrem Anführer, dem Teufel, waren sie der Herrlichkeit ihres Glanzes entkleidet und wurden so im Verderben der Finsternis ausgelöscht, sie entbehren allen Ruhm der Glückseligkeit wie die Kohle des Feuers ihrer glühenden Funken.

Dass aber von ihnen her ein Wirbelwind entstand, der sie bald vom Süden zurück hinter den, der auf dem Thron sitzt, nach Norden trieb und kopfüber in den Abgrund stürzte, sodass du keinen von ihnen mehr sehen konntest, bedeutet: In diesen Engeln der Bosheit erhob sich eine riesige Aufgeblasenheit der Gottlosigkeit, als sie Gott übertreffen und ihn durch ihren Hochmut bezwingen wollten. Diese blähte sich zur widerwärtigen Schwärze des Verderbens auf und warf sie vom Süden, d. h. vom Guten, zurück in die Vergessenheit Gottes, der alles regiert, gleichsam in nördliche Richtung, damit sie dort, wo sie sich stolz erheben wollten, zerstört ihren Untergang fanden. Denn wegen ihres Hochmuts wurden sie in den Abgrund des ewigen Todes gestürzt, der ihr Verderben ist, sodass sie ferner in keiner Herrlichkeit mehr erscheinen.

48 ... Und die Fortsetzung der Geschichte

Luzifer, der Lichttragende, wollte den wunderbaren Glanz, den er von seinem Schöpfer empfangen hat, an sich reißen. Durch dieses Besitzergreifen verlor er den einmaligen Schatz und damit sein begnadetes Dasein. Hildegard schaut in ihrer Vision, wie die Heilsgeschichte nach diesem tragischen Verlust weitergeht.

Nach dem Versagen des allerersten und allerschönsten Geschöpfes macht Gott einen neuen Schritt auf seine Schöpfung zu. Er fängt den von Luzifer abgefallenen Glanz auf. Dieses Licht, ein Geschenk des Schöpfers an sein Geschöpf, soll erhalten bleiben. So vertraut Gott dieses wunderbare Geschenk jenem Geschöpf an, das ähnlich wie die Engel als leuchtendes Licht erschaffen wurde: dem Menschen. Zugleich bekommt der Mensch einen Schutz, damit er nicht in dieselbe zerstörerische Lage gerät wie Luzifer. In seiner Liebe umhüllt der Schöpfer den Menschen mit einem aus Erdenlehm geformten Leib. Der gebrechliche Körper soll dem Menschen helfen, den wunderbaren Glanz schützen zu können. Der Körper mit all seiner Armseligkeit bewahrt den Menschen vor Hochmut und holt ihn immer wieder in die Realität seines geschöpflichen Daseins zurück. Wenn wir also unsere müden Glieder spüren, wenn uns Krankheit bedrückt, wenn die Bedürftigkeit unserer Körperlichkeit uns immer wieder daran hindern sollte, mit flinken Schritten und beflügeltem Herzen voranzueilen, dann werden wir gerade durch diese Gebrechlichkeit daran erinnert: Wir haben einen wunderbaren Schatz, den Glanz der Engel, zu behüten. Glaubend, liebend und anbetend wird dies auch gelingen.

Zugleich ermöglicht die leibhaftige Existenz, dass wir uns ändern und verwandeln können. Bei den Engeln, die ohne Körperlichkeit reine Geisteswesen sind, bleibt ihre Entscheidung – sowohl die Auflehnung gegen Gott als auch die Treue zu Gott – endgültig und für immer ihr Dasein bestimmend. Der Mensch dagegen kann, da er im Körper lebt und Änderungen unterworfen ist, seine Entscheidungen bis zum Augenblick seiner Vollendung, bis zum Tod, revidieren und neu treffen. Das drückt Hildegard mit dem Bild des Erben aus: Der Teufel hat keinen Erben, weil er in seiner puren Geistigkeit mit seiner Entscheidung gegen Gott ein für alle Mal sein Dasein festgelegt hat. Der Mensch hat sich zwar beim Sündenfall gegen Gott entschieden, aber nicht ohne den „Anfang des Gehorsams". Diese ansatzhafte Zuwendung zu Gott kann sich in der leibhaftigen Existenz des Menschen entfalten. Gott kommt dem Menschen von Anfang an erbarmend entgegen, indem der ewige Logos die leibhaftige Existenz des Menschen auf sich nimmt. Durch seine Menschwerdung heilt er den Menschen und befestigt dessen in Freiheit getroffene Entscheidung für Gott auf ewig. So wird der Mensch in die Herrlichkeit – in den Stand des unwiderruflichen Angesehenwerdens und Anerkanntwerdens – erhoben.

📖 **Wisse die Wege, III. 1. 16–17, S. 292–293.**

Dass du aber den großen Glanz, der ihnen genommen wurde, sogleich bei ihrem Erlöschen zu dem, der auf dem Thron saß, zurückkehren sahst, bedeutet: Der klare, starke Glanz, den der Teufel wegen seines Hochmuts und seines Trotzes verlor, als der Keim des Todes in ihn und alle seine Anhänger einging, (denn Luzifer strahlte von reinerem Licht als die übrigen Engel), kehrte zu Gott dem Vater zurück, bewahrt in seinem Geheimnis, weil die Herrlichkeit seines Glanzes nicht nutzlos sein durfte, sondern Gott bewahrte sie auf für ein anderes geschaffenes Licht.

Denn Gott ließ ihn, den Teufel, mit seinem ganzen Gefolge, bloß und nicht von Fleisch bedeckt entstehen, aber dennoch im Glanz strahlend. Seinen Glanz bewahrte er für den Lehm auf, den er zum Menschen formte, indem er ihn mit der ganz gewöhnlichen Erdennatur umkleidet, damit er sich nicht zur Ähnlichkeit mit Gott erheben sollte. Der nämlich, den er strahlend in viel Glanz erschaffen, aber nicht mit einer so gebrechlichen und elenden Gestalt umhüllt hatte wie den Menschen, konnte in seiner Überheblichkeit nicht bestehen. Denn es ist nur ein Gott ohne Anfang und Ende in Ewigkeit. Und deshalb ist es das frevelhafteste aller Verbrechen, Gott gleichen zu wollen.

Nun aber habe ich, der Gott des Himmels, das strahlende Licht, das vom Teufel wegen seiner Bosheit gewichen ist, sorgsam bei mir geborgen und es dem Lehm der Erde beigegeben, den ich nach meinem Bild und Gleichnis (vgl. Genesis 1,26) geformt habe, wie es auch ein Mensch macht, wenn sein Sohn stirbt, dessen Erbe nicht seinen Kindern zukommt. Weil er keine erbberechtigten Söhne hat, nimmt der Vater dieses Erbe an sich und bestimmt es in seiner Absicht für einen anderen, ihm noch nicht geborenen Sohn, und gibt es ihm, wenn er geboren ist.

Der Teufel stürzte nämlich ohne einen Erben, d. h. ohne ein gutes Werk in rechter Absicht. Denn er hat niemals irgendetwas Gutes getan noch begonnen und deshalb erhielt ein anderer sein Erbe; auch dieser fiel, hatte aber dennoch einen Erben, nämlich den Anfang des Gehorsams. Denn er nahm ihn mit Hingabe auf sich, obgleich er das dazugehörige Werk nicht vollbrachte. Doch die Gnade Gottes vollendete dieses Werk in der Menschwerdung des Erlösers der Menschheit zur Wiederherstellung des guten Erbes. Und deshalb erhielt der Mensch sein Erbe in Christus zurück, weil er im Anfang das Gebot Gottes nicht verachtet hat, während der Teufel überhaupt nicht im Guten den Dienst für seinen Schöpfers begehrt hat, sondern die Ehre im Stolz. Daher hat er nicht seine Herrlichkeit erhalten, sondern ging im Verderben zugrunde.

49 Der aufgehobene Glanz

Für Hildegard bildet die Schöpfung die große Weltbühne für die Heilsgeschichte. Daraus folgt, dass Hildegard in der Natur den Spuren von Gottes Handeln nachspürt, und deshalb in ihrem Denken bzw. ihren Schriften Naturkunde und theologische Deutung untrennbar zusammenhängen.

In diesem Sinne ist die Einleitung zum Katalog über die Edelsteine in ihrem Werk mit dem ursprünglichen Titel *Das Buch über die Feinheiten der verschiedenen Naturen der Geschöpfe* (*Liber subtilitatum diversarum naturarum*) zu verstehen. Einerseits beschreibt Hildegard mit naturkundlichem Interesse, dass die Edelsteine aus dem Zusammenwirken von strahlender Sonne, über die Ufer getretenen Flüssen und glühenden Bergen entstanden sind. Andererseits umrahmt sie diese Naturgeschichte mit heilsgeschichtlichen Überlegungen. Sie greift hier dieselben Gedanken auf, die aus *Wisse die Wege* über den Engelsturz bekannt sind (siehe Texte Nr. 47–48), und stellt sie nun in Verbindung zu dem konkret erfahrbaren, natürlichen Umfeld des Menschen. Der Teufel, schreibt Hildegard in dieser Einleitung, verabscheut die Edelsteine, weil sie ihn zum einen an jenen Glanz erinnern, den er in seiner ehrenvollen Herrlichkeit als Engelfürst besaß und dann verlor, zum anderen weil die Edelsteine vom Feuer erfüllt sind, das ihm höllische Qualen bringt. So werden Edelsteine in Hildegards Deutung zum Symbol für heilsgeschichtliche Ereignisse. In der Heilsgeschichte hat jedoch logischerweise nicht der Teufel das letzte Wort, sonst wäre sie Unheilsgeschichte. Stets wirkt Gottes heilende Allmacht. Für den Menschen offenbart sie sich auch in der Kraft der Edelsteine. Diese stehen symbolhaft dafür, dass Gott das Gute nicht verlorengehen lässt, sondern aufbewahrt. Wie Gott den Glanz des Engelfürsten dem Menschen übergeben hat, so lässt er das Feuer in den Edelsteinen, das für den Teufel Pein und Abscheu bedeutet, den Menschen als sichtbares Zeichen seiner liebenden Fürsorge erkennen: Die feurigen Edelsteine symbolisieren die Ehre, mit der Gott den Menschen auszeichnet, den Segen, der das Leben des Menschen schützt, und die Heilung, mit der Gott sich unserer Schwachheit annimmt.

📖 **Heilsame Schöpfung, IV. Prolog, S. 246–247.**

Jeder Stein enthält Feuer und Feuchtigkeit. Aber der Teufel schreckt vor edlen Steinen zurück und hasst und verachtet sie, weil er sich erinnert, dass ihr Glanz [auch] an ihm erschienen war, bevor er von der ihm von Gott verliehenen ruhmvollen Stellung niederstürzte, und auch weil manche edlen Steine aus dem Feuer entstehen, in dem er selbst seine Strafen erleidet. Denn durch den Willen Gottes wurde er durch Feuer besiegt und ins Feuer gestürzt, wie er auch durch das Feuer des Heiligen Geistes besiegt wird, wenn Menschen, die er aufgrund schlechter Taten verschlungen hätte, durch Reue, die der Heilige Geist eingibt, aus seinem Rachen entrinnen.

Edle Steine und Juwelen entstehen im östlichen Teil [der Welt] und in jenen Teilen, wo übergroße Sonnenglut herrscht. Denn die Berge, die in jenen Gefilden sind, enthalten infolge der Sonnenglut große Hitze und brennen wie Feuer. Aber auch die Flüsse, die in diesen (Erd)Teilen fließen, kochen dort immer durch die übergroße Sonnenglut. Deshalb: Wenn manchmal ein Hochwasser dieser Flüsse aufkommt und beim Anwachsen zu diesen brennenden Bergen aufsteigt, dann scheiden diese von der Sonnenglut brennenden Berge, wenn sie von jenen Flüssen berührt werden, an bestimmten Orten, wo das Wasser das Feuer berührt, einen gewissen Schaum aus (das heißt *singelen*), wie es glühendes Eisen oder ein feuerheißer Stein macht, wenn Wasser darüber gegossen wird. Und so hängt an jener Stelle dieser Schaum wie Leim und erhärtet innerhalb von drei oder vier Tagen zu Stein. Aber wenn danach die Überschwemmung jener Wasser zurückgeht, so dass jene Wasser wieder in ihr Bett zurückkehren, werden jene Schaumblasen, die an verschiedenen Stellen an jenen Bergen festhängen, durch die Sonnenglut entsprechend den verschiedenen Stunden des Tages und entsprechend der Beschaffenheit dieser Stunden ausgetrocknet. Deshalb bekommen sie auch entsprechend der Beschaffenheit dieser Stunden des Tages ihre Farben und ihre Kräfte. Und aufgrund der Trockenheit zu edlen Steinen gehärtet, lösen sie sich meistens von ihren Plätzen wie Schuppen und fallen in den Sand. Und wenn dann wieder ein Hochwasser jener Flüsse anwächst, nehmen jene Flüsse viele von diesen Steinen auf und führen sie in andere Provinzen, wo sie dann von den Menschen gefunden werden. Die besagten Berge aber leuchten dort von den so vielen und so großen

Edelsteinen, die auf diese Weise an ihnen sind, wie das Licht des Tages. Und so werden edle Steine von Feuer und Wasser gezeugt; deshalb enthalten sie auch Feuer und Feuchtigkeit und bergen auch viele Kräfte und haben viele Auswirkungen auf Werke, so dass mit ihnen viele Handlungen geschehen können, aber doch nur Taten, die gut und ehrbar und dem Menschen nützlich sind, nicht aber Werke von Verführung, Wollust, Ehebruch, Feindseligkeiten, Morden und Ähnlichem, was zu den Lastern gehört und dem Menschen widrig ist. Denn die Natur dieser edlen Steine strebt nach Ehrbarem und Nützlichem und weist Verdorbenes und Schlechtes zurück, wie die Tugenden die Laster abstoßen und wie die Laster nicht gemeinsam mit den Tugenden wirken können.

Es gibt aber andere Steine, die nicht in diesen Bergen und nicht mit der gleichen beschriebenen Natur entstehen, sondern infolge gewisser anderer nützlicher und unnützer Einflüsse, und aufgrund ihrer Natur kann mit deren Hilfe und mit Erlaubnis Gottes Gutes und Böses geschehen. Denn Gott hat den ersten Engel gleichsam mit edlen Steinen geschmückt, die Luzifer im Spiegel der Göttlichkeit glänzen sah und von denen er sein Wissen empfing und in denen er erkannte, dass Gott viel Wunderbares schaffen wollte. Da erhob sich sein Sinn, weil der Glanz der Steine, der an ihm war, in Gott strahlte, und er glaubte, dass er selbst Gleiches und mehr als Gott vermöchte – und deshalb ist sein Glanz erloschen, und er verlor den Schmuck der Steine, wie auch Adam in seinem Glanz erstickt wurde. Aber wie Gott Adam in eine bessere Richtung erneuerte, so erlaubte Gott nicht, dass Glanz oder Wirkkraft dieser edlen Steine untergingen, sondern wollte, dass sie auf der Erde wären zu Ehre, Segen und Arznei, wie sich auch der Mensch mit ihnen schmückt.

50 Rundgang im Heilsgebäude

Die Zeit wird erfahrbar in ihrem Ablauf und Vergehen. Der eine Augenblick jagt den anderen und die Zeit läuft davon. Oft nimmt sie uns den Atem und wir werden uns unserer Vergänglichkeit schmerzlich bewusst. Aber: Durch Erzählen können wir das Vergangene in unsere Gegenwart holen und es lebendig halten. Das Erzählen widersteht der flüchtigen Vergänglichkeit und hilft, auch unser Atmen zu beruhigen.

Hildegard erzählt nicht nur Geschichten. Sie stellt Geschichte im Raum dar. Im dritten Teil von *Wisse die Wege* beschreibt sie ein Gebäude, das sie zunächst in seinen Umrissen, ähnlich einem Bauplan, skizziert. Dieses Gebäude, wie alles in Hildegards Visionen, wird auf geistliche Wirklichkeiten hin ausgelegt. Gleich zu Beginn der Beschreibung gibt Hildegard zu verstehen, dass dieses rechteckige Gebäude, das auf einem Berg steht, ein Symbol dafür ist, dass der gütige Gott auf dem Glauben, den der Berg versinnbildlicht, gute Werke errichtet. Hildegard erklärt weiter, dass Gott das dadurch bewirkt, dass er die Gläubigen aus den vier Himmelsrichtungen versammelt – worauf die vier Ecken des Gebäudes hinweisen – und sie zu ihrem wahren Ziel, in das Himmelreich, führt. Durch diese und weitere Auslegungen des Gebäudes wird deutlich, dass das architektonische Bild dazu dient, die Heilsgeschichte darzustellen. Die vier Grundsteine bezeichnen biblische Ereignisse: die Erschaffung Adams und den Sündenfall; Noah und die Arche; die Beschneidung bei Abraham und das Gesetz durch Mose; die Menschwerdung Gottes und die Offenbarung der Dreifaltigkeit. Dadurch wird die zeitliche Dimension von Geschichte, der Zeitenablauf, in einer räumlichen Gestalt eingefasst (rechteckiges Gebäude). Zudem wird Geschichte als Gottes heilendes Handeln am Menschen und für den Menschen verstanden (gute Werke, welche die Güte des Vaters errichtet). Das umfassende Bild lässt sich deshalb insgesamt als ein „Heilsgebäude" interpretieren.

In zwei Perspektiven gibt Hildegard eine Deutung dieses Heilsgebäudes. Zuerst beginnt sie den Rundgang am östlichen Eckstein mit dem Zentrum der Heilsgeschichte, der Menschwerdung Gottes, von wo aus die Wiederherstellung des Menschen zum Leben geschieht. Von der Inkarnation aus ist das Vorher und das Nachher der Geschichte zu verstehen: von Abel bis zur Inkarnation und von der Inkarnation bis zum Ende der Zeiten. Dafür steht der westliche Eckstein des Gebäudes. Der Norden symbolisiert bei Hildegard durchlaufend den Sitz des Bösen, weshalb der nördliche Eckstein des Gebäudes auf die zwei herausragenden biblischen Personen hinweist, die dem Bösen Widerstand geleistet haben: Abraham und Mose. Da diese Vision bei der Erlösungstat Gottes ansetzt, erhält auch die südliche Seite, wo Hildegard den Sündenfall ansiedelt, einen positiven Charakter: den der Gnade der Wiederherstellung. Nach diesem konzentrischen Überblick, der die Heilsgeschichte vom Mittelpunkt aus betrachtet, folgt eine weitere Beschreibung, die von Süden über Osten und Norden nach Westen führt und der Heilsgeschichte so chronologisch nachgeht: Im Süden, zu Beginn, als der Mensch in Gerechtigkeit und Heiligkeit erschaffen wurde, verortet Hildegard, wie schon erwähnt, den Sündenfall. Der Osten symbolisiert Noah, der Norden Abraham und Mose, bis man an den westlichen Eckstein des Gebäudes gelangt. Der Westen, wo die irdische Geschichte ihr Endziel in der Errichtung des himmlischen Jerusalem erreicht, weist auf die geoffenbarte Dreifaltigkeit hin.

Wir sind eingeladen, im Heilsgebäude zu verweilen und die heilsgeschichtlichen Momente zu betrachten. Im meditativen Rundgang durch unsere Heilsgeschichte erfahren wir, dass Vergangenes in unsere Gegenwart heilsvoll hineinwirkt. Dieses Wissen, das sich zur Gewissheit verdichtet, lässt uns im Raum des Heils aufatmen.

Wisse die Wege, III. 2. 3–7, S. 298–300.

Dass aber auf dem Berg ein rechteckiges Gebäude steht, ähnlich einer rechtwinklig angelegten Stadt, bedeutet: Die Güte des Vaters errichtet über dem Glauben gute Werke, er sammelt viele der Gläubigen über die vier Enden der Erde hin und zieht sie zum Himmlischen, damit, wenn sie so in der Beständigkeit der Tugenden gefestigt sind, der himmlische Vater sie in seinem Schoß, das ist in seiner innerer Macht und nach seinem geheimnisvollen Plan, im Glauben gütig mit diesen vier Ecksteinen zusammenfüge. Wie?

Ich, der Allerhöchstens, habe bei meinem Werk als ersten Grundstein den Menschen bestimmt, d. h. Adam; dessen Geschlecht, das nach seinem Tod durch eine große Spaltung geschwächt war, erstreckte sich bis zum zweiten Grundstein, nämlich bis zu Noah. Dann kam die Sintflut, bei der ich in der Arche auch die Geheimnisse meines Sohnes im Voraus andeutete. Doch in diesem Grundstein, der Noah bezeichnet, habe ich durch meine Mahnung jenen leuchtenden Teil der Mauer des genannten Gebäudes sichtbar gemacht. Denn als ich dort in der Sintflut die Sünder ertrinken ließ, gab ich den Menschen den Hinweis, den Tod zu fliehen und das Leben zu erstreben. So eröffnete ich ihnen die spiegelhafte Erkenntnis der beiden Beweggründe einer Wahl. Was bedeutet das?

Der Mensch grünt und ist voller Kraft im lebendigen Leben, das die Seele ist. Durch sie erspäht er zwei Wege und erkennt sie, nämlich das Gute und das Böse. Denn der Mensch wird durch diese beiden Seiten betroffen, so dass er, solange er in seinem Körper weilt, mit Seele und Leib Gutes und Böses wirkt. Er beginnt es selbst nach der Wahl seines Herzens und erfüllt so seinen Willen im Werk. Und so ist in Noah durch meine Ermahnung die spiegelhafte Erkenntnis der beiden Beweggründe für eine Wahl offenbar geworden, nämlich aufgrund sehr genauer Erwägung, das Böse zu verachten und das Gute zu lieben. Diese strebt mit dem Auftrag zur Beschneidung dem Willen Gottes vorausgehend bis zum vierten Grundstein, der heiligen Dreifaltigkeit, wo das Alte Testament mit seiner Zeichenhaftigkeit im Sohn Gottes beendet worden ist. Daraus erwuchs auch mit der Kirche der innere Spross durch den Sohn Gottes. Dieser wurde geboren und hat für das Heil der Menschen gelitten, er ist auch vom Tod auferstanden und zum Vater zurückgekehrt. So stellte er jenen Winkel, der beim Fall Adams verbogen und geschwächt worden war, zur Rettung wegen der Seelen der Menschen wieder her.

Dass aber dieses Gebäude etwas schräg errichtet ist, bedeutet: Der Mensch, der das Werk Gottes ist, kann wegen seiner Gebrechlichkeit nicht sicher und ohne Sünde einhergehen, indem er den Teufel kühn und ohne Furcht seines gebrechlichen Fleisches überwindet, sondern er muss ihn demütig meiden und seine Nachstellungen weise fliehen, um nicht zu sündigen, und er muss sich gläubig mit den guten Werken verbünden und so im Sohn Gottes feststehen, der gleichsam auf der Ecke sitzend der Eckstein ist, und so auch das auserwählte Werk im Menschen zusammenfügt.

Dass aber eine Ecke nach Osten, die andere nach Westen, eine nach Norden und eine nach Süden blickt, bedeutet: Der Gottessohn wurde aus der Jungfrau geboren und hat im Fleisch gelitten, damit beim Aufgang der Gerechtigkeit der Mensch wieder zum Leben erneuert wurde. Ihm ist alle Gerechtigkeit gegeben, was die östliche Ecke bedeutet. Von dort erhob sich die Errettung der Seelen, wie Gott in seinem Sohn alle Gerechtigkeit vollendet hat, die seit Abel bis zum Sohn Gottes in Vorausbildern gezeigt wurde. In ihm ist die Anordnung der fleischlichen Beobachtung des Alten Bundes abgeschlossen, und so kam das Heil der Gläubigen durch den Glauben, den der Sohn Gottes, der vom Vater in die Welt gesandte wurde, am Ende der Zeiten gebracht hat, was die westliche Ecke bedeutet. Auch gegen den Teufel erhob sich die Gerechtigkeit in Abraham und Moses, die in ihr die verheißene Gnade andeuteten, durch die der Mensch gerettet wurde, den der Teufel täuschte, indem er ihn wie ein Räuber beim Fall Adams tötete. Das bezeichnet die nördliche Ecke, aus der auch der elende und tödliche Fall des Menschen kam, der am Menschengeschlecht geschehen ist und der später durch die himmlische Gnade auf edle und erlesene Weise mit reicher

Frucht im glühenden Werk Gottes und des Menschen wieder gutgemacht wurde, was die südliche Ecke bezeichnet.

Die südliche Ecke deutet auch an, dass der erste Mensch Adam von Gott erschaffen ist. Dass aber von dieser Ecke die spiegelhafte Erkenntnis zur Wahl zwischen den beiden Beweggründen nicht zu leuchten beginnt, bedeutet: Von Adam an war sein Geschlecht ungeordnet, weil es in seiner Erkenntnis Gott nicht durch pflichtgemäße Unterwerfung unter das Gesetz verehrte, sondern zum größten Unheil seinen eigenen Willen erfüllte. Daher erstrahlte es weder in der rechten Gotteserkenntnis noch in wahrer Glückseligkeit, ja es lag im Tod da. Doch nur im Herzen des Vaters war verborgen, was er mit dem Menschen tun wollte.

Die Ecke im Osten bezeichnet auch Noah, wo sich die Gerechtigkeit zu zeigen begann; und auch die vorher genannte spekulative Erkenntnis, die auf alle Heiligkeit hinweist, trat dort offen ans Licht, die später im Sohn Gottes zur Vollendung kommen sollte. Und weil jegliche Gerechtigkeit ihren Ursprung im Sohn Gottes hat, der der wahre Osten ist, muss deshalb zuerst das Gebäude nach Osten genannt werden zu Ehren der Heiligkeit, die auch zuerst in Noah wahrhaft offenbar wurde.

Die Ecke im Norden bezeichnet auch Abraham und Moses, die gegen den Satan mit ihrem wirksamen Werk die erwähnte spekulative Erkenntnis umhüllten, als ob sie diese gleichsam ringsum mit kostbaren Steinen umbauten und darüber mit dem vergoldeten Werk der lauteren Gerechtigkeit Gottes, d. h. mit der Beschneidung und dem Gesetz. Denn die Gerechtigkeit war vor der Beschneidung und dem Gesetz gleichsam nackt ohne das Werk.

Und die vierte westliche Ecke ist auch ein Vorbild der wahren Dreifaltigkeit, die in der Taufe des Erlösers offenbar wurde. Er errichtete die vollendete heilige Stadt Jerusalem, als er mit seinem ganzen Werk zur Errettung der Seelen in den Himmel zurückeilte.

51 Die fünf irdischen Epochen

Schon im frühchristlichen Verständnis von Prophetie ist man sich darin einig, dass Prophetie nicht nur auf die Vorhersage des Künftigen zu beschränken ist. Vielmehr liegt der Auftrag des Propheten darin, die göttliche Botschaft in die Gegenwart hinein zu vermitteln und zu deuten. Dennoch verlagert sich der Akzent beim Verständnis der Prophetie häufig auf die Erwartung, zukünftige, meist unheilvolle Ereignisse im Voraus zu erfahren. So wurde auch Hildegards Schrifttum auf eine Sammlung von Zukunftsprophetien reduziert. Aus dem Kontext herausgelöst erscheinen manche Passagen in ihrem Werk in der Tat als apokalyptische Ankündigungen für eine in der Ferne liegende Zeit. Diese Sicht verkürzt jedoch die Intention Hildegards.

Es geht Hildegard nicht darum, zukünftige Zeiten an die Wand zu malen. Ihre Mahnung gilt für das Hier und Jetzt. Selbst im Futur vorgetragene Visionen haben zum Ziel, die Menschen in der Gegenwart aufzurütteln. Denn sie zeigen, welche enorme Wirkung auf die kommenden Generationen all das hat, was wir heute entscheiden und wie wir unser Leben – persönlich und gesellschaftlich – aktuell gestalten.

Die Vision von den fünf Zeitaltern in *Wisse die Wege* ist daher als eine Gegenwartsanalyse zu lesen. Hildegard beschreibt in ihrer Vision fünf irdische Epochen als „Abläufe der weltlichen Reiche". „Zeit" bedeutet für die Visionärin nicht nur eine Abfolge von Sekunden, Minuten, Stunden, Tagen und Jahren, die nacheinander kommen. Im benediktinischen Wortgebrauch wird „Zeit" auch als Terminus für konkrete Um- und Zustände benutzt (vgl. *Benediktusregel* 2,24: „tempora" im Sinne von Gemütszuständen, Gesinnung). Die fünf „Zeiten" („tempora"), von denen Hildegard spricht, können sich durchaus auf Situationen beziehen, die gleichzeitig auftreten. Vor diesem Hintergrund betrachtet, handelt die Vision in *Wisse die Wege* weniger von zeitlichen Abläufen. Sie liest sich vielmehr als eine Bestandsaufnahme der menschlichen Geschichte in ihrer Aktualität. Daher wäre es verfehlt, diese fünf irdischen Reiche mit konkreten historischen Epochen identifizieren zu wollen. Sie beziehen sich eher auf Phänomene sittlichen Verfalls, die in der Gesellschaft in unterschiedlichen Bereichen anzutreffen sind.

Die fünf Zustände beschreibt Hildegard in ihrer genuinen Bildersprache, indem sie diese mit Tieren vergleicht. Die Eigenschaften eines jeden Tieres, verbunden mit je einer Farbe, charakterisieren Missstände der Menschheit. Der Hund weist auf beißende Fehleinschätzungen hin; der Löwe auf kriegerische Konflikte, die zur Erschöpfung führen; das Pferd auf gieriges Spaßhaben, das das Herz, die Mitte des Menschen, ruiniert; das Schwein auf schmutzige Unzucht, die mit Schwermut einhergeht und Spaltungen verursacht;

der Wolf auf Habsucht, die von falscher Machtausübung und eitler Erfolgsjagd gespeist wird und die Seelen in Irrtümern verstrickt.

Diese düsteren Darstellungen sind jedoch in den heilsgeschichtlichen Zusammenhang gestellt. Vordergründig beherrschen zwar die Machenschaften des Bösen die Geschichte. Diese ist aber der Weg, auf dem die Kirche Gottes zum Ziel gelangt. Inmitten einer wie eine Horde wilder Tiere tobenden Welt haben sich die Gläubigen als Kinder des Lichtes zu bewähren. Statt der Methoden des Sohnes des Verderbers – Falschheit, Gewalt, Begierde, Ausschweifung, Streitlust– wählen sie gottbegnadet alternative Handlungsmöglichkeiten, um die Geschichte in Gerechtigkeit, mit Stärke, unter Befolgung der göttlichen Gebote und im Bekenntnis zu Jesus Christus zu gestalten.

📖 **Wisse die Wege, III. 11. 1–6, S. 487–488.**

Obwohl alles, was auf Erden ist, seinem Ende zustrebt, sodass die Welt durch das Abnehmen ihrer Kräfte für ihren Untergang bestimmt ist und, von vielen Drangsalen und Unglückfällen bedrückt, niedergebeugt wird, wird dennoch die Braut meines Sohnes keineswegs aufgerieben werden, obgleich sie sowohl von den Vorboten des Sohnes des Verderbens als auch vom Verderber selbst in ihren Kindern sehr geschwächt ist. Wenn sie auch von ihnen vielmals bekämpft wird, erhebt sie sich am Ende der Zeiten stärker und kräftiger und wird schöner und strahlender werden, damit sie auf diese Weise umso lieblicher und anziehender zur Umarmung ihres Geliebten schreitet. Das deutet auf geheimnisvolle Weise auch diese Vision an, die du siehst. Du schaust nämlich nach Norden, und siehe, dort stehen fünf wilde Tiere. Das sind die fünf unbändigsten Abläufe der weltlichen Reiche in den fleischlichen Begierden, denen der Makel der Sünde anhaftet und die wild gegeneinander wüten.

Eines davon ist wie ein feuriger Hund, der aber nicht brennt, denn dieser Zeitabschnitt wird Menschen haben, die ihrer Verfassung nach bissig sind und daher nach ihrer eigenen Einschätzung wie Feuer erscheinen; doch sie brennen nicht in der Gerechtigkeit Gottes.

Und eines ist dunkelgelb gefärbt wie ein Löwe. Denn dieser Zeitabschnitt wird kampflustige Menschen in sich haben, die viele Kriege entfachen werden, doch in diesen nicht die Gerechtigkeit Gottes beachten. In dunkelgelber Farbe nämlich werden jene Reiche beginnen, in Schwäche dahinzuwelken.

Das andere aber wie ein fahles Pferd, denn diese Zeiten bringen Menschen hervor, die in einer Flut von Sünden ausschweifend leben und bei der Schnelligkeit ihrer Begierde das Wirken der guten Tugenden übergehen. So wird dann das Herz jener Reiche in der Blässe seines Untergangs zerbrechen, weil es die Röte seiner Kraft alsbald verlieren wird.

Aber das nächste wie ein schwarzes Schwein; denn jener Abschnitt wird Regenten haben, die in sich eine tiefe Schwärze der Schwermut verursachen und sich im Kot der Unreinheit wälzen. Sie setzen nämlich das göttliche Gesetz durch viele widernatürliche Unzucht und andere ähnliche Schlechtigkeiten hintan und verursachen viele Spaltungen in der Heiligkeit der göttlichen Gebote.

Ein anderes aber ist wie ein grauer Wolf, denn jene Zeiten werden Menschen haben, die durch Machtstellungen wie durch andere Erfolge viele Beute an sich bringen. Da sie sich bei diesen Streitereien weder schwarz noch weiß, sondern in ihrer Hinterlist grau zeigen, stürzen sie die Häupter jener Reiche und teilen sie auf. Dann wird nämlich die Zeit der Verstrickung vieler Seelen kommen, wenn sich der Irrtum der Irrtümer von der Unterwelt bis zum Himmel erhebt, sodass die Kinder des Lichtes in die Kelter ihrer Leiden gestellt werden; denn sie verleugnen nicht den Sohn Gottes, sondern verwerfen den Sohn des Verderbens, der mit teuflischen Listen versuchen wird seine Absichten auszuführen.

Und diese Tiere wenden sich nach Westen; denn diese dem Untergang geweihten Zeiten gehen mit der sinkenden Sonne unter; wie diese auf- und untergeht, so geht es auch den Menschen: dieser wird geboren und jener stirbt.

52 Das Szenario mit dem Antichrist

Die vorchristliche jüdische Tradition kennt die Vorstellung, dass am Ende der Zeiten ein Widersacher Gottes auftreten wird. Im Neuen Testament wird dieser widergöttliche Feind der Endzeit „Antichrist" genannt (1. Johannesbrief 2,18–23; 4,3; 2. Johannesbrief 7). Den Aussagen der Johannesbriefe zufolge erscheint der Antichrist innerhalb der Kirche. Mit ihm sind Irrlehren verbunden, und sein Auftritt markiert das Ende der Zeiten. Der dezidierte Name „Antichrist" steht für die Ablehnung von Jesus Christus, dem menschgewordenen Gottessohn. Der Antichrist verkörpert das apokalyptische Gegenbild des Christentums.

Im Mittelalter, auch in der Zeit Hildegards, gab es Spekulationen über die nahe Ankunft des Antichrist, weil auch das Weltenende und die Wiederkehr Christi in naher Zukunft erwartet wurden. Trotz dieser angespannten Atmosphäre ist es Hildegard jedoch fremd, Zukunft zu prophezeien und den Einbruch der Endzeit genau zu bestimmen. Wenn sie schreibt, der Antichrist komme in kürzester Zeit, so ist dies im größeren Kontext ihrer Vision zu verstehen. Dort vergleicht sie die Weltgeschichte mit dem Schöpfungswerk an sechs Tagen. Diese symbolisieren die sechs Abschnitte der Weltgeschichte (*Wisse die Wege* III. 11. 23).

Nach Hildegards Deutung hat der sechste Abschnitt der Weltgeschichte mit der Menschwerdung des Gottessohnes geendet. Seitdem befindet sich die Welt gleichsam wie am siebten Tag in einer Art Ruhe. Durch die Inkarnation ist die Zeit erfüllt und die Welt harrt ihrer Vollendung entgegen. Zeitbestimmungen wie „kürzeste Zeit" haben symbolischen Charakter und sind ein Appell, um uns für den Ernst der aktuellen Situation wachzurufen. Gottes Zeitrechnung ist anders als die der Menschen. Hildegard betont ausdrücklich, dass es den Menschen nicht zusteht, die „Zeiten" zu wissen. Mahnungen über die nahe Ankunft des Antichrist dienen dazu, die Zeitgenossen in der Gegenwart aufzurütteln. Hildegards Mahnung hallt in eine Zeit hinein, die von Krisen erschüttert ist: Spaltung in der Kirche durch die von Kaiser Friedrich Barbarossa gegen den rechtmäßigen Papst Alexander III. eingesetzten Gegenpäpste, Verbreitung von Irrlehren (Ketzerbewegungen) und die sittliche Verwahrlosung der Gläubigen, vor allem bei den Vertretern der höheren kirchlichen Hierarchie.

Mit drastischen Bildern enthüllt Hildegard die Tücken des Bösen und macht sehr deutlich, dass das Böse nicht von außen kommt, sondern der Antichrist die Kirche aus ihrer Mitte und in ihrem Inneren bedroht. In Hildegards Vision über den Antichrist wird dieselbe Frauengestalt sichtbar, die im zweiten Teil von *Wisse die Wege* die Kirche als Braut und Mutter verkörperte (siehe Text Nr. 43). Nun erscheint in ihrem Schoß jedoch „ein abscheulicher pechschwarzer Kopf mit feurigen Augen und Eselsohren und mit Nüstern und einem Maul, wie ein Löwe sie hat" (*Wisse die Wege* III. 11. Visionsbild). Dieser hässliche Kopf im Schoß der Kirche versinnbildlicht den Antichrist. Ausführlich berichtet Hildegard vom Leben des Antichrist: von seiner Mutter, seiner Geburt und seinem Wunderwirken. In dieser Lebensbeschreibung kommen die Mysterien Christi vor, allerdings in pervertierter Form. Der Antichrist hat eine Anti-Biographie zu Christus. Sein Leben und sein Wirken sind von Täuschung und Betrug gekennzeichnet, mit der Absicht, die Gläubigen in ihr Unheil zu stürzen.

Dieses endzeitliche Szenario beschreibt Hildegard nicht, um Angst zu machen. Sie ruft vielmehr zur Wachsamkeit auf. Wenn die Gläubigen die betrügerische Art des Antichrist erkennen, können sie ihm Widerstand leisten. Zugleich erinnert Hildegard daran, dass die Realität in einer Welt, in der das Böse sein Unwesen treibt, der geistliche Kampf ist.

📖 **Wisse die Wege, III. 11. 25–27, S. 496–498.**

Doch der wahnsinnige Mörder, nämlich der Sohn des Verderbens, wird innerhalb kürzester Zeit kommen, wie der Tag schon scheidet, wenn die Sonne am Abend untergeht, nämlich wenn die letzte Zeit schon hinschwindet und die Welt ihren ununterbrochenen Lauf aufgibt. Hört aber dieses Zeugnis, o meine Getreuen, und versteht es demütig zu eurem Schutz, damit nicht, ohne dass ihr es wisst, plötzlich der Schrecken dieses Verderbers kommt und euch ins Unglück des Unglaubens und Verderbens stürzt. Daher bewaffnet euch, und da ihr im Voraus gewarnt seid, bereitet euch mit den zuverlässigen Schutzwehren zum gewaltigen Kampf vor. Wenn nämlich jene Zeit gekommen ist, in der dieser schlimmste Betrüger schrecklich erscheinen wird, ist jene Mutter, die diesen Verführer in die Welt setzen wird, von ihrer Kindheit an und im Mädchenalter durch teuflische Künste voller Laster in einer abgelegenen Wüste unter ganz gottlosen Menschen erzogen worden, ohne dass ihre Eltern wissen, dass sie dort ist, noch die, bei denen sie sich aufhält, sie kennen. Denn der Teufel überredet sie, dorthin zu gehen und bereitet sie dort nach seinem Willen vor, indem er sie täuscht, als ob er ein heiliger Engel wäre. Und sie sondert sich deshalb von den Menschen ab, damit sie umso leichter verborgen bleiben kann. Daher vereinigt sie sich auch mit einigen, wenn auch wenigen Männern heimlich in der schlimmsten Preisgabe der Unzucht und befleckt sich mit ihnen in so großer Lust an Schamlosigkeit, als ob ein heiliger Engel ihr befehlen würde, die Leidenschaft ihrer Schlechtigkeit auszuleben. Und so empfängt sie in der brennendsten Glut ihrer Unzucht den Sohn des Verderbens und weiß nicht, von welchem Samen jener Männer sie ihn empfangen hat.

Aber Luzifer, die alte Schlange, von dieser Schändlichkeit entzückt, bläst nach meinem gerechten Urteil dieses Gerinnsel mit seinen Ränken an und nimmt es mit allen seinen Kräften im Schoß seiner Mutter ganz in Besitz, sodass dieser Verderber aus dem Leib seiner Mutter voll von teuflischem Geist hervorgeht. Danach meidet sie die gewohnte Unzucht und sagt zu dem törichten und unwissenden Volk offen, weil sie keinen Mann habe, kenne sie den Vater ihres Kindes nicht. Die Unzucht aber, die sie beging, nennt sie heilig und daher hält auch das Volk sie für heilig und nennt sie so. So wird der Sohn des Verderbens mit teuflischen Künsten bis zum kräftigeren Alter erzogen, wobei er sich immer dem ihm bekannten Volk entzieht.

Seine Mutter aber zeigt ihn mittels gewisser magischer Künste zuweilen sowohl dem Volk, das Gott verehrt, wie dem, das ihn nicht ehrt, und erreicht so, dass er von ihnen gesehen und geliebt wird. Wenn er zum Vollalter gelangt ist, wird er öffentlich seine verderbliche Lehre vertreten, wobei er zu mir und meinen Erwählten so in Widerspruch steht und sich so große Kraft verschafft, dass er sich in seiner gewaltigen Macht über die Wolken zu erheben versucht. Ich erlaube ihm nämlich nach meinem gerechten Urteil, seinen Willen an verschiedenen Geschöpfen auszuführen. Denn wie der Teufel am Anfang sprach: „Ich werde dem Höchsten gleich sein" (vgl. Jesaja 14,14) und stürzte, so lasse ich auch zu, dass derselbe Teufel in der Endzeit stürzt, wenn er in diesem seinem Sohn sagt: „Ich bin der Erlöser der Welt." Und wie jedes Zeitalter der Gläubigen in der ganzen Welt erkannt hat, dass Luzifer ein Lügner war, als er am Anfang der Tage Gott gleichen wollte, so soll auch jeder Gläubige sehen, dass dieser Sohn der Bosheit ein Lügner ist, wenn er sich vor dem Jüngsten Tag dem Sohn Gottes ähnlich macht.

Er ist nämlich die schlimmste Bestie, die die Menschen tötet, die ihn ablehnen; er hängt sich an Könige, Führer, Fürsten und Reiche an, unterdrückt die Demut und richtet den Stolz auf. Mit teuflischer List unterwirft er sich den Erdkreis. Denn seine Macht dringt bis zur Behausung („labrum") des Windes vor, sodass es scheint, er könne die Luft in Bewegung setzen, Feuer vom Himmel kommen lassen und Blitz, Donner und Hagel verursachen, ja sogar Berge umstürzen, Gewässer austrocknen, den Wäldern ihr Grün nehmen und ihnen ihren Saft wieder zurückgeben. Solche Täuschungen zeigt er an verschiedenen Geschöpfen, d. h. an ihrer Feuchtigkeit, Grünkraft und Dürre. Aber auch an den Menschen lässt er nicht davon ab, seine Täuschungen auszuüben. Auf welche Weise? Er gibt scheinbar Gesunden Krankheit und den Kranken Gesundheit, erscheint Dämonen auszutreiben und bisweilen Tote zu erwecken. Wie? Wenn nämlich manchmal jemand gestorben ist, dessen Seele in der Gewalt des Teufels ist, zeigt er zuweilen mit meiner Zulassung an dessen Leichnam seine Täuschungen und bringt die Leiche in Bewegung, als ob sie lebe; dennoch wird ihm das nur ganz kurze Zeit erlaubt und nicht über eine längere Zeitspanne, damit nicht durch diese Anmaßung die Ehre Gottes lächerlich gemacht wird. Einige, die das sehen, vertrauen ihm, andere aber wollen ihren früheren Glauben bewahren und ihn dennoch gnädig stimmen. Da er sie jedoch nicht allzu schwer verletzen will, schickt er ihnen gewisse Krankheiten. Wenn sie die Heilkunst der Ärzte suchen, aber nicht geheilt werden können, laufen sie zu ihm zurück und versuchen, ob er sie zu heilen vermag. Doch sobald er sie gesehen hat, nimmt er ihnen die Krankheit, die er ihnen zugefügt hat; daher lieben sie ihn sehr und glauben an ihn. Und so werden viele getäuscht, da sie selbst die Augen des inneren Menschen umnebeln, mit denen sie auf mich hätten schauen müssen. Sie wollten bei der Prüfung ihres Inneren in einer gewissen Neugier das erkennen, was sie mit den äußeren Augen sehen und mit Händen greifen; dabei verachten sie jenes Unsichtbare, das ewig in mir ist und im wahren Glauben erfasst werden muss. Denn sterbliche Augen können mich nicht erblicken, sondern ich zeige meine Wunder im Schattenbild, wem ich will. Mich selbst aber wird keiner schauen, solange er im sterblichen Leib lebt, außer im Schatten meiner Geheimnisse.

53 Noch einmal über den Antichrist

Der Kampf gegen das Böse gestaltet sich in der irdischen Geschichte schwierig, weil sich der Böse betrügerischer Mittel bedient. Die Verwirrung ist seine Methode. Nicht mit eindeutig bösen Eingebungen verführt er, sondern indem er sich wie Gott benimmt. Am Anfang wollte Luzifer wie Gott sein. Dadurch dass er in Unabhängigkeit vom Schöpfer, von dem er sein Sein empfangen hatte, existieren wollte, offenbarte er seine Verachtung gegenüber Gott und trennte sich von der Quelle des Lebens. Diese hochmütige Anmaßung durchzieht die ganze Geschichte und stellt die größte Gefährdung für die Menschen dar. Nachdem Luzifer in den Abgrund gestürzt ist (siehe Text Nr. 47), führt sein Nachfolger, „der Sohn des Verderbens", das Böse in der Welt fort und täuscht die Menschheit, indem er sich wie der Erlöser ausgibt. Unter falschem Schein zeigt er sich in Macht und Herrlichkeit. Es ist schwer, seine Täuschungen und Betrügereien zu durchblicken. Er ist die Lüge in Person.

Mit der Vision über das endzeitliche Gericht deckt Hildegard das wahre Wesen des Bösen auf. Am Ende der Zeiten wird sich enthüllen, was der Ungerechte in Wahrheit ist: Feind der Menschen und der Ankläger schlechthin. Statt Herrlichkeit wird seine Schande sichtbar.

Die Vorausschau auf das Ende schafft Klarheit über die wahren Verhältnisse, die in der gegenwärtigen Geschichte verdeckt vorhanden sind. Zugleich offenbart das endzeitliche Bild jene Mittel, mit denen die Gläubigen ihren Kampf siegreich und wahrhaft führen können. Der Glaube an den Sohn Gottes, der uns mit seinem Blut erlöst hat, gibt Standhaftigkeit inmitten der Bedrängnisse. Das Festhalten an Gottes Wort, das in der Kirche bezeugt wird, bewahrt davor, den Täuschungen des Bösen zu erliegen, und schenkt schließlich den erlösenden Sieg.

 Das Buch vom Wirken Gottes, III. 5. 35–37, S. 385–387.

[Der alte Feind] wird bei sich selbst sprechen, indem er sagt: In diesem meinem Sohn werde ich jetzt einen größeren Kampf austragen, als ich ihn einst im Himmel austrug. Meinen ganzen Willen werde ich durch ihn erfüllen und diesem meinem Willen wird weder Gott noch der Mensch widerstehen können. Ich weiß und erkenne, dass ich nicht besiegt werden kann. So werde ich in allem Sieger sein.

Darauf wird dieser Sohn des Verderbens eine Menge Volk zusammenrufen, damit sie seine Herrlichkeit offen sehen, wenn er versuchen wird, über die Himmel zu gehen, sodass, falls noch etwas vom katholischen Glauben in der Kirche unerschüttert geblieben ist, es durch diesen Aufstieg völlig vergeht. Aber wenn er in Gegenwart des horchenden Volkes den oberen Elementen gebieten wird, ihn aufzunehmen bei seinem Gang in den Himmel, dann werden sich die Worte des Paulus, Meines Getreuen, erfüllen, die er vom Heiligen Geist erfüllt, sprach:

Dann wird der gesetzwidrige Mensch allen sichtbar werden, Jesus, der Herr, wird ihn durch den Hauch seines Mundes töten (2. Thessalonikerbrief 2,8). Der Sinn dieser Aussage ist so zu verstehen: In dieser Zeit wird jener Sohn des Verderbens entlarvt werden, und es wird vor allem Volk sichtbar sein, dass er ein Lügner war, da er die Anmaßung hatte, zum Himmel emporzusteigen. Denn der Herrscher und Heiland der Völker, der Sohn Gottes, wird ihn in dieser Vermessenheit töten. Das wird Er in jener Kraft tun, in der Er, der das WORT des Vaters ist, den ganzen Erdkreis mit Seinem gerechten Gericht richten wird. Wenn nämlich dieser Sohn des Verderbens sich durch teuflische Kunst nach oben erhebt, wird er durch göttliche Kraft hinuntergestürzt werden, und der Gestank von Schwefel und Pech wird ihn aufnehmen, sodass auch die dabeistehenden Völker in den Schutz der Berge fliehen. Ja ein so großer Schrecken wird sie befallen, wenn sie das sehen und hören, dass sie dem Teufel und seinem Sohn entsagen und sich zum wahren Glauben der Taufe bekehren. Deswegen wird die alte Schlange bestürzt gegen sich selbst knirschen und sagen: Jetzt sind auch wir verwirrt. Von nun an werden wir nicht mehr die Kraft haben, die Menschen uns so zu unterjochen, wie wir es bisher getan haben.

Aber auch alle, die treu an den Gottessohn glauben, werden Gott mit flehentlicher und lobpreisender Stimme rühmen, wie es durch Meinen geliebten und wahren Zeugen geschrieben steht: „Jetzt ist sie da, die Rettung, die Macht und die Herrschaft unseres Gottes und die Vollmacht Seines Gesalbten. Denn gestürzt wurde der Ankläger unserer Brüder, der sie bei Tag und bei Nacht vor dem Angesicht unseres Gottes verklagte. Sie haben ihn besiegt durch das Blut des Lammes und durch ihr Wort und Zeugnis, sie hielten ihr Leben nicht fest, bis hinein in den Tod" (Offenbarung 12,10–11). Der Sinn dieser Aussage ist so zu verstehen: Jetzt, da der Teufel besiegt und sein Sohn, der Antichrist, vernichtet ist, ist durch göttliche Anordnung das Heil gekommen, das keine teuflischen Gefahren fürchtet. Gekommen ist die Macht, die jene völlig zermalmt, und das Reich, das über alle herrscht, die unter der Herrschaft unseres Gottes stehen, und die Vollmacht des unbesiegbaren Christus, Seines Sohnes, den Er als wahren Priester über das Heil der Seelen bestellt hat. Denn in die ewige Verdammnis gestoßen wurde der hartnäckigste Ankläger und ruheloseste Verfolger derer, die wie wir Kinder Gottes sind und mit uns das himmlische Erbe besitzen werden. Dieser klagte vor dem Angesicht des höchsten Schöpfers und Richters jene an, die seinen verschiedenen Einflüsterungen zustimmten. Und das tat er zu jeder Zeit sowohl bei geistlichen als auch bei weltlichen Vergehen, weil ja der Mensch immer sündigt.

Im ersten Kampf des verlorenen Engels nämlich, in dem er gegen Gott kämpfte, weil er Gott sein wollte, hat Gott gesiegt. In ihm sah Er auch den Endkampf voraus, den Er mit ihm führen sollte, wenn Er dessen Sohn niedergeworfen und ihn selbst schon durch diesen völlig vernichtet hat. Auch die, die Gott wahrhaft bekennen, haben jenen besiegt, weil sie ihm nicht zustimmten, wegen des Blutes des Lammes, durch das sie erlöst und um dessentwillen sie auch sehr viele Widerwärtigkeiten an ihren Leibern ertrugen und Sieger wurden. Sie haben auch durch das Wort gesiegt, nämlich durch die Lehre, die Er im katholischen Glauben bezeugt hat, der sich auch von jenem Wort her ausbreitet, von dem alle Geschöpfe ausgingen. Und sie liebten nicht ihre Seelen, dadurch dass sie diese in ihren Leibern zurückhielten, sondern sie ließen sie bis zum Tod ihrer Leiber vorausgehen. Sie unterwarfen nämlich ihre Leiber in zahlreichen Leiden dem zeitlichen Tod, wodurch sie auch ihre Seelen dem allmächtigen Gott zurückgaben. Denn als Märtyrer gingen sie in den Tod, und eher als sie den Sohn Gottes verleugnet hätten, unterwarfen sie sich den Leiden. Deshalb legen auch Abel, die Propheten und die übrigen Märtyrer, die bis zum Jüngsten Tag für Gott getötet worden sind, Zeugnis für den Sohn Gottes ab, dass auch Er selbst nach dem Willen des Vaters Sein Blut für sie vergossen hat.

Auf diese Weise ist deshalb der Kampf des Sohnes des Verderbens beendet; und er wird von nun an nie mehr anderswo verehrt werden. Daher freut euch, die ihr im Himmel und auf der Erde eine Wohnung habt. Nach dem Fall des Antichrist aber wird sich die Herrlichkeit des Sohnes Gottes ausweiten.

54 In Symphonie vollendetes Sein

Der Sieg über das Böse ist nicht das letzte Moment der Geschichte. Vielmehr ist es Gott, der Schöpfer und der Ursprung des Lebens, er vollendet die Geschichte im Leben in Fülle. Das heilsgeschichtliche Werk Hildegards, *Wisse die Wege*, gipfelt in einer Schau des vollendeten Daseins. Hildegard weitet unseren Blick über den Horizont hinaus und lässt uns die Erfüllung unseres Lebens erahnen. In dieser Vision beschreibt Hildegard weniger etwas Geschautes, sondern sie lässt uns das Unerhörte, das geglückte Leben, hören. Diese letzte Vision ist voller Klang und Melodie, sie ist eine Symphonie.

Hildegard spricht zwar gelegentlich auch über Harmonie, dennoch benutzt sie mit Vorliebe das Wort „symphonia". Die Symphonie umfasst unser menschliches Dasein mit all seinem Gelingen und seinem Versagen. Die Symphonie ist ein Zusammenklang, in dem Klänge der Konsonanz wie Einmütigkeit und Eintracht („unanimitas", „concordia"), aber auch Töne der Dissonanz wie Gefallensein, Gekrümmtsein und Scheitern („cadentes", „curvatos") zu einem einzigen Lobpreis des Dankes zusammenfließen. Unsere Wirklichkeit ist eine Symphonie, in welcher die unterschiedlichen Zwischen- und Untertöne schließlich doch eine schöne Melodie des

Lebens ergeben. Hier auf Erden sollten wir daher nicht nach Harmonie streben und alles harmonisieren wollen. Es ist vielmehr schon eine gewaltige Lebensaufgabe, wenn wir uns bemühen, uns die Kunst des Symphonisierens anzueignen.

Exemplarisch zeigt Hildegard Existenzen auf, in denen diese Symphonie erklingt. Das sind die Heiligen, die in ihrem Leben die Tugenden entfaltet haben. Im dritten Teil von *Wisse die Wege* beschreibt Hildegard eine lange Reihe von Tugenden, „Gotteskräften" („virtutes"), die wie Lichtgestalten eine Vielfalt des Guten in reiner Form darstellen, wie z. B. Liebe, Geduld, Barmherzigkeit (*Wisse die Wege* III. 3–10). In der letzten Vision (III. 13) stehen jedoch nicht mehr die Gotteskräfte im Mittelpunkt, sondern die Heiligen. Sie werden zunächst in einem verklärten Zustand dargestellt, indem Lieder über sie in den ersten Kapiteln der letzten Vision vorgetragen werden (III. 13, c. 1–7): über die Gottesmutter Maria („das Lied von der feurigen Glut der jungfräulichen Keuschheit", c. 1), die neun Engelchöre („das Lied von der Vollendung lebendiger Lichter", c. 2), die Propheten („das Lied von der Prophezeiung tiefgründiger Reden", c. 3), die Apostel („das Lied von der Verbreitung der wunderbaren Worte des Apostelamtes", c. 4), die Blutzeugen („das Lied vom Blutvergießen derer, die sich gläubig opfern", c. 5), die Bekenner („das Lied vom Dienst der priesterlichen Geheimnisse", c. 6) und die Jungfrauen („das Lied vom jungfräulichen Stand", c. 7). Das sind die im Mittelalter etablierten heiligmäßigen Lebensformen, zu denen weitere hinzugefügt werden können: das Lied von Familien, die in ihrem Zusammenleben die Liebe erfahren, das Lied von den Arbeitern, die tapfer ihre Aufgaben tun, das Lied von allen, die ihr Leben in stiller Geduld gestalten …

Die von Hildegard aufgeführten Heiligen sind keine reinen Tugendgestalten. Sie sind eine Mischung von Schwächen und Stärken. Auch in der himmlischen Symphonie werden die Sünden, die Fehler und das Versagen nicht verdrängt, aber sie werden verwandelt. Die Erinnerung an Unrecht, an Bekehrung, Reue, Kampf und Umkehr werden wir noch in unserer Vollendung an uns tragen, aber nicht als Schuld, sondern im Bewusstsein um deren gnadenhafte Tilgung.

Die Symphonie des vollendeten Daseins mündet in den Psalm, der den gesamten Psalter in der Heiligen Schrift krönt: „Alles, was

Odem hat, lobe den Herrn" (Psalm 150,6). Die Instrumente des Lobes entstehen aus der Geschichte Gottes mit den Menschen. Mit all unseren Erfahrungen dürfen wir in den himmlischen Gesang einstimmen, dessen tiefster Sinn ist, unseren Dank und unsere Freude über unser Sein Gott, unserem Schöpfer, auszudrücken: „Denn es ist gerecht, dass derjenige, der das Leben ersehnt, den verherrlicht, der das Leben ist."

📖 **Wisse die Wege, III. 13. 10–13 und 15–16, S. 530–532 und 533–535.**

Dem himmlischen Schöpfer müssen mit der unaufhörlichen Stimme des Herzens und des Mundes Lobgesänge dargebracht werden, denn er weist nicht nur den Stehenden und Aufrechten, sondern auch den Fallenden und Gebeugten in seiner Gnade Plätze im Himmel zu.

Daher o Mensch, siehst du ein ganz lichtdurchstrahltes Gewölk. Es bezeichnet die Reinheit der Freude der Himmelsbürger. In ihm hörst du in allen erwähnten Sinnbildern auf wunderbare Weise verschiedene Arten von Musik in Lobgesängen auf die Freuden der Himmelsbürger, die mutig auf dem Weg der Wahrheit ausharren, und in Klageliedern derer, die zu den Lobgesängen über dieselben Freuden zurückgerufen werden. Denn wie die Luft das, was unter dem Himmel ist, umfasst und trägt, so erklingt auch, wie du es in allen dir zuvor gezeigten Wundertaten Gottes hörst, eine süße, liebliche Symphonie in Freude über die wunderbaren Taten der Auserwählten, die in der himmlischen Stadt leben und mit inniger Hingabe in Gott verharren; und in Klagen über die Verkehrtheit jener, die die alte Schlange zu verderben sucht. Diese führt die Stärke Gottes dennoch machtvoll zur Teilhabe an den Freuden der Seligen, indem sie an ihnen jene Geheimnisse zeigt, die den Herzen der Menschen, die der Erde zugewandt sind, unbekannt bleiben. Auch in der Ermahnung der Tugenden, die einander zur Rettung der Menschen auffordern, denen teuflische Nachstellungen widerstreiten. Doch die Tugenden selbst unterdrücken diese, sodass dennoch die gläubigen Menschen durch die Reue aus ihren Sünden zum himmlischen Leben hinübergehen. Denn dort widerstehen die Tugenden in den Herzen der Gläubigen zu deren Rettung den Lastern, mit denen sie durch den teuflischen Anhauch gequält werden. Wenn diese mit größtem Starkmut überwunden sind, kehren die Menschen, die in Sünden gefallen waren, auf göttliches Geheiß zur Buße zurück, wenn sie ihre früheren Taten erforschen und beweinen und wenn sie künftige reiflich überlegen und sich davor hüten.

Deshalb erklingt auch dieser Klang wie die Stimme einer Menge von den himmlischen Stufen her mit Lobgesängen in Harmonie zusammen. Denn Zusammenklang (Symphonie) in Einmütigkeit und Eintracht vertieft den Ruhm und die Ehre der Himmelsbürger, sodass er das emporträgt, was das Wort offen verkündet.

So bezeichnet auch das Wort den Leib, Symphonie aber offenbart den Geist; denn auch die himmlische Harmonie verkündet die Gottheit und das Wort macht die Menschheit des Gottessohnes offenbar.

Und wie die Macht Gottes, die überall hindringt, alles umkreist und kein Hindernis ihr entgegensteht, so hat auch die Vernünftigkeit des Menschen die große Kraft, in lebendigen Stimmen zu erschallen und mit einer Melodie die erstarrten Seelen zum Wachen anzueifern.

Das beweist auch David im Lied seiner Prophetie und Jeremias zeigt es mit wehklagender Stimme in seinem Klagelied. So hörst auch du, o Mensch, die du eine armselige Frau und von gebrechlicher Natur bist, in Symphonie das Lied von der feurigen Glut der jungfräulichen Keuschheit, die in den Umarmungen der Worte des blühenden Reises erblüht, und das Lied von der Vollendung der lebendigen Lichter, die in der himmlischen Stadt leuchten, das Lied von der Prophezeiung tiefgründiger Reden, das Lied von der Verbreitung der wunderbaren Worte des Apostelamtes, das Lied vom Blutvergießen derer, die sich gläubig opfern, das Lied vom Dienst der priesterlichen Geheimnisse und das Lied vom jungfräulichen Stand derer, die in himmlischer Grünkraft erblühen. Denn dem himmlischen Schöpfer antwortet sein gläubiges Geschöpf mit der Stimme des Jubels und der Freude und zollt ihm ständig Dank. Du hörst aber auch einen Klang wie die Stimmen einer Menge, der in Harmonie in Klagen über die ertönt, die zu diesen Stufen zurückgerufen sind, denn der Zusammenklang (Symphonie) freut sich nicht nur in einmütigem Jubel über diejenigen, die mutig auf dem Weg der Gerechtigkeit ausharren, sondern auch in Eintracht über die Wiedererweckung der auf dem Weg der Gerechtigkeit Gefallenen, die schließlich zur wahren Glückseligkeit aufgerichtet wurden: denn auch der gute Hirte hat das Schaf, das verloren war, mit Freude zur Herde zurückgetragen (Lukas 15,6).

Und ebenso ruft, wie du hörst, dieser Klang in Harmonie, wie die Stimme einer Menge in der Ermunterung der Tugenden zur Hilfe für die Menschen und im Widerspruch gegen die widerstreitenden Ränke des Teufels; weil die Tugenden die Laster überwinden und die Menschen schließlich durch göttliche Inspiration zur Reue zurückkehren. Denn sanft ist der Zusammenschluss der Tugenden, die die gläubigen Menschen zur wahren Glückseligkeit ziehen; Aber unheilvoll ist die Anhäufung von Lastern des teuflischen Hinterhalts, dennoch nicht so, dass die Tugenden die Laster nicht überwinden könnten; sondern so, dass sie diese völlig schwächen und die mit ihnen Einverstandenen mit Hilfe des himmlischen Beistands durch wahre Reue zum ewigen Lohn führen. So wird es dir auch im Einklang ihrer Stimmen gezeigt.

Deshalb soll jeder, der Gott im Glauben erkennt, ihm unermüdliche Lobgesänge gläubig darbringen und mit gläubiger Hingabe unablässig vor ihm jubeln, wie auch mein Knecht David, vom Geist der Unergründlichkeit und Erhabenheit erfüllt, um meinetwillen aufgefordert, wenn er sagt:

„*Lobt ihn mit dem Schall der Posaune, lobt ihn mit Harfe und Zither; lobt ihn mit Pauken und Reigen; lobt ihn mit Saitenspiel und Flöte; lobt ihn mit hellen Zimbeln, lobt ihn mit jubelnden Zimbeln. Alles, was Odem hat, lobe den Herrn*" (Psalm 150,3–6). Das ist so: Die ihr mit einfältiger Absicht und reiner Hingabe um Gott wisst, ihn anbetet und liebt, *lobt ihn mit dem Schall der Posaune*, d. h. mit der Einsicht der Vernunft. Denn als der verworfene Engel mit denen, die ihm zustimmten, ins Verderben stürzte, verharrten die Heerscharen der seligen Geister vernunftgemäß auf der Wahrheit und hingen in treuer Hingabe Gott an.

Und lobt ihn mit der Harfe der tiefen Ergebenheit *und mit der Zither* von Honig fließenden Gesanges. Denn dem Posaunenschall folgt das Harfenspiel und dem Harfenspiel die Zither, wie auch, während die seligen Engel, in der Liebe zur Wahrheit verharrten, nach der Erschaffung des Menschen dann die Propheten mit wunderbaren Stimmen auftraten, denen die Apostel mit den liebreichsten Worten nachfolgten.

Und *lobt ihn mit der Pauke* der Bereitschaft zum Sterben *und mit dem Reigen* der Freude; denn nach der Zither jubelt die Pauke und nach der Pauke der Reigen(gesang). Wie nämlich die Apostel über das Heil predigten, so erduldeten die Märtyrer zur Ehre Gottes an ihrem Leib verschiedene Martern; aus ihnen erstanden darauf die wahren Lehrer im priesterlichen Dienst.

Und lobt ihn mit dem Saitenspiel der Erlösung der Menschen *und mit der Flöte* des göttlichen Schutzes. Denn wenn der Reigen tanzt, ertönen die Klänge des Saitenspiels und der Flöte, wie auch die Jungfrauen hervortraten, als die wahren Lehrer im Dienst der Seligkeit die Wahrheit offenbarten. Sie liebten den Sohn Gottes als wahren Menschen gleichsam mit Saitenspiel und beteten ihn, den wahren Gott, wie mit Flötenspiel an, da sie an ihn, den wahren Menschen und wahren Gott, glaubten. Was bedeutet das? Als der Sohn Gottes für das Heil der Menschen Fleisch annahm, hat er die Herrlichkeit der Gottheit nicht preisgegeben. Daher haben auch die seligen Jungfrauen, die sich ihn zum Bräutigam erwählten, ihn in gläubiger Hingabe erfasst, nämlich als wahren Menschen in ihrer Verlobung und als wahren Gott in ihrer Keuschheit.

Lobt ihn mit hellklingenden Zimbeln, d. h. mit jenen Zustimmungen, die in wahrer Freude einen guten Klang ergeben, wenn Menschen, die in den Abgründen der Sünden liegen, vom göttlichen Hauch getroffen, sich aus den Tiefen empor zur himmlischen Höhe erheben.

Lobt ihn mit jubelnden Zimbeln, nämlich mit Zustimmen zum göttlichen Lobpreis, wenn die starken Tugenden, die sehr tapfer den Sieg erringen, die Laster in den Menschen niederwerfen und sie mit starker Sehnsucht zur Seligkeit der wahren Belohnung führen, wenn sie im Guten ausharren.

Daher *lobe alles, was Odem hat*, das den guten Willen hat, an Gott zu glauben und ihn zu ehren, *den Herrn*, d. h. ihn, der Herr über alles ist. Denn es ist gerecht, dass derjenige, der das Leben ersehnt, den verherrlicht, der das Leben ist.

Und wiederum hörte ich eine Stimme, die aus dem erwähnten lichtdurchstrahlten Gewölk sprach: „O höchster König, Lob sei dir, der du das an einem einfältigen, ungelehrten Menschen tust."

Doch nochmals rief die Stimme mit lautestem Schall vom Himmel und sagte: Hört und gebt acht, ihr alle, die ihr euch nach dem himmlischen Lohn und der Glückseligkeit sehnt! O ihr Menschen, die ihr gläubige Herzen habt und die himmlische Belohnung erwartet, nehmt diese Worte auf und legt sie in eurem innersten Herzen nieder; weist diese Ermahnung auch bei eurer Heimsuchung nicht zurück. Denn ich, der lebendige und wahre Zeuge der Wahrheit, Gott, der nicht schweigt, sondern spricht, ich sage es und sage es immer wieder: Wer wird mächtiger sein können als ich? Wer das versucht, den werde ich niederstrecken. Daher soll der Mensch nicht nach dem Berg greifen, den er nicht wird bewegen können, sondern er soll im Tal der Demut haltmachen. Doch wer überspringt Wege ohne Wasser? Doch der, der sich in einen Wirbelsturm wirft und derjenige, der Früchte ohne Saft verteilt. Und wie wird dort mein Zelt sein? Mein Zelt ist vielmehr dort, wo der Heilige Geist seine Bewässerung ausgießt. Was bedeutet das?

Ich bin in der Mitte von euch (vgl. Lukas 22,27). Inwiefern? Wer immer mich geziemend erfasst, wird weder in der Höhe noch in der Tiefe noch in der Breite zu Fall kommen. Was bedeutet das?

Ich bin jene Liebe („caritas"), die weder auflodernder Hochmut zu Fall bringt noch tiefe Stürze zerschellen lassen noch die Breite der Sünden zermürbt. Kann ich etwa nicht in der Höhe bauen bis zum Schemel der Sonne?

Die Starken, die in den Tälern ihre Kraft zeigen, verachten mich, die Schwachen verwerfen mich beim Tosen der Stürme, die Klugen verschmähen meine Speise und jeder beliebige baut sich einen Turm nach seinem Willen. Doch ich werde diese durch einen Kleinen und Geringen beschämen, wie ich Goliath durch einen Knaben zu Boden streckte und wie ich Holofernes durch Judith überwand (vgl. Judit 13,10). Daher werde ich über jenen, der die geheimnisvollen Worte dieses Buches zurückweist, meinen Bogen spannen und ihn mit den Pfeilen meines Köchers durchbohren. Seine Krone werde ich von seinem Kopf stoßen und ihn mit denen vergleichen, die am Horeb fielen (vgl. Deuteronomium 9,8), als sie wider mich murrten. Doch auch wer seine Verwünschungen gegen diese Prophetie ausstößt, über den komme der Fluch, den Isaak aussprach (vgl. Genesis 27,29); vom Segen des himmlischen Taues soll erfüllt werden, wer sie umarmt und sie in seinem Herzen bewahrt und wer sie auf ebene Wege führt.

Auch wer sie gekostet hat und in seinem Gedächtnis bewahrt, soll ein Berg werden, der voll ist von Myrrhe, Weihrauch und allen Wohlgerüchen, und eine weite Fläche vieler Segnungen, indem er wie Abraham von Segnung zu Segnung emporsteigt. Und die neuvermählte Braut des Lammes soll sich mit ihm, der eine Säule ist, im Angesicht Gottes verbinden. Und der Schatten der Hand Gottes wird ihn beschützen.

Aber wenn einer diese Worte des Fingers Gottes (der Heilige Geist) unbesonnen verbirgt, sie in seiner Wut verkürzt oder sie wegen eines menschlichen Urteils an einen unbekannten Ort schafft und sie so nicht ernst nimmt, der sei verworfen. Und der Finger Gottes wird ihn zermalmen.

Lobt also Gott, lobt ihn, ihr seligen Herzen, in all diesen Wundern, die Gott in der zarten weiblichen Gestalt für die äußere Gestalt des Erhabenen geschaffen hat, die er selbst beim ersten Erscheinen der Rippe jenes Mannes vorausschaute, den Gott erschuf.

VII. Heil – Heilung – Heiligung

So sehr liebt Gott die Menschen, dass er uns nach seinem Ebenbild erschaffen hat. Er will, dass wir Mitliebende werden und keine Marionetten in seiner Hand. Liebe kann sich aber nur in Freiheit richtig entfalten. Gott schenkt uns daher vollkommene Freiheit und wartet auf unsere freie Antwort auf seine Liebe. Zur Freiheit sind wir berufen!

Freiheit bedeutet, dass wir in der Tat die Möglichkeit haben, Ja oder Nein zu sagen. Hildegard beschreibt diese Situation mit dem Bild des Menschen am Scheideweg. Annahme und Ablehnung sind reale Optionen, wie wir in unserem Dasein auf Gottes Liebesangebot antworten. Hildegard weiß um den Zustand der Ablehnung, und an zahlreichen Stellen in ihren Werken beschäftigt sie sich mit dem Elend, in das der Mensch gerät, wenn er im Nein zum Leben und zur Liebe verharrt. Sie zeigt aber die Wege, auf denen Gott zu den Menschen kommt, um sie zur wahren Freiheit zu befreien. Gott sagt nie Nein zum Menschen, selbst dem ablehnenden Menschen gilt seine ganze Liebe. Gott will, dass der Mensch zur Einsicht in der Verantwortung seiner Freiheit gelangt und das wahre Leben lieben lernt: „Dort, wo Freiheit wirklich begriffen wird, ist sie nicht das Vermögen, dieses oder jenes tun zu können, sondern das Vermögen, über sich selbst zu entscheiden und sich selbst zu tun" (Karl Rahner). Gott bietet dem Menschen unablässig neue Möglichkeiten an, aus dem gescheiterten Zustand herauszufinden (Heilung), er schenkt ihm die Integrität einer geheilten Existenz, die in der Bejahung des Lebens besteht (Heiligung), und führt den Menschen zu jenem wahren Glück, zu dem er in seiner Freiheit bestimmt ist (Heil).

55 Wenn die Liebe zurückgewiesen wird ...

Die Heilige Schrift erzählt gleich zu Beginn im Buch Genesis – nach dem Bericht über die Erschaffung der Welt und des ersten Menschenpaares – die Geschichte über die Schlange, die das erste Menschenpaar dazu verführte, von den Früchten des Baumes in der Mitte des Gartens zu essen, was Gott vorher ausdrücklich verboten hatte (Genesis 3). Darauffolgend erfahren wir, dass dieser verhängnisvolle Biss eine tiefgreifende Zerstörung verursachte. Sowohl die harmonische Beziehung zueinander – indem Mann und Frau entdecken, dass sie nackt sind – als auch die Beziehung zu Gott, vor dem sie sich verstecken, ist zerbrochen. Als Folge des Ungehorsams der ersten Menschen sind Sünde und Verderbnis in die Welt gekommen. Diese Erzählung über die Übertretung des göttlichen Verbotes ist eine Antwort auf die Frage, warum menschliches Dasein defizitär ist und wieso es das Böse in unterschiedlichen Erfahrungsformen gibt: Spaltungen in der eigenen Existenz und im Verhältnis zu Gott, zu sich selbst, zu anderen und zur Welt, zudem die Bedrohung durch Krankheit, Versagen, Unwissenheit und schließlich die Todesverfallenheit. Exegeten und Theologen interpretieren die Paradiesgeschichte als jenen Sündenfall, der den Ursprung des Bösen in der Welt bedeutet. Dieses Theologumenon findet Eingang in die Lehraussagen der Kirche von Ursünde und Sündhaftigkeit des Menschen.

Auch Hildegard, deren Theologie eine dezidiert heilsgeschichtliche ist, sieht im Sündenfall eine grundlegende Zäsur. Die Ablehnung von Gottes Liebe durch den Menschen bestimmt die gesamte Menschheitsgeschichte und hat eine radikale Auswirkung auf die Welt- und Daseinserfahrung des Menschen. In ihren theologischen Werken arbeitet Hildegard daran, den tieferen Sinn des Sündenfalls zu erschließen. Dazu bedient sie sich Bilder, mit deren Hilfe sie die verborgenen Dimensionen der biblischen Erzählungen aufdecken kann.

In der Vision zu Beginn des zweiten Teiles in *Wisse die Wege* beschreibt Hildegard ein lebendiges Feuer, das eine Flamme in sich trägt. Diese Flamme bringt eine Luftkugel hervor. Diese wiederum enthält ein Stück Erde, das durch die Flamme aufgewärmt und angehaucht zum lebendigen Menschen wird. An der Flamme hängt eine weiße Blume, an welcher der Mensch zunächst riecht, sich dann aber von ihr abwendet und dadurch in die Finsternis stürzt. So breitet sich die Finsternis in der Welt aus. In der Auslegung dieser Vision erläutert Hildegard, dass das Feuer für den allmächtigen Gott steht, die Flamme darin das Wort Gottes versinnbildlicht, durch das die Welt entstand und das in der Inkarnation Mensch wurde. Die Luftkugel symbolisiert die geschaffene Welt. Die Szene mit der Blume stellt, so Hildegard, den Sündenfall dar. In ihrem Visionsbild übersetzt Hildegard die biblische Schöpfungserzählung und die darauffolgende Geschichte mit der Schlange in eine andere Bilderwelt.

Vergleicht man die beiden Geschichten – in der Heiligen Schrift und in Hildegards Vision –, entsteht auf den ersten Blick eine Irritation. Während in der Heiligen Schrift der Biss in die Frucht den Menschen zu Fall brachte, geschieht hier das Umgekehrte: Durch die Abwendung von der Blume gerät der Mensch in die Macht des Bösen. Hildegard erklärt, dass die weiße Blume für das Gebot des Gehorsams steht, also nicht die Frucht des Paradiesbaumes bedeutet.

In dieser Perspektive erhält der Sündenfall einen neuen Akzent: Nicht das Verbot, sondern das Gebot steht im Mittelpunkt. Dieses „Gebot des Gehorsams" deutet Hildegard als die Gabe des Dreifaltigen Gottes an den Menschen. Zugleich macht Hildegard deutlich, dass der Gehorsam nicht als Willkür Gottes auferlegt, sondern als Lebenskraft der Fruchtbarkeit dem Menschen von Gott angeboten wird. Der Mensch im Paradies verstand zwar dieses Gebot des Gehorsams, aber er eignete es sich nicht bis zur Affektivität und Effektivität an. Als Folge dieses halbherzigen Verhaltens erlag der Mensch der Versuchung, sich von Gottes Gebot abzuwenden, und verfiel dem von ihm solcherart selber verursachten Tod.

Sünde besteht für Hildegard nicht vor allem darin, ein Verbot zu übertreten und in Begierlichkeit nach etwas zu greifen. Die Sünde schlechthin ist für sie die Zurückweisung von Gottes Liebesangebot. Die Folgen dieser Ablehnung bestimmen unsere Realität: Unsere Erkenntnis ist verfinstert, so dass wir in Unwissenheit verfangen sind, unser Willen neigt zu egoistischen Interessen und wir sind von Selbstsucht verseucht. Mit dieser Vision bringt Hildegard unsere Erlösungsbedürftigkeit ins Bewusstsein. Inmitten der Todesverfallenheit sehnt sich der Mensch danach, von der Selbstsucht, dem Nein zu Gottes Liebe, geheilt zu werden.

📖 **Wisse die Wege, II. 1. Vision; 1; 7–8, S. 98–100 und 102–103.**

Und ich, eine Menschenfrau, die nicht glüht nach Art starker Löwen und auch nicht durch ihre Aushauchung belehrt ist, sondern in der Zartheit einer gebrechlichen Rippe bleibt, sah, von einem geheimnisvollen Hauch durchweht, ein hellleuchtendes Feuer, das unbegreiflich, unauslöschlich, ganz lebendig und als Ganzes das Leben war. Es trug in sich eine himmelblaue Flamme, die in sanftem Wehen glühend brannte, die so untrennbar in diesem leuchtenden Feuer war, wie es die Eingeweide im Menschen sind. Und ich sah, wie dieselbe Flamme aufblitzte und weißglühend wurde. Und siehe, da entstand plötzlich ein dunkles, rundes Gebilde aus Luft von gewaltiger Größe, dem diese Flamme mehrmals entgegenschlug und so oft einen Funken aus ihm zog, bis dieses Gebilde vollendet war; und so strahlten Himmel und Erde in vollständiger Gestaltung. Dann streckte sich diese Flamme, die inmitten des Feuers und der Glut brannte, auch zu einem kleinen Lehmklumpen hin, der auf dem Grund dieses Gebildes aus Luft lag, und erwärmte ihn, sodass daraus Fleisch und Blut wurden, und sie hauchte ihn an, sodass er als lebendiger Mensch aufgerichtet wurde. Als das geschehen war, reichte dieses leuchtende Feuer durch die Flamme, die mit sanftem Hauch glühend brannte, diesem Menschen eine blendendweiße Blüte, die an dieser Flamme hing, wie Tau an einem Grashalm hängt. Der Mensch spürte zwar ihren Duft mit der Nase, doch er kostete ihren Geschmack nicht mit dem Mund und berührte sie nicht mit den Händen, denn er wandte sich davon ab und stürzte in die dichteste Finsternis, aus der er sich nicht mehr zu erheben vermochte. Diese Finsternis aber wuchs an, wobei sie sich in dem Luftgebilde mehr und mehr ausbreitete. Dann erschienen in dieser Finsternis drei große Sterne, die in ihrem Glanz miteinander verbunden waren, und nach ihnen viele andere, kleine und große, die in hellem Glanz funkelten, und zuletzt ein sehr großer Stern, der in wunderbarem Leuchten strahlend, seinen Glanz auf die erwähnte Flamme richtete. Doch auch auf der Erde erschien jenes Leuchten wie die Morgenröte, in das sich diese Flamme auf wunderbare Weise ergossen hatte, ohne jedoch von dem erwähnten leuchtenden Feuer getrennt zu sein. Und so entzündete sich an diesem Glanz der Morgenröte der stärkste Wille. Und als ich das Entzünden dieses Willens genauer betrachten wollte, wurde mir in dieser Schau ein geheimes Siegel entgegengestellt und ich hörte eine Stimme, die aus der Höhe zu mir sprach: „Von diesem Geheimnis wirst du nicht mehr erblicken können, als was dir wegen des Wunders des Glaubens gewährt wird."

Und ich sah aus dem Glanz der erwähnten Morgenröte einen ganz lichten Menschen hervorgehen, der seinen Glanz über die erwähnte Finsternis ausgoss, aber er wurde von ihr so zurückgestoßen, dass er sich in blutiges Rot und in fahle Blässe verwandelte und die Finsternis mit so großer Kraft zurückschlug, dass jener Mensch, der in ihr darniederlag, durch ihn berührt, sichtbar wurde, aufleuchtete und so aufgerichtet aus ihr hervortrat. Und so erschien dieser leuchtende Mensch, der aus der erwähnten Morgenröte hervorging, in so großer Herrlichkeit, dass es eine menschliche Zunge nicht ausdrücken kann. Er streckte sich zur höchsten Höhe der unermesslichen Herrlichkeit empor, wo er in der Fülle prachtvoller Fruchtbarkeit und Wohlgeruchs wunderbar erstrahlte.

Und ich hörte aus dem erwähnten lebendigen Feuer eine Stimme, die zu mir sagte: [...] Das hellleuchtende Feuer, das du siehst, bezeichnet den allmächtigen und lebendigen Gott, der in seiner strahlenden Herrlichkeit niemals durch irgendeine Bosheit verdunkelt wurde und unbegreiflich bleibt, denn er kann durch keine Teilung jemals gespalten werden weder im Anfang noch am Ende noch kann er von einem Funken des Wissens seiner Geschöpfe erfasst werden, so wie er ist. Er ist auch in seinem Wesen unauslöschlich, denn er selbst ist jene Fülle, die niemals irgendein Ende berührt hat, und er ist ganz lebendig: denn überhaupt nichts ist für ihn so verborgen, dass er nicht darum wüsste; und er ist als Ganzes das Leben, weil alles, was lebt, von ihm das Leben empfängt. [...]

Dass aber dann diese Flamme inmitten des Feuers und der Glut sich zu einem kleinen Lehmklumpen hin ausstreckte, der auf dem Grund dieses Luftgebildes lag, bedeutet: Nach der Erschaffung der anderen Geschöpfe blickte das WORT Gottes im machtvollen Willen des Vaters und in der Liebe der göttlichen Milde (d. h. im Heiligen Geist) auf die arme, hinfällige Materie der weichen und doch zähen Gebrechlichkeit der menschlichen Natur, aus der böse wie gute Menschen hervorgehen sollten. Sie (die Materie) war noch in der Tiefe ihrer Gefühllosigkeit und Schwere gefesselt und noch nicht von dem durchdringenden belebenden Hauch erweckt. Und die Flamme erwärmte sie, sodass sie zu Fleisch und Blut wurde. Das heißt: Mit der Grünkraft goss es (das WORT) ihm Wärme ein, weil ja die Erde die fleischliche Materie für den Menschen ist, die ihn mit ihrem Saft nährt, wie eine Mutter ihre Kinder mit Milch stillt, und es hauchte sie an, sodass sie als lebender Mensch aufgerichtet wurde. Denn es erweckte sie (sc. die Materie) durch die Kraft von oben und brachte auf wunderbare Weise den Menschen hervor, der sich in Seele und Leib unterscheidet.

Als das geschehen war, reichte dieses leuchtende Feuer durch die Flamme, die mit sanftem Hauch glühend brannte, diesem Menschen eine blendendweiße Blüte, die an dieser Flamme hing, wie Tau an einem Grashalm hängt. Denn nach der Erschaffung Adams gab der Vater, der die lichteste Herrlichkeit ist, durch sein WORT im Heiligen Geist Adam das milde Gebot des reinsten

Gehorsams, der mit dem WORT in der Lebenskraft („viriditas") der Fruchtbarkeit verbunden ist. Denn durch das WORT träufelte vom Vater im Heiligen Geist der milde Tau der Heiligkeit herab und brachte große und zahlreiche Frucht, so wie reiner Tau auf das Gras fällt und es zu entsprechendem Wachstum erweckt. Der Mensch nahm zwar ihren Duft mit der Nase wahr, doch er kostete ihren Geschmack nicht mit dem Mund und berührte sie nicht mit den Händen. Er zog zwar die Gesetzesvorschrift in einsichtiger Weisheit gleichsam mit der Nase ein, doch ihre Kraft nahm er nicht mit dem Mund des inneren Umfangens vollkommen in sich auf noch erfüllte er sie durch das Werk seiner Hände mit der Fülle der Seligkeit. Er wandte sich nämlich davon ab und stürzte in die dichteste Finsternis, aus der er sich nicht mehr zu erheben vermochte. Denn auf den Rat des Teufels wandte er dem göttlichen Gebot den Rücken zu und stürzte in den weit offenen Rachen des Todes, weil er Gott weder im Glauben noch im Werk suchte. Daher konnte er sich nicht zu dessen wahrer Erkenntnis erheben, weil er von Sünden belastet war, bis jener kam, der völlig ohne Sünde seinem Vater gehorchte. Diese Finsternis aber wuchs an, wobei sie sich in diesem Luftgebilde mehr und mehr ausbreitete. Denn die Macht des Todes vermehrte sich ständig in der Welt mit der Ausbreitung der Laster, weil die Einsicht der Menschen durch das Grauen ausbrechender übelriechender Sünden sich in verschiedene vielfältige Laster verwickelte.

56 Der Rebell

Gott offenbart seine Liebe zum Menschen darin, dass er den Menschen an seiner kreativen Hinwendung zu den Geschöpfen teilhaben lässt. Infolgedessen hat die Antwort des Menschen auf Gottes Liebesangebot Auswirkungen auf seinen Umgang mit der Schöpfung, wie auch umgekehrt der Mensch seine Liebesfähigkeit Gott gegenüber in einer verantwortungsvollen Bejahung der geschaffenen Welt zum Ausdruck bringen kann. Aufgrund der Wahlmöglichkeit, die der menschlichen Freiheit innewohnt, kann sich der Mensch jedoch Gott widersetzen und die Natur missbrauchen.

Statt seinen Auftrag als Mitarbeiter Gottes („operarius Dei") zu erfüllen (siehe Texte Nr. 65–67), führt sich der Mensch oft genug als Rebell auf. Hildegard weiß sehr wohl darum, zu welchen Missständen die rebellische Haltung des Menschen führt. Im dritten Teil des *Buches der Lebensverdienste* erheben die Elemente ihre Stimme und beklagen ihren elenden Zustand. Ihnen antwortet eine kosmische Gestalt, die im Mittelpunkt dieses Werkes steht und Gott symbolisiert (siehe Text Nr. 10). Sowohl die Klage der Elemente als auch die Antwort des Kosmos-Menschen überraschen mit ihrer Aktualität.

Wenn diese Bestandsaufnahme Hildegards angesichts der Verschmutzung, der Vernichtung und der Ausbeutung der Natur heute im 21. Jahrhundert eine besondere Aktualität erfährt, dann dürfen wir annehmen, dass auch ihre Ursachendiagnose genauso den Kern der heutigen Problematik trifft. Der Defekt menschlicher Verantwortung liegt am Mangel von Gerechtigkeit, Sittlichkeit und Wahrheitsliebe. Der Mensch weigert sich, Gott als seinen Schöpfer anzuerkennen. Stattdessen sucht er sich in den geschaffenen Dingen seine Götter aus, ja, produziert sich selber Idole, wodurch er vergängliche Kreaturen verabsolutiert und sie zu Götzen macht.

Nicht nur Klage über Missbrauch findet sich in den Visionen Hildegards, sondern auch eine tiefgreifende Therapie. Als die Wurzel aller Übel betrachtet Hildegard die Gottvergessenheit des Menschen. Daher kann das Verhältnis des Menschen zur Natur nur dann geheilt werden, wenn der Mensch Gott als seinen Schöpfer anerkennt. Hildegard betont, dass die Umkehr des Menschen in der Annahme seines geschöpflichen Daseins, seiner göttlichen Kindschaft, besteht. Erst daraus resultieren Gerechtigkeit, Verantwortungsbewusstsein und Erfüllung des Schöpfungsauftrags. Das sind die aktuellsten Formen eines geheiligten Lebens.

Das Buch der Lebensverdienste, III. 1–2, S. 163–164.

Und ich hörte eine laute Stimme, die aus den Elementen der Welt zu dem Mann sprach: „Wir können nicht laufen und unseren Weg demgemäß vollenden, wie unser Gebieter es uns bestimmt hat. Denn die Menschen drehen uns mit ihren bösen Werken um wie eine Mühle. Daher stinken wir vor Pest und vor Hunger nach der ganzen Gerechtigkeit."

Der Mann aber antwortete: „Mit meinem Besen werde ich euch reinigen und werde die Menschen zuweilen peinigen, bis sie zu mir zurückkehren. In jener Zeit werde ich viele Herzen nach meinem Herzen vorbereiten. Und sooft ihr verschmutzt werdet, werde ich euch durch die Peinigung derer, die euch verschmutzen, reinigen. Wer könnte mich niederdrücken? Die Winde sind vom Gestank heiser geworden, die Luft speit Schmutz aus, weil die Menschen ihren Mund nicht zur Rechtschaffenheit öffnen. Auch die Grünkraft welkt wegen des ungerechten Aberglaubens der verkehrten Menschenmassen, die jede Angelegenheit nach ihren Wünschen bestimmen und sagen: ‚Wer ist denn jener Herr, den wir niemals gesehen haben?' Ich antworte ihnen: Seht ihr mich nicht bei Tag und bei Nacht? Seht ihr mich nicht, wenn ihr sät und wenn die Saat mit Regen begossen wird, damit sie wächst? Die ganze Schöpfung strebt nach ihrem Schöpfer und versteht offensichtlich, dass einer sie erschaffen hat. Der Mensch dagegen ist ein Rebell und zerteilt seinen Schöpfer in viele Geschöpfe. Wer hat aber die Schriftrollen in Weisheit hervorgebracht? Sucht in ihnen, wer euch erschaffen hat! Solange die Schöpfung ihren Dienst auf eure Nötigung ausübt, werdet ihr keine vollkommene Freude finden. Nachdem aber die Schöpfung in Dürre verwelkt sein wird, werden die Auserwählten die höchste Freude im Leben aller Freuden sehen."

57 Entfremdung und Heimatlosigkeit

In der Welt erfährt sich der Mensch tagtäglich in seinen existenziellen Nöten. Fremdheit und Gefangenschaft sind Lebensgefühle, die auch im Alltag ins Bewusstsein kommen. Das Leben mutet einem manch Unheimliches zu, dessen Warum nicht beantwortet werden kann. Zwänge von außen und innen halten uns gefangen, und es fällt uns so schwer, sich von bedrückenden Gedanken, Gefühlen und Erfahrungen loszulösen. Auch der Druck von Pflichten, Arbeit und Konflikten belastet unsere Seele, und wir fühlen uns einer feindlichen Umwelt ausgesetzt. Das alles sind Phänomene, die in Hildegards Daseinsdeutung die Erlösungsbedürftigkeit des Menschen zum Ausdruck bringen. Sie weiß darum, dass durch die Ablehnung von Gottes Liebe – im Engelsturz und im Sündenfall des Menschen – die Welt vom Bösen geprägt ist. Wer die Welt im guten Sinne bestehen will, muss sich zum Kampf gegen das Böse rüsten.

In einer großen allegorischen Rede in *Wisse die Wege* lässt Hildegard die nach Hilfe schreiende Stimme der Seele in der Fremde hören. Die Seele beklagt ihre Erfahrung einer existenziellen Fremdheit mit Hinweisen auf biblische Bilder. Neben Anklängen an die babylonische Gefangenschaft des Volkes Israel dominieren Andeutungen auf die Erfahrung des verlorenen Sohnes im Gleichnis des lukanischen Evangeliums (Lukas 15). In der Klage der Seele gewährt

Hildegard einen Einblick in die tiefe Not, die auf den Menschen zukommt, wenn er die von der Liebe geschenkte Option zurückweist. Die Seele wäre dazu bestimmt, eine Gefährtin der Engel zu sein, und wäre zur unmittelbaren Gotteserkenntnis und Gotteserfahrung fähig. Stattdessen begibt sie sich auf ihren eigensinnig ausgedachten Weg. Sie ist den Bedrohungen schutzlos ausgesetzt. Knechtschaft, Angriffe, Trostlosigkeit und Schikanen sind ihr Schicksal.

Inmitten der Qualen bekommt die Seele jedoch Kraft und Trost in der Erinnerung an ihre Heimat, die zugleich im Verhältnis von Mutter und Tochter dargestellt wird. Nach langem mühsamem Weg gelangt die Seele zum Zelt, das sich als ein uraltes Symbol von Geborgenheit erweist. Das Zelt gilt als Heimat in der Heimatlosigkeit. Sie ist zwar noch keine bleibende Stätte, aber eine Vorwegnahme der ewigen Heimat. Auch wird die Seele von weiteren Anfechtungen und Feindseligkeiten nicht verschont, von ihrem Zelt aus kann sie sich aber wehren. Übertragen bedeutet das Zelt den Selbststand der menschlichen Persönlichkeit: Der Mensch findet darin sein eigenes Profil und wird fähig, sich gegen die Gefährdungen zu schützen, sich der Welt zu öffnen und in ihr auch Geborgenheit zu finden.

📖 **Wisse die Wege, I. 4. 1–3, S. 61–65.**

„Ich Fremde, wo bin ich? Im Schatten des Todes. Und auf welchem Weg gehe ich? Auf dem Weg des Irrtums. Und welchen Trost habe ich? Den Trost, den Fremdlinge haben. Ich sollte nämlich ein Zelt haben, geschmückt mit fünf Quadersteinen, leuchtender als Sonne und Sterne. Denn nicht die untergehende Sonne und die verblassenden Sterne sollten darin leuchten, sondern in ihm sollte die Herrlichkeit der Engel sein. Ein Topas sollte sein Fundament sein und lauter Edelsteine seine Mauern. Seine Treppen müssten aus Kristall gefügt und seine Böden mit Gold belegt sein. Denn ich sollte eine Gefährtin der Engel sein, weil ich der lebendige Hauch bin, den Gott in den trockenen Lehm sandte. Daher müsste ich um Gott wissen und ihn fühlen. Doch wehe! Als mein Zelt erkannte, dass es mit seinen Augen nach allen Richtungen blicken konnte, richtete es seinen Blick („instrumentum") nach Norden. Ach, ach! Dort bin ich gefangen und meiner Augen und der Freude an der Erkenntnis beraubt, mein Gewand ist ganz zerrissen. Und als ich so aus meinem Erbteil vertrieben war, wurde ich an einen fremden Ort geführt, der aller Schönheit und Ehre entbehrte, wo ich der schlimmsten Knechtschaft unterworfen bin. Aber die mich gefangen hatten, zwangen mich auch durch Faustschläge, mit den Schweinen zu essen. Sie führten mich an einen trostlosen Ort und gaben mir in Honig getauchte, ganz bittere Kräuter zu essen. Danach legten sie mich auch auf eine Kelter und quälten mich mit vielen Foltern. Dann aber zogen sie mir meine Kleider aus, versetzten mir viele Schläge und schickten mich auf die Jagd, wo sie mich bösartige, giftige Schlangen, wie Skorpione, Nattern und ähnliches Gewürm, fangen ließen, die mich ganz mit ihrem Gift so bespieen, dass ich davon geschwächt wurde. Da verspotteten sie mich und sagten: ‚Wo ist jetzt deine Würde?' Ach, da erzitterte ich ganz und sagte in tiefem, gramvollen Seufzen zu mir: ‚O, wo bin ich? Ach, von wo bin ich hierher gekommen? Und welchen Tröster soll ich in dieser Gefangenschaft suchen? Wie soll ich diese Ketten sprengen? O, welches Auge wird meine Wunden anschauen können? Welche Nase wird diesen widerlichen Gestank ertragen können oder welche Hände werden sie mit Öl salben? Ach, wer wird mit meinem Schmerz Mitleid haben? Der Himmel erhöre also mein Schreien und die Erde erbebe über meine Betrübnis und alles, was lebt, neige sich barmherzig meiner Gefangenschaft zu, denn bitterster Schmerz drückt mich nieder, weil ich eine Fremde ohne Trost und Hilfe bin. O, wer wird mich trösten? Denn auch meine Mutter hat mich verlassen, weil ich vom Weg des Heils abgeirrt bin. Wer wird mir helfen außer Gott? Wenn ich aber deiner gedenke, o Mutter Zion, in der ich wohnen sollte, blicke ich auf die bitteren Sklavendienste, denen ich unterworfen bin. Und wenn ich all die Arten von Musik, die in dir ertönen, in meine Erinnerung zurückrufe, bemerke ich meine Wunden. Wenn ich aber an die Freude und an den Jubel deiner Herrlichkeit denke, verabscheue ich das Gift, mit dem sie befleckt sind. O, wohin soll ich mich wenden? Und wohin soll ich fliehen? Mein Schmerz ist nämlich unermesslich; denn wenn ich in diesen Sünden bleibe, werde ich Genossin derer, mit denen ich im Land Babylon schändlichen Umgang hatte. Und wo bist du, o Mutter Zion? Weh mir, dass ich zu meinem Unglück von dir gewichen bin; denn würde ich dich nicht kennen, trüge ich meinen Schmerz leichter! Jetzt aber will ich meine bösen Gefährten fliehen, weil das unselige Babylon mich auf eine Bleiwaage gelegt und mit den schwersten Balken niedergedrückt hat, sodass ich kaum atmen kann. Doch wenn ich meine Tränen mit meinen Seufzern zu dir hin, o meine Mutter, vergieße, sendet das unselige Babylon ein solches Tosen rauschender Wasserfluten aus, dass du meine Stimme nicht vernimmst. Also will ich mit viel Sorgfalt die schmalen Pfade suchen, auf denen ich meinen bösen Gefährten und meiner unglückseligen Gefangenschaft entkommen kann.'

Und als ich das gesagt hatte, betrat ich einen schmalen Pfad, wo ich mich in einem engen Spalt vor dem Norden verbarg und bitterlich weinte, weil ich meine Mutter verloren hatte; dort überdachte ich auch meinen ganzen Schmerz und alle meine Wunden. Ich vergoss dort so große Tränenströme, indem ich weinte und weinte, sodass aller Schmerz und jeder Flecken meiner Wunden von diesen Tränen überströmt wurden.

Und siehe, lieblichster Duft, wie ein sanfter Wind von meiner Mutter ausgesandt, berührte meine Nase. O, wie viele Seufzer und Tränen vergoss ich jetzt, da ich diesen kleinen Trost verspürte! Und solche Freudenschreie mit so vielen Tränen stieß ich aus, dass sogar der Berg, in dessen Spalt ich mich verborgen hatte, davon erschüttert wurde. Und ich rief: ‚O Mutter, o Mutter Zion, was wird mit mir geschehen? Wo ist jetzt deine edle Tochter? O wie lange, wie lange entbehre ich schon deine mütterliche Zärtlichkeit, die du mich mit großen Freuden liebevoll aufgezogen hattest.' Und ich wurde durch diese Tränen so beglückt, als sähe ich meine Mutter.

Doch meine Feinde hörten dieses Jammern und sagten: ‚Wo ist die, die wir nach unserem Willen bisher in unserer Gesellschaft hatten, sodass sie auch selbst unseren Willen ganz erfüllte? Seht, jetzt ruft sie die Himmelsbewohner an. Wir wollen also all unsere Künste aufbieten, indem wir sie so eifrig und sorgfältig bewachen, dass sie uns nicht entfliehen kann, weil wir sie früher ganz in unserer Gewalt hatten. Wenn wir das tun, wird sie uns wieder folgen.'

Ich aber verließ heimlich den Spalt, in dem ich mich verborgen hatte, und wollte auf eine Anhöhe gehen, wo meine Feinde mich nicht finden konnten. Aber sie hatten mir ein Meer von solchem Ungestüm entgegengeworfen, dass ich es unmöglich durchwaten konnte. Aber dort gab es einen Steg, so klein und schmal, dass ich auch auf ihm nicht hinübergelangen konnte. Am anderen Ende dieses Meeres erschien eine Gebirgskette mit so hohen Gipfeln, dass ich auch dort keinen Ausweg finden konnte. Da sprach ich: ‚Ach, was soll ich Elende jetzt tun? Ich hatte ja die Zärtlichkeit meiner Mutter kurze Zeit verspürt und meinte daher, sie wolle mich zu sich zurückholen. Aber ach! Wird sie mich jetzt etwa wieder verlassen? Ach! Wohin soll ich mich wenden? Denn wenn ich wieder in meine frühere Gefangenschaft gerate, werden mich meine Feinde dann mehr als vorher verspotten, weil ich kläglich zu meiner Mutter gerufen hatte, da ich ja die Wonne ihrer Lieblichkeit kurze Zeit gespürt hatte, während ich jetzt wieder von ihr verlassen bin.'

Doch durch jenen süßen Duft, den ich zuvor von meiner Mutter gespürt hatte, war ich so gestärkt, dass ich mich nach Osten wandte und wieder auf den schmalen Pfaden zu gehen begann. Diese Pfade aber waren so voller Dornen und Disteln und anderen derartigen Hindernissen, dass ich kaum einige Schritte darauf tun konnte. Aber dennoch durchquerte ich sie schließlich mit größter Mühe und viel Schweiß. Doch durch diese Anstrengung überfiel mich eine so große Müdigkeit, dass ich kaum noch atmen konnte.

So kam ich endlich unter größter Erschöpfung zum Gipfel des Berges, in dem ich mich zuvor verborgen hatte, und wandte mich dem Abhang zu, wo ich wieder hinabsteigen musste. Und siehe, dort kamen mir plötzlich Nattern, Skorpione, Drachen und andere Schlangenbrut entgegen und zischten mich an. Aus Schrecken darüber erhob ich ein lautes Klagegeschrei: ‚O Mutter, wo bist du? Leichter wäre mein Schmerz, wenn ich nicht zuvor die Lieblichkeit deiner Heimsuchung erfahren hätte. Denn jetzt werde ich wieder in die Gefangenschaft stürzen, in der ich so lange gelegen hatte. Wo ist also jetzt deine Hilfe?'

Da hörte ich die Stimme meiner Mutter zu mir sprechen. „Beeile dich, Tochter; denn vom allmächtigen Geber, dem niemand widerstehen kann, sind dir Flügel zum Fliegen geschenkt worden. Fliege also schnell über all diese Widrigkeiten hinweg." Und durch viel Trost ermutigt, nahm ich diese Flügel und flog schnell über all das giftige und todbringende Gewürm hinweg.

Und ich kam zu einem Zelt, das innen ganz aus starkem Stahl gefertigt war. Ich betrat es und vollbrachte Werke des Lichtes, während ich früher Werke der Finsternis vollbracht hatte. In diesem Zelt errichtete ich gegen Norden eine Säule aus rohem Eisen, an der ich Wedel aus verschiedenen Federn aufhängte, die sich hin und her bewegten. Ich fand auch Manna und aß es. Gegen Osten jedoch errichtete ich eine Schutzwehr aus Quadersteinen, zündete darauf ein Feuer an und trank dort Myrrhenwein mit Most. Gegen Süden aber baute ich einen Turm aus Quadersteinen, an dem ich rote Schilde aufhängte, und legte Posaunen aus Elfenbein in seine Fenster. Mitten in diesem Turm aber goss ich Honig aus und stellte daraus zusammen mit anderen Gewürzen eine kostbare Salbe her, sodass sich im ganzen Zelt der starke Duft davon verbreitete. Gegen Westen jedoch errichtete ich kein Bauwerk, weil diese Seite der irdischen Welt zugekehrt war.

Doch während ich mit dieser Arbeit beschäftigt war, griffen inzwischen meine Feinde zu ihren Köchern und beschossen mein Zelt mit ihren Pfeilen; ich aber bemerkte im Eifer für mein Werk ihr unsinniges Unterfangen solange nicht, bis der Zelteingang mit Pfeilen gespickt war. Dennoch vermochte keiner dieser Pfeile weder die Tür noch die Stahlwand dieses Zeltes zu durch dringen; daher konnte auch ich nicht von ihnen verletzt werden. Als sie das sahen, schickten sie mir eine Wasserflut entgegen, um mich und mein Zelt fortzuspülen. Doch auch mit dieser Bosheit hatten sie keinen Erfolg. Deshalb lachte ich sie furchtlos aus und sagte: ‚Der Meister, der dieses Zelt errichtet hat, war weiser und stärker als ihr. Daher sammelt eure Pfeile wieder ein und legt sie weg, denn sie werden von nun an keinen Sieg mehr nach eurem Willen gegen mich erringen. Seht nur, welche Wunden weisen sie auf! Ich habe unter viel Schmerz und Mühe sehr viele Kämpfe gegen euch ausgefochten, weil ihr mich dem Tod ausliefern wolltet, aber dennoch habt ihr es nicht vermocht. Denn mit den stärksten Waffen ausgerüstet, schwang ich scharfe Schwerter gegen euch, mit denen ich mich entschlossen verteidigte. Weicht also, weicht zurück, denn ihr werdet mich nicht länger in eurer Gewalt haben können!'"

58 In Bedürftigkeit und Not

Die Psychologie lehrt uns: Nur was erkannt und willentlich angenommen wird, kann geheilt werden. Damit ist die Annahme unserer selbst und unserer Situation samt der gesamten Realität gemeint. Wenn wir uns und unser sündenverfallenes Leben ehrlich annehmen, kann Heilung geschehen. Bisweilen kann aber die Not unsere Kräfte so weit übersteigen, dass wir zu dieser Annahme nicht mehr fähig sind.

Die Theologie lehrt uns, dass Jesus Christus unser Menschsein vollständig angenommen hat. Von der Empfängnis bis zum schmerzlichen Tod hat er unsere menschliche Bedürftigkeit, wie Hunger und Durst, Trauer und Angst, Einsamkeit und Schmerz, Scheitern und Verlust, an seinem Leib und in seiner menschlichen Seele getragen, durchlitten und zutiefst angenommen. Bei der Bewältigung unserer Not sind wir nicht allein gelassen. In der Menschwerdung hat Gott unser gebrechliches menschliches Dasein angenommen. Weil Gott in Jesus Christus unsere Not angenommen hat, kann unser sündhaftes Schicksal verwandelt und geheilt werden.

In den von Hildegard komponierten Gebeten finden wir Worte, die wir selber gerade in der Bedrängnis vielleicht nicht finden können. Diese Worte helfen uns, unser Dasein vor Gott zu bringen und uns ihm im Glauben an seinen menschgewordenen Sohn anzuvertrauen. Jesus Christus nimmt uns gnädig an und schenkt uns Trost und Heilung. So kann sich unser Leben vor Gottes Angesicht lichten.

📖 **Lieder, 1–2, S. 22 und 24.**

O großer Vater, wir sind in solcher Not!
Deshalb bitten wir dich nun, wir beschwören dich durch dein Wort,
durch das du uns in unserer vielfältigen Bedürftigkeit aufgerichtet hast.
Nun möge es dir gefallen, Vater, wie es dir entspricht,
dass Du uns anschaust, damit wir durch deine Hilfe nicht müde werden
und dein Name in uns nicht verdunkelt werde.
Hilf uns um deines Namens willen.

O ewiger Gott, nun möge es dir gefallen,
dass du in jener Liebe glühst,
damit wir jene Glieder seien,
die du in derselben Liebe geschaffen hast,
mit der du deinen Sohn gezeugt
im ersten Morgenrot
vor aller Kreatur.
Und schau in die Not hinein, die über uns herfällt,
und nimm sie weg von uns um deines Sohnes willen,
und bring uns ans Ziel in die Freude des Heils.

59 Neuanfang aus der Schwachheit

Hildegards Denken nährt sich aus der Betrachtung der Bibel. Selbst wenn sie gelegentlich vordergründig naturkundliche Gegebenheiten beschreibt und erklärt, haben ihre Überlegungen ihren Ausgangspunkt und ihre Grundlage in den biblischen Texten. Die Bibel, Gottes geoffenbartes Wort in Menschenwort, vermittelt uns das Heilswissen, also jene Weisheit, die uns Orientierung im Leben gibt, uns zum wahren Ziel führt und zum seligmachenden Glück verhilft. Daher wäre es verfehlt, in der Bibel naturwissenschaftliche Erkenntnisse zu suchen. Auch Hildegards Beobachtungen und Erläuterungen über Naturphänomene dienen dazu, dass wir dadurch die Welt und das Dasein heilsgeschichtlich besser verstehen, so dass wir auf unsere Bestimmung hin – Heil, Heilung und Heiligung – wachsen können.

Die Passagen aus dem zweiten Buch von *Ursprung und Behandlung der Krankheiten* beziehen sich auf die ersten Kapitel des Buches

Genesis. Zuerst geht Hildegard auf den Sündenfall ein (Genesis 3). Es war in der mittelalterlichen Theologie allgemeines Gedankengut, den Sündenfall dahingehend zu erklären, dass die Schlange die Schwachheit der Frau ausgenutzt hat, und erst durch die Frau auch der Mann verführt werden konnte. Selbst wenn Theologen dies zugunsten der Frau auslegen, nämlich dass die Frau aufgrund ihrer Schwachheit entschuldigt ist, der Mann aber nicht (vgl. etwa Ambrosius), wird das Weibliche doch in seiner Schwäche negativ konnotiert. Hildegard interpretiert die Schwachheit der Frau nicht als Entschuldigung, sondern als eine gnadenvolle Voraussetzung dafür, dass die Auflehnung gegen Gott nicht so stark verhärtet wurde. Dadurch dass der Sündenfall in der weiblichen Weichheit seinen Anfang genommen hat, kann menschliche Sünde durch Erlösung geheilt werden.

Die weiteren Gedanken Hildegards richten sich auf die Fortsetzung der Geschichte im Buch Genesis. Was die Bibel kurz andeutet, das malt Hildegard detailliert aus. Den Zustand nach dem Sündenfall bis zur Generation Noachs, der in der Bibel mit wenigen Sätzen skizziert wird (Genesis 6,5ff.), schildert Hildegard in einer ausführlichen Beschreibung des pervertierten Umgangs der Menschen mit den Tieren. Die Erwähnung von Gottessöhnen (Genesis 6,1–2) interpretiert Hildegard so, dass sie diese als jene Menschen versteht, die – erfüllt von Gottes Geist – sich trotz der Verderbtheit der Menschheit als rein und heilig bewahrt haben.

Hildegards interessante Aussage über den Wein – er wachse nach der Sintflut, da das Wasser die Erde fruchtbar gemacht hat – hat biblische Wurzel. Noach, der in Gottes Auftrag die Sintflut in der Arche überlebt hat, gilt gemäß der Bibel als der erste Ackerbauer, der einen Weinberg pflanzte (Genesis 9,20).

Der Regenbogen ist nach der biblischen Erzählung das Zeichen für den Bund, den Gott nach der Sintflut in Noachs Namen mit der ganzen Schöpfung stiftete: „Meinen Bogen setze ich in die Wolken; er soll das Zeichen des Bundes werden zwischen mir und der Erde. Balle ich Wolken über der Erde zusammen und erscheint der Bogen in den Wolken, dann gedenke ich des Bundes, der besteht zwischen mir und euch und allen Lebewesen, allen Wesen aus Fleisch, und das Wasser wird nie wieder zur Flut werden, die alle Wesen aus Fleisch verdirbt" (Genesis 9,13–15). Die Sintflut, die fast die ganze

Schöpfung vernichtet hat, ermöglichte dank der Treue Noachs einen Neuanfang. Gott hat seine Treue gegenüber dem Menschengeschlecht erneuert. Hildegard fügt ihre Deutung hinzu, dass auch seitens der Menschen gegenüber Gott eine erneuerte, geläuterte Gesinnung aufkeimte: „Nach der Sintflut entstanden größere Weisheit und größere Tugenden in den Menschen, als vorher gewesen und in Erscheinung getreten waren."

📖 **Ursprung und Behandlung, II. 91–95, S. 70–72.**

Wenn nun Adam eher als Eva gesündigt hätte, dann wäre diese Sünde so groß und unauslöschlich gewesen, dass der Mensch in eine so große und unauslöschliche Verhärtung gefallen wäre, dass er weder hätte erlöst werden wollen noch können. Dass Eva früher sündigte, konnte deshalb leichter ausgelöscht werden, weil sie schwächer als der Mann war.

Fleisch und Haut Adams und Evas waren stärker und härter als die der Menschen jetzt, weil Adam von Erde gebildet war und Eva aus ihm. Aber nachdem sie Söhne gezeugt hatten, wurde ihr Fleisch immer und immer schwächer und schwächer und so wird es sein bis zum Jüngsten Tag.

Als Adam aus dem Paradies vertrieben wurde, war das Wasser vor der Sintflut nicht von so großer Geschwindigkeit in seinem Lauf und nicht von so flüssiger Beschaffenheit, wie es danach wurde, sondern es hatte über sich eine Art Membran, die es erheblich verlangsamte, so dass es gemächlich floss. Und auch die Erde war damals nicht schlammig, sondern trocken und locker, weil sie noch nicht vom Wasser durchtränkt war, aber infolge ihrer ersten Bestimmung gab sie Frucht im Übermaß.

Damals hatten die Menschen Gott vergessen, so dass sie mehr wie Vieh als Gott entsprechend handelten. Daher liebten viele das Vieh mehr als die Menschen, so dass sich Frauen wie Männer auch mit dem Vieh derart vermischten und gemein machten, dass das Bild Gottes in ihnen schon fast aufgegeben war. Und das ganze Menschengeschlecht verwandelte und verformte sich zu Ungeheuern, so dass manche Menschen ihr Verhalten und ihre Stimmen wie Tiere ausprägten in Laufen, Geheul und Lebensweise. Freilebende Tiere und Vieh waren nämlich vor der Sintflut noch nicht von so großer Wildheit, wie sie später wurden, und die Menschen flohen nicht vor ihnen und sie nicht vor den Menschen und sie erschraken nicht voreinander. Vielmehr blieben Wild- und Haustiere gern bei den Menschen und die Menschen bei ihnen, weil sie zu Anbeginn fast gleichzeitig ihren Ursprung genommen hatten. Wild- und Haustiere beleckten die Menschen und die Menschen sie, deshalb liebten sie einander mehr in ihrer Gegensätzlichkeit und hingen aneinander.

Aber Adam hatte einige Söhne gezeugt, die so von göttlichem Geist erfüllt waren, dass sie sich zu keiner Schändlichkeit vermischen wollten, sondern dass sie in Heiligkeit verblieben; deshalb wurden sie „Gottessöhne" genannt. Und diese schauten und forschten, wo solche Menschen wären, die sich nicht mit dem Vieh vermischt hatten und die nicht mit dem Vieh herabgewürdigt waren, obwohl sie Söhne von Sündern waren, wie oben gesagt ist. Deshalb wurden diese auch „Menschensöhne" genannt, weil sie weder in ihrer Gestalt noch mit dem Vieh herabgewürdigt waren. Und sie nahmen ihre Frauen von deren Töchtern und zeugten mit ihnen Söhne, wie geschrieben ist: „Die Gottessöhne sahen die Töchter der Menschen, dass sie schön waren." Aber bis heute gibt es auch einige wilde und zahme Tiere, die sich von den Menschen auf die Weise, wie es oben gesagt ist, sehr viel von der menschlichen Natur angeeignet haben.

Da stieg der Schrei dieser Widernatürlichkeit vor die Augen Gottes auf, weil in der Unzucht das Bild Gottes verstümmelt und zerschlagen und die Vernunftbegabtheit in Verwirrung gestürzt war. Deshalb schickte der „Geist Gottes", der bei der Erschaffung der Welt „über den Wassern schwebte", die Wasser aus, und die Membran der Wasser, durch die die Wasser vorher erheblich verlangsamt wurden, damit sie nicht mit so großer Geschwindigkeit flössen, wie sie nunmehr fließen, wurde zerrissen, und das Wasser wurde schnell in seinem Lauf und ertränkte die Menschen.

Damals durchtränkte das Wasser die Erde so, dass sie wie eisern und fest wurde und in allen Früchten einen neuen und stärkeren Saft als vorher lieferte und Wein wachsen ließ, der vorher nicht aufgetreten war. Aber auch die Steine, die mit der Erde geschaffen wurden und die von der Erde bedeckt waren, kamen durch das Wasser zum Vorschein und traten hervor, und manche von ihnen wurden gespalten, die vorher ganz waren.

Die Steine aber wuchsen weder vorher noch nachher außer jenen, die in Flüssen glatt und rund erscheinen, sondern sie wurden mit der Erde erschaffen und nur durch die Sintflut aufgedeckt.

Dann setzte Gott seinen Bogen an das Firmament des Himmels, um das Firmament zu stärken und den Wassern Widerstand zu leisten. Und dieser Bogen ist feurig und hat die Farben der Wasser, die gegen die Wasser so stark sind wie Wolken, so dass er durch Feuer und seine Farben die Wasser aufhält, wie ein Netz die Fische zurückhält, damit sie nicht herausschwimmen.

Nach der Sintflut entstanden größere Weisheit und größere Tugenden in den Menschen als vorher gewesen und in Erscheinung getreten waren. Vor der Sintflut war die ganze Erde voll mit Menschen und Tieren und sie waren weder durch Gewässer noch durch Wälder voneinander getrennt, weil es noch keine großen Flüsse und großen Wälder gab, sondern nur Quellen und kleine Bäche, die leicht überschritten werden konnten, und wenige Haine, die die Menschen leicht durchquerten. Aber nach der Sintflut ergossen sich einige Quellen und einige Bäche in große und gefährliche Flüsse und es wuchsen große Wälder, durch die auch Menschen und Tiere getrennt wurden, so dass danach die Menschen vor den Tieren und die Tiere vor den Menschen Scheu hatten. Vor der Sintflut regnete es auch nicht, sondern es fiel nur Tau über die Erde. Nachdem aber die Erde bei der Sintflut mit den Wassern durchtränkt und gefestigt wurde, verlangt die Erde natürlicherweise das Regnen von Wasser.

60 Berührt werden – die Zärtlichkeit der Gnade

Hildegard kennt die Not des Menschen, wenn er in Sünden verstrickt ist. Sünde verletzt die Seele des Menschen und fügt ihr Schmerzen und Leid zu. Es ist daher eine Gnade, wenn der Mensch vor der Sünde bewahrt wird oder wenn er sich von der Sünde abzuwenden vermag. Sobald der Mensch die Sünde erkennt und bereut, erwachsen ihm Kräfte der Umkehr. Die Buße hat verwandelnde Wirkmacht. Hildegard legt zugleich nahe, dass das Erwachen des reuigen Menschen zu neuem Dasein nicht seine eigene Leistung ist, sondern die Gabe der göttlichen Gnade. Gottes Gnade steht dem Menschen in jeder seiner Lebenslagen bei. Die Gnade sportt den Menschen zum Guten an und lässt ihn einen Neuanfang wagen. Sie bewegt den Menschen dazu, sich im Guten zu bewähren und auszuhalten. Mit noch größerer Kraft entfaltet sie ihre Wirkung, wenn sie den gefallenen Menschen aufrüttelt und zur Umkehr bewegt. Sie tut es aber nicht auf eine aufdringliche Art. Die Umgangsform der Gnade ist nämlich Barmherzigkeit. Und sie scheut sich auch nicht, sich zu den Abgründen des Menschenherzens zu beugen und dessen wunde und schmerzende Stellen zu berühren. In der sanften Berührung der Gnade heilt Gott den durch Sünde verletzten Menschen und befähigt ihn, die eigene gottgegebene Bestimmung zu verwirklichen. Auf diese Weise stellt der Schöpfer die zerbrochene Liebesfähigkeit des Menschen wieder her.

> 📖 **Wisse die Wege, III. 8. 8, S. 409–416 (Auszüge).**

Ich bin die Gnade Gottes, meine Kinder. Deshalb hört und versteht mich, denn ich schenke denen das Licht der Seele, die mich bei meiner Ermahnung erkennen. Ich bewahre sie auch in dieser Glückseligkeit, damit sie nicht zur Sünde zurückkehren. Und weil sie mich nicht verachtet haben, will ich sie deshalb auch mit meiner Ermahnung berühren, damit sie beginnen, Gutes zu wirken, jene nämlich, die mich in der Einfalt und Lauterkeit des Herzens suchen.

Und während ich die Perlen des Guten gewähre, indem ich den Menschen ermahne und ermuntere, d. h., während die Einsicht des Menschen so von mir berührt wird, bin ich für ihn der Anfang. Das ist, wenn die Sinneskraft des Menschen meine Ermahnung mit ihrem Gehör vernimmt, sodass auch diese Wahrnehmung in seiner Seele zur Übereinstimmung mit meiner Berührung geführt wird, dann bin ich in ihm der Anfang des Guten, das er beginnen soll, da ich ihm dabei Helferin bin. Dann entsteht dort auch ein Ringen darum, ob das, was ich gebe, entweder zur Vollendung kommt oder nicht. Wieso? Das will ich so verstanden wissen: Wenn ich den Menschen auf solche Weise ermahne, dass er seine Sünden zu beklagen und zu beweinen beginnt, und wenn dann sein Wille mit meiner Ermahnung einverstanden ist, mit der ich ihn ermuntert habe, und wenn dann sein Wille meine Ermahnung angenommen hat, erhebt er sich alsbald und unterdrückt und überwindet seine Sinne, sodass diese Sinne das lernen, was ihnen ihrer Gewohnheit nach unbekannt ist. Der Mensch empfindet nämlich mit seinen Sinnen die Wandlung seines Herzens so, wie er seine Augen zum Sehen, seinen Mund zum Reden, die Hände zum Fühlen und die Füße zum Gehen erhebt nach dem Verlangen, wie er es im Herzen trägt. Wie?

Er selbst ändert sich, weil er, wenn auch unfreiwillig, dem Willen folgen muss, der über ihm steht. Er ist nämlich jenem in Dienstbarkeit unterworfen, weil er unter ihm steht und ihm folgen wird, ob er will oder nicht. Denn ich verleihe zuerst das Gute, erwärme es in der Seele und übergebe das Werk dem Willen zum Vollbringen. Und das tue ich durch Ermahnung, Aufforderung und durch die Glut der Gabe des Hauches des Heiligen Geistes. Wenn aber der Wille diesen Gaben wider steht, dann wird zunichte, wozu ich ermahnt habe. Daher soll der Mensch sich zur selben Zeit ans Werk machen, solange er in der Glut der Gaben der Botschaft, die von mir ausgeht, beginnen kann. Dann soll sich sein Wille beeilen und noch schneller zum Guten kommen und dieses Werk in Herrlichkeit vollenden.

Denn die Erkenntnis von Gut und Böse hat der Mensch deshalb, damit er in all seinen Werken Gott umso besser erkennt, dadurch dass er das Böse meidet und das Gute tut; denn so verehrt er Gott in Furcht und umarmt ihn in vollkommener Liebe. Wie? Nämlich so, wenn er die inneren Augen des Geistes zum Guten öffnet und das Böse, das er tun konnte, im äußeren Menschen verneint und verwirft. Deshalb ist auch die irdische Schöpfung seiner Macht unterworfen, damit er Gott umso tiefer erkennt und liebt und in ihm das Werk seiner Erkenntnis wirkt mit dem Verstand, mit dem er den Allmächtigen fürchtet und liebt, der für ihn die große Ehre bestimmt hat, dass ihm die meisten Geschöpfe dienen. Daher und aus diesen Gründen wehrt der Mensch ab und lässt kommen, d. h. mit seiner Einsicht versteht er den Unterschied in den Geschöpfen. So weiß er, welche liebens- oder hassenswert und welche nützlich oder unnütz sind, und dass auch danach im Glauben, mit dem er Gott erkennt, alle seine Werke eingeschlossen werden, sodass sie sowohl Gott als auch seinen Engeln gefallen.

Manchmal berühre ich den Menschen auch in seinem Herzen und mahne ihn, damit zu beginnen, Gerechtigkeit zu wirken und das Böse zu meiden. Doch er verschmäht mich und meint, es sei ihm möglich, zu tun, was er will. Er bestimmt sich selbst die Frist für die Reue bis zu der Zeit, wenn sein Leib aus der Naturgegebenheit eines schlaffen Lebensabschnitts mit ihm übereinstimmt und er auch wegen seines hohen Alters Widerwillen gegen weiteres Sündigen empfindet. Dann ermahne ich ihn wiederum und ermuntere ihn zum Guten und dazu, seiner Neigung zu widerstehen. Solange er mich dann nicht beachtet, wird er oft durch viele Widrigkeiten, die er mit seinem Reichtum und anderen ähnlichen Angelegenheiten erleidet, dazu geführt, dass er gleichsam unfreiwillig und gegen sich selbst das Gute tun muss. Denn in seinem so verbitterten Herzen freut es ihn nicht sehr, das zu erfüllen, was er sich früher in einer glücklichen Zeit auszuführen vorgenommen hatte, in der ihn nichts daran zu hindern schien, nach seinem eigenen Vorsatz bei soviel Zeit das zu tun, was er für sich gut gefunden hatte. Dieser Mensch hat mich unentschlossen aufgenommen. Dennoch will ich ihn nicht im Stich lassen; denn obwohl er mich auf solche Weise aufnahm, hat er mich doch nicht gänzlich verachtet. Daher habe auch ich mich nicht vergeblich um ihn bemüht.

Ich ekle mich nämlich nicht, schwärende Wunden zu berühren, die vom Schmutz des Wurmfraßes, nämlich einer Unzahl von Lastern, dem üblen Geruch des schlechten Rufes und der Schmach und Lauheit durch eingewurzelte

Sündenbosheit umgeben sind. Ich werde es auch nicht verachten, jene (Wunden) sanft zusammenzuziehen zu der Zeit, da ich beginne, den nagenden Schleim der Bosheit herauszuziehen, d. h. wenn ich diese Wunden betrachte und sie mit der linden Wärme der Aushauchung des Heiligen Geistes berühre. Doch häufig setzt sich ein derartiger Schmerz unter einem alten Verband fest, sodass die Sünde glühend im Herzen des Menschen zu brennen beginnt und so auch im Schmerz die Wunden der Sünden aufbrechen. So werden sie zu einem Gerinnsel dieser Unreinheit, das sich gleichsam als Geschwulst und Beule aus dem großen Schmutz der Würmer und der Aufblähung des darin enthaltenen Kotes erhebt. Daraus entsteht das tödliche Gift von Skorpionen, Schlangen, Kröten und anderem ähnlichem giftigen Gewürm. Und wenn sie selbst dann so verhärten wie Stein, nämlich zu einer solchen Hartnäckigkeit, die niemand aufzubrechen beabsichtigt, das sind die unerträglichen Lasten der Vergehen in jenen Menschen, die mit allzu schweren Bürden beladen sind. Was dann? Dann nämlich können die Menschen wegen ihres Unglaubens nicht darauf vertrauen, dass es diesem Menschen möglich ist, sich aus seiner Bosheit zu Gott zu bekehren, weil sie ihn gleichsam als Teufelsbraten sehen. Ich aber will dennoch diesen Menschen nicht verlassen, sondern ich will mit meinem Beistand und Kampf für ihn im Gefecht sein, wo ich zuerst sanft gleichsam die Steinhärte seiner Sünde zu berühren beginne; denn es ist schwierig, sie bei dem so großen Gestank der schrecklichen Frevel zu zerbrechen, die die erwähnten Ursachen der großen Unreinheit und der Bosheit sind. Sie sind wie ein verwesender Leichnam und ein Fraß des Teufels, die er sich sicher einverleibt hat. Auf welche Weise? Die Heilige Schrift enthält ein Wort des Gottessohnes: ‚Meine Speise ist es, den Willen meines Vaters zu tun' (Johannes 4,34). Dagegen ist es die Speise des Teufels, die Menschen in den Tod hinabzustoßen. Durch ihn weht er, wie gesagt, jene mit solchen Dingen an, die ihm mit ihrem Willen zustimmen und hinter ihm her vom rechten Weg abweichen. Und gerade das ist das Verlangen und ständige Bestreben des Teufels, weil aus diesem Schmutz alles Böse entsteht.

Doch von diesen Menschen erkennen mich viele. Wie? Während ich sie zum ersten Mal berühre, spricht jener Mensch zu sich: ‚Was ist mit mir? Ich kenne nichts Gutes und verstehe es auch nicht, etwas Gutes zu denken.' Und wieder seufzt er in seiner Unwissenheit und sagt: ‚Wehe mir Sünder!' Er spürt aber nichts weiter, weil er von der Last der Sünden beladen ist und die Finsternis der Sünde ihn verwirrt hat. Dann berühre ich wieder seine Wunden. Und weil er zuvor von mir gemahnt war, erkennt er mich jetzt umso besser; er blickt in sich und sagt wieder: ‚Weh mir, was soll ich tun? Ich weiß nicht und vermag mir nicht ausdenken, was mit mir wegen meiner vielfachen Sünden geschehen soll. Ach, wohin soll ich mich wenden oder zu wem werde ich eilen, damit er mir hilft, meine schändlichsten Verbrechen zu bedecken und in der Reue zu tilgen?'

Daher blickt er wieder in sein Inneres in jenem Ringen, das er früher in seinem Drang zu sündigen hatte. Und mit demselben Begehren wendet er sich der wahren Reue zu, wie er vorher nach den Sünden trachtete. Und weil dieser Mensch dann durch meine Ermahnung so aus dem Schlaf des Todes erwacht ist, den er sich anstatt des Lebens erwählt hatte, will er dann deshalb weder in Gedanken noch im Wort noch in der Tat, die er früher leidenschaftlich zum Freveln hatte, weiter sündigen. Vielmehr erhebt er sich voller Eifer in kraftvollster Reue zu mir. Deshalb nehme auch ich ihn alsbald ganz auf und entlasse ihn gleichsam als Freien, sodass er aus den erwähnten Anlässen ferner keine schweren Versuchungen mehr haben wird, wie sie meine geliebten Söhne erdulden, die ich in vielfachem Elend mit den feurigen Pfeilen der teuflischen Einflüsterungen mahne. Denn an diesen mangelt es ihm dann nicht. Er wird nämlich immer wegen seiner begangenen Sünden Schmerzen empfinden, sodass er auch, gegen sich selbst erzürnt, so eifrig Buße tut, dass er sich sogar nicht für würdig hält, Mensch genannt zu werden. Doch das ist der Sieg beim Gestank des Schmutzes jener Menschen, die ich nicht verwerfen will, weil sie mich ja nach ihren Sünden dennoch gesucht haben. Die mich nämlich nicht verachten, sondern meine Ermahnung annehmen und mich demütig suchen, für die bin ich bereit, zu tun, was sie wollen. Die mich aber verachten und abweisen, sind tot und ich kenne sie nicht. [...]

Nun will ich auch von meinen geliebten Kindern sprechen, die mich mit offenen Sinnen, bereitwilligem Herzen und wachem Verstand aufnehmen und mich unter Seufzen und Weinen berühren, wobei sie mich freudig empfangen und mich in aller Achtsamkeit umfassen. O meine Blumen, die sobald sie meine Gegenwart spüren, sich sogleich in mir freuen und ich an ihnen. Süßer und angenehmer sind diese für mich als die Liebe („amor") zum kostbarsten Edelstein und mehr als glänzende kostbare Perlen in den Gedanken der Menschen, die sie mit leidenschaftlicher Begierde umarmen. Sie sind für mich auch die edelsten Quadersteine, weil sie in meinen Augen mir immer liebenswert sind. Diese will ich beharrlich glätten und säubern, damit sie richtig und passend im himmlischen Jerusalem einen Platz erhalten. Denn sie halten in ihrem Herzen guten Willens immer mit mir Mahl und können sich nicht an meiner Gerechtigkeit sättigen. Denn sobald sie meine Berührung spüren, eilen sie zu mir wie der Hirsch zur Wasserquelle (Psalm 42,2). Doch ich verlasse sie oft, sodass es ihnen scheint, als seien sie gleichsam ohne Hilfe. Das tue ich deshalb, damit der äußere Mensch in ihnen nicht von Stolz aufgeblasen wird. Dann weinen und trauern sie, weil sie meinen, ich sei von ihnen beleidigt worden. Doch so prüfe ich ihren Glauben.

Dennoch aber halte ich sie mit starker Hand und nehme so den Hochmut von ihnen und lasse nicht zu, dass sie erkennen, was sie in ihren verborgenen Tugenden sind. Denn ich will vielfache Früchte in ihnen hervorbringen, während ihre Seele trauert und ihr Herz von Schmerzen verwundet ist. Ich lasse nämlich oft zu, dass teuflische Einflüsterungen sie mit feurigen Pfeilen aus dem unreinen Hauch des glühend brennenden Geistes der Unzucht angreifen, die ihren Leib in der Schwäche der gebrechlichen Natur verletzen. Und das lasse ich deshalb zu, damit sie auf diese Weise so mächtig vom Hauch des Heiligen Geistes benetzt werden, dass sie später ausgezeichnete Verkünder werden, die in Tugenden glühen. Sie werden nämlich wie Gold im Feuerofen (1. Petrusbrief 1,7) erprobt, d. h. durch Spott und Ablehnung geprüft, sodass sie gleichsam als nichtig erachtet werden. Sehr oft werden sie auch durch Räuber ihres Besitzes entledigt und durch die Uneinigkeit des Volkes in Widerwärtigkeiten zerrissen wie ein Lamm von Wölfen. Und wie Schafe, wenn der Wolf sie auseinandertreibt und zerstreut, dennoch nicht sterben, so geht es auch mit diesen Menschen; sie sterben nicht den Tod der Seele, sondern sind umso mehr lebendig, da sie in Widrigkeiten geläutert sind. Denn ein guter Baum wird bewässert und beschnitten und man gräbt rings um ihn auf, damit er Frucht bringt, auch das Ungeziefer wird von ihm entfernt, damit es nicht seine Frucht verzehrt. Was bedeutet das?

Der gute Mensch soll also weder verhärtet noch übelwollend gegenüber der Gerechtigkeit Gottes sein, sondern sanft und lenksam zu allem Guten, wobei er das Böse von sich abschneidet, sich bei der Erforschung seiner Taten prüft und sich der Anfeindung der ihn verletzenden Feinde entzieht. Aber dennoch, bevor der Mensch mich in seinem Denken wahrnimmt oder seine Einsicht mich innerlich erkennt, bin ich für ihn der Anfang und diejenige, die Fruchtbarkeit und Kraft und Stärke der festen Stadt einpflanzt („plantatrix"), die auf dem sicheren Fels gebaut ist. [...]

Jetzt, o meine vielgeliebten Kinder, die ihr für mich süßer an Duft seid als alle Wohlgerüche, hört auf mich, die euch mahnt. Solange ihr Zeit habt, Gutes und Böses zu tun, verehrt euren Gott mit aufrichtiger Hingabe. Und wiederum, o meine liebsten Kinder, die ihr wie die Morgenröte aufsteigt, ihr, die ihr von Liebe glühen müsst wie die Sonne in ihrem Strahl, lauft und eilt, ihr meine Vielgeliebten, auf dem Weg der Wahrheit, die das Licht der Welt ist, Jesus

Christus, der Sohn Gottes, der euch durch sein Blut am Ende der Zeiten erlöst hat, damit ihr nach eurem Hinübergang in Freude zu ihm gelangen könnt.

61 Heil des Körpers

Hildegard nimmt den Menschen in seiner Leib-Seele-Geist-Einheit ernst. Sie trennt auch die Welt nicht in eine natürliche und eine übernatürliche Wirklichkeit. In Hildegards Weltbild hängt alles zusammen, physische und theologische Dimensionen durchdringen einander. In den Überlegungen im Werk über *Ursprung und Behandlung der Krankheiten* führt Hildegard die Erkrankungen des Menschen auf die Unordnung des „Säftehaushalts", d. h. auf ein Übermaß bestimmter Säfte im menschlichen Körper, zurück. Dass aber die „Körpersäfte" in Unordnung geraten können, hat nach Hildegards Auffassung wiederum seinen Grund im Sündenfall des ersten Menschen, der sich auf das ganze Menschengeschlecht negativ auswirkt.

Daraus folgt der Schluss, dass die Gesundheit des Körpers in einer ausgeglichenen Verteilung der Säfte bestehe. Das richtige Maß zu gewährleisten ist für Hildegard das eigentliche Heilmittel. Krankheit und Gesundheit entscheidet sich aber nicht nur an den physikalischen und chemischen Prozessen. Hildegard verweist diesbezüglich auf den Einfluss der Gnade Gottes für das Heil des Körpers, das auch die Emotionen und Affekte umfasst. Heilung geschieht demgemäß dann, wenn sich Krankheit in Gesundheit, Angst in Mut und Traurigkeit in Frohsinn wandelt.

Ursprung und Behandlung, II. 97–99, S. 72–74.

Wie nun aber die Elemente die Welt gleichzeitig zusammenhalten, so sind die Elemente auch der Leim des Körpers des Menschen, und ihre Ausbreitung und Aufgaben teilen sie so über den Menschen auf, das er gemeinsam zusammengehalten wird, wie sie auch über die Welt ausgebreitet sind und wirken, denn Feuer, Luft, Wasser und Erde sind im Menschen und aus diesen besteht er: Denn aus dem Feuer hat er die Wärme, aus der Luft den Atem, aus dem Wasser das Blut und aus der Erde das Fleisch, so dass er vom Feuer das Sehen, von der Luft das Hören, vom Wasser die Bewegung und von der Erde den Gang hat.

Wie die Erde gedeiht, wenn die Elemente gut und ordentlich ihre Pflichten ausüben, so dass Wärme, Tau und Regen sich einzeln und gemäßigt zu ihrer Zeit aufteilen, zu einer milden Witterung für Erde und Früchte herabsteigen und viel Frucht und Gesundheit bringen (denn wenn sie gleichzeitig und plötzlich und zur Unzeit auf die Erde fielen, würde die Erde zerrissen und ihre Früchte und die Gesundheit würden zugrunde gehen): So erhalten auch die Elemente den Menschen, wenn sie geordnet in ihm arbeiten, und machen ihn gesund. Aber wenn sie in ihm streiten, machen sie ihn krank und töten ihn.

Die Verbindungen von Säften, die von Wärme, Feuchtigkeit, Blut und Fleisch in den Menschen hinabsteigen und in ihm existieren, bergen Gesundheit, wenn sie mit Ruhe und rechter Mischung in ihm wirken. Wenn sie ihn aber gleichzeitig ungetrennt berühren und im Übermaß über ihn herfallen, machen sie ihn schwach und töten ihn.

Wärme und Feuchtigkeit, Blut und Fleisch wurden nämlich wegen Adams Verstoß im Menschen in gegensätzliche Phlegmata verwandelt: Von der Feuerwärme wird trockenes, von der Feuchtigkeit aus der Luft feuchtes, aus dem vom Wasser stammenden Blut schaumiges und aus dem erdhaften Fleisch ein lauwarmes Phlegma gezogen und angeregt. Und wenn eines von diesen im Menschen übermäßig wächst, so dass es von einem anderen nicht eingeschränkt und abgemildert wird, zerstört und schwächt es den Menschen. Aber wenn jedes einzelne sein Maß richtig bewahrt, so dass es von einem anderen auch so abgemildert wird, dass es gezwungen ist, seine Menge richtig zu wahren, erhält und macht es den Menschen gesund.

Wenn nun [ein Körpersaft] in der Herrschaft seines Einflusses herausragt, unterliegt ein anderer diesem in Knechtschaft und die restlichen zwei folgen in Form von Schleim in gemessener Weise nach, und so ist der Mensch in körperlicher Ruhe. Wenn es also vier Säfte gibt, so heißen die zwei vorherrschenden Phlegmata und die zwei unmittelbar folgenden Livores. Jeder Saft aber, der vorherrscht, übertrifft den nächstfolgenden um ein Viertel und die Hälfte eines Drittels; jener, der unterlegen ist, mischt zwei Teile und den restlichen Teil des Drittels dazu, damit er nicht das Maß übersteigt: Welcher der erste Saft ist, beherrscht auf diese Weise den zweiten (die beiden heißen Phlegmata) und der zweite den dritten und der dritte den vierten. Diese beiden, also der dritte und der vierte, heißen Livores. Und die überlegenen übersteigen mit ihrer größeren Menge die geringeren, und die geringeren mildern das Überwiegen jener durch ihren geringen Anteil: Wenn der Mensch so beschaffen ist, ist er in Ruhe.

Wenn aber ein Saft sein Maß überschreitet, ist jener Mensch in Gefahr. Aber wenn ein Livor der Genannten sein Maß unberechtigt übertritt, hat er nicht ausreichend Kräfte, um die ihm überlegenen Säfte zu besiegen, wenn er nicht entweder vom nachfolgenden Livor, wenn er der übergeordnete ist, angetrieben oder vom übergeordneten, wenn er der nachfolgende ist, unterstützt wird. Und wenn sich in einem Menschen ein derartiger Livor über sein Maß im Überfluss ausdehnt, können die übrigen Säfte in jenem nicht friedlich bleiben, außer bei jenen Menschen, in die die Gnade Gottes einströmte, entweder als Stärke, wie bei Samson, oder als Weisheit, wie bei Salomon, oder als Sehergabe, wie bei Jeremias oder bei bestimmten Heiden, wie es Platon war und seinesgleichen. Und wo die anderen erwähnten [Betroffenen] schwach sind, dort werden diese durch die Gnade Gottes ganz stark in ihrer Rechtschaffenheit sein, weil die Gnade Gottes ihnen erlaubt, sich manchmal in einem gewissen Wechsel zu befinden, so dass sie manchmal in Krankheit, manchmal in Gesundheit, manchmal furchtsam, manchmal mutig, manchmal in Trauer, manchmal in Freude sind. Und das bringt Gott bei ihnen so in Ordnung, dass er sie gesund macht, wenn sie krank sind, mutig, wenn sie ängstlich sind, [und] fröhlich, wenn sie traurig sind.

62 Salben für die schmerzenden Wunden

Im Leben kommt es darauf an, dass wir lernen, Verantwortung zu übernehmen und damit auch erwachsen zu werden. Zu diesem Reifungsprozess gehört gleichzeitig die Annahme des „inneren Kindes" in uns. Es ist ein Zeichen der Stärke, wenn wir fähig sind, sozusagen im kindlichen Vertrauen mütterliche Liebe zuzulassen und zu empfangen. Hildegard zeigt uns als Beispiel die Jungfrau Maria als einfühlsame Mutter, an die wir uns in all unseren Lebenslagen wenden dürfen. Bei ihr finden wir Zuflucht. Als Morgenstern gibt sie Orientierung und als Gottesmutter schenkt sie das Leben schlechthin. Wir dürfen ihr unsere Wunden anvertrauen, weil sie als Mutter des Erlösers uns die wahre Heilung bringt. Mehr als für die körperlichen Wunden brauchen wir Salben für unsere seelischen Wunden. In diesem Lied Hildegards kommt uns Maria als die Mutter der heiligen Medizin entgegen. Im mütterlichen Angenommensein können wir uns wieder aufrichten und unseren Weg mündig und gestärkt weitergehen.

📖 Lieder, 4, S. 29.

O lichteste Mutter der heiligen Heilkunst,
du hast durch deinen heiligen Sohn Salben
gegossen in die schmerzenden Wunden des Todes,
die Eva erbaut hat zum Schmerz der Seelen.
Den Tod hast du vernichtet,
das Leben aufgebaut.
Bitte für uns bei deinem Sohn,
Meerstern, Maria.

O lebendig machendes Werkzeug und heiterer Schmuck,
und Süße in allen Freuden, die in dir nicht schwinden.
Bitte für uns bei deinem Sohn,
Meerstern, Maria.

Ehre sei dem Vater und dem Sohn und dem Heiligen Geist.
Bitte für uns bei deinem Sohn,
Meerstern, Maria.

63 Geborgen in Gottes Herzen

Die Liebe Gottes zum Menschen erweist sich in ihrer ganzen Größe, wenn sie sich dem gefallenen und sündigen Menschen zuwendet. Mit einem anrührenden Bild stellt Hildegard diese unübertreffliche Gottesliebe dar. In einer Vision sieht sie: Gott trägt in seinem Herzen etwas wie einen schwarzen, schmutzigen Lehm, der den hinfälligen, elenden Menschen symbolisiert. Dazu schreibt sie: Jesus Christus, der Sohn Gottes, hat durch seine Menschwerdung menschliche Gestalt angenommen und die göttliche Natur mit der menschlichen Natur unvermischt und untrennbar vereint. So gehört der Mensch zum Innersten Gottes. Am Kreuz hat Jesus Christus uns Menschen von all unseren Sünden erlöst und unsere erlösungsbedürftige Existenz mit all ihrer Finsternis in die göttliche Lichtfülle eingetaucht.

Es gibt aber nicht nur den schmutzigen Lehm, den der Mensch Gott darbringen kann. Begnadete Menschen können sich als Edelsteine und Perlen Gott hingeben. Als solche „großen Persönlichkeiten" gelten zunächst die Heiligen, die seit jeher in der Kirche verehrt werden: Märtyrer und Jungfrauen beispielsweise.

Hildegard legt uns ans Herz, dass ein jeder Mensch dazu berufen ist, sich vom Lehm in eine Perle verwandeln zu lassen. Sie gibt uns dazu auch Heilmittel in die Hand, nämlich: Erinnerung und Reue. Die Erinnerung ist deswegen heilsam, weil Hildegard die Wurzel allen Übels im Vergessen, genauer in der Gottesvergessenheit, sieht. Das Vergessen macht den Menschen gegenüber Gott, der Welt, seinen Mitmenschen und sich selbst gleichgültig und bringt damit sein Herz zum Erstarren. Als starke Medizin gegen dieses Vergessen wirkt die Erinnerung, die Hildegard wortwörtlich „zum Herzen zurückbringen" („recordatio mentis") nennt. Diese Form von Erinnerung ist eine Wandlung des Herzens, welche die verhärtete Kruste der darunter entzündeten Wunde im Innersten des Menschen aufbricht. Dieses Aufbrechen lässt den Menschen die eigenen Verfehlungen einsehen und über das eigene Versagen einen bitteren Schmerz spüren. Diese kognitive und emotionale Betroffenheit ist die Reue, das andere Heilmittel. Sie bewirkt eine Erneuerung des Herzens, des Denkens und der Gesinnung. Die Reue bringt eine neue Orientierung in das Leben, eine Umkehr. Sie hilft dem Menschen, sich nach dem auszurichten, was ihn dem Heil – einer geheilten und geheiligten Existenz als Erfüllung unseres menschlichen Daseins bei Gott – näher bringt.

Wisse die Wege, III. 1. 3–4 und 6, S. 282–285.

Daher sitzt auf dem Thron der Lebendige, leuchtend in wunderbarer Herrlichkeit und von solcher Lichtfülle, dass du ihn keineswegs klar anschauen kannst. Er hat gleichsam an seiner Brust schwarzen schmutzigen Lehm in solcher Ausdehnung wie die Brust eines größeren Menschen, umgeben von Edelsteinen und Perlen. Es ist der lebendige Gott, der über alles herrscht, leuchtend in Güte und wunderbar in seinen Werken. Seine unermessliche Lichtfülle in der Tiefe seines Geheimnisses kann keiner der Menschen vollkommen schauen, soweit sie nicht im Glauben erfasst und getragen wird, wie ein Thron seinen Herrn trägt und umfängt. Und wie dieser unter ihm steht, sodass er sich nicht gegen seinen Herrn erheben kann, so verlangt der Glaube nicht hochmütig danach, Gott zu sehen, sondern berührt ihn nur in innerster Hingabe.

Und gleichsam an seiner Brust, d. h. in der Weisheit seines Geheimnisses, trägt er aus Liebe zu seinem Sohn schwachen, kranken und armseligen Lehm; das ist der Mensch, schwarz in der Schwärze seiner Sünden und schmutzig in der Befleckung des Fleisches und breit wie die Brust eines Menschen. Das bezeichnet die Ausdehnung der tiefen und großen Weisheit, in der Gott den Menschen erschaffen hat. Und dabei blickt er auf jene, die durch die Reue in der Rettung ihrer Seele sind, in welcher Schuld auch immer sie stehen, weil sie sich in ihrer Schwäche gegen Gott sträuben, denn sie werden dennoch zu ihm gelangen. Diese sind umgeben vom reichen Schmuck derer, die sich unter ihnen erheben wie kostbare Edelsteine, nämlich von großen Persönlichkeiten. Es sind das die Märtyrer und heiligen Jungfrauen; und wie Perlen, das sind die unschuldigen und reuigen Kinder der Erlösung, mit denen dieser Lehm reich geschmückt ist, während am menschlichen Leib so große Tugenden aufstrahlen, die in Gott in aller Herrlichkeit leuchten. Denn er, der die Seele und das Leben der Menschen geschaffen hat, hat auf sich selbst geblickt. Wie?

Nämlich mit der Erlösung, während er in seinem Vorauswissen schon im Voraus wusste, dass sein Sohn Fleisch annehmen würde, sodass in dessen Leib alle verschiedenen Sündenmakel getilgt wurden. Und so sieht er auch die Seelen, die nach der Vermehrung ihrer überfließenden Sünden gerechtfertigt werden sollen, solange sie noch in ihrem Leib wohnen, und die sich nach ihren verschiedenen Irrtümern daran gewöhnen werden, in der Gerechtigkeit Gottes zu wandeln. (Er sieht auch), wie sie Halt in Gott finden und von ihrem tiefen Vergessen ablassen und von jedem Laster umkehren, mit dem sie sich im irdischen Leben verwundeten, wo sie in Sünden fielen. Und sie erwägen, dass viele Menschen von ihren Irrwegen aufbrachen, auf denen sie voller Wunden in schlimmsten Heimsuchungen gingen, erlöst vom schändlichen Sündentod. So kommen auch viele, die von der Bitterkeit des herben Schmerzes über ihre Sünde so schwer verletzt sind, dass sie auch über ihre schlechte Lebensweise, in der sie maßlos sündigten, so voller Ekel sind, dass sie nicht mehr in den Fluten atmen können, um im Ehebruch, in Mord und dem Überfluss an allen Sünden ein todbringendes Werk zu vollbringen. [...]

Das bezeichnet der schmutzige Lehm, den du an der Brust des gütigen Vaters siehst. Wieso? Beim Sohn Gottes, der aus dem Herzen des Vaters hervorging, als er in die Welt kam, ist das glaubende Volk, das ihm mit dem Eifer anhängt, mit dem es an ihn glaubt. Sicherlich erscheinen sie auch deshalb an der Brust des gütigen Vaters, damit kein Engel oder ein anderes Geschöpf den Menschen verachtet; denn der fleischgewordene Sohn des höchsten Gottes trägt an sich selbst die Gestalt des Menschen. Der selige Chor der Engel würde nämlich den Menschen wegen der großen Hässlichkeit der Laster seiner Sünden für unwürdig halten, da die Engel selbst im Himmel unversehrt von jeder Zerstörung durch Ungerechtigkeit sind, sodass sie das Antlitz des Vaters ganz klar schauen. Und was vom Vater geliebt wird, das lieben („amare") auch sie im Sohn. Wieso? Weil Gottes Sohn als Mensch geboren wurde. Denn ich, der Vater, habe meinen aus der Jungfrau geborenen Sohn eingesetzt zur Rettung und Wiederherstellung des Menschen.

64 Die Wunden verwandeln sich in kostbare Perlen

In einem Hymnus, den Hildegard an den Heiligen Geist richtet, verbirgt sich ein anthropologischer Traktat. Die Darlegungen über die seelischen Kräfte aus *Wisse die Wege* (siehe Text Nr. 19) bieten zu diesem Hymnus eine Verständnishilfe. Dort beschreibt Hildegard den Menschen als eine Einheit aus Seele, Leib und Sinnen, wobei letztere zwischen außen (Leib) und innen (Seele) vermittelnd wirken. Im vorliegenden Hymnus entspricht das Denken („mens") der Seele und das Zelt („tabernaculum") dem Körper. Beide werden vom Heiligen Geist belebt („entflammt" und „gesammelt") und dazu geleitet, im Dienste des Lebens zu wirken. Wille („voluntas") und Einsicht bzw. Verstand („intellectus") sind die beiden Hauptkräfte der Seele. Dem Verstand kommt die Aufgabe zu, das Gute und das Böse zu erkennen und zu unterscheiden und aus dieser Erkenntnis heraus die Taten des Menschen zu beurteilen, ob diese dem Leben zuträglich oder abträglich sind. Der Wille, so Hildegard, „erwärmt" das Werk, spornt also zur Ausführung der Tat an. Die Vernunft („ratio" bzw. „rationalitas") zeigt sich als Klang der Seele im Verstand und im Willen und bringt das Werk hervor.

Im Hymnus rühmt Hildegard die seelischen Kräfte, die durch das Wirken des Heiligen Geistes dem Menschen zu einem geglückten Dasein verhelfen, das in „goldenen Werken" offenbar wird. Der Heilige Geist schützt aber auch diese Kräfte vor dem drohenden Einfluss der Sünde. Darauf weist die „schädliche Frucht" hin, welche die biblische Erzählung über den Sündenfall (Genesis 3) in Erinnerung ruft. Die erste Folge des Sündenfalls, sozusagen die erste Konkretisierung der Sünde, ist die Ermordung Abels durch seinen Bruder Kain (Genesis 4). Seit diesem „tückischen Mord" ist der

Mensch von der Sünde gefährdet. Das deutet der Nebel an, ein Bild, das Hildegard im *Buch der Lebensverdienste* verwendet. Dort spuckt der Teufel, der Verursacher des Bösen, einen Nebel aus, der voller Laster ist und die ganze Erde bedeckt. Im lasterhaften Nebel verfangen, neigt sich der Wille zum Bösen. In dieser existenziellen Bedrohung nimmt der Heilige Geist den Kampf für uns Menschen auf und greift dabei zu starken Waffen. Damit gibt uns Hildegard den Ernst der Situation zu verstehen. Sie verharmlost nicht, dass wir einen Kampf um Leben und Tod zu kämpfen haben und nur mit dem Beistand des Heiligen Geistes auf den Sieg des Guten gegen das Böse hoffen können.

Gegenüber den bedrängten und gescheiterten Menschen zeigt der Heilige Geist seine Milde. Er wird als der Heilende erfahren. Wiederum erinnert uns Hildegard daran, dass wir unsere Wunden Gott anvertrauen können. Nicht nur kann der Heilige Geist die Wunden heilen, er kann sie darüber hinaus in Perlen verwandeln. Mit dieser Verheißung nehmen wir am Schicksal des menschgewordenen Gottessohnes teil: Er hat bei seinem Kreuzestod an seinem Leib und seiner Seele Wunden erlitten. Diese Wunden werden bei seiner Auferstehung zu Erkennungsmerkmalen vor seinen Jüngern. Mit der Auferstehung verschwinden die Wunden nicht. Sie bezeugen vielmehr das in Liebe angenommene und von Gott verwandelte Leiden. Auch unsere Wunden, wenn wir sie annehmen, werden geheilt und in alle Ewigkeit leuchten, nicht mehr als Erinnerung an die Schmerzen, sondern als kostbares Zeichen unserer liebenden Hingabe.

📖 **Lieder, 18, S. 62–63.**

O Feuergeist, Lob sei dir,
der du in Pauken und Zithern wirkst.

Das Denken der Menschen ist von dir entflammt,
und die Zelte der Seelen sammeln die Kräfte.

Von wo der Wille aufsteigt und der Seele das Schmecken gewährt
und die Sehnsucht ihre Leuchte ist.

Die Einsicht ruft dich mit zärtlicher Stimme,
errichtet dir Gebäude in der Kraft der Vernunft,
die sich in goldenen Werken müht.

Du aber führst immer das Schwert und schneidest das ab,
was schädliche Frucht durch tückischen Mord erzeugt hat,
wenn Nebel das Wollen und Wünschen bedeckt,
in denen die Seele fliegt und überall kreist.
Aber der Geist nimmt das Wollen und Wünschen in Zucht.

Wenn aber der Sinn sich aufrichtet, weil er begehrt,
dem Bösen ins Auge, der Bosheit ins Antlitz zu schaun,
verbrennst du ihn schnell mit dem Feuer,
wenn du es willst.

Wenn sich aber die Vernunft durch schlechte Taten nach unten neigt,
hältst du sie im Zaum, wenn du willst und du brichst sie
und führst sie zurück durch das Einströmen der Prüfungen.

Wenn aber das Böse sein Schwert gegen dich führt,
stößt du es zurück in sein eigenes Herz,
wie du es tatest beim ersten gefallenen Engel,
als du den Turm seines Hochmuts hinabwarfst zur Hölle.
Und dort hast du einen anderen Turm
aus Zöllnern und Sündern errichtet,
die dir ihre Sünden und Taten bekennen.

Drum preisen dich alle Geschöpfe, die leben durch dich,
denn du bist die kostbare Salbe
für die gebrochenen Glieder und eiternden Wunden,
die du verwandelst in kostbare Gemmen.

Nun birg uns gnädig alle in dir
und leite uns auf den richtigen Weg. Amen.

VIII. Zur Kreativität berufen

Der Mensch sehnt sich nach Sinn und Sinnerfüllung. Er findet Sinn in seinem Leben dadurch, dass er sich selbst in seiner existenziellen Bestimmung verwirklicht und über sich hinaus in der Welt schöpferisch wirkt. Besonders auch das geistliche Leben ist darin eingeschlossen, das sich nur dann wahrhaft entfalten kann, wenn es Kreativität und Wirksamkeit in sich integriert.

Gott liebt den Menschen als sein Ebenbild: mit schöpferischer Kraft ausgestattet. Daher lässt Gott den Menschen an seiner Hinwendung zu den Geschöpfen teilhaben und lädt ihn ein, als sein Mitarbeiter in der Welt zu wirken. Die Liebesfähigkeit des Menschen erweist sich antwortend in seiner Haltung zur Schöpfung und in seinem Dienst an der Weltgestaltung.

65 Das Werk des Wirkens Gottes

Die Auslegung einer Bibelstelle aus dem Buch des Propheten Ezechiel (Ezechiel 1,10) gibt Hildegard Anlass dazu, über die herausragende Berufung des Menschen nachzudenken. In ihren Überlegungen entwirft sie eine kleine Anthropologie. Der Mensch verfügt ihr zufolge durch Gottes Liebe über sinnliche Wahrnehmung („sensibilitas") und durch Gottes Kraft über Vernunft („rationalitas"), er ist solcherart in besonderer Weise zur Hingabe und zur Erkenntnis befähigt. Mit seiner Sinnesausstattung, seiner Vernunftbegabtheit, seiner Hingabefähigkeit und seinem Erkenntnisvermögen versinnbildlicht er Gottes Offenbarung in der sichtbaren Schöpfung: Gottes Liebe, Gottes Kraft, Gottes Opferbereitschaft und Gottes Erkenntnis. In seiner Gesamtheit verdankt sich der Mensch dem Wirken Gottes. Als Ebenbild des Schöpfers ist er dazu bestimmt, in verantworteter Freiheit in der Welt kreativ zu wirken. Der Mensch ist schlechthin das Werk des Wirkens Gottes. Dieses Sendungsbewusstsein gibt dem Menschen Flügel und er wird geistgewirkt beflügelt. Die Teilhabe an der Schöpfungskraft Gottes schenkt dem Menschen eine Lebenskraft, die ihn das unvergängliche Leben erspüren lässt.

📖 **Das Buch der Lebensverdienste, I. 17, S. 55–56.**

Gottes Werke aber, die im Menschen wirken, bleiben im unendlichen Leben, wie auch die Worte Ezechiels zeigen, wenn er von den vier Lebewesen sagt:
Das Gesicht eines Menschen und das Gesicht eines Löwen an der rechten Seite der vier Lebewesen. Das Gesicht eines Rindes zur linken Seite der vier Lebewesen; und das Gesicht eines Adlers oben an den vier Lebewesen (Ezechiel 1,10). Der Sinn dieser Worte ist folgender:
Denn das Werk des Wirkens Gottes ist der Mensch und dieses Werk ist von Gott. Das Gesicht des Menschen bedeutet nämlich Gottes Liebe, durch die der Mensch über die sinnliche Wahrnehmung verfügt; das Gesicht des Löwen weist auf Gottes Kraft hin, in der Gott dem Menschen die Vernunft gegeben hat; und dieses ist zur Rechten, weil Gottes Liebe und Kraft durch das Begreifen der Größe der guten Werke die göttliche Eingebung gleichsam wie Flügel ausbreiten.
Das Gesicht des Rindes aber verweist auf das Opfer, das Gott ist, wodurch dem Menschen gezeigt worden ist, dass er Gott opfern muss. Dies ist aber zur linken Seite, weil das Opfer manchen Mangel enthält, wenn etwas gegeben, etwas anderes jedoch vorenthalten wird; wie eben jener, der seinen Willen Gott weiht, erst das in seinen Gedanken erwägt, was himmlisch ist, dann aber das, was irdisch ist. Im Opfer zieht aber Gott den Menschen an sich und inspiriert ihn, sich selbst Gott als Opfer darzubringen.
Das Gesicht des Adlers bildet Gottes Erkenntnis ab, die dem Menschen die Erkenntnis und die Fähigkeit zur Erkenntnis gibt, wie es ihr gefällt. Sie steht über den anderen Kräften, weil sie im Menschen furchterregend ist und für den Menschen das Leben ist. Dieses Leben vergeht niemals, sondern weht überall und schaut überall und erscheint im Menschen wie die Sterne am Firmament.

66 Inmitten der Welt – die Macht, zu wirken

Einer der theologischen Grundsätze Hildegards besteht in der Erkenntnis, dass der Mensch in die Mitte der Schöpfung gestellt ist. Diese Schlüsselstellung des Menschen kommt am beeindruckendsten im *Buch vom Wirken Gottes* zur Geltung. In einer kosmologischen Schau beschreibt Hildegard ein Rad, das von der personifizierten Liebe gehalten wird. Zum einen, gemäß dem wörtlichen Sinn, steht dieses Rad für das Weltall, zum anderen, gemäß dem metaphorischen Verständnis, versinnbildlicht es Gott. In diesem Rad fasst Hildegard das wechselseitige Wirken der Elemente, der verschiedenen Schichten und der Kräfte des Kosmos, zugleich aber auch die Werke Gottes zusammen. In der Mitte dieses mit Sinn aufgeladenen kosmischen Rades erscheint der Mensch. Deutlich bringt Hildegard sowohl in dem Visionsbild als auch in dessen Auslegung zum Ausdruck, dass der Mensch in der Mitte der Schöpfung steht. Er überragt alle anderen geschaffenen Lebewesen, und nicht nur hält er die Elemente zusammen, sondern er vermag sie von Grund auf zu gestalten. In den weiteren Teilen dieser Vision und in den beiden darauf folgenden schildert Hildegard das überaus komplexe Gefüge kosmischer Kräfte, die auf den Menschen einwirken und die sein biologisches wie auch spirituelles Leben beeinflussen. Diese Darstellung vom Menschen inmitten der Schöpfung impliziert die wichtigsten Momente der Auffassung Hildegards vom Menschen.

Diese Vision zeigt die Grundlinien hildegardischer Theologie. Hildegard entfaltet ihre Lehre zunächst von den einzelnen kosmologischen Elementen aus. Der Mensch erfährt sich inmitten der Schöpfung als Subjekt seiner eigenen Tätigkeiten: Er kann sehen, hören, erkennen, wirken – er hat „die Macht, zu wirken"! Der Mensch erfährt, dass er die Welt in Freiheit und Verantwortung gestalten und sein Dasein selbst bestimmen kann. Das ist zunächst die erste, spontane Erfahrung des Menschen.

Eine Reflexion führt jedoch zu der Einsicht, dass durch das geschöpfliche Wirken des Menschen eigentlich Gott selbst sich sehen, hören, erkennen und erfahren lässt – so dass also Gott als das eigentliche Subjekt jeglichen menschlichen Tuns hervortritt. Ein kreativ wirkendes Leben führt den Menschen nicht nur zur Vollkommenheit seines eigenen Daseins, sondern zu einer umfassenden Gotteserfahrung. Dabei wird dem Menschen die Einsicht zuteil, dass Gott zu erfahren ihn zutiefst beglückt.

📖 **Das Buch vom Wirken Gottes, I. 2. 15, S. 44–45.**

In der Mitte dieses Rades aber erscheint die Gestalt eines Menschen, dessen Scheitel oben und seine Fußsohlen unten den Kreis der starken, weißleuchtenden Luft berühren. Auf der rechten Seite sind die Fingerspitzen seiner rechten Hand, links die der linken Hand bis zu dem Kreis in seiner Rundung ausgestreckt, weil diese Gestalt ihre Arme so ausgebreitet hatte.

Das bedeutet: Mitten im Bau der Welt steht der Mensch, denn er ist mächtiger als die übrigen Geschöpfe, die in ihr leben, zwar von Gestalt klein, aber groß durch die Kraft seiner Seele. Seinen Kopf richtet er nach oben, seine Füße nach unten und bewegt so die oberen und unteren Elemente. Ebenso durchdringt er sie mit den Werken, die er mit seiner rechten und linken Hand bewirkt, weil er in den Kräften seines inneren Menschen diese Macht zu wirken hat. Wie nämlich der Leib des Menschen sein Herz an Größe übertrifft, so übertreffen auch die Kräfte der Seele den Leib des Menschen mit ihrer Kraft. Und wie das Herz des Menschen in seinem Leib verborgen ist, so ist auch sein Leib von den Kräften der Seele umgeben; denn sie erstrecken sich über den ganzen Erdkreis.

Aber auch im Wissen Gottes hat der gläubige Mensch sein Dasein und er wendet sich in geistlichen und weltlichen Bedürfnissen an Gott. Bei Erfolg und Misserfolg seiner Handlungen seufzt er zu Ihm auf, indem er in ihnen unablässig seine ganze Hingabe vor Ihm ausbreitet. Denn wie der Mensch mit seinen leiblichen Augen überall die Geschöpfe sieht, so sieht er im Glauben überall Gott und erkennt Ihn durch die Geschöpfe, weil er einsieht, dass Er ihr Schöpfer ist.

67 Wie tüchtige Bauarbeiter

Spiritualität, will sie wahrhaft das sein, wofür sie steht, nämlich „eine Lebensform, die das Leben ganzheitlich und bewusst aus einer tieferen geistigen und religiösen Sinngebung gestaltet" (Walter Kardinal Kasper, in: *Europäische Spiritualität. Kontemplation im Wirken*, Münster 2021, S. 13), soll in sich kreative Kraft und geistgewirktes Tun vereinen. Sein und Handeln im Alltag gehören wesentlich zur Spiritualität, die in der konkreten Alltagsbewältigung ihren Bestand hat. Das Ziel des geistlichen Lebens besteht nicht darin, sich losgelöst von der alltäglichen Lebensrealität der Meditation zu widmen und das irdische Dasein mit seinen Verpflichtungen hinter sich zu lassen. Genuine Spiritualität kommt erst im Wirken zu sich. Dieses ist jedoch nicht mit Aktionismus zu verwechseln. Ein im geistlichen Sinne verstandenes Wirken („opus") ist ein spiritueller Akt, der theologische Dimensionen in sich birgt. Dies ist die zentrale Botschaft Hildegards. Als Wirken („opus") schlechthin bezeichnet sie die Erschaffung der Welt, die allererste Offenbarung Gottes, die in der Menschwerdung des Gottessohnes zur Vollendung gelangt. Der geschöpfliche und inkarnatorische Auftrag des Menschen besteht eben darin, mit seinem Wirken („opus") das kreative Tun Gottes in der Welt fortzusetzen und die liebende Gegenwart Gottes erfahrbar zu machen. Wirken zielt letztendlich auf die Verwirklichung jenes existenziellen Auftrags, den Gott, der uns erschaffen und erlöst hat, jedem einzelnen Menschen bestimmt hat: das je persönlich zugedachte Dasein zu entfalten. Diese Spiritualität lässt sich nicht auf einige Stunden der Betrachtung reduzieren, sondern beansprucht die ganze Existenz des Menschen. Hildegard nennt eine derart vollendete Lebensgestaltung „tugendhaftes Leben".

Für die Beschreibung davon, wie sich ein solches auf kreative und sinnerfüllende Wirksamkeit ausgerichtetes, tugendhaftes Leben vollzieht, wählt Hildegard Bilder von Bauarbeiten. Es ist wohl kein Zufall, dass sie, die auf dem Disibodenberg jahrzehntelang den Bau des dortigen Klosters erlebte und daher mit Bauarbeiten vertraut war, handfeste handwerkliche Tätigkeiten als Bild für die Gestaltung unseres inneren geistlichen Lebens nimmt. An einer Stelle des Heilsgebäudes im dritten Teil von *Wisse die Wege* (siehe Text Nr. 50) berichtet sie davon, dass dort in einer Säule eine treppenartige Aufstiegsmöglichkeit („in modum scalae ascensus") eingerichtet ist und einige Gotteskräfte („virtutes") mit Steinen beladen auf dieser Treppe bzw. Leiter („scala") auf- und niedersteigen, um das Werk Gottes aufzubauen. Der reale Bau eines Klosters, den Hildegard direkt erlebt hat, wird zum visionären Bild der geheimnisvollen Vollendung glaubender, hoffender und liebender Existenz. Das Bild der Treppe bzw. Leiter („scala") erinnert im benediktinischen Kontext gleichzeitig an das 7. Kapitel der *Benediktusregel*, das den menschlichen Reifungsprozess schildert. Mit Verweis auf die Leiter in der Bibel, die der Patriarch Jakob in seinem Traum sah und auf der Engel herab- und hinaufstiegen (Genesis 28,12), vergleicht der hl. Benedikt unser irdisches Leben mit einer Leiter bzw. einer Treppe, die wir in unserem Leben zu errichten haben, damit wir mit deren Hilfe Stufe um Stufe in ein reifes und gelingendes Leben hineinwachsen können.

Mit den Bauarbeiten drückt Hildegard die realen Mühen aus, mit denen ein wahrhaft spirituelles Leben verbunden ist. Spiritualität beinhaltet „Mystik und Askese": kreative Muße der Betrachtung verbunden mit der disziplinierten Einübung lebensspendender Haltungen. Welche konkreten Haltungen gemeint sind, erfahren wir aus derselben Vision Hildegards. Sie nennt einzeln die Gotteskräfte, die an der Treppe im Heilsgebäude ihre Arbeit verrichten: Demut, Liebe, Gottesfurcht, Gehorsam, Glaube, Hoffnung und Reinheit. Diese Gotteskräfte bzw. Tugenden offenbaren die Geheimnisse des menschgewordenen Gottes und zeigen das Profil des gottförmigen Menschen.

 Wisse die Wege, III. 8. 13, S. 418–420.

Dass aber in dieser Säule von unten bis zu ihrer Spitze ein Aufstieg in der Art einer Leiter ist, bedeutet: Im fleischgewordenen Gottessohn wirkten alle Tugenden vollkommen. Er hinterließ in sich die Fußstapfen der Erlösung, sodass sowohl der Kleine als auch der Große unter den Gläubigen in ihm die geeignete Stufe finden kann, auf die sie ihren Fuß zum Aufstieg zu den Tugenden setzen sollen, um an die besten Stellen zu gelangen, wo die Tugenden wirken müssen. Wieso? An den besten Stellen der guten Herzen versammeln sich die Tugenden zu ihrem heiligsten Werk, um den Gottessohn in seinen Gliedern, d. h. in den auserwählten Menschen, zu vollenden. Daher ist auch in ihm das Beispiel der Vollkommenheit für alle Gläubigen, die sich mit dem Gesetz Gottes befassen, damit sie sich vom Guten zum Besseren hinwenden. Denn sie wissen um das Offenbarwerden der wahren Menschwerdung, in der sich der Gottessohn wahrhaft im Fleisch gezeigt hat. In ihm findet man den zuverlässigsten Aufstieg zum Himmlischen.

Deshalb siehst du hier auch alle göttlichen Tugenden auf- und niedersteigen und mit Steinen beladen an ihr Werk gehen. Denn im eingeborenen Sohn Gottes steigen die hellleuchtenden Tugenden gleichsam durch seine Menschheit herab und streben gleichsam durch seine Gottheit nach oben. Sie steigen auch durch ihn zu den Herzen der Gläubigen hinab, die mit gutem Herzen ihren eigenen Willen aufgeben und sich für rechte Taten geschmeidig machen, wie sich ein Arbeiter bückt, um einen Stein aufzuheben, den er zum Bau tragen will. In ihm steigen sie auch empor, wenn sie die in den Menschen vollbrachten himmlischen Werke mit Segenswünschen Gott darbringen, damit der Leib Christi in seinen gläubigen Gliedern aufs schnellste vollendet wird. Daher tragen sie auch gleichsam Steine in die höheren Bereiche; das sind die beflügelten leuchtenden Werke, die die Menschen mit ihnen zu ihrem Schutz wirken; denn eine jede einzelne Tat erhält von Gott ihre Flügel, mit denen sie sich aus dem Schmutz der menschlichen Gesinnung erheben soll. Sie besitzt auch einen strahlenden Glanz, durch den sie vor Gott leuchtet, denn was aus dem Quell des ewigen Lebens fließt, kann nicht aufgehalten und verborgen werden. Wie nämlich eine Quelle nicht im Verborgenen, sondern sichtbar sein soll, damit jeder Mensch, den es dürstet, zu ihr kommen, schöpfen und trinken kann, so ist der Sohn Gottes nicht verhüllt noch verborgen für seine Auserwählten, sondern offenbar. Er bereitet sich auf die Vergeltung der Taten vor, um durch gerechte Belohnung das kundzutun, was nach seinem Willen von den Menschen vollbracht wird. Deshalb soll der gläubige Mensch seinen Weg zu Gott im Glauben gehen und sein Erbarmen suchen, und es wird ihm gegeben werden. Von dem aber, der es nicht sucht, wird es nicht gefunden werden, wie auch eine Quelle nicht zu den Menschen fließt, die nur um sie wissen und nicht zu ihr kommen wollen. Sie müssen vielmehr zu ihr hinzutreten, wenn sie ihr Wasser schöpfen wollen. So soll der Mensch handeln: Er nähere sich Gott durch das Gesetz, das ihm von diesem selbst aufgestellt ist und er wird ihn finden. Die Speise des Lebens und das heilbringende Wasser werden ihm gegeben werden, sodass er ferner weder Hunger noch Durst erleidet. Daher haben auch die genannten Tugenden einen wachen Eifer, dieses Werk zu vollenden. Denn übereifrig wie Sturzbäche eilen sie zum göttlichen Werk, damit die Glieder Christi, die heller leuchten als die Sonne, durch ihre leuchtenden Erwerbungen auf edelste Weise vollendet, mit ihrem Haupt vereinigt werden. Deshalb werden sie auch, wie du gehört hast, starke Werkleute Gottes genannt, weil sie sich stets tatkräftig mit den guten Werken der Gläubigen befassen.

68 Frohes Leben aus der Kraft der Elemente

Das Verhältnis des Menschen zur Schöpfung ist nicht nur von zeichenhaftem Charakter. Der Mensch steht nicht nur in der Mitte der Schöpfung, sondern er umschließt in seinem Körper die Elemente der Welt. Der Mensch wurde aus der Materie der Schöpfung geformt. Daher bildet der menschliche Körper den Kosmos nicht nur ab, sondern er besteht aus konkreten Elementen: Feuer, Wasser, Luft, Erde. Die Entsprechung von Mikrokosmos und Makrokosmos ist mehr als symbolisch, sie ist konkret real. Durch die untrennbare anthropologische Einheit von Geist, Seele, Leib und Sinnen durchdringen die Elemente das ganze leibliche und seelische Vermögen des Menschen. So wirkt das Feuer in der Sinneswahrnehmung, die Luft in Seele und Vernunft, das Wasser im Blut, die Erde im Fleisch und den Knochen. Wie die Elemente in der Natur miteinander verbunden sind und zusammen ihre Wirkung entfalten, so entsteht ein komplexes Zusammenspiel aus den unterschiedlichen Kräften der Elemente auch im Menschen. Die stärkste Form der Wirksamkeit der Elemente sieht Hildegard in der Zeugungsfähigkeit des Menschen. Die Fruchtbarkeit sichert dem Menschen das frohe Leben inmitten der Geschöpfe zu.

Bei einer dezidierten Hinwendung zur elementaren Daseinsform lenkt Hildegard den Blick zuletzt auf die innere Konstitution des Menschen. Die Elemente ermöglichen sinnliches Verlangen, Denken, Wissen und Bewegung, inspirieren zur Prophetie und zur Kunst im Sinne von Welterfassung und Weltdeutung. Indem der Mensch von den Kräften der Elemente gehalten wird und in sich die gesamte Schöpfung vereint („ipse homo omnis creatura est" – „der Mensch ist die gesamte Schöpfung"), erreicht er die vollkommenste Daseinsform. Zum Leben ohne Ende, zu einem frohen Leben ist er bestimmt.

📖 **Ursprung und Behandlung, II. 81–86, S. 66–68.**

Nun aber sind, wie oben gesagt, die Elemente, nämlich Feuer, Luft, Erde, Wasser, im Menschen und wirken mit ihren Kräften in ihm und kreisen geschwind in seinen Werken wie ein Rad mit seinen Rundungen: Das Feuer ist mit seinen fünf oben genannten Kräften in Gehirn und Mark des Menschen, denn als der erste Mensch aus dem Lehm verwandelt wurde, brannte durch die Kraft Gottes das rötliche Feuer in seinem Blut, wie ja auch das Blut rot ist. Und das Feuer zeigt seine Glut im Sehen, seine Kälte im Riechen, seine Feuchtigkeit im Schmecken, seinen Luftanteil im Hören und seine Bewegung im Tastsinn des Menschen.

Die Luft aber ist mit ihren vier Kräften, wie oben gesagt wurde, im Atmen und in der Vernunft des Menschen, denn sie dient im Menschen mit dem lebendigen Atem, der die Seele ist, die ihn trägt, und sie ist der Flügel seines Fliegens, wenn der Mensch den Atem in sich zieht und ausstößt, damit er leben kann. Die Seele ist das Feuer, das den ganzen Körper durchdringt und den Menschen lebendig macht. Die Luft entzündet auch das Feuer, und durch die Luft brennt das Feuer in allem. Die Luft zeigt ihren Tau in der Absonderung, ihre Schaffenskraft in der Erregung, ihr Wehen in der Bewegung und ihre Hitze im Wachstum des Menschen.

Das Wasser aber ist mit seinen fünfzehn Kräften, die oben genannt sind, in Feuchtigkeit und Blut des Menschen. Das Wasser nämlich ist im Menschen, da das Blut in ihm nicht fehlt. Und es bewirkt Feuchtigkeit im Menschen, so dass auch die Lebenskraft in ihm blüht und das Gerüst der Knochen in ihm dauerhaft ist. Von seiner Kälte aber werden die Adern im Menschen gestärkt und ihretwegen fließt das Blut und hat Tropfen und bewegt den ganzen Körper; es durchtränkt auch das Fleisch mit Blut, damit es bestehen kann, wie es auch die Erde zusammenklebt. Aber das Feuer überwindet die Kälte des Wassers, so dass es fließt, und das Wasser durchtränkt mit dem Feuer und seiner Kälte die Erde so, dass sie dadurch fest wird. Und der Frost, der die Gewässer durch das Eis hart macht, ist in den Steinen, deshalb können diese nicht erweicht werden, wie auch die Knochen im Fleisch des Menschen hart sind. So zeigt das Wasser im Blut des Menschen seine Wärme, in dessen Atmung den Luftanteil, in seiner vollkommenen Entwicklung die Flüssigkeit, in der reinigenden Entleerung das Überfluten, im Wachstum die Schnelligkeit, in der Festigkeit den Saft, in der Fruchtbarkeit den Geschmack, im Aufrichten die Lebenskraft, in der Stärke die Feuchtigkeit und im ganzen Bau das Benetzen.

Auch die Erde ist mit ihren sieben Kräften, die oben geschrieben stehen, in Fleisch und Knochen des Menschen, und sein Fleisch ist feucht und wächst. Aber wie die Erde mit Feuer und Wasser gefestigt wird, so ist das Fleisch des Menschen mit Adern und Feuchtigkeit zusammengefügt; von ihrer Kälte kommt die Gerinnung der Knochen. Aber das Feuer überwindet dies alles, so dass im Menschen Stärke ist. Das Fleisch des Menschen stammt nämlich von der Erde und enthält eine kalte Feuchtigkeit, aber das Blut macht es warm. Und wenn es davon nicht warm würde, würde es wieder zu Lehm werden, wie es früher war, und deshalb wird es von der Wärme des Blutes gestärkt wie die Erde durch die Wärme der Sonne, aber durch seine Weichheit ist es blutig. Und es hat die Kräfte der Erde in sich, denn von der kalten Feuchtigkeit schwitzt es, von der Hitze ist es warm und könnte – wie die Erde – ohne Kälte nicht bestehen. Der Mensch ist nämlich durch Kälte und Wärme fruchtbar, hat mit den übrigen Geschöpfen ein frohes Leben und erzeugt aus sich heraus

Nachkommenschaft, weil die Wärme seine Lebenskraft und die Kälte seine Dürre ist, und dadurch bringt er alles hervor. Wenn aber dem Menschen das Alter naht, kehrt alle äußere Wärme in ihn zurück, sonst könnte er nicht leben; und so wird sein Fleisch außen kalt und er wird innen warm, weshalb ein alter Mensch bei allem, was er tut, schnell ermüdet. Die Tiere hängen an ihm, da er sich von ihnen ernährt und da er auch sie ernährt, und so trägt er alles, da jedes Geschöpf in ihm ist. Und die Erde zeigt mit dem Fleisch des Menschen in dessen Wärme ihre Kälte, in dessen Kälte ihre Wärme, im Wachstum ihre Grünkraft, im Verfall ihre Dürre, in der Zeugung das Belebende, in der Vermehrung ihre Unterstützung, in der Stützung aller seiner Glieder ihre Verbundenheit.

Der Mensch zieht aus dem Feuer Sinnlichkeit und Verlangen, von der Luft Gedanken und Unbeständigkeit, vom Wasser Wissen und Bewegung. Als nämlich Adam noch Erde war, erregte ihn das Feuer, und die Luft erweckte ihn und das Wasser durchströmte ihn, so dass er ganz in Bewegung geriet. Dann schickte Gott den Schlaf in ihn und er wurde in diesen Kräften gargekocht, so dass sein Fleisch durch das Feuer warm war und er durch die Luft atmete und das Wasser wie eine Mühle in ihm umlief. Als er aufwachte, war er ein Verkünder himmlischer Dinge und war kundig in jeder Wirkkraft eines Geschöpfs und in jeder Kunst. Und Gott übergab ihm alle Geschöpfe, damit er mit Manneskraft in sie eindringe, da er sie kannte und verstand, denn der Mensch ist jedes Geschöpf und der Hauch des Lebens ist in ihm, weil er kein Lebensende hat.

69 Für den irdischen Bereich zuständig – Friede

Der Frieden fällt nicht vom Himmel. Hildegard war sich dessen bewusst. Als Äbtissin, d. h. als verantwortliche Führungsperson einer Gemeinschaft, kannte sie aus eigener Erfahrung sowohl die glücklichen Momente als auch die belastenden Schwierigkeiten des gemeinschaftlichen Lebens. Sie wusste, dass das friedliche Zusammenleben von Menschen immer wieder von Zwietracht und Spaltungen gefährdet ist. Zugleich war sie überzeugt, dass wir Frieden nur dann verwirklichen können, wenn wir der Realität mit ihrer Gebrochenheit ins Auge schauen.

Eine solche Verpflichtung der Realität gegenüber veranschaulicht Hildegard in einer Vision im *Buch vom Wirken Gottes*. Dort beschreibt sie einen Brunnen, in dem zwei Gestalten stehen, während eine dritte Gestalt außerhalb des Brunnens, auf dessen Randstein steht. Hildegard erklärt dazu, dass diese drei Gestalten die Liebe, die Demut und den Frieden verkörpern (siehe Text Nr. 37). Dass die Liebe und die Demut im Brunnen stehen, ist gemäß Hildegards Auslegung ein Symbol dafür, dass sie „in der reinsten Gottheit [stehen], aus der Ströme der Seligkeit fließen." Demzufolge gehören Liebe und Demut zum Wesen Gottes und sind die Beweggründe dafür, dass der ewige Logos Mensch geworden ist (siehe auch Text Nr. 38).

Der Friede dagegen – und das lässt aufhorchen – steht außerhalb des Brunnens, auf einem Stein. Hildegard deutet das so, dass der Friede immer neu errungen werden muss, weil er nicht nur dem himmlischen, sondern zugleich dem irdischen Bereich zugeordnet ist. Die irdische Realität ist nach Hildegards Worten durch Schwankungen und Änderungen gekennzeichnet: Wir werden hin und her geworfen. Das alles verursacht Ängste im Menschen und Spannungen unter den Menschen. Wir müssen die irdische Realität gemeinsam bewältigen und gestalten. Dabei treffen wir auf unterschiedliche Interessen, unterschiedliche Meinungen und agieren mit unterschiedlichen Temperamenten. Spannungen sind vorprogrammiert! Aber nicht die Spannungen zerstören den Frieden, sondern das Ignorieren der Spannungen! Friede ist nicht mit oberflächlicher Harmonisierung gleichzusetzen, er erfordert vielmehr eine grundsätzliche Wahrhaftigkeit, die mutig genug ist, angesichts von Differenzen und in Konfliktsituationen nach kreativen Lösungen zu suchen. Indem der Mensch dazu bestimmt ist, das Werk des Friedens in der Welt zu wirken, kultiviert er die Erde („terram colit"). Dies ist sowohl im wortwörtlichen als auch im symbolischen Sinn zu verstehen. Mit seinen kreativen Friedensbemühungen schafft der Mensch eine Kultur der Kommunikation. Hildegard macht jedoch deutlich, dass der Dialog untereinander, also die horizontale Form unserer Kommunikation, nur dann gelingt, wenn wir uns der vertikalen Dimension öffnen. Die Zuständigkeit im irdischen Bereich fordert eine Sensibilität der Transzendenz, dem Himmlischen, gegenüber. Wollen wir zum Frieden beitragen, müssen wir über unseren Schatten springen, über uns hinauswachsen und uns in eine Dynamik des „Darüber hinaus" hineinnehmen lassen, was Hildegard „Lobpreis" Gottes nennt. Unsere Gottesfähigkeit macht uns menschlich, so dass wir daran arbeiten können, dass sich das Angesicht der Erde in Frieden erneuert.

Die vollendete Form des Friedens lässt etwas von der Neuheit des ersten Schöpfungstages in unserer Welt aufleuchten. Darauf weist das Visionsbild Hildegards hin, wenn sie den Frieden mit leuchtendem Gesicht darstellt. Inmitten von Spannungen, Unstimmigkeiten und Konflikten, die unser irdisches Dasein belasten, kann der auf Gott ausgerichtete Mensch lebensbejahende Kräfte freisetzen und so den Frieden auf Erden verwirklichen.

📖 **Das Buch vom Wirken Gottes, III. 3. Vision und 3, S. 316 und 318–319.**

Ich sah auch gleichsam in der Mitte des beschriebenen südlichen Bereiches drei Gestalten. Zwei von ihnen standen in einem ganz klaren Brunnen, der ringsum eingefasst und oben mit einem runden, durchbohrten Stein geschmückt war, als ob sie in ihm verwurzelt wären, wie Bäume bisweilen im Wasser zu wachsen scheinen. Die eine war von Purpurglanz, die andere von einem strahlend weißen Glanz so umgeben, dass ich sie nicht voll anschauen konnte. Die dritte aber stand außerhalb des Brunnens auf dessen Randstein, mit einem leuchtendweißen Gewand bekleidet. Ihr Antlitz leuchtete in solcher Helligkeit, dass diese auf mein Gesicht zurückschlug. Und vor ihnen erschienen die seligen Ordnungen der Heiligen gleich Wolken. Auf sie blickten die Gestalten aufmerksam.

Wiederum hörte ich vom Himmel eine Stimme, die sprach: Alles, was Gott gewirkt hat, hat Er in Liebe, in Demut und in Frieden vollendet, damit auch der Mensch die Liebe hochschätzt, nach der die Demut strebt und Frieden hält, um nicht mit dem zugrunde zu gehen, der diese Tugenden sofort bei seinem Entstehen verhöhnte.

Du siehst auch gleichsam in der Mitte des beschriebenen südlichen Bereiches drei Gestalten. Zwei von ihnen standen in einem ganz klaren Brunnen, der ringsum eingefasst und oben mit einem runden, durchbohrten Stein geschmückt war, als ob sie in ihm verwurzelt wären, wie Bäume bisweilen im Wasser zu wachsen scheinen. Diese sind in der Kraft der glühenden Gerechtigkeit drei Tugenden im Namen der Heiligen Dreifaltigkeit. Von ihnen ist die erste die Liebe („caritas"), die zweite die Demut („humilitas"), die dritte der Friede („pax"). Liebe und Demut stehen in der reinsten Gottheit, aus der Ströme der Seligkeit fließen. Denn diese beiden Tugenden weisen zur Befreiung und Aufrichtung des in den tiefsten der Sünden darniederliegenden Menschen hin auf den einzigen Sohn Gottes, der auf dem ganzen Erdkreis bekannt gemacht wurde. Als sein Leib, der am Kreuz durchbohrt (Johannes 19,34) und begraben worden war, durch die wunderbare Macht der Gottheit auferstand, zeigte Er damit, dass Er der Stein der Stärke und Ehre ist. Denn alle Wunder, die der Sohn Gottes auf der Erde vollbrachte, führte Er auf die Herrlichkeit Seines Vaters zurück. Auch diese Tugenden sind nicht von der Gottheit getrennt, wie eine Wurzel nicht vom Baum getrennt wird. Denn Gott ist in Seinem Wesen die Liebe und hält in all Seinen Werken und Urteilen an der Demut fest. Die Liebe und die Demut nämlich stiegen mit dem Sohn Gottes zur Erde hernieder und führten Ihn, als Er zum Himmel zurückkehrte, dorthin zurück.

Die eine ist von Purpurglanz, die andere von einem strahlend weißen Glanz so umgeben, dass du sie nicht vollkommen anschauen kannst. Das bedeutet: Die Liebe („caritas") brennt in himmlischer Liebe („amor") wie Purpur, die Demut schüttelt den Schmutz der Erde im weißen Glanz der Rechtschaffenheit von sich ab. Das ist für den sterblichen Menschen, solange er im Fleisch lebt, schwierig in allem nachzuahmen. Trotzdem soll er wegen des Lohnes in der Ewigkeit nicht nachlassen, Gott über alles zu lieben und sich in allem demütig zu verhalten.

Dass aber die dritte Gestalt außerhalb des Brunnens auf dessen Randstein steht, bedeutet: Der Friede, der im himmlischen Bereich bleibt, verteidigt auch die irdischen Angelegenheiten, die außerhalb des himmlischen Bereiches sind. Denn der Sohn Gottes, der wahre Eckstein (Epheserbrief 2,20), hat ihn gebracht, als Er die ganze Welt durch Seine Geburt erleuchtete und als Ihn die Engel in ihrem Lobgesang als Gott und Mensch erkannten.

Ihr Antlitz leuchtet in solcher Helligkeit, dass diese auf dein Gesicht zurück schlägt, weil der Friede, der durch den Sohn Gottes erstand, im irdischen Bereich nicht so gehalten werden kann wie im Himmel. Denn während die himmlische Wirklichkeit immer in der Festigkeit der Eintracht ist, wird die irdische in ihrem Schwanken hierhin und dorthin geworfen und ändert sich vielfach. Aber dennoch wird der Mensch, der das Werk Gottes ist, Ihn loben, weil die Seele des Menschen im Lobpreis leben wird, wie es der Engel ist. Solange ja der Mensch in der Zeit lebt, bebaut er die Erde wie er will und wie er es wünscht, und so weist er auf Gott hin, weil er nach Ihm bezeichnet ist.

70 Auf dieses Werk kommt es an!

„Der Mensch vollendet sich mit den Tugenden." Diese Aussage Hildegards ist in der gegenwärtigen Welt kaum zu verstehen. Der Begriff Tugend klingt nicht eben modern. Er steht im Verdacht eines einengenden Moralismus. In seinem Buch über die Tugenden stellt Romano Guardini bereits vor fast sechzig Jahren fest: „Das Wort [Tugend] berührt uns wahrscheinlich zunächst fremd, vielleicht sogar unsympathisch; es klingt leicht altmodisch und ‚moralisch'." (*Tugenden. Meditationen über Gestalten sittlichen Lebens*, Würzburg 1963, S. 12). Die Wirklichkeit der Tugend gehört jedoch wesentlich zu unserem Dasein. Was sie wert ist, merkt man häufig erst, wenn sie fehlt. Dass ein frei atmender Zugang zur Tugend möglich oder sogar für die Reife unseres Personseins notwendig ist, zeigt uns Hildegard in ihren Werken.

Die Tugenden („virtutes") ziehen sich wie ein roter Faden durch Hildegards Werk. Im Heilsgebäude, das im dritten Buch von *Wisse die Wege* der Gegenstand mehrerer Visionen ist (siehe Text Nr. 50), erscheinen sie als schöne Gestalten. Einzeln heißen sie himmlische Liebe, Disziplin, Geduld, Barmherzigkeit usw., dreißig an der Zahl. Parallel zu diesen „virtutes" beschreibt Hildegard in ihrem zweiten großen Werk, dem *Buch der Lebensverdienste*, die Laster. Dort erscheinen sie als die negativen Formen, denen jeweils eine „virtus" antwortet (siehe Texte Nr. 86–94). Diese „virtutes" sind dieselben wie in *Wisse die Wege* und treten sogar in gleicher Reihenfolge auf, jedoch um fünf weitere ergänzt. Eine ähnliche Auseinandersetzung der „virtutes" mit dem Bösen treffen wir in *Ordo virtutum* an. Im *Buch vom Wirken Gottes* schaut Hildegard einige Gestalten, die aus *Wisse die Wege* und dem *Buch der Lebensverdienste* bereits bekannt sind, auch wenn sie in diesem Spätwerk in neuer äußerer Form erscheinen. In eine solche heilsgeschichtliche und kosmologische Perspektive gestellt lassen sich die „virtutes" nicht allein als „Tugenden" interpretieren, sondern im umfassenden Sinn als „Gotteskräfte". Aus allen Werken Hildegards geht einhellig hervor, dass sie grundsätzlich dazu bestellt sind, dem Menschen bei seiner Lebensgestaltung beizustehen.

Wie das geschieht, beschreibt Hildegard in *Wisse die Wege*, bevor sie mit dem Rundgang im Heilsgebäude, das die vielen „virtutes" bevölkern, beginnt. Sie erklärt, dass die „virtutes" eigentlich in sich keine ausgeprägten Gestalten („vivens forma") sind, sondern Lichtkugeln, strahlend durch Gott („praelucida sphaera a Deo fulgens"). Sie erhalten erst durch den in Leib-Seele-Einheit wirkenden Menschen eine konkrete Gestalt. Allein der Mensch ist imstande, das Werk der Gotteskräfte in Ganzheitlichkeit zu vollenden. Die „virtutes" prägen den Menschen innerlich. Hinter der Bilderwelt der Visionen, die die Gotteskräfte als menschliche, weibliche Gestalten vorstellen, verbirgt sich eine anthropologische Aussage: Die „virtutes" als Gotteskräfte sind „keine für sich seienden Wesen", sondern gestaltende Kraft, die von Gottes Personalität her („a Deo fulgens") den Menschen zur Person machen („homo perficitur cum virtutibus" – „der Mensch vollendet sich durch die Gotteskräfte"). Diese Gotteskräfte konkretisieren sich in mannigfaltigen Haltungen, die im Heilsgebäude konkret dargestellt werden und für die der landläufige Sprachgebrauch eben das Wort „Tugend" verwendet: die Tugend der Liebe, der Geduld, der Barmherzigkeit usw.

Die „virtutes" erweisen sich als Vermittlungen zwischen Gott und Mensch. Sie vermitteln Kräfte, die den Menschen zur Person formen, und offenbaren sich in Verhaltensweisen, die aus dieser Formung erwachsen: eben in Tugenden. Ein „tugendhaftes" Leben rührt also von einer Tiefe her, wo der Mensch so vor Gott ist, wie er ist: erschaffen nach Gottes Bild und Ähnlichkeit. Das Tugendleben ist unsere geschöpfliche Pflicht. Darin verwirklicht sich jenes Werk, auf das es in unserem Leben ankommt: dem „Wesensbild", als das Gott sich uns erdacht hat, in uns eine Gestalt zu geben – das uns bestimmte Dasein, unsere Gottesabbildlichkeit, auszuzeugen.

📖 **Wisse die Wege, III. 3. 3, S. 317.**

Dass du aber in ihm fünf Gestalten erblickst, die jede für sich unter einem Bogen stehen, der über sich gleichsam ein kugelförmiges Türmchen hat, bedeutet: An diesem Turm, d. h. in der Kraft der Beschneidung, schwebten fünf starke Tugenden; nicht als ob irgendeine Tugend in sich eine lebende Gestalt wäre, sondern sie ist nur eine leuchtendhelle Kugel, die von Gott her im Werk des Menschen aufstrahlt. Denn der Mensch wird mit den Tugenden vervollkommnet, weil sie das Werk des in Gott wirkenden Menschen sind. Daher wurden diese fünf Tugenden als Sinnbild für die fünf Sinne des Menschen in diesen Turm gestellt. Denn mit großem Eifer berührten sie die Beschneidung, indem sie von ihr die Ungerechtigkeit abschnitten, wie auch die fünf Sinne des Menschen in der Kirche durch die Taufe beschnitten werden; aber dennoch wirken sie in den Menschen nicht aus sich selbst, sondern der Mensch wirkt mit ihnen und sie mit dem Menschen, wie auch die fünf Sinne des Menschen nicht aus sich selbst wirken, sondern der Mensch mit ihnen und sie mit dem Menschen wirken, so dass sie sich gegenseitig befruchten. Und sie stehen einzeln, indem, sie sich mit großem Eifer abmühen, denn sie haben in der einzigartigen Stellung ihres Amtes eine Turmspitze über sich, nämlich die hervorragende und wohlgeordnete Würde der tugendhaften Beständigkeit.

71 Eine Vorahnung von der Erfüllung

Durch die Visionen erhält Hildegard Einblicke in die transzendente Wirklichkeit, in den göttlichen Bereich. Jedoch sind auch dieser visionären Erkenntnis Grenzen gesetzt: „Von diesem Mysterium kannst du nur soweit sehen, wie es dir um des Wunders des Glaubens willen gewährt wird", heißt es in einer Vision in *Wisse die Wege* (II. 1 Visionsbild, wörtlich aus dem Lateinischen übersetzt). Dieses Wort zeigt deutlich die Grenze der Möglichkeiten des Menschen auf, das Göttliche zu erkennen. Die Geheimnisse Gottes können nie ganz erkannt werden. Die Offenbarung ist Hildegard zufolge ein Mittel zur Vollendung des Menschen und sie wird ihm in dem Maße zuteil, wie er es benötigt. Das entspricht einer göttlichen Heilspädagogik. In der Schau Hildegards bleibt Gott der Unbegreifliche schlechthin, der – bildlich gesprochen – von einem blendenden Licht umgeben ist, so dass das menschliche Auge ihn nicht sehen kann.

Auch die Darstellungen der jenseitigen Strafen stehen im Dienst einer Heilspädagogik. Hildegard betont ausdrücklich, dass es ihr verwehrt wurde, die Hölle zu schauen. Dem Menschen steht es nicht zu, über die Abgründe des Bösen zu spekulieren. Ihm ist dagegen aufgegeben, sich den Anfechtungen zu widersetzen und sich nach dem Guten, seiner ursprünglichen Bestimmung, auszustrecken.

Aber auch der Blick in das Paradies reicht nicht bis zu einer vollständigen Durchdringung der ewigen Seligkeit. Die Visionen Hildegards wahren das Geheimnis, wie es bei Paulus heißt: „Kein Auge hat je gesehen, kein Ohr hat je gehört, und kein Mensch konnte sich jemals auch nur vorstellen, was Gott für die bereithält, die ihn lieben" (1. Korintherbrief 2,9). Der letzte Teil im *Buch der Lebensverdienste*, in dem Hildegard die himmlischen Freuden der Seligen beschreibt, ist fast ausschließlich als eine „quasi"-Wirklichkeit, als ein „gleichsam", formuliert: Die ewigen Wonnen, die Pracht und die Herrlichkeit im Himmel übersteigen jegliches menschliche Vorstellungsvermögen. Hildegard kann sie nur ahnend, „wie in einem Spiegel", schauen. Daraufhin versucht sie, dieses Geschaute tastend, mit den Kategorien der menschlichen Wahrnehmungswelt und der menschlichen Sprache zu vermitteln. So entstehen die einzigartigen Beschreibungen vom vollendeten Dasein, die nicht nur enthüllen, sondern das Geheimnis auch wieder ehrfürchtig verhüllen.

Die Visionsbilder über die himmlischen Freuden lassen jedoch einen Vorgeschmack der Erfüllung erahnen, um uns vor diesem leuchtenden Hintergrund in unser Hier und Jetzt zurückzuführen. Zunächst erinnern uns Hildegards Ausführungen daran, dass wir einst über unser Leben Rechenschaft abzulegen haben. Dieser Gedanke, der uns mit dem Tod konfrontiert, gibt uns die Möglichkeit, die Kostbarkeit des gegenwärtigen Augenblicks zu verstehen. Im Glauben an das ewige Leben dürfen wir hoffen, dass alles Wahre, Schöne und Gute in unserem Alltag – in jeder Stunde und an jedem Tag – für die Ewigkeit aufbewahrt wird. Diese Überzeugung verleiht unserer Existenz für jeden Augenblick einen großen Wert und veranlasst uns dazu, unser Leben so zu gestalten, dass es der Ewigkeit würdig wird. Unsere Taten – was wir wirken und erleiden, geben und empfangen, tun und lassen – erhalten aus dieser Sicht Tiefendimensionen, weil sie in ihrer Einmaligkeit erscheinen. In der Vorahnung des ewigen Lebens, angesichts des Todes, erhellt sich wirkmächtig, wie wertvoll unser Leben ist.

📖 Das Buch der Lebensverdienste, VI. 33–34 und 36–37, S. 328–330.

Die Herrlichkeit des Paradieses, aus der der erste Mensch vertrieben wurde, ist mit einer so großen Helligkeit umgeben, dass du sie und das, was darin ist, nur in einem Spiegel betrachten kannst. Diese Herrlichkeit ist mit unverweslichem Blühen der Lieblichkeit geschmückt, mit süßestem Duft von Gewürzen durchströmt und mit unzählbaren Wonnen erfüllt. Dort freuen sich die

Seelen, die von allen Sünden geläutert sind. Die Seelen nämlich, die dort weilen, sind mit dem Gewand der Unsterblichkeit und der Anmut, das Adam verloren hat, bekleidet, da sie eine größere Herrlichkeit erlangt haben. Weil sie in ihrem irdischen Dasein durch Reue über ihre Sünden Gott berührt und Gottes Gebote mit guten Werken erfüllt haben, sind sie mit anmutiger Zierde geschmückt, so wie auch der Leib der Menschen mit Kostbarkeiten ausgestattet wird.

Jener große Glanz, den du wegen seines unermesslichen Strahlens nicht erblicken kannst, da der sterbliche Verstand ihn nicht zu erfassen vermag, kommt aus den himmlischen Höhen hervor, aus denen Luzifer samt seinen Engeln herausgeworfen wurde. Dieser Glanz überströmt und bestrahlt die Helligkeit des Paradieses und bewahrt sie, wie du siehst, in der Lebendigkeit der Grünkraft und der Schönheit.

In diesen himmlischen Höhen befinden sich jene Belohnungen und Freuden, die von Ewigkeit her für die seligen Seelen bestimmt sind, die mit ganzem Bemühen ihrer innigsten Hingabe von dem Irdischen nach dem Himmlischen geseufzt und gelechzt haben. Das alles ist aber für die menschliche Gebrechlichkeit, die mit der Bedeckung des Staubes umhüllt ist, nicht vollständig erkennbar, denn das, was zeitlich ist, kann nicht begreifen, was ewig ist, nur wenn die väterliche Güte es zu ihrer Herrlichkeit und zum Fortschritt ihrer Getreuen offenbaren will. Den Seelen der Heiligen sind dort nämlich noch mehr Schmuckstücke vorbereitet, als dass das vergängliche, menschliche Ermessen es erfassen könnte. Die Auserwählten sind mit Lob und Werk geschmückt, da sie mit Leib und Seele lichte Werke gewirkt haben.

Sie alle empfangen die Freuden der Freuden und die Schmuckstücke unaussprechlicher Pracht, weil sie ihrem Schöpfer auf seine Eingebung hin mit guten Werken dienten. Sie sind gesegnet und werden beim Gericht der Auferstehung Gesegnete meines Vaters genannt, wo sie noch mehr Freude erhalten werden, als sie jetzt haben. Während sie sich jetzt nur in der Seele freuen, werden sie dann in Leib und Seele die Freude besitzen, die so unaussprechlich ist, dass kein Geschöpf in der sterblichen Welt darüber Auskunft geben kann.

Die Pracht dieser Freuden ist geistlich, ewig und von unschätzbarem Wert. Es ist nicht so, dass es in der himmlischen Ewigkeit Gold, Edelsteine und Perlen aus irdischem Staub gäbe. Vielmehr werden die Auserwählten auf geistige Weise mit den guten und gerechten Werken geschmückt, so wie der Mensch auf leibliche Weise mit kostbarer Zierde ausgestattet wird. Ich nämlich, der Werkmeister der Welt, habe meinem Werk, nämlich dem Menschen, zusammen mit der Erkenntnis, die ich in ihn hineingelegt habe, die Werke zum Wirken gegeben, damit er durch Erde, Wasser, Luft und Feuer, aus denen er selbst besteht, seine Werke vollendet. Wenn der Mensch also Gutes wirkt, werden ihm Schmuckstücke aus seinen guten Werken in der Klarheit des unvergänglichen Lichtes ewiglich vorbereitet, ähnlich wie das Gewölbe mit Sternen und die Erde mit Blumen zeitlich geschmückt werden. Wenn sich der Mensch bisweilen mit irdischem Schmuck ausstattet, stöhnt seine Seele immer wieder, weil sie sich daran erinnert, wie sie mit den eigenen Werken zu schmücken wäre. Wie aber der Mensch sich aus Feuer, Luft, Wasser und Erde Schmuckstücke anfertigt und für seinen Körper Kleider näht, wie es ihm gefällt, so bereitet auch Gott den Heiligen ihren Werken gemäß Schmuckstücke, die er aus keiner Materie nimmt, sondern nur allein durch sich selbst schafft, wie er auch alle Geschöpfe durch sich selbst geschaffen hat; ähnlich wie auch der Mensch seine Werke durch kein anderes Geschöpf, sondern allein durch sich selbst ansetzt und wirkt.

IX. Im Rausch der Sinne

Die Visionärin Hildegard hat die Wirklichkeit – die sichtbare Welt und den göttlichen Bereich – mit ihrem intensiven Fassungsvermögen wahrgenommen. In ihrer Schau spielt das Sehen und damit verbunden die Tätigkeit der Augen sowie die visuelle Wahrnehmung eine zentrale Rolle. Dazu kommen die akustischen Elemente, die ihre Visionen zu Auditionen erweitern. Hildegard beschreibt den Kosmos in seinen klingenden und melodischen Eigenschaften. Auch die weiteren Sinne – Geschmacks-, Tast- und Geruchssinn – sind für sie von besonderer Bedeutung, wenn sie etwa Gottes Gebote als süß empfindet oder von der Berührung der Gnade spricht (Text Nr. 60). Untersucht man die Verwendung der Sinne bei Hildegard, wie María José Ortúzar Escudero dies getan hat (*Die Sinne in den Schriften Hildegards von Bingen. Ein Beitrag zur Geschichte der Sinneswahrnehmung*, Stuttgart 2016), dann kristallisiert sich ein aktiver Begriff der Sinne heraus: Die Sinne werden nicht nur auf die Wahrnehmung, sondern auch auf das Handeln des Menschen bezogen. Vor allem bringt der Mensch für Hildegard seine Werke wesentlich durch den Gebrauch seines Tastsinns hervor. Viele dieser Ergebnisse werden wiederum durch den Geruchssinn beschrieben, wenn Hildegard wiederholt vom Wohlgeruch der Werke spricht. So gelten die Sinne nicht als „bloße Rezeptoren der äußerlichen Eindrücke" (*Die Sinne in den Schriften Hildegards*, S. 416), sondern üben ihre Funktion im Wirken aus. Dies entspricht Hildegards Auffassung vom Menschen als „wirkendes Werk" und als Mitarbeiter Gottes. Hildegard ist sogar davon überzeugt, dass der Mensch durch seine fünf Sinne Gott in der Welt abbildet (siehe Text Nr. 18).

Hildegard weist außerdem einen spezifischen Umgang mit der Sinnlichkeit auf, da sie die leiblichen und diesseitigen Erfahrungen auf die Wahrnehmung einer übersinnlichen bzw. jenseitigen Welt überträgt. Dies ist möglich, weil die diesseitig-sinnliche und die jenseitig-spirituelle Wirklichkeit in der christlichen Theologie nicht in ihrer Polarität, sondern in ihrer Durchlässigkeit betrachtet werden.

72 Die fünf Sinne, die im Menschen lebendig sind

Hildegard versteht die Erde als einen Kosmos, eine geordnete Welt, in der alles seinen Platz hat: Helligkeit und Schatten, das Erquickende und das Beängstigende. In einer ihrer kosmologischen Visionen im *Buch vom Wirken Gottes* drückt sie diese heterogene Wirklichkeit im Bild des Erdkreises aus, der in fünf Bereiche eingeteilt ist. Jeder Bereich symbolisiert je eine andere Erfahrung: das Licht, das Dunkel, das Schaudererregende, das Zuträgliche und das Abträgliche. Diesem Gebilde in seiner Pluralität steht der Mensch nicht nur gegenüber, sondern er findet diese Außenwelt in seiner eigenen Innenwelt wieder. Die Kommunikation zwischen diesen beiden Wirklichkeiten vollzieht sich durch die fünf Sinne des Menschen, die ihm die unterschiedlichen Eindrücke der Welt – das Günstige und das Widerwärtige – in sein Inneres führen.

Hildegard stellt die Sinneswahrnehmung in einem doppelten Sinne dar. Zum einen beschreibt sie im wörtlichen Sinn den von den Sinnesorganen gewährleisteten Prozess der Wechselwirkung von außen und innen: Das Sehen empfängt die Helligkeit der Außenwelt, das Hören vernimmt Informationen zum Glück und Unglück des Menschen, Riechen und Schmecken führen auf je eigene Weise Wärme und Kälte dem Menschen zu, der Tastsinn partizipiert an der Festigkeit der Erde und kann diese Stärke in das Innere des Menschen bringen. Zum anderen erkennt Hildegard in der Betätigung der Sinne im übertragenen Sinn das sittliche Verhalten des Menschen. Das Gesicht steht für die Erkenntnis von Gut und Böse, der Geruch- und Geschmackssinn versinnbildlichen das tugendhafte bzw. lasterhafte Leben, der Tastsinn verweist auf menschliches Handeln, das sittlich verantwortete Werke hervorbringt.

Die Sinne helfen dem Menschen, den Kontakt sowohl mit der Umwelt als auch mit seiner inneren Welt aufzunehmen und zu pflegen. Mittels der Sinne wird der Mensch mit dem Gesamt der Realität konfrontiert und aufgerufen, auf die Sinneseindrücke eine verantwortete Antwort zu geben. Je nachdem, wie der Mensch mit seinem Verhalten und Handeln reagiert, kann er seine Welt zu einem bewohnbaren oder zu einem unheimlichen Ort gestalten. Hildegard weist darauf hin, dass diese Antwort eine Konsequenz jener Entscheidung ist, die der Mensch gegenüber dem Schöpfungsauftrag trifft: Entweder nimmt der Mensch sein geschöpfliches Dasein in Abhängigkeit von seinem Schöpfer an und gelangt zur Freiheit, die das Leben lebens- und liebenswert macht, oder lehnt er das Schöpfungsangebot ab und nimmt sein Dasein in Eigenregie auf sich, wodurch er sich vom Lebensquell abschneidet. In diesen Überlegungen Hildegards zeigt sich ihre ganzheitliche Daseinsdeutung: Wie wir unsere Sinne betätigen, hat mit unserem gesamten Lebensentwurf zu tun und wirkt sich auf das Gelingen unseres Lebens aus.

Das Buch vom Wirken Gottes, II. 2. 2–5, S. 219–223.

Den Erdkreis hat Gott so inmitten der drei Elemente aufgehängt, dass er nicht zerfließen und zerfallen kann. Auch darin zeigt Er sich wunderbar und mächtig, dass Er weder das Fleisch noch die Knochen des Menschen so zu Staub gemacht hat, dass Er sie nicht am Jüngsten Tag in ihrer Unversehrtheit wiederherstellen kann. Einen Teil der Erde machte Er lichtvoll, einen anderen dunkel, den dritten schaudererregend, den vierten zur Strafe, einen für den Menschen geeignet, den anderen aber ungeeignet, wie Er auch bestimmte Seelen in Sein Reich aufnimmt, andere aber in einem gerechten Gericht zur Hölle verdammt.

Du siehst die Rundung der Erde in fünf Teile aufgeteilt, sodass ein Teil nach Osten, der andere nach Westen, der dritte nach Süden, der vierte nach Norden, der fünfte aber in ihrer Mitte liegt. Das ist deshalb so: Wenn die Erde kantig und nicht rund wäre, würden die Ecken bei ihr eine Schwäche und Unausgeglichenheit des Gewichtes verursachen Und wenn sie nicht in fünf Bereiche gegliedert wäre, würde sie nicht im richtigen Maß ausgewogen. Die vier äußeren Teile nämlich halten sie in der richtigen Lage, der fünfte mittlere jedoch festigt sie in der richtigen Lage und macht sie darin beständig. Das bezeichnet auch, dass der Mensch, für den die Erde ein Sinnbild ist, durch die fünf Sinne, die in ihm lebendig sind, zu allem was für ihn notwendig ist, gefestigt und zum Heil seiner Seele hingelenkt wird.

Daher teilt der eine nach Osten gerichtete Teil dem mittleren Bereich guten Saft und nützliche Grünkraft zu. So ist auch die Sehkraft des Menschen gleichsam dem Ursprung der Helligkeit zugewandt und gibt ihm, der gleichsam in der Mitte der Elemente steht, Gesundheit des Leibes und der Seele.

Der zweite Bereich, der nach Westen liegt, gibt diesem Teil bald nützliche, bald schädliche Flüssigkeit, wie auch das Gehör den ganzen Leib des Menschen gleichsam nach Westen hin erschüttert und durchdringt und ihm bald Glück, bald Unglück, bald das Seelenheil, bald Verzweiflung anzeigt.

Der dritte Bereich, der sich nach Süden wendet, sendet in diesen Teil Hitze, die durch das kühle Wehen der Winde gemäßigt ist. So gießt auch der Geruchssinn wie ein Dampf, der aus der Hitze aufsteigt, den Geruch, der aus Mischungen von Warm und Kalt hervorgeht, und den Duft, der aus den Seufzern nach oben kommt, dem Menschen ein.

Der vierte Bereich, der sich nach Norden ausdehnt, bringt dem erwähnten mittleren Teil die Kälte vom Norden und die Wärme vom Süden. So nimmt der Geschmackssinn das Kalte auf, und indem er Warm und Kalt unterscheidet, regt er den Menschen mit verschiedenem Wohlgeschmack und himmlischer Süße an.

Der fünfte Bereich aber, der in ihrer Mitte liegt, wird von ihnen in seiner Festigkeit gestärkt und durch verschiedene Einflüsse gemäßigt. So wird auch der Tastsinn, der gleichsam in der Mitte der anderen Sinne tätig ist, von diesen gestärkt; denn sie alle geben ihm Kräfte und festigen ihn für seinen Dienst. Das wird auch in der Anordnung der Finger gezeigt, weil durch sie die Werke vollendet werden, die die ewige Belohnung betreffen.

Und wie du siehst, haben der Umfang des östlichen und der Umfang des westlichen Bereiches das gleiche Maß, und beide haben die Gestalt eines gespannten Bogens, da die Sonne bei ihrem Umlauf in ihren Aufgang und Untergang den gleichen Abstand zur Erde einnimmt. Das weist auch darauf hin, dass die Sehkraft durch die Erkenntnis von Gut und Böse dem ähnlich ist. Denn wie das Sehen durch die Erkenntnis des Guten zu dem aufsteigt, was gut ist, so steigt es durch das Wissen um das Böse zu dem hinab, was böse ist, durch jenes wendet es sich vom Bösen ab, durch dieses aber beugt es sich vom Guten weg.

Auch der Umfang des Süd- und Nordteiles ist gleich groß und gleicht in Länge und Breite den beiden ersten Teilen; aber sie scheinen in ihren inneren Krümmungen wegen der bogenförmigen inneren Enden der beiden ersten Bereiche gleichsam abgeschnitten. Außer ihren abgeschnittenen inneren Enden sind sie einem gespannten Bogen ähnlich. Denn wie viel von der Erde der Süden mit Hitze besetzt, soviel besetzt der Norden mit Kälte, wobei sie damit der Länge und Breite des Osten und Westens gleichkommen. Nur ihre Enden, die sich dem fünften der genannten Bereiche zuwenden, ziehen sich durch die Ausdehnung des Ostteiles und ebenso des Westteiles etwas zusammen, während sie an den anderen Stellen die Ähnlichkeit zu einem Kreis nachahmen. So strebt auch der Geruchssinn durch den Duft der Tugendkräfte nach rechts, der Geschmackssinn aber durch das Schmecken der Laster nach links. Bei diesem Bestreben haben sie gleichsam den gleichen Eifer, wenn auch in verschiedener Richtung, und gleichen sich ihrem Ursprung an, indem jener sich dem Guten und dieser sich dem Bösen anpasst. Aber dennoch kann keiner von ihnen im Anfang seines Vorhabens die Erfüllung seines Versuchs haben; denn am Anfang, wenn der Mensch entweder das Gute oder das Böse beginnt, beschränkt er sich bewusst in diesem Tun, weil er es noch nicht wagt, sich ihm ganz zu überlassen.

Denn diese beiden Bereiche, der Süd- und der Nordteil, werden in je drei Teile gegliedert, die hier infolge von Wärme, dort wegen Kälte und an anderer Stelle wegen Schlangen für die Menschen unbewohnbar sind. Das zeigt auch, dass der Geruchssinn, wenn er zum Duft der Tugendkräfte sich erhebt, der Geschmackssinn aber, wenn er zum Geschmack der Laster hinabsteigt, den Leib des Menschen, seine Seele und seine Werke in verschiedener Weise berühren. Sie zeigen ihn gleichsam unbewohnbar, wenn er nicht einsieht, was der Leib, was die Seele und was die Werke in ihm bedeuten und wenn er auch in sich das richtige Maß nicht zu unterscheiden weiß.

Von ihnen haben die beiden mittleren dieser Abschnitte die gleiche Form und das gleiche Ausmaß, da auch der südliche und nördliche Bereich das gerechte Maß haben und ihnen mit ihrem richtigen Ausmaß die rechte Mäßigung geben. Sie zeigen, dass die Seele im Duft der Tugenden und im Geschmack der Laster gleichsam in der Mitte zwischen dem Leib und seinen Werken steht, jedoch nur eine Richtung und Zuordnung hat, indem sie in Furcht vor dem Bösen zu Gott aufseufzt.

Aber auch die vier übrigen Abschnitte, die am Rand liegen, haben eine andere, aber untereinander gleiche Gestalt und gleiche Aufgliederung. Denn jene sind sowohl im südlichen wie auch im nördlichen Teil auf beiden Seiten der erwähnten mittleren Abschnitte ausgedehnt, in ihren inneren Krümmungen aber, die sich zu dem genannten fünften Teil hin erstrecken, etwas verengt. An ihren äußeren Enden haben sie jedoch eine beträchtliche Breite, wo sie auch eine andere Gestalt als die erwähnten mittleren Teile zu haben scheinen. Untereinander aber sind sie sich sowohl in ihrer Gestalt, als auch in ihrer Anordnung ähnlich. Das zeigt: Der Leib des Menschen und seine Werke, die ihm gleichsam eine Grenze setzen, wenn sie in sich die Unzulänglichkeit spüren, haben eine andere Aufgabe als die Seele sie hat, wenn sie dem Menschen die Lebenskraft des Leibes und der Sinne voll zuführt. Untereinander jedoch stimmen sie in gleicher Weise miteinander überein; denn wenn der Leib schwankt, werden auch seine Werke geschwächt, wenn aber die Seele den Leib emporhebt, werden auch die Werke des Leibes unterstützt.

Auch an Länge und Breite der beiden mittleren Teile sind sie gleich, außer dass sie an ihren inneren Enden verkürzt, an den äußeren aber breiter als die beiden anderen scheinen. Das entspricht dem, das der obengenannte östliche und westliche Bereich ihnen auf der einen Seite engeren, auf der anderen reichlicher Raum bieten, dadurch dass sie sich an ihren beiden Enden biegen. Das ist deshalb so, weil jene Teile, die sich auf beiden Seiten der mittleren befinden, zwar die Länge dieser mittleren Teile haben. Sie haben aber eine geringere Breite in den mittleren Teilen gegenüber dem erwähnten fünften Bereich, gegen sein äußeres Ende jedoch eine größere Breite, an den anderen Stellen die gleiche. Denn beide Enden des Teiles, der nach Westen und des Teiles, der sich nach Osten ausdehnt, werden nach Art eines Bogens an den inneren Enden der erwähnten vier ähnlichen Bereiche zusammengezogen.

Das alles deutet darauf hin, dass der Leib des Menschen und seine Werke sich in ihm zu seiner Erhaltung so ausstrecken, wie die Seele in ihm zu seiner Stärkung angeregt wird. Aber derselbe Leib und dieselben Werke des Menschen krümmen sich oft in der Sicherheit zusammen, im Zweifel aber erweitern sie sich mehr, als das Seufzen der Seele es wünscht. Sie nämlich strebt nach dem richtigen Maß, der Leib des Menschen jedoch stürzt sich in seinen Werken öfters in Unmäßigkeit.

Der fünfte dieser Bereiche, der in der Mitte von diesen allen liegt, zeigt quadratische Form, denn er wird von den anderen in gleicher Weise gehalten und von ihnen durchdrungen. Das zeigt, dass der Tastsinn die Vollkommenheit der Werke und nicht den Leichtsinn der Fehler haben soll. Und er ist an einer Stelle von Hitze, an der anderen von Kälte und an einer anderen von maßvoll warmer Luft erfüllt, weil die Glut der Sonne ihn hier wegen ihrer Nachbarschaft durchglüht, dort jedoch die Kälte wegen der Entfernung der Sonne ihn zusammenzieht und unbewohnbar für den Menschen macht. Die Ausgewogenheit von Hitze und Kälte macht ihn bewohnbar. So kräftigen auch die Finger, obwohl sie untereinander verschieden sind, trotzdem die Hand, indem sie sie mit ihrer Kraft zusammenhalten, und die fünf Sinne des Menschen durchziehen, obwohl sie voneinander verschieden sind, gleichsam mit Feuer und Wasser den Tastsinn und geben sich gegenseitig hilfreiche Stützen für die Tugenden.

Eben diese bewohnbaren Bereiche weisen auf die gläubigen Menschen hin, die über das göttliche Gesetz nachsinnen, sich ganz auf das himmlische Leben ausrichten und sich so in ihren guten Werken bewohnbar machen. Die unbewohnbaren Bereiche aber bezeichnen die ungläubigen Menschen, die sich den Worten Gottes zu widersetzen und sie zu bekämpfen versuchen. Sie bemühen sich, den Glauben zu verleugnen, die Wahrheit und Festigkeit des Glaubens zu verletzen und zu zerstören und machen sich mit diesem verkehrten Benehmen (gleichsam) unbewohnbar, da sie dem Heiligen Geist keine Wohnstatt in ihrem Inneren gewähren.

73 Kräftig vom Hauch des Lebens und der Grünkraft der Erde

Hildegards Menschenbild beinhaltet eine Ganzheitlichkeit, die den Menschen in seiner transzendenten und immanenten Dimension ernst nimmt. Der Mensch ist von der Erde genommen, aus Lehm geformt. Zugleich atmete der Schöpfer seinen Lebenshauch in ihn hinein (Genesis 2,7). In dieser Leib-Seele-Einheit offenbart sich die Einmaligkeit des Menschen in der gesamten Schöpfung. Diese herausragende Stellung unter allen Geschöpfen stellt jedoch hohe Ansprüche an den Menschen. Zum Leben erweckt durch den göttlichen Hauch und gestärkt mit der Grünkraft der Erde sowie gefestigt in den Elementen, ist die Verantwortung für die geschaffene Welt dem Menschen von seiner geschöpflichen Konstitution her aufgetragen, sozusagen in seine DNA eingeschrieben.

Im Hinblick auf diese Verantwortung schaut Hildegard auf die konkrete Situation des Menschen in seinem aktiven wirkmächtigen Lebensvollzug. Des Sündenfalls wegen hat sich die menschliche Existenz ins Negative gewendet. Hildegard zeigt sich realistisch, weil sie berücksichtigt, dass der Mensch die hohen Anforderungen, die seine Größe in der Schöpfungsordnung mit sich bringt, inmitten einer durch den Sündenfall gebrochenen Existenz zu erfüllen hat. Statt Licht beherrschen Finsternis und Nacht sowohl die menschliche Daseinserfahrung als auch die kosmische Welt überhaupt. Vor dem Sündenfall war das erste Menschenpaar vom Glanz umhüllt und auch die Schöpfung war vom unversehrten Licht erleuchtet. Aber selbst nach dem Sündenfall wird dem Menschen die Chance gegeben, sich mit Licht zu umgeben und so in die Welt hinein zu strahlen. Allerdings muss er sich diesen neuen Glanz durch Mühsal, Anstrengung und Schweiß erarbeiten. Die Schwäche betrifft den Körper, daher muss ihm Kraft zugeführt werden: durch Speise und Schlaf, wie Hildegard mit unbefangenem Realitätssinn feststellt.

Ursprung und Behandlung, II. 85–90, S. 68–70.

Als nämlich Adam noch Erde war, erregte ihn das Feuer, und die Luft erweckte ihn und das Wasser durchströmte ihn, so dass er ganz in Bewegung geriet. Dann schickte Gott den Schlaf in ihn und er wurde in diesen Kräften gargekocht, so dass sein Fleisch durch das Feuer warm war und er durch die Luft atmete und das Wasser wie eine Mühle in ihm umlief. Als er aufwachte, war er ein Verkünder himmlischer Dinge und war kundig in jeder Wirkkraft eines Geschöpfs und in jeder Kunst. Und Gott übergab ihm alle Geschöpfe, damit er mit Manneskraft in sie eindringe, da er sie kannte und verstand, denn der Mensch ist jedes Geschöpf und der Hauch des Lebens ist in ihm, weil er kein Lebensende hat.

Wenn die Seele in den Körper gesandt wird, ist sie ein Hauch und von Gott geschickt und sie erhält ihren Lohn durch die leiblichen Werke, seien sie gut oder böse, und diese Werke sind gleichsam der Leim der Verdienste: Wie ein Kleinkind anfangs nicht weiß, was es später versteht, weil es den Verstand, der alles versteht, bekommt, wenn es reifer ist, und wie es dann seine Werke mit Überlegen und Küssen umarmt und wie [der Mensch] später vom Alter ermüdet, so macht auch die Seele durch die Werke in der Entwicklung Fortschritte, und von den guten Werken wird sie wie mit einem königlichen Mantel umgeben, von den bösen aber verdunkelt. Wie auch die Erde von Wassern durchströmt wird und wie die Wasser an bestimmten Orten fließen, so durchströmt die Seele den Körper und überragt ihn: Auch mit geschlossenen äußerlichen Augen sieht sie oft mit Sehergabe die Zukunft, weil sie bedenkt, dass sie ohne Körper leben kann. Nach dem ersten Schlaf Adams nämlich war seine Sehergabe wahrhaft, da er noch nicht gesündigt hatte, aber später wurde sie mit Lüge vermischt.

Adam wurde aus Erde geschaffen und mit den Elementen erweckt und verwandelt, Eva aus der Rippe Adams jedoch wandelte sich nicht. Adam war auch von der Grünkraft der Erde kräftig und von den Elementen sehr fest, Eva aber war von ihrem Mark her weich und hatte einen luftigen Verstand und scharfsinnige Kunstfertigkeit und ein köstliches Leben, da das Gewicht der Erde sie nicht drückte. Wie sie selbst aus dem Mann hervorging, so ging das ganze Menschengeschlecht aus ihr hervor. Der Mensch ist in zwei Teile geteilt, nämlich in Wachen und Schlaf. Ferner ernährt sich auch der Körper des Menschen auf zwei Arten, so dass er mit Speise gefüllt wird und sich durch Schlaf erholt.

Nachdem aber die Seele den Körper verlassen hat, wird sie auf andere Weise mit ihm leben, und das erträgt sie kaum, weil sie gut ist. Deshalb ruft sie zu Gott und sagt: „Wann werde ich mein Fleisch anziehen, mit dem ich in ewigen Tagen gelebt habe?" Denn als Gott alle Geschöpfe erschuf, herrschte ein einziger Tag mit ungebrochenem Licht, das die Nacht noch nicht geteilt hatte. Aber nachdem Adam gesündigt hatte, begann die Nacht zu existieren und alle Elemente wurden in große Dunkelheit gehüllt, in der Adam in die Verbannung geführt wurde. Als er das Licht dieses Zeitalters sah, freute er sich, weil er selbst dunkel war, und sagte unter Tränen: „Ich muss auf andere Weise leben, als Gott mir vorher zu leben verlieh." Und so begann er, im Schweiße [seines Angesichts] zu arbeiten.

Bevor nämlich Adam und Eva das göttliche Gebot verletzt hatten, leuchteten sie wie die Sonne im Glanz, und dieser Glanz diente ihnen gleichsam als Kleidung. Als sie jedoch Gottes Gebot übertraten, glänzten sie nicht mehr wie vorher, sondern wurden dunkel und blieben so in dieser Dunkelheit. Als sie deshalb sahen, dass sie nicht mehr leuchteten, wie sie vorher geleuchtet hatten, „erkannten sie, dass sie nackt waren, und bedeckten sich", wie geschrieben ist, „mit den Blättern eines Baumes". Adam leuchtete vor der Sünde und ohne Werke wie die Sonne, weil er noch kein Werk vollbracht hatte. Aber nach dem Ende der Zeit werden die Gerechten wieder wie die Sonne leuchten, wie geschrieben ist: „Es werden leuchten die Gerechten wie die Sonne im Reich ihres Vaters." Aber sie werden wegen ihrer heiligen Werke leuchten, denn die heiligen Werke leuchten in dem Glanz, den dann die Heiligen haben werden, und sind in ihn hineingesetzt, wie kostbare Steine in Gold gesetzt werden.

74 Grünende Lebenskraft

„Viriditas", Grünkraft, ist ein spezifisch hildegardischer Begriff. Sie bringt in der Pflanzenwelt das Leben hervor und lässt das Gras, die Blumen, die Sträucher, die Bäume usw. wachsen. An diesem lebendigen Grün erfreut sich der Mensch: Er sieht das frische Grün, riecht den Duft des Frühlings, streichelt ein Blatt, schmeckt das Gemüse aus dem Garten und, wenn er sensibel genug ist, hört, wie das Gras wächst. Diese Erfahrung aus der Naturwelt überträgt Hildegard auf das menschliche Leben, indem sie das tugendhafte Leben ebenso im Wirken der „viriditas" begründet sieht. Wer für sein Tun und Lassen aus der inneren Lebenskraft schöpft, bringt frisches Grün hervor und seine Werke verströmen guten Duft. Wie die Natur durch Grünkraft wächst, so wächst das gute Leben im Menschen durch die „viriditas", welche dadurch eine ethische Dimension bekommt. Dies veranschaulicht Hildegard, wenn sie schreibt: „Der Frieden sprosst aus der Grünkraft der Wahrheit" (*Wisse die Wege*, S. 385). Der Begriff „viriditas" dient dazu, verständlich zu machen, dass im Tugendleben des Menschen geistig-geistliche Wachstumsprozesse stattfinden, die sich analog zu den natürlichen Gesetzmäßigkeiten entfalten und zugleich das achtsame Mitwirken des Menschen, seine Anstrengungen und seine Verpflichtung zu einem sittlich verantworteten Handeln erfordern.

Hildegard weitet den Bedeutungshorizont der „viriditas" aus und verwendet sie im Kontext des Gnadenwirkens Gottes. Das größte Geheimnis Gottes, seine Menschwerdung, verbindet Hildegard mit der „viriditas". Diese wirkte bei der Empfängnis des Gottessohnes im Schoß Mariens, jenem unbegreiflichen Augenblick, als Gott Mensch geworden ist. Sie ist in diesem Sinne die göttliche Kraft, die den Urheber des Lebens ins menschliche Dasein weckt. Wenn Hildegard zur Beschreibung der Menschwerdung den bedeutungsvollen Begriff der „viriditas" wählt, dann gibt sie zu verstehen: Göttliches Leben vereint in sich Natur und Kultur sowie Gnade. Gott ist das Leben schlechthin. In ihm und aus ihm wachsen die Pflanzen, vermag der Mensch Gutes hervorzubringen und ereignet sich die unvermischte und untrennbare Vereinigung Gottes mit dem Menschen in Jesus Christus.

In einem Hymnus preist Hildegard die Jungfrau Maria, die Mutter des Gottessohnes, in der die Grünkraft ihr ganzes Wirken entfalten konnte. Aus dieser grünenden Lebenskraft entsteht jenes Leben, das nicht nur den Menschen und allen Geschöpfe Freude schenkt, sondern auch Gott erfreut. Lassen wir die „viriditas" in unserem Leben zu, hat Gott Freude am Aufblühen unseres Lebens.

📖 Lieder, 12, S. 44–45.

Sei gegrüßt, du edles, lobwürdiges und unversehrtes Mädchen.
Du bist in der Mitte der unverletzbaren Kraft,
du Urstoff der Heiligkeit,
der Gott gefällt.

Denn dir geschah, dass der Höchste in dich einströmte,
und das höchste Wort bekleidete sich in dir mit dem Menschsein.
Du bist die hellstrahlende Lilie.
Vor aller Schöpfung schaute Gott auf dich.

O du Schönste und Liebenswürdigste,
wie sehr hat Gott sich an dir erfreut,
als die Umarmung seiner glühenden Liebe dir geschah,
und als sein Sohn von dir gestillt wurde.

Dein Leib war nämlich voll Freude,
weil alle Symphonie des Himmels aus dir tönte,
denn, Jungfrau, du trugst Gottes Sohn dort,
wo dein Unberührtsein in Gott hell erstrahlte.
Der Ort, in dem das Leben wächst, war voll Freude,
so wie Gras, über das der Tau fällt,
als die grünende Lebenskraft in ihn einging,
wie es dir geschah,
o Mutter aller Freude.

Nun glüht die ganze Kirche vor Freude
und ist voller Klang
wegen der liebenswürdigsten Jungfrau,
der lobwürdigsten Maria, die Gott gebar. Amen.

75 Gott lässt sich erfahren

Hildegard glaubt fest daran, dass unser Leben in all seinen Dimensionen erst dann gelingen kann, wenn wir unser geschöpfliches Dasein ernst nehmen und annehmen. Dazu ist erforderlich, dass wir uns darum bemühen, unseren Schöpfer zu erkennen und anzuerkennen. Hildegard legt großen Wert auf die Gotteserkenntnis, die zunächst eine kognitive Annäherung an Gott vonseiten des Menschen darstellt. Sie weitet aber die Gotteserkenntnis, die gemäß dem biblischen Sinn eine ganzheitliche liebende Zuwendung und Hingabe bedeutet, personal aus. Bei dieser Form von Gotteserkenntnis ist der Mensch in seiner Ganzheitlichkeit gefordert: sein Geist, seine Seele und auch seine Sinne.

Die Bemühungen des Menschen, Gott zu erkennen, sind in dem Glauben begründet, dass der Schöpfer jedes seiner Geschöpfe kennt und annimmt, noch bevor der Mensch mit seiner Gottsuche beginnt. Gott kommt uns zuvor, er kommt uns entgegen, und zwar auf die je eigene Weise, die dem Einzelnen am tiefsten entspricht. Der unsichtbare und unbegreifliche Gott lässt sich in unserer leibhaftigen Existenz erfahren. Seine bleibende Gegenwart und den endgültigen Beweis seiner Liebe hat uns Gott in der Menschwerdung seines Sohnes geschenkt. Jesus Christus hat unser menschliches Dasein vollkommen angenommen und sich uns restlos hingegeben. Damit Gottes Hingabe an uns gegenwärtig bleibt, hat Jesus Christus im letzten Abendmahl das Gedächtnis seines Todes, den er im liebenden Gehorsam zu unserem Heil auf sich genommen hat, gestiftet. Durch die Feier der Eucharistie bleibt das Christusgeheimnis – die bejahende Zuwendung Gottes zu den Menschen und seine liebende Vereinigung mit uns – sichtbar, lebendig und wirksam gegenwärtig. Um für die Vergegenwärtigung seiner erlösenden Gegenwart zu bürgen, hat Gott als Gedächtnis stiftende Zeichen die lebensnotwendigen Grundnahrungsmittel gewählt: Brot und Wein. Unter den Zeichen von Speise und Trank wird uns die radikalste Gotteserfahrung gewährt. Mit unseren Sinnen dürfen wir Gott wahrnehmen. Die sakramentale Erfahrung Gottes in der Eucharistie geschieht in konkreten Gestalten, weil Gott, unser Schöpfer und Erlöser, unsere leibhaftige Existenz ernst nimmt und sich darauf einlässt. Im verwandelten Brot und Wein können wir Gott buchstäblich verkosten, so wie er ist. In den eucharistischen Gestalten nehmen wir die Lebensspeise zu uns, die uns das ewige Leben schenkt, und dürfen wir uns an Gott sättigen, so dass wir zu Kräften kommen, die nicht nur den Leib, sondern auch unseren Glauben stärken. Die elementarsten menschlichen Erfahrungen von Schmecken und Sättigung offenbaren das Heilswirken Gottes im Menschen.

Wisse die Wege, II. 6. 29, S. 221–223.

„Eine Weintraube aus Zypern ist mein Geliebter für mich in den Weinbergen von En-Gedi" (Das Hohelied 1,13). Was bedeutet das? Der Sohn Gottes, der mich verbannte Seele durch sein Leiden erlöst, reicht mir in seiner Auferstehung auch barmherzig den Becher des Lebens. Wieso? Wie die Zyperntraube eine sehr große Menge Saft enthält, so hat auch die Hoheit, die im Eingeborenen Gottes ist, eine unerschöpfliche Größe in sich. So wird der Sohn Gottes niemals so ausgeschöpft werden, dass er den Dürstenden nicht den Trank des Lebens geben könnte, denn er selbst ist das Heil des Lebens. Wir nämlich, die wir früher Mangel litten, doch jetzt durch die Offenbarung in der Erkenntnis der wahren Heiligung durch gute Werken gestärkt sind, essen durch ihn die Speise des Lebens, durch die wir auch Gott erkennen und so zum Leben aufbrechen. Im Alten Testament dagegen, das gleichsam durch einen Schatten noch nicht den vollen Sinn besaß, sondern in der Offenbarung des Zeichens viel Gegensätzliches enthielt, litten wir großen Hunger und vermochten es nicht, uns zur Erlösung zu erheben. Jetzt aber sind wir in ihm gesättigt und trinken auch in ihm den Kelch des Heils, indem wir nämlich gläubig im wahren Glauben verkosten, wer Gott ist, den wir mit den leiblichen Augen des sterblichen Fleisches nicht sehen können, den wir aber in geistlicher Erkenntnis in uns tragen, wie auch der Wein seine stärkste Kraft in den Adern der Menschen zeigt, obwohl die Menschen das nicht spüren, sondern es nur in ihrem Innern wissen, dass es so ist.

Und deshalb ist der Bräutigam der Seelen eine Traube aus Zypern, deren Frucht nicht vergehen wird. Auf welche Weise? Ein Blinder, der in einem Hafen eingefahren ist, vermisst seine Sehkraft. Wieso? Weil ein Mensch, der die Klarheit des Glaubens nicht hat, wenn er zum Glauben kommt, durch die Presse der Kelter in den Tau des Blutes Christi eintritt. Auf welche Weise? Wie wir durch seine Gebote das Leben in unserer Seele haben, so empfangen wir auch durch sein Geschenk die Reinigung an unserem Fleisch; denn wir in der Sünde Adams Geborene sind unrein, aber in seinem Blut werden wir geheiligt. Daher sprechen die Seelen in ihrer Vermählung im Heiligen Geist von ihm: Mein Geliebter, der meinem Herzen süß und liebenswert ist, ist für mich durch sein Blut in vollkommener Heiligung der stärkste Wein; denn während ich in der Entstehung im Fleisch unrein bin wie ein Weinberg, der noch ungepflegt von Dornen überwuchert ist, tritt er als Quell der Erlösung hervor und wäscht barmherzig die Sünder von ihrem Schmutz rein und heilt sie herrlich im Geheimnis seiner Sakramente. Denn wie er aus dem Herzen des Vaters liebreich hervorging, so zeigt er auch liebreich im Wein sein Blut. Und wie er wunderbar aus der Jungfrau geboren ist, so erscheint auch im Brot wunderbar sein Leib; denn er ist die Traube, die niemals durch irgendeinen Verlust eine Minderung erleiden wird. Deshalb wird er auch auf dem Altar nach dem Willen des Vaters wie in einer Kelter zertreten, damit der Mensch, der aus sich selbst nicht existieren kann, nicht wegen der Schwäche seiner Gebrechlichkeit versagt. Denn wie das Blut des Menschen durch Trinken zunimmt, so erfährt auch der Mensch aus dem Blut des Gottessohnes Heiligung. Und wie das Blut des Menschen durch Trinken erfrischt werden muss, damit es nicht ohne den Zufluss des Getränkes austrocknet, so wird auch der Wein bei der Wandlung in das Blut des Gottessohnes nicht ausgehen, sondern immer im Geheimnis dieses Sakraments auf dem Altar gegenwärtig sein.

76 Die wahre Attraktivität

Hildegard macht auf die elementare Bedeutung des Gesichtes in der menschlichen Konstitution aufmerksam. Der Mensch wird am Gesicht erkannt, schreibt sie (*Wisse die Wege*, S. 78) und weist darauf hin, dass der Mensch vor allem mit seinem Gesicht der Welt begegnet, weil sich wesentliche Sinnesorgane dort konzentrieren. Die Eindrücke von außen gelangen durch die Augen, die Ohren und den Mund in sein Inneres. Zugleich kann der Mensch durch sein Gesicht ausdrücken, was er empfindet, fühlt und denkt. Im Gesicht spiegelt sich seine Einstellung zum Leben wider.

Dieser Ausstrahlung des inneren Menschen durch das Gesicht gibt Hildegard ein Profil in der Lebensbeschreibung ihres Klosterpatrons, des heiligen Rupert, die sie in ihr *Prophetisches Vermächtnis* einfügt. Rupert lebte im 8. Jahrhundert nach dem Tod seines heidnischen Vaters Robolaus mit seiner Mutter Bertha auf den Ländereien der Familie bei Bingen. Nach einem kurzen, wohltätigen Leben starb er bereits in seinem zwanzigsten Lebensjahr. Hildegard beschreibt Rupert als einen sympathischen jungen Mann, dessen wichtigster und hervorstechendster Charakterzug das Wohlwollen war. Dieses Wohlwollen („benevolentia") machte den heiligen Rupert beliebt unter den Menschen und spornte ihn an, sich der Armen in Barmherzigkeit anzunehmen. In Ruperts Biographie wird deutlich: Das Wohlwollen verleiht dem Menschen sowohl Halt im Inneren als auch Kraft, nach außen zu wirken. Damit stellt Hildegard am heiligen Rupert die Attraktivität des Wohlwollens exemplarisch dar. Eine wohlwollende Gesinnung strahlt selbst vom Gesicht des Menschen aus.

In der Lebensbeschreibung des heiligen Rupert erwähnt Hildegard auch die „gute Gewohnheit des Heiligen Geistes". Das ist ein

Anklang an das zentrale Kapitel der *Benediktusregel*, das den Prozess menschlicher Heilung und Reifung als verschiedene Stufen der Demut beschreibt (7. Kapitel). Mit dieser Andeutung lässt Hildegard den langen Weg erahnen, der zur Ausstrahlung der Güte führt. Am Ziel der Demutsstufen in der *Benediktusregel* steht der reife, erwachsene Menschen, der geheilt ist von allen selbstsüchtigen Strebungen und allen Verstrickungen in den alten seelischen Wunden. Ein solcher Mensch verwirklicht das Gute nicht aus Überwindung oder Anstrengung, sondern dadurch, dass das neue Leben der Umkehr sein ganzes Dasein bis in die Leibhaftigkeit und bis in die Regungen der Nerven hinein durchdringt: „Wie natürlich aus Gewohnheit", heißt es in der *Benediktusregel*, lebt ein solcher Mensch sein geheiltes, erlöstes Dasein. Dieses vom Heiligen Geist in Gottesliebe vollendete Leben spiegelt sich im Gesicht des Menschen.

Wir teilen uns unseren Mitmenschen zwar hauptsächlich durch Worte mit, diese werden aber erst durch unseren Gesichtsausdruck zu einer lebendigen, authentischen Mitteilung für die anderen. Ein beachtlicher Teil unserer Begegnungen ereignet sich jedoch ohne Worte, manchmal reicht es nur für einen Blickkontakt. So ist unser Gesicht die grundlegende Vermittlung zwischen uns und den anderen, das Gesicht ist unser erstes „Kommunikationsmittel". So ist es nicht egal, was unser Gesicht zum Ausdruck bringt. Daher legt uns Hildegard eine wohlwollende Gesinnung ans Herz. Wenn wir in unserem Herzen das Leben grundsätzlich bejahen und dem anderen das Beste gönnen, eben sein Wohl wollen, werden wir mit unserem Gesichtsausdruck die heilbringende Liebe Gottes füreinander bezeugen. In unserem Angesicht wird sich Gottes Antlitz der Liebe und der Barmherzigkeit widerspiegeln (vgl. 2. Korintherbrief 3,18).

📖 **Prophetisches Vermächtnis, 49 und 52, S. 103 und 105–106.**

In all dem empfängt der Mensch den Lohn, nach dem er sucht. Wenn er also von Gott das Leben erbittet, dann wird es ihm geschenkt; trachtet er aber nach dem, was todbringend ist, dann wird er auf das Anblasen des Teufels hin den Tod erhalten. Der Mensch verfügt über sinnliche Wahrnehmung und Verstand für all seine Werke, so kann er die Erde pflügen und dort den Samen aussäen, der aber tot und ohne Frucht wäre, wenn Gott ihn nicht lebendig machen würde. Mit vollem Segen der fruchtbaren Erde, nämlich des Wohlwollens, hat Gott Jakob bereits geliebt, bevor er geboren wurde, und mit derselben Einhauchung hat er den seligen Knaben Rupert in seiner Kindheit heimgesucht. Gott hat nämlich vorausgesehen, dass sich die empfindsame Erde dieses seligen Knaben lechzend nach Gott sehnt und all das Gute in seinen Sitten bereits anfänglich da war, als er noch Milch saugte. Alle, die ihn sahen, gewannen ihn lieb, denn das Wohlwollen, das in einem Menschen herrscht, entfacht das Verlangen anderer Menschen, ihn zu lieben, ähnlich dem Tau, der über das Korn fällt und dies mit Grünkraft erfüllt. [...]

Da der selige Rupert einsah, dass er wegen seines großen Reichtums und seiner Familie die Pracht der Welt besaß und über ein großes Ansehen verfügte, wodurch er zur Welt hingezogen wurde, begann er sich das Beispiel des hl. Alexius zu überlegen, der Vater und Mutter, Haus und weltlichen Reichtum verließ und zum Pilger wurde. Ihn wählte er zur Nachahmung aus, um Gott umso freier in Ruhe dienen zu können. Obwohl er seine Absicht vor seiner Mutter verbarg, bemerkte sie diese an manchen Anzeichen an ihm und sprach unter Tränen zu ihm: „Mein Sohn, gedenke der Schmerzen in meinem mütterlichen Innersten und achte auf das Seufzen deiner verwitweten Mutter, schau auf deine Familie, die allein auf dich vertraut, und hüte dich, uns in ein unerträgliches Elend zu stürzen. Denn von unserem Vermögen kannst du den Armen und Bedürftigen und allen, die es brauchen, so viel geben, wie es dir gefällt. Und was ist dir besser und nützlicher als Gott auf diese Weise zu dienen?" Während seine Mutter dies unter vielen Tränen und großem Seufzen sagte, wurde der selige junge Mann in seinem Herzen sehr bestürzt. Gerade zu jener Zeit kamen einige Adlige sowohl aus der Ferne als auch aus der Verwandtschaft herbei und sagten zu ihm: „Du hast die große Ehre der Befehlsgewalt und besitzest einen so großen Reichtum in der Welt. Warum machst du dich so verächtlich?" Mit solchen und ähnlichen Worten quälten sie ihn Tag für Tag und stellten ihn auf die Probe, ob sie ihn von dem guten Vorhaben und seinem guten Weg abbringen konnten. Als er dies merkte, sagte er zu seiner Mutter: „Siehe, auf die Einflüsterungen des Teufels hin, der mir mein Vorhaben und meinen Weg missgönnt, bin ich im Netz dieser Welt verstrickt und gehe, gegen meinen Willen, auf den Wegen meines Vaters. Daher sehne ich mich nach einer Pilgerreise, weil ich dann umso freier allein Gott dienen könnte." Seine Mutter, die ihre ganze Hoffnung auf Gott setzte, hörte ihm zu und fürchtete sich, von Angst bedrängt und belastet, dass ihr Sohn wegen seiner adligen Herkunft von dieser Welt verführt und darin gefangen wird. Sie wollte lieber auf den Erben verzichten als zuzusehen, dass ihr Sohn sich in weltliche Verlockungen verwickelt und dem Teufel dient. So sagte sie ihm, soweit sie dies in ihrem Schmerz vermochte: „Mein Sohn, ich sehe, dass die vielerlei Ratschläge dich verwirren und dich zu dieser Welt verführen, deshalb tue, was du willst, und unternimm die Pilgerreise, die du schon lange wünschest. Er, dem man sagte: Bist du allein ein so fremder Pilger in Jerusalem? (Lukas 24,18), er sei mit dir auf deinem Weg und er möge dich mir zur Ehre seines Namens heil wiedergeben." Also unternahm er mit der Einwilligung seiner Mutter die Pilgerreise, und mit anderen Menschen zusammen gelangte er zur Schwelle der heiligen Apostel Petrus und Paulus. Als die Menschen jener Gegend ihn erblickten, staunten sie über ihn und sagten zueinander: „Dieser Mensch ist wahrhaft edel." Denn sein Gesicht, das einen hellen Eindruck machte, leuchtete in Wohlwollen, weil die Gnade des Heiligen Geistes ihn überströmte. Alle, die ihn beobachteten, gewannen ihn lieb in der Umarmung der Liebe. Wie nämlich ein Stern ohne Wolken klar glänzt, so lässt sich das Wohlwollen am Gesicht eines Menschen erkennen, weil ein solcher Mensch in der guten Gewohnheit des Heiligen Geistes aufgehoben ist. Der selige Rupert empfahl sich Tag für Tag Gott und den Verdiensten der heiligen Apostel Petrus und Paulus und hielt sich eine Weile dort auf.

77 In dir symphonisiert der Heilige Geist

Hildegard sieht das Leben des heiligen Rupert nicht nur in Visionen, sondern sie hört Lobgesänge über sein vollendetes Leben. Es ist bemerkenswert, dass Hildegard im heiligen Rupert keine heldenhaften Leistungen und asketischen Ideale darstellt. Der Lebensweg des heiligen Rupert ist eher von Bescheidenheit und Unscheinbarkeit gekennzeichnet. Er blieb treu am Ort seiner Bestimmung und tat zusammen mit seiner Mutter, was die Stunde verlangte. Hildegard stellt im heiligen Rupert exemplarisch jenen Menschen dar, der Gottes Heilsplan in seinem Leben vollständig verwirklichen lässt. Ein solches Leben bringt den Glauben zum Ausdruck. Es wird spürbar, wenn ein Mensch aus Freude an seiner Berufung und Bestimmung lebt. Hildegard ist überzeugt, dass in jedem von Glaube, Hoffnung und Liebe getragenen Leben Gott sich hören lässt: „In dir klingt der Heilige Geist", preist Hildegard im heiligen Rupert den symphonischen Klang gelungenen Lebens. Dazu verwendet sie eine dichterische Wortschöpfung, die auf Latein ebenso überraschend wirkt wie auf Deutsch, wenn wir sie wortwörtlich übersetzen: In dir

„symphonisiert" der Heilige Geist („in te symphonizat spiritus sanctus").

Menschliches Leben ist Hildegard zufolge ein klingendes, symphonisches Dasein. Der Ursprung unserer Lebensmelodie liegt in der vernunftbegabten Seele, die aufgrund ihrer Gottebenbildlichkeit symphonisch veranlagt ist (*Buch der Lebensverdienste*, S. 244, siehe auch Text Nr. 26). Unsere Selbstverwirklichung besteht darin, die Melodie von Herz und Seele in der Welt hörbar zu machen.

📖 Lieder, 37, S. 119–120.

O Jerusalem, goldene Stadt,
geschmückt mit dem Purpur des Königs,
o Bauwerk höchster Güte, du bist Licht, das nie dunkel wird.
Denn du bist geschmückt mit dem Morgenrot und der Sonnenglut.

O glückliche Kindheit, du leuchtest im Morgenrot auf
und o lobwürdige Jugend, du brennst in der Sonne.

Denn du, edler Rupert,
leuchtest darin auf wie ein Edelstein.
Selbst vor törichten Menschen kannst du nicht verborgen bleiben,
so wie der Berg vom Tal nicht verdeckt wird.

Deine Fenster, Jerusalem,
sind mit Topas und Saphir wunderbar geschmückt.

In ihnen leuchtest du, Rupert,
und kannst den verkommenen Lebensformen nicht verborgen bleiben,
so wie der Berg nicht dem Tal, wenn er geschmückt mit Rosen,
Lilien und Purpur, sich offen zeigt.

O zarte Blume des Feldes und Lebenskraft der süßen Frucht
und leichte Last, die die Herzen nicht in Schuld beugt.

O edles Gefäß,
nicht befleckt noch verschlungen
vom Tanz in der alten Höhle

und auch nicht entkräftet durch Wunden,
die dir der alte Feind schlug.

In dir klingt der Heilige Geist,
weil du Gemeinschaft hast mit den Chören der Engel,
und weil du im Sohn Gottes geschmückt bist, bist du makellos schön.

Was für ein schönes Gefäß bist du,
als Kind und als junger Mann hast Du dich nach Gott ausgestreckt
in Gottesfurcht und der Umarmung der Liebe
und im süßesten Duft guter Werke.

O Jerusalem, dein Fundament wurde gebaut
aus abgestürzten Steinen,
aus Zöllnern, Sündern, die verlorene Schafe waren,
aber von Gottes Sohn gefundene.
Zu dir sind sie zurückgeeilt und wurden in dich eingefügt.

Deshalb leuchten deine Mauern von lebendigen Steinen,
die durch den höchsten Eifer guten Wollens
gleichsam wie Wolken in den Himmel flogen.

Und schimmern deine Türme, o Jerusalem, rötlich und strahlen hell,
durch die Schamhaftigkeit und Aufrichtigkeit der Heiligen
und durch alle Herrlichkeit Gottes,
die dir nicht fehlen, Jerusalem.

Wo ihr, Geschmückte und Gekrönte,
die ihr wohnt in Jerusalem,
und du, o Rupert, der du ihr Gefährte in diesem Wohnort bist,
euch erhebt und uns Dienerinnen zur Hilfe eilt,
die wir uns in der Entfremdung mühen.

X. Vom Großmut der Erlösten

In der Welt ist das Übel da, sowohl in Naturkatastrophen und Krankheiten als auch im menschlich verursachten Unrecht und Leid. Dies verschweigt Hildegard nicht, sondern thematisiert die inneren und äußeren Gefährdungen und Bedrohungen unseres Lebens mit deutlichen Worten. Dies tut sie aber in der Gewissheit, dass durch den erlösenden Tod Jesu Christi der Sieg des Guten bereits unwiderruflich errungen wurde. Stärker als das Böse sind die Kräfte des Guten. Können negative Ereignisse große Aufmerksamkeit auf sich ziehen, können bittere Erfahrungen tief in die Seele eingebrannt sein, lenkt Hildegard unseren Blick darauf, dass wir letztlich bereits erlöste Menschen sind. Liebe und Hoffnung, Freude und Zuversicht sind unsere Wirklichkeit in dem Maße, wie wir der Gnade der Erlösung in unserem Leben Raum geben. Dies vollzieht sich ganz nüchtern im Alltag und hat unzählige Formen. Hildegards konkrete Ratschläge für verschiedene Lebenslagen dienen dazu, uns beizubringen, mit Gelassenheit und Optimismus, mit Realitätssinn und Heiterkeit unser Leben aus der Fülle der Erlösungsgnade zu gestalten.

78 Erfreue dich am Herrn

Das Zitat aus dem Psalm 37, „erfreue dich am Herrn und er wird dir die Wünsche deines Herzens erfüllen", deutet Hildegard im *Buch der Lebensverdienste* als eine leuchtende Folie gegenüber jenem Laster, das den Menschen verstört, unausgeglichen und lustlos macht. Dieses ist die Unstetigkeit. Der unstetige Mensch treibt sich überall herum, ändert permanent die äußeren Umstände, erlaubt sich selbst keine Muße zur Reflexion, um sich im Inneren verwandeln zu lassen. Deshalb kann er seiner Unruhe wegen nicht zu einer gereiften Persönlichkeit werden. Die Beständigkeit dagegen verleiht dem Menschen jenen Stand, der eine heitere Gewissheit garantiert. Diese ist demjenigen eigen, der aus dem Glauben heraus sein Leben gestaltet. Diese Freude ist Hildegard zufolge in der Gottesfurcht und der Gottesliebe verwurzelt und bringt dauerhaft Früchte. Sie ist mit der Weisheit verbunden, die dem Menschen dazu verhilft, sich vor Gottes Angesicht in allen Lebenslagen zurechtzufinden und das Richtige zu tun. Wenn der Mensch im Glauben zu Gott emporschaut und sein Tun und Lassen vor Gottes Angesicht meistert, wird er alles empfangen, was er sich wünscht. Der liebende Glaube bringt dem Menschen dabei auch die richtigen Wünsche bei. Unsere Bedürfnisse und Sehnsüchte können so zum Kompass werden, der uns dorthin leitet, wo die wahre Freude ist. Die Wonne am Herrn ist für Hildegard der Inbegriff des glücklichen Lebens.

 Das Buch der Lebensverdienste, V. 45–46, S. 290.

Derjenige aber, der sich danach sehnt, Gott auch inmitten der Herbheit seines eigenen Lebens zu dienen, soll die Eitelkeiten dieses Lasters [der Unstetigkeit] verabscheuen und sich zu Gott erheben, indem er sich sowohl körperlich als auch geistig zügelt. Wenn sich der Mensch nämlich nach dem Himmel ausstreckt, um mit dem Gesicht des Glaubens Gott zu schauen, küsst der Mensch Gott mit höchst aufmerksamer Betrachtung und umarmt ihn mit sehr starker Liebe. Dann erfüllt sich in jenem Menschen, was geschrieben steht: Erfreue dich am Herrn und er wird dir die Wünsche deines Herzens erfüllen (Psalm 37,4). Dies ist auch so zu verstehen: Du, der du treu an Gott glaubst und getreue Werke hervorbringst, sammle alle Wonne der Tugenden in dir und erfreue dich an ihm, der der Herr des gesamten Weltalls ist, indem du dem treu folgst und den treu liebst, der dein Schöpfer ist. Und wenn du dich an ihm erfreust, wird er dir alles geben, was gut ist, und du wirst nichts entbehren, was du wünschst und was dein Herz begehrt. Wieso? Der Glaube nämlich, mit dem du recht an Gott glaubst, lässt nicht zu, dass du etwas erbittest, was nicht gerecht ist; und jene Betrachtung, die der Glaube lehrt, wünscht vor Gottes Angesicht nichts anderes, nur was Gott gefällt und was ewig ist. Selbst wenn du wegen deiner Bedürfnisse zu Gott seufzt und selbst wenn du wegen der Bedürfnisse deines Bruders zu Gott rufst, nähert sich der Duft der Tugenden in diesen guten und heiligen Werken der Gottesliebe, und Gott versäumt nicht, die Wünsche zu erfüllen, die gerecht vorgetragen sind. Dies ist aber von den Seelen der Reuigen gesagt worden, die zu reinigen und zu heilen sind, und es ist verlässlich; der Getreue möge darauf achten und es im Gedächtnis des guten Wissens aufbewahren.

79 Alles mit Maß

Hildegard, eine Benediktinerin durch und durch, war von der *Benediktusregel* geprägt. Diese Klosterregel war schon zu Hildegards Lebzeiten 600 Jahre alt und besaß trotzdem eine aktuelle und unangefochtene Autorität für die Ausgestaltung des klösterlichen Lebens. Der hl. Benedikt (480–547/560) schrieb seine Regel auf dem Montecassino, seinem Kloster, das er im Jahre 529 gründete. In dieser Regel fasste er seine langjährigen Erfahrungen eines gemeinschaftlich gestalteten Lebens im Dienste Gottes zusammen. Der spätere Biograph des hl. Benedikt, Papst Gregor der Große († 604), würdigt die Regel als „ausgezeichnet durch maßvolle Unterscheidung und wegweisend durch ihr klares Wort" (Gregor der Große: *Der hl. Benedikt*, St. Ottilien 1995, S. 199). Damit trifft er genau jenes Geheimnis der *Benediktusregel*, das ihre Ausstrahlung und Aktualität über viele Jahrhunderte bis heute begründet: Das ist die maßvolle Unterscheidung („discretio"). Der hl. Benedikt nennt die „discretio" die Mutter aller Tugenden und verlangt besonders vom Abt, dem die Leitung der Gemeinschaft anvertraut ist, die von der Regel vorgegebenen Vorschriften mit Hilfe der Unterscheidungskraft („discretio") auf die konkrete Situation anzuwenden. Diese Berücksichtigung der Umstände erfordert eine stets aktualisierte lebensnahe Auslegung der *Benediktusregel*.

Hildegard verfasste einen Kommentar zur *Benediktusregel* in der Form eines Briefes an eine Gemeinschaft, die in Schwierigkeiten geraten war. Mit ihrer Auswahl der Regeltexte setzte sie bedeutende Akzente. Sie konzentriert sich auf die Ausgewogenheit („discretio") im Schweigen und Reden, auf die Ordnung des Gottesdienstes und des Gebetes, auf das rechte Maß während der Mahlzeiten und des Fastens, auf die Betten der Mönche und die Aufnahme in die Gemeinschaft. Indem Hildegard die benediktinische Lebenspraxis so in den Vordergrund stellt, gibt sie zu verstehen, dass die geistlichen Ideale im alltäglichen Miteinander einer Gemeinschaft verwirklicht werden.

In ihren Auslegungen konkretisiert Hildegard die „discretio" und beschreibt an der *Benediktusregel* entlang Angelegenheiten des Alltags im Lichte der maßvollen Unterscheidung. Nicht nur beim Essen und Schlafen oder Reden, auch beim Gebet fordert sie ein weises Maßhalten. Nicht ohne Schmunzeln liest man die Begründung: Die Mönche werden den Gottesdienst eifriger und mit größerer Freude feiern, wenn sie wissen, dass er kürzer ist. Dieses prominente Beispiel zeigt, was nach Hildegards Ansicht das Gelingen sowohl des gemeinschaftlichen als auch des individuellen Lebens ausmacht. Sie ist überzeugt, dass das rechte Maß die Lebensqualität fördert.

📖 **Über die Regel des heiligen Benedikt, in: Katechesen, S. 146.**

Wenn der hl. Benedikt sagt: „Wir sollen dessen stets eingedenk sein, was der Prophet sagt: ‚Dient dem Herrn in Furcht!' (Psalm 2,11) und wiederum: ‚Singt Psalmen in Weisheit!' (Psalm 47,8)" (Benediktusregel 19,3–4), dann will er uns zu verstehen geben, dass der Gottesdienst gekürzt werden darf, damit er in Freude und ohne Überdruss eifrig vollzogen wird, weil man weiß, dass er kurz ist. Wo die Pause lang ist, sollen die Psalmensänger ebenfalls zum Atmen innehalten, wo sie aber kurz ist, sollen sie, ohne zum Atmen innezuhalten, weitersingen.

Die Geschwätzigkeit im Gottesdienst vor dem Angesicht Gottes lehnt der heilige Benedikt ab, weil es würdig ist, den König mit Ehrfurcht anzusprechen, wenn man vor ihm steht, wie Benedikt sagt (vgl. Benediktusregel 20,1). Dann fügt er hinzu: „In der Gemeinschaft sei das Gebet ganz kurz" (Benediktusregel 20,5), zugleich mahnt er, dass man schon vor den festgesetzten Gebetszeiten betet, wenn er später anordnet, dass „der Friedenskuss dem Gast erst nach dem vorausgegangenen Gebet gegeben werden soll" (Benediktusregel 53,5). Umso mehr soll das Gebet vorausgehen, wenn der allmächtige Gott begrüßt wird. Aber „kurz" (Benediktusregel 20,4), damit nicht die Psallierenden womöglich weniger auf die Psalmodie ausgerichtet sind, weil sie durch das vorausgegangene und ausgedehnte Gebet ermüdet sind.

80 Lernprozess in den Bedrohungen des Lebens

Wir alle sehnen uns nach Frieden und Ruhe. In unserer Realität erleben wir jedoch Krisen, Konflikte, Streit, sei es unterschwellig oder offen. Unser Leben ist Bedrohungen und Gefahren ausgesetzt. Auch Hildegards Zeit war eine krisenerschütterte Zeit. Denken wir an den Zweiten Kreuzzug und die zahlreichen damit zusammenhängenden Leiden, oder auch an die Spaltung in der Kirche durch die Ernennung von Gegenpäpsten durch Kaiser Friedrich Barbarossa. Hildegard musste auch persönlich mehrfach Auseinandersetzungen austragen. Bei ihrer Klostergründung auf dem Rupertsberg widersetzten sich der Abt und die Mönche auf dem Disibodenberg den Plänen Hildegards. Später weigerte sich die Mönchsgemeinschaft, auf Bitten Hildegards einen Priester nach der Wahl der Nonnen auf den Rupertsberg zu schicken. In den ersten Jahren ihrer neuen Gründung auf dem Rupertsberg schlug Hildegard der Widerstand mancher ihrer Mitschwestern entgegen, welche die anfänglichen ärmlichen Verhältnisse im neuen Kloster nicht akzeptieren wollten. Zudem ist ihre Lieblingsnonne, Richardis von Stade, auf Betreiben ihrer Familie zur Äbtissin eines weit entfernten Klosters bestimmt worden und verließ ihre angestammte Abtei. Zuletzt geriet Hildegard mit den Mainzer Prälaten in Konflikt, weil diese wegen einer vermeintlichen Fehlhandlung Hildegards ein Verbot über das Kloster verhängten. Zudem lastete ihre schwache Gesundheit auf ihr, so dass sie immer wieder von Krankheiten niedergedrückt wurde. All diese Erfahrungen haben Hildegard zu der Frau reifen lassen, die in ihrer Größe heute noch mit großer Weisheit beeindruckt.

In einem Brief an ihre Nonnengemeinschaft fasst Hildegard ihre Lebenserfahrung zusammen und legt sie ihren Mitschwestern ans Herz. Sie gibt zu verstehen, dass alles, wodurch der Mensch sein Leben bedroht oder gefährdet sieht, ihn in einer existenziellen Erkenntnis wachsen lassen kann. Angst kann sich in Zuversicht verwandeln, wenn der Mensch gläubig offen und bereit ist, sich ganz auf Gott zu verlassen.

In diesem Großmut des Gottesvertrauens gewinnen wir einen Halt und Selbststand, so dass wir einsehen können: Es steht in unserer eigenen Entscheidung, wie wir auf Verletzungen, Bedrängnisse, Enttäuschungen und sogar Unrecht reagieren. Wir sind nicht mehr unserer Ohnmacht ausgeliefert, so dass wir zuschlagen müssten, wenn wir uns bedroht fühlen. Eine solche Haltung würde uns nur immer mehr in Verbitterung verwickeln. Stattdessen können wir negative Erfahrungen als Herausforderungen ansehen und die Bereitschaft entwickeln, uns auf einen Lernprozess einzulassen. Hildegard lädt zu diesem geistlichen Lernprozess ein, durch den wir zur vollkommenen Erkenntnis reifen und uns einen würdigen und gelassenen Umgang mit den Schwierigkeiten unseres Lebens aneignen.

📖 **Prophetisches Vermächtnis, 15, S. 82.**

Alles, wovor der Mensch aus Angst flieht, um nicht verletzt zu werden, trägt dazu bei, dass er seine Zuversicht auf Gott setzt und zu ihm ruft, damit Gott ihm beisteht und ihn in der Ruhe des Friedens bewahrt. Alles aber, was um des Menschen willen existiert, was in ihm ist, wodurch er wirkt und was ihm friedlich und zuträglich Hilfe leistet, lehrt den Menschen, Gott Liebe entgegenzubringen. Wenn der Mensch nämlich nur das kennen würde, was ihm angenehm und wohltuend ist, wüsste er nicht, was das ist und was es heißt. Deshalb gewinnt der Mensch das höchste Wissen unter der Last der Härte, die von dem kommt, was schädlich ist, und so erkennt er, was Gut und Böse ist, und so kann er allem einen Namen geben, wie Adam. Würde der Mensch nämlich in den Dingen nur das eine kennen, dann wäre das Werk Gottes in ihm nicht vollkommen, und er könnte das Ding, das er sieht, nicht erkennen, wie er auch von dem, was er hört, nicht wissen könnte, was und welcher Qualität es ist, da er leer und erloschen wäre, gleich dem Ding, das im Feuer verkohlt.

81 „Was dürr ist, lasse grünen" – kollegialer Austausch

Der hl. Benedikt, dessen Klosterregel Hildegard zur Richtschnur für ihr eigenes Leben und für ihre Gemeinschaft gewählt hat, verlangt von den Verantwortlichen im Kloster, dass sie die Lehre mit ihrem eigenen Leben bezeugen (*Benediktusregel* 2,11–13). Glaubwürdigkeit der Lehre und Bewährung im Leben hängen für Benedikt und damit auch für Hildegard wesentlich zusammen. Dementsprechend zielt wahre Theologie darauf, dass sie im Leben verankert und von einem heiligmäßigen Leben getragen wird. Diese Ausrichtung der Theologie auf das Leben hin kommt in Hildegards Briefen in großer Klarheit zum Ausdruck. In ihren Briefen beschreibt sie immer wieder ähnliche Inhalte und große Visionen wie in ihren umfangreichen theologischen Schriften *Wisse die Wege*, *Buch der Lebensverdienste* und *Buch vom Wirken Gottes*. In ihren Briefen tut sie es aber auch in Hinwendung zu einer konkreten Person und auf deren konkrete Lebenssituation bezogen. In der Beziehung und im Dialog mit ihren Briefpartnern übersetzt Hildegard ihre Theologie für das konkrete Leben.

Besonders in der späten Briefsammlung, in der ihre Briefe im sogenannten Riesenkodex zu einem theologischen Werk, dem *Buch der Briefe* (*Liber epistolarum*), zusammengestellt sind, ist Hildegards Korrespondenz als richtiger Briefwechsel, also Anfragebrief und Antwortbrief, gestaltet (siehe zu Text Nr. 12). Auf ein Anliegen hin, das in dem Anfragebrief vorgetragen wird, gibt Hildegard jeweils in ihrem Brief eine Antwort. So lassen uns die Briefe am geistlichen Gespräch zwischen Hildegard und den Adressaten ihrer Briefe teilnehmen.

Der Briefwechsel mit der Äbtissin Hazecha beispielsweise, die dem Benediktinerinnenkloster Krauftal im Elsass vorstand, spiegelt die Sorgen und die Anliegen wider, die einer Frau, der die Leitung einer Klostergemeinschaft aufgetragen war, am Herzen lagen. Hazecha wendet sich in der Ergebenheit einer Tochter an Hildegard als Mutter. Sie erinnert sich an die persönliche Begegnung mit Hildegard und schildert ihre Liebenswürdigkeit, die ihr, Hazecha, Ermutigung und Entspannung brachte. In diesem Brief bittet sie Hildegard um das Größte, das eine wahre geistliche Freundschaft gewähren kann: um die geschwisterliche Zurechtweisung. Hildegard soll sie darauf aufmerksam machen, was an ihrem Verhalten zu tadeln und zu korrigieren ist.

In offenen Worten kommt Hildegard dieser Bitte nach. Sie mahnt die zaghafte Äbtissin zur Wachsamkeit und Umsicht und schärft ihr ein: Was schmutzig ist, das wasche ab; was dürr ist, das lass grün werden und die Gewürze lass schmackhaft werden. Diese Bilder aus der Natur symbolisieren drei innere Haltungen, die Hazecha für sich und die ihr anvertrauten Nonnen anstreben soll: Reinheit, lebendige Kraft („viriditas", siehe Text Nr. 74) und Weisheit („sapor", „sapientia"). Auch fordert Hildegard die wahrscheinlich überforderte Äbtissin auf, nicht in unrealistischen Sehnsüchten, etwa nach einem einsamen Leben, ihre Zuflucht zu suchen. Vielmehr soll sie die Realität akzeptieren, die für Hazecha in ihrer konkreten Situation darin besteht, die Verantwortung für die Leitung ihres Klosters zu übernehmen. Dies gilt nicht nur für eine Äbtissin im 12. Jahrhundert, sondern ist eine prinzipiell zu beherzigende Weisheit von Hildegard: Wer sich der ihm bestimmten Aufgabe mit Gottvertrauen stellt, und sei es eine große Herausforderung, wird sie bewältigen und Frieden finden.

Briefe, 159–159r, S. 254–255.

Äbtissin Hazecha (Krauftal) an Hildegard: Hildegard, der fürsorglichen Verwalterin des himmlischen Hausvaters, <entbietet> H<azecha>, die geringe und unwürdige Äbtissin von Krauftal, Verehrung als ihrer Mutter und kindliche Ergebenheit in der Liebe, die uns in Christus verbindet.

Nachdem ich durch Eure lang ersehnte Anwesenheit und Freundlichkeit mit Gottes Hilfe vom Kleinmut des Geistes und der früheren Unruhe befreit zu werden verdiente, kam ich eine Zeitlang zur Ruhe. Und da ich nicht bezweifle, dass Eure Worte nicht aus menschlicher Phantasie, sondern vom wahren Licht, das Euch mehr als andere Menschen erleuchtet hat, stammen, habe ich – was ich mir auf Euren Rat auszuführen vornahm – noch aufgeschoben.

Ich möchte Euch, Herrin und geliebte Schwester, wissen lassen, dass ich – wie ich Euch früher sehr zu sehen wünschte – auch jetzt nicht weniger danach verlange. Und da ich es nicht leiblich kann, hänge ich immer mit dem Herzen an Euch. Und weil es unbestreitbar ist, dass die Liebe in Euch, und Ihr in der Liebe bleibt, bitte ich Euch um ihretwillen: Schiebt es nicht auf, mir zu schreiben, was das lebendige Licht Euch durch seinen Geist an mir als tadelnswert oder besserungsbedürftig offenbart hat.

Hildegard an Äbtissin Hazecha (Krauftal): Der alles sieht, spricht: Du hast Augen zum Sehen und um überall herumzuschauen. Wo du Schmutz siehst, wasche ihn ab, und was dürr ist, lasse grünen („fac viride"). Lass aber auch die Gewürzkräuter, die du hast, duften („fac saporem habere"). Denn wenn du keine Augen hättest, könntest du dich entschuldigen. Nun aber hast du Augen. Warum blickst du mit ihnen nicht umher? Doch du führst in der Vernunft prahlerische Reden. Oft beurteilst du nämlich andere in Dingen, bei denen du nicht beurteilt werden möchtest. Doch trotzdem sagst du manchmal das, was du vorbringst, auf kluge Weise.

Achte also darauf, deine Last in rechter Weise zu tragen, und sammle das gute Werk im Beutel deines Herzens, damit du nicht verarmst („deficias"). Denn in einem einsamen Leben, nach dem du mit <leer> klingenden Worten verlangst, könntest du nicht zur Ruhe kommen wegen der wechselnden widersprüchlichen Gewohnheiten. Denn dann würden die letzten Dinge schlimmer werden als die ersten, und sogar so schwerwiegend, wie der Verlust eines Edelsteins es ist. Ahme vielmehr die Taube in der Reinheit nach; doch den erlesenen Weinberg pflege sorgfältig, um Gott mit ruhigem („recta") und reinem Antlitz zu betrachten.

82 Diskretiver Führungsstil

In der komponierten Briefsammlung Hildegards im Riesenkodex, dem *Buch der Briefe* (siehe zu Text Nr. 12), finden sich auffallend viele Briefe, die Hildegard an Äbtissinnen gerichtet hat. In dieser Korrespondenz berät Hildegard Frauen in Führungspositionen. Aufschlussreich ist der Briefwechsel mit einer Äbtissin des Benediktinerinnenklosters Dietkirchen bei Bonn. Diese bittet Hildegard ausdrücklich um mahnende Worte und hofft, da sie sich als ihrer Aufgabe unwürdig empfindet, auf Stärkung, um das Leben zu bestehen.

Hildegards Antwort ist eine kleine Einführung in einen ausgeglichenen Führungsstil, der mit dem Wort „discretio" bezeichnet werden kann. Dieses Wort bzw. die damit verbundene Haltung ist ein Markenzeichen der *Benediktusregel* und der benediktinischen Lebensform (siehe auch Text Nr. 79). „Discretio" steht für eine umsichtige Balance in der Lebensführung unter Beachtung des weisen Maßhaltens. Nach benediktinischer Überzeugung gewährleistet eine solche „diskretive" Ausgeglichenheit ein gelingendes Leben.

In der „discretio" erkannte Hildegard eine zentrale Kompetenz für Personen in Leitungspositionen. Die „discretio" betrachtete sie als jene lebensfördernde Kraft, die das Zusammenleben und das Zusammenwirken verschiedener Menschen ermöglicht. Sie manifestiert sich als weises Maßhalten, als kluge Unterscheidungskraft und als geistgewirkte Orientierungshilfe bei Entscheidungen.

Wenn Hildegard der Bittstellerin Ratschläge gibt, ist es interessant festzustellen, dass sie sie zuerst dazu ermahnt, sich um sich selbst zu kümmern. Dafür weist sie sie in das weise Maßhalten ein. Das Maß in den äußeren Dingen zu finden, beispielsweise im Essen, wirkt sich Hildegard zufolge auf das Gemüt und den Charakter aus. Das weise Maßhalten bedeutet, zwischen dem Zuviel und dem Zuwenig die richtige Mitte zu finden. Das ist keineswegs mit Mittelmäßigkeit zu verwechseln. Im Gegenteil! Im richtigen Maß kann der Mensch zu seiner wahren Mitte, zum Kern seiner Person finden. Indem der Mensch in sich Stand gewinnt, entsteht in ihm ein innerer Raum, so dass er sich anderen aufmerksam zuwenden und die eigenen Erfahrungen im Maßhalten an anderen anwenden kann.

Die *Benediktusregel* formuliert den Grundsatz: „So halte der Abt in allem Maß, damit die Starken finden, wonach sie verlangen, und die Schwachen nicht davonlaufen" (c. 64,19). Hildegard ermahnt zu einem ausgeglichenen Umgang sowohl mit sich selbst als auch mit den anvertrauten Menschen, indem man sich selbst und die anderen weder überfordert noch unterfordert.

Bei der Führungsaufgabe geht es vor allem darum, Menschen mit unterschiedlichen Veranlagungen und Temperamenten, mit unterschiedlichen Begabungen und Schwächen zu einer Gemeinschaft zu formen, um gemeinsam ein Werk zustande zu bringen. Dass dies gelingt, dabei hilft die „discretio" als weise Unterscheidungskraft. Der bzw. die Verantwortliche muss die je eigenen Eigenschaften der ihm bzw. ihr Anvertrauten kennen und beachten. Dies erfordert die innere Haltung der Aufmerksamkeit und Achtsamkeit, die in der benediktinischen Spiritualität mit dem Hören gleichgesetzt wird. Es geht darum, auf viele Stimmen zu hören, sie zu unterscheiden und schließlich das eine Wort herauszuhören, das sich als Antwort auf die konkrete Herausforderung erweist. Die Führung von Menschen besteht zunächst im Hinhören. Derjenige im Leitungsamt muss der Hörende schlechthin sein: Er muss hören, horchen und gehorchen. Gehorsam wird im höchsten Maß von der führenden Person gefordert.

Zum Gelingen einer Entscheidung leisten verlässliche, weise Orientierungshilfen einen wichtigen Beitrag. Hildegard weist der „discretio" in dieser Hinsicht zwei helfende Praktiken zu: Zum einen empfiehlt sie, sich auf den Anfang zu besinnen. Es ist wichtig, den Aufbruch, den Beginn in Erinnerung zu behalten, um dann die einmal getroffene Entscheidung in Beständigkeit durchzusetzen. Zum anderen mahnt sie, an das Ende zu denken. Es ist hilfreich für die Gegenwart, Entscheidungen von der Zukunft her zu treffen und den Ausgang zu bedenken. Die „discretio" in diesen Ausprägungen gibt der Lebensführung und der Menschenführung eine solide Grundlage.

 Briefe, 156–156r, S. 250–252.

Äbtissin von Dietkirchen an Hildegard: Hildegard, der von der Gnade des göttlichen Lichts erleuchteten Meisterin von St. Rupert, <entbietet> die freilich unwürdige Äbtissin von Dietkirchen bei Bonn – als so Kleine der so Großen und als Unwürdige der Würdigen – inständiges Gebet und Beharrlichkeit in der geschuldeten Unterwürfigkeit.

Im Vertrauen auf Eure so große Güte und Demut sandte ich einen Boten mit diesem Brief zu Euch. Er ist zu dem Zweck abgefasst, dass Ihr mir, geliebteste Mutter – wenn es erlaubt ist und die Augen Eurer Güte nicht verletzt – ein paar Mahnworte, die meine Seele erbauen und mir Vertrauen auf Gott einflößen sollen („praebeant"), in einem kurzen Antwort schreiben schickt. Ihr habt mir nämlich, als Ihr persönlich hier gewesen seid, zu gelegener Zeit dadurch eine Bestärkung in Aussicht gestellt.

Wenn ich auch außerdem nichts weiter zu erbitten wage, verwende ich doch die Bitten der Kanaanäerin, die dem Herrn im Evangelium antwortete und sagte, dass auch „die Hündlein von den Bissen, die vom Tisch ihrer Herren fielen, fressen würden" (Matthäus 15,27). In derselben gläubigen Frömmigkeit bitte ich Euch zum zweiten Mal, mir sehr Begierigen von Eurem Tisch, d. h. von jener Schau, bei der Ihr oft viel Wunderbares seht, kurz zusammengefasst etwas von dem Erwähnten vorzusetzen.

Erinnert Euch, dass ich Euch kürzlich aus diesem Grunde ein Pergamentstück übersandte. Gleichwohl bitten wir Gott – soweit es an uns liegt – flehentlich, Er möge das Gute, das Er in Euch begonnen hat, in unentgeltlicher Güte durch Beharrlichkeit („perseveranti fine") vollenden.

Hildegard an die Äbtissin von Dietkirchen: Unruhig ist dein Geist wegen der lehmigen Stellen und der Sorge um die vielen Wasserläufe, die versiegen. Lehmige Stellen besitzen nämlich jene, die hart und versteinert sind und sich nicht von den Bächen der Lehre der Heiligen Schrift erweichen lassen. Doch du sagst dir innerlich: Wer und was bin ich, und wie kann ich so etwas aushalten?

Jetzt aber vernimm die Fabel vom weisen Mann: Jemand wollte ein Loch („cavernatum locum") graben. Doch als er mit einem Holz- und einem Eisen<werkzeug> grub, entsprang („evolavit") einem Stein, auf den er stieß, Feuer, sodass man diese Stelle auf keine Weise durchbohren konnte. Da machte er die Größe dieser Stelle kenntlich und bohrte dort mit großer Anstrengung trotzdem einige Löcher. Und dieser Mann sprach zu sich: Ich habe mich sehr abgeplagt, doch der nach mir kommt, wird leichtere Arbeit haben, denn er findet alles für sich bereit. – Natürlich wird dieser Mann vor seinem Herrn gelobt werden, denn sein Werk ist an Größe und Ausdauer viel nutzbringender als die Arbeit an lockerer Erde, die vom Pflug umgewendet wird. So wird ihn auch sein Herr für einen ganz starken Streiter erachten, der sein Heer bestens unterstützen kann. Und er wird ihn über die andern Bauern stellen, die zu gegebener Zeit den Ertrag abliefern. Denn wer immer sich zuerst mühte, übertrifft die Arbeit dessen, der ihm folgt. Der Schöpfer („faber") der Welt begann nämlich zuerst zu schaffen, und danach ließ er seine Diener in seinem Sinn arbeiten.

O Tochter Gottes, halte dein inneres Erdreich in Ordnung, damit es nicht ohne ergiebigen Ertrag für die Nachkommen austrocknet. Sammle dein Herz auf das Eine, und hefte es nicht auf die Maßlosigkeit einer unruhigen Lebensart, damit du deine Töchter nicht von dir verscheuchst. Gleiche auch du einer guten Erde, die oft mit entsprechendem Regen bewässert wird, damit sie gute und erfreuliche Gewächse hervorbringt. Auf welche Weise? Wenn nämlich ein Mensch seinen Leib maßvoll nährt, hat er einen sanftmütigen und frohen Charakter. Lebt er aber im Übermaß an Speisen und Gelagen, dann lässt er jedwedes schädliche Laster in sich wuchern. Wer dagegen durch maßlose Abstinenz seinen Leib aufreibt, kommt immer zornig daher. Bei all dem sei eine gute Erde, insofern du deine Töchter tröstest, wenn sie weinen; und wenn sie sich im Zorn über heben, weise sie auf rechte Weise zurecht. Und sind sie aufgebracht, sollen sie durch dich der regulären Disziplin unterworfen sein. Die sich aber – ohne dich zu beachten („in oblivione") – von dir abwenden, rufe mit überlieferten Aussprüchen und Worten des Evangeliums unter Hinzuziehung von weiteren zwei <Schwestern> zurück. Gehorchen sie dir dann nicht, sei du dem höchsten Meister gehorsam, eingedenk <des Patriarchen> Jakobs, der die beiden Söhne Josefs bei seinen Segenssprüchen vertauschte.

Nun betrachte also den Anfang deines guten Eifers, damit du einen von Zuversicht erfüllten Tod stirbst und ewige Belohnungen vom himmlischen Meister empfängst.

83 Mahnungen an Regierende

Hildegard stand nicht nur mit geistlichen Personen in Kontakt, sondern auch mit weltlichen Herrschern. Es sind mehrere Briefe bekannt, die sie an die damals mächtigste Persönlichkeit des Heiligen Römischen Reiches Deutscher Nation, Kaiser Friedrich Barbarossa, richtete. Im Jahre 1152 zum König gewählt, empfing er 1155 die Kaiserkrone von Papst Hadrian IV. In Hildegards Briefen spiegelt sich der Wandel ihrer Reaktion auf die kaiserliche Politik wider.

Im wahrscheinlich historisch als erster verfassten Brief, der in mehreren Exemplaren in den frühen Handschriften aus dem Kloster Rupertsberg überliefert ist, grüßt Hildegard den König und führt ihm die Pflichten eines gerechten Herrschers vor Augen. Als sich der Kaiser jedoch gegen den rechtmäßig gewählten Papst Alexander III. auflehnte, verschärft Hildegard den Ton. Kaiser Friedrich Barbarossa hatte nacheinander drei Gegenpäpste eingesetzt, um so seine Macht auch im kirchlichen Bereich zu behaupten. Damit verursachte er ein Schisma in der Kirche, das achtzehn Jahre lang andauerte (1159–1177) und für Unruhe sowohl auf politischer als auch auf geistlicher Ebene sorgte. Hildegard wirft dem Kaiser Blindheit vor und redet ihm ins Gewissen, dass er zur Besinnung kommen sollte. In einem letzten kurzen Schreiben, ebenso in den frühen Handschriften dokumentiert, droht Hildegard sogar mit Gottes Strafe gegen den Kaiser, sollte er seine Widerspenstigkeit nicht aufgeben.

Als Hildegard und ihre Mitarbeiter die vorhandenen Briefe sortierten und zu einer theologischen Briefsammlung, dem *Buch der Briefe* im Riesenkodex, überarbeiteten (siehe zu Text Nr. 12), nahmen sie auch die Korrespondenz mit Kaiser Friedrich Barbarossa darin auf. Die zu unterschiedlichen Anlässen verfassten Briefe aus den früheren Briefsammlungen wurden im Riesenkodex allerdings zu einem einzigen Brief komponiert, ein Briefstück sogar beiseitegeschoben und die politische Aktualität ausgeblendet. Darüber hinaus wurde ein von Friedrich Barbarossa an Hildegard adressierter Brief, in dem er Bezug auf eine Begegnung mit Hildegard in Ingelheim nimmt, vor Hildegards Brief eingefügt, so dass ein Briefwechsel zwischen Kaiser und Äbtissin wiedergegeben wird. Beim Vergleichen der ursprünglichen Briefe mit dem komponierten Brief im *Buch der Briefe* sieht man den Unterschied infolge der Redaktion. Schrieb Hildegard in der konkreten kirchenpolitischen Situation mit scharfer Kritik an den Kaiser: „in der mystischen Schau sehe ich, wie du dich wie ein Kind verhältst und gleichsam ein Verrückter" (vgl. *Briefe*, S. 431), wurde die Formulierung im komponierten Brief an derselben Stelle gemildert: „in der mystischen Schaue sehe ich, dass du in sehr vielen Wirbelwinden und Widersprüchen lebst". In diesem Brief geht es also nicht mehr darum, den „kindischen" und „verrückten" Kaiser zu tadeln, sondern einem Herrscher, der sich „in Bedrängnis und Nöten" befindet, Mahnungen zur Gerechtigkeit zu erteilen.

Durch diese Überarbeitung erhält die Kaiser-Korrespondenz eine überzeitliche Botschaft und bleibt aktuell für jeden, dem Verantwortung und Macht übergeben wird. Der Herrscher ist symbolisch mit einem grünen Zweig, dem Zepter des Erbarmens, gekennzeichnet. Dies befähigt ihn, die Gerechtigkeit situationsgemäß auszuüben: zur Beseitigung von Fehlverhalten und zur Förderung des Wohlstandes.

📖 **Briefwechsel aus dem Riesenkodex, fol. 341r, übersetzt von Mechthild Dreyer und Maura Zátonyi (vgl. *Briefe*, 312–313, S. 430–432).**

Friedrich, Kaiser, an Hildegard: Friedrich, aufgrund der Gnade Gottes römischer Kaiser und allezeit Majestät wünscht der Herrin Hildegard von Bingen seine Gnade und alles Gute. Wir geben deiner Heiligkeit bekannt, dass wir das, was Du uns vorausgesagt hast, als wir bei unserem Aufenthalt in Ingelheim dich gebeten haben, zu unserem Beistand zu kommen, schon in unseren Händen halten. Dennoch werden wir in allem Bemühen nicht nachlassen, für die Ehre des Reiches zu arbeiten. Daher ermahnen wir deine Liebe aufs innigste, dass du für uns mit den dir anvertrauten Schwestern Gebete an den allmächtigen Gott richtest. Weil wir uns in irdischen Aufgaben abmühen, soll er sich zu uns hinwenden, dass wir fähig werden, seine Gnade zu erlangen. Du sollst aber sicher sein, dass wir uns in deinem ganzen Anliegen, das du uns unterbreitet hast, weder durch Freundschaft noch durch Hass von irgendwelcher Person beeinflussen lassen, sondern dass wir uns vornehmen, allein um der Gerechtigkeit willen angemessen zu urteilen.

Hildegard an Kaiser Friedrich: Vom höchsten Richter her werden diese Worte an dich gerichtet: Überaus bewundernswert ist es, dass der Mensch eine solche Person notwendig hat, nämlich welche du als König bist. Höre! Ein Mann stand auf einem hohen Berg und schaute in alle Täler hinab, um zu sehen, was ein jeder machte. Und einen grünen Zweig in seiner Hand haltend teilte er alles auf die rechte Weise zu, damit nämlich das, was trocken war, grün wurde, und das, was schlief, erwachte. Dieser grüne Zweig aber entfernte von jenen, die im großen Stumpfsinn waren, die Strafe des Stumpfsinns. Wann immer jener Mann seine Augen nicht öffnete, kam ein schwarzer Nebel, der die Täler bedeckte, und auch Raben und andere Vögel streuten alles, was herumlag, auseinander. Nun, o König, triff sorgfältig Vorsorge, weil alle Regionen mit einer betrügerischen Schar derer, die in der Schwärze ihrer Sünden die Gerechtigkeit zerstören, überschattet sind. Verführer und Abweichler zerstören den Weg des Herrn. O, du König, leite mit dem Zepter des Erbarmens die trägen und fremden und grausamen Sitten. Denn du hast den glorreichen Namen, dass du König bist in Israel. Überaus glorreich ist dein Name. Achte also, wann der höchste König dich in Augenschein nimmt, damit du nicht angeklagt wirst, dass du deine Aufgabe nicht richtig beurteilt haben wirst, und du dann nicht zu erröten brauchst. Was ferne sei! Es ist offenkundig, dass es gerecht ist, dass der Gebieter seine Amtsvorgänger im Guten nachahmt; da sehr schwarz die erstarrten Sitten jener Würdenträger sind, die in zügelloser Lebensweise und in Fäulnis dahineilen. Fliehe davor, o König! Du sollst aber wie ein Soldat bewaffnet sein, der dem Teufel mutig Widerstand leistet, damit Gott dich nicht vernichtet und das irdische Reich sich dafür nicht schämen muss. Gott erlöse dich von dem ewigen Verderben und deine Zeiten sollen nicht dürre sein. Gott beschütze dich, damit du in Ewigkeit lebst. Wirf die Habgier weg und erwähle die Enthaltsamkeit, das liebt der höchste König über alles. Denn überaus notwendig ist es, dass du in deinen Angelegenheiten vorausschauend bist. Ich sehe nämlich in mystischer Schau, dass du vor den lebendigen Augen in sehr vielen Wirbelwinden und Widersprüchen lebst. Aber dennoch hast du noch Zeit zur Herrschaft für die irdischen Aufgaben. Hüte dich also, damit der höchste König dich wegen der Blindheit deiner Augen nicht niederwirft, die nicht richtig sehen, auf welche Weise du den grünen Zweig zum rechten Herrschen in deiner Hand hältst. Achte darauf, so zu sein, damit die Gnade Gottes in dir nicht erlahmt.

84 Von Frau zu Frau

Bertha von Sulzbach (1110–1158/1160), eine deutsche Gräfin und adoptierte Tochter König Konrads III., wurde aus politischen Gründen, wie es nicht nur im Mittelalter üblich war, an den byzantinischen Kaiser, Manuel I. Komnenos (1118–1180), verheiratet. Die Heirat diente zur Festigung des deutsch-byzantinischen Bündnisses gegen die Normannen.

An diese Bertha richtete Hildegard einen Brief. Sie kommunizierte mit dieser hochgestellten Person, die als Kaiserin Irene in Konstantinopel an der Seite ihres kaiserlichen Gemahls herrschte, auf Augenhöhe. Ein Grund dafür liegt gewiss auch darin, dass sich Hildegard aufgrund ihrer Herkunft in adligen Kreisen bewegte und mit hochrangigen Persönlichkeiten in freundschaftlicher Beziehung stand, so dass sie auch für eine kaiserliche Dame den richtigen Ton finden konnte.

Die Botschaft dieses Briefes reicht jedoch tiefer. Hildegard thematisiert nicht Rang noch Pracht und Macht. Sie spricht in Bildern, die voller Leben sind: Sie vergleicht Bertha mit einem fruchtbaren Baum, der von Gottes behütender Hand gepflegt wird, und ihr Schicksal mit dem funkelnden Morgenrot, das Glück verheißt. Zudem weiß sie um den Kinderwunsch der kaiserlichen Gemahlin. Hier spricht Hildegard von Frau zu Frau. Eine Kaiserin hat dieselben Sehnsüchte in ihrem Herzen wie jede Frau.

In dieser fast intimen Atmosphäre des brieflichen Austausches erinnert Hildegard die Kaiserin zudem daran, dass das wahre Lebensglück in der Hingabe an Gott besteht. Hildegard, die Nonne und Theologin, betrachtet die Ganzhingabe an Gott nicht als einen allein den geistlichen Personen vorbehaltenen Lebenszustand. Jeder Mensch, sei es auf dem Kaiserthron oder in bescheidenen Verhältnissen, ist dazu berufen, sein eigenes Leben aus Gottes Händen zu empfangen und in Glaube, Hoffnung und Liebe hinzugeben. Das ist die Würde des Menschen: Gottes Kind zu sein, unabhängig von Rang, Position und äußeren Gütern. Vor Gott sind wir alle Königstöchter und Königssöhne, und dies nicht für den Zeitraum einer irdischen Epoche, sondern für die Ewigkeit.

Briefe, 319, S. 434–435.

Gottes Geist haucht dir zu: Einen Zweig, den Gott liebt, schützt Er im Winter, und im Sommer bringt Er aus ihm grünes Laub („viriditatem") und Blüten hervor. Und ungesundes, knorriges Holz, durch das er verdorren kann, entfernt er von ihm. Auch von einem Wasserbächlein, das im Osten einem Felsen entspringt, wird der Schaum anderer Wasser beseitigt, weil es schneller fließt. Es ist nämlich brauchbarer als andere Gewässer, da sich in ihm nichts Modriges befindet. So geschieht es auch mit den Menschen, denen Gott einen Tag des Glücks und die schimmernde Morgenröte der Ehre gewährt, und die der mächtige Nordwind mit seinem rauen Wehen feindseliger Menschen nicht niederdrückt.

Daher blicke zu dem auf, der dich angerührt hat und von deinem Herzen das Brandopfer verlangt, die Gabe <der Erfüllung> seiner Gebote. Nach Ihm verlange also, und Er schenkt dir nach deinem Wunsch und auf die Bitte in deiner Not die Freude über einen Nachkommen. Das lebendige Auge schaut nämlich auf dich und will dich <zu eigen> besitzen. Und du wirst ewig leben.

85 Das Lieblingslied Hildegards

In den Kanonisationsakten, in denen unter anderem Zeugnisse von Menschen, die Hildegard persönlich kannten, zum geplanten Heiligsprechungsprozess zu Beginn des 13. Jahrhunderts gesammelt sind, wird der Bericht von einer gewissen Hedwig aus Alzey, die als Konversschwester Hildegard erlebte, festgehalten. Diese Hedwig erzählte, dass Hildegard zwar häufig krank war und im Bett lag, wenn es ihr aber, „vom Heiligen Geist erleuchtet", gut ging, „wanderte sie durch das Kloster und sang dabei auf Veranlassung des Heiligen Geistes die Sequenz: O virga ac diadema" (*Das Leben der heiligen Hildegard*, S. 78). Ausgehend von diesem Bericht gilt die Komposition „O virga ac diadema" als das Lieblingslied Hildegards. Sie hat dessen Text in ihr *Prophetisches Vermächtnis* aufgenommen (*Prophetisches Vermächtnis*, S. 127–129) und dazu auch eine ausdrucksvolle Melodie komponiert, wie die Handschriften mit ihren Liedersammlungen bezeugen.

In diesem Lied preist Hildegard die Gottesmutter Maria und rühmt ihre einzigartige, herausragende Stellung in der Heilsgeschichte. Mit poetischen Bildern nimmt Hildegard Bezug auf die Erschaffung der Frau aus der Seite Adams (Genesis 2,22) und die Geschichte des Sündenfalls im Paradies (Genesis 3), als die Schlange Eva, welche die Mutter aller Lebenden sein sollte, zur Sünde verführte. Die Sünde des ersten Menschenpaares brachte zerstörerische Konsequenzen für die ganze Menschheit: Traurigkeit und Schmerz. Jene Frau aber, die zur Mutter des Erlösers bestimmt wurde, vermochte das Geschick der gefallenen und verwundeten Schöpfung zu wenden. Wiederum mit meisterhaft dichterischen Bildern drückt Hildegard die lebensspendenden Folgen der Erlösung aus, die in Maria ihren Anfang nahm. Die Naturbilder wie der Zweig und die Blüte sowie die Morgenröte symbolisieren das erwachende neue Leben. Die Burgfestung steht für Sicherheit und Schutz, die jubelnden himmlischen Chöre lassen die Freude der Erlösten erklingen.

In Maria ist eine neue Schöpfung entstanden. Das Bild des goldenen Stoffes („aurea materia") ist eine Anspielung auf Hildegards Lehre von der Erschaffung der Welt (*Buch vom Wirken Gottes*, II. 1. 17): Die Welt ist für Hildegard, gemäß biblischem Verständnis, eine Wirklichkeit, die in sich eine von Gott unterschiedene

Qualität hat, aber aus und durch Gott in einem von ihm gesetzten Akt hervorgeht. Diese Wirklichkeit nennt Hildegard „materia", die den Urstoff der Welt bildet. Als leuchtende Materie („lucida materia") ist sie der Urstoff des Himmels, in dem vollständiges Licht herrscht. Als stürmische, trübe Materie („turbulenta materia") ist sie der Urstoff der Erde, eines Bereiches, der zunächst ohne Licht eine formlose, ungeordnete und leere Weise des Daseins bildete, allmählich aber mit Licht erfüllt zur sichtbaren Welt wurde. In diese Schöpfungstheologie fügt sich nun das Bild des goldenen Urstoffs, als den Gott die Jungfrau Maria am ersten Tag der Schöpfung, gleichsam mit dem „Es werde Licht!" erschuf. Die Vorstellung einer goldenen Materie evoziert die alles übersteigende Neuheit der Wirklichkeit jener Frau, die den Erlöser zur Welt brachte. Durch Maria ist der ganzen Menschheit diese neue Wirklichkeit zuteilgeworden. Wir können in Maria schon jetzt die Freude und die Freiheit der Erlösten erblicken, denen sich Gott in liebevoller Umarmung zuwendet.

Lieder, 13, S. 48–49.

O Zweig und Diadem des purpurfarbenen Königs,
du bist in deiner Abgeschlossenheit wie ein Schutz.
Dein grünendes Blühen steht in einer anderen Beziehung zu uns,
als es bei Adam war, als alles Leben aus ihm hervorging.
Sei gegrüßt, sei gegrüßt,
aus deinem Leib ging ein anderes Leben hervor –
Adam hat seine Kinder schutzlos gemacht.

O Blume, du wächst nicht durch den Tau
und weder Regentropfen noch Nebel sind über dich gekommen,
sondern die hellstrahlende göttliche Klarheit hat dich aus dem edelsten Zweig hervorgehen lassen.

O Zweig,
dein Blühen hat Gott am ersten Tag seiner Schöpfung vorhergeschaut.
Und aus seinem Wort hat er den goldglänzenden Urstoff
o Jungfrau, gemacht.

O wie stark ist in ihren Kräften die Seite des Mannes,
aus der Gott die Urform der Frau machte.
Sie machte er zum Spiegel all seinen Schmucks
und ließ sie in der Umarmung aller Schöpfung sein.

Darum ertönen die himmlischen Instrumente
und die ganze Erde staunt, o lobwürdige Maria,
weil Gott dich so sehr geliebt hat.

O wie sehr müssen wir Schmerzen erleiden und Trauer,
weil durch den Rat der Schlange die Traurigkeit in der Frau Raum griff, die
nach der Trennung von Gott entsteht.

Denn diese Frau,
die Gott zur Mutter aller machte,
hat den Ort ihrer Fruchtbarkeit durch die Wunden des nicht wissen Wollens
verletzt ihrem Geschlecht und alles erfüllenden Schmerz gebracht.

Aber, o Morgenröte,
aus deinem Leib ging die neue Sonne hervor,
die alle Schuld Evas tilgte
und du hast größeren Segen gebracht,
als Eva Schaden den Menschen.

Deshalb, o Retterin,
die dem menschlichen Geschlecht das neue Licht gebracht hat,
sammle die, die zu deinem Sohn gehören
in die himmlische Harmonie.

XI. Leben in Fülle

Um das gelingende Leben, das Leben in Fülle, geht es in Hildegards Werk. Hildegard will uns zu dem Heil führen, das uns Gott zugedacht hat und in dem unser tiefstes Verlangen nach Glück seine Erfüllung findet. Hildegard lässt sowohl in *Wisse die Wege* als auch im *Buch der Lebensverdienste* gelungene Lebenshaltungen in der Gestalt von „Gotteskräften" („virtutes") erscheinen und ihre Stimmen vernehmen. Dadurch dass diese Gotteskräfte nicht nur in ihrer Gestalt beschrieben werden, sondern selbst zu Wort kommen, zeigt Hildegard, dass gelungenes Leben im Wort als Beziehungsgeschehen aufzufassen ist. Es handelt sich um eine dialogische Form der Lebensgestaltung: angesprochen werden, in Frage gestellt werden, sich auseinandersetzen, antworten dürfen und Zuspruch empfangen.

Der dialogische Prozess der Lebensgestaltung kann mitunter eine unausweichliche Konfrontation bedeuten und eine klare Entscheidung abverlangen. Auch dies stellt Hildegard im *Buch der Lebensverdienste* dar. Dort beschreibt sie neben den „Gotteskräften" 35 Gestalten, welche die negativen Kräfte und Schwächen im Menschen verkörpern. Diese ziehen ihn nach unten und sind der Inbegriff für das Leben in Mangel und existenzieller Enttäuschung. Ihnen antworten die „Gotteskräfte". Sie sind in der Vision nicht zu sehen, sondern sind aus einer Wolke, aus welcher ihre Stimme ertönt, zu hören. Diese Erfahrung enthält eine Botschaft: Wer sich den „Gotteskräften" stellt, bedarf eines hörenden Herzens.

Das aufmerksame Hören bezieht sich zunächst auf das eigene Herz. Dort kommen viele Stimmen zu Wort. Hildegard lehrt uns, dass wir alle Stimmen wahrnehmen dürfen. Mit aller Aufrichtigkeit dürfen wir uns ihnen stellen, wenn etwa der Hochmut, der Neid, die eitle Ruhmsucht, der Unglaube oder die Verzweiflung in uns laut werden oder uns leise zuflüstern. Im *Buch der Lebensverdienste* erhalten all diese unguten Kräfte einen Raum, um sich auszusprechen. Sie bilden die Reihe der Laster, die, einmal wahrgenommen, bekämpft werden können. Wenn der Mensch ihnen jedoch nachgibt, werden sie zur Sünde und zerstören die Integrität des Menschen: Durch die Sünde behauptet sich der Mensch so radikal, dass er jegliche Beziehung, vor allem die wesenhafte Beziehung zu Gott, verunmöglicht.

Der Heilungsprozess besteht darin, wachsam zu sein, so dass nicht die sündhaften Stimmen das einzige und letzte Wort haben. Es gibt aber ebenso positive Stimmen und gute Worte, die uns gesagt werden. Die „Gotteskräfte" im *Buch der Lebensverdienste* sprechen uns jene guten Worte zu, auf die wir angewiesen sind, wenn unser Herz versagt. Sie rütteln auf, nicht selten mit scharfen Mahnungen und harter Zurückweisung gegenüber den Lastern. Damit machen sie die Ernsthaftigkeit des Widerstandes deutlich. Darüber hinaus bieten die „Gotteskräfte" heilende Kraft und eröffnen neue Perspektiven. Mit ihren Worten bringen sie in die verfinsterte Seele das Licht und lassen das Leben in Fülle entdecken.

86 „Ich bin das liebliche Kraut in aller Grünkraft" – Barmherzigkeit

Die Barmherzigkeit, eine der Gotteskräfte, stellt das Aufblühen des Lebens in bewusster Absage gegen die Verhärtung dar. Dieses Laster erscheint als undurchdringliche Rauchschwade, die die trostlose und hoffnungslose Beziehungslosigkeit symbolisiert. Ein verhärtetes Herz lässt nichts in sich hinein. Weder Mitleid noch Mitfreude können es berühren. Wenn ein Mensch dem anderen seine Barmherzigkeit verweigert, zerstört er sich selbst. Hildegard bemerkt zur Verhärtung des Herzens, dass sie das schlimmste Übel aller Übel ist.

Alles, was an der Verhärtung des Herzens negativ ist, erscheint in der Barmherzigkeit positiv und heilend. Während der Rauch, der aus einem verhärteten Herzen aufsteigt, alles verdunkelt und vergiftet, bezeichnet sich die Barmherzigkeit als ein überaus liebliches Heilkraut, in dessen Wesen es liegt, anderen zu helfen. Die schwarzen glotzenden Augen der Verhärtung erschrecken den Betrachter. Die Barmherzigkeit dagegen nimmt mit ihren Augen alle Bedürfnisse wahr, allein ihr Blick schafft schon Verbundenheit. Darin besteht der wesentliche Unterschied zwischen Laster und Tugend. Der totalen Beziehungslosigkeit steht die vollständige Verbundenheit gegenüber. Die Barmherzigkeit spricht von Zuwendung der Geschöpfe zueinander. Alle Geschöpfe sind voneinander abhängig, miteinander verbunden und geben einander ihre Gaben weiter, wie die Kräuter ihren Duft. Dass die Steine ihre Feuchtigkeit als Gabe weitergeben, hängt mit der mittelalterlichen Vorstellung zusammen, dass Steine Feuer und Feuchtigkeit enthalten (*Heilsame Schöpfung*, S. 246). Der Mensch, der als Gottes Geschenk die Vernunft bekommen hat, ist das einzige Lebewesen, das diese Urverbundenheit aller Geschöpfe bewusst gestalten kann: Er kann sie entweder verweigern, und dann verhärtet er sich und vertrocknet. Oder er kann sie bejahen, und dann wird er durch Barmherzigkeit zu den anderen hingezogen und von ihnen in einem empathischen Echo beschenkt.

Das Buch der Lebensverdienste, I. 6–8, S. 50–51.

Die vierte Gestalt formte sich aber wie ein dichter Rauch zur Figur eines Menschen, wobei sie keine Glieder menschlicher Art hatte, ausgenommen, dass große und schwarze Augen an ihr zu sehen waren. Sie bewegte sich weder nach oben noch nach unten, noch drehte sie sich hin oder her, sondern blieb in der erwähnten Finsternis fixiert. Und sie sprach:
„Ich habe nichts erschaffen und nichts bestimmt. Warum sollte ich mich um jemandes willen anstrengen und mich abquälen? Das werde ich nicht tun. Darüber hinaus kümmere ich mich um niemanden, nur soweit er sich auch um mich bemüht. Gott, der alles erschaffen hat, der wird schon alles entscheiden und sich um alles sorgen. Wenn ich auch nur einen Ton von mir geben würde, indem ich mich freundlich nach den Angelegenheiten anderer erkundige, was würde mir das nützen? Ich tue niemandem etwas an, weder Gutes noch Böses. Wenn ich stets solches Mitleid hätte, dass ich mir selbst keine Ruhe gönnen könnte, was wäre ich dann? Oder was für ein Leben hätte ich, wenn ich jeder freudigen und jeder traurigen Stimme antworten würde? Ich weiß um mich, und ein jeder soll auch um sich selbst wissen!"

Und wiederum hörte ich aus der erwähnten stürmischen Wolke eine Stimme, die dieser Gestalt eine Antwort gab:
„O du Steinerne, was sagst du da? Die Kräuter bieten mit ihren Blüten anderen Kräutern ihren Duft an, und ein Stein gibt dem anderen Stein seine Feuchtigkeit, und jedes Geschöpf wendet sich mit Umarmung dem ihm Verwandten zu. Alle Geschöpfe dienen auch dem Menschen, und in diesem Dienst gewähren sie dem Menschen freiwillig alles Gute. Du aber bist nicht würdig, dass du auch nur die Form eines Menschen erhältst, denn bloß ein

grausamer Blick erscheint in dir ohne jegliche Barmherzigkeit. Du bist ein bitterer Rauch in der Schwärze der Bosheit.

Ich aber bin in der Luft und im Tau, und ich bin das liebliche Kraut in aller Grünkraft, mein Inneres ist voller Hilfsbereitschaft einem jeden zugetan. Ich war in jenem ‚Es werde' (Genesis 1,3) zugegen, durch das alle Geschöpfe hervorgegangen sind, die dem Menschen dienen. Du aber bist dort ausgeschlossen worden. Mit meinen Augen nehme ich alle Bedürfnisse wahr und bin ihnen verbunden. Alles Gebrochene füge ich zur Genesung zusammen, denn ich bin ein Salböl für jeden Schmerz, und meine Worte sind recht, während du ein bitterer Rauch bist."

87 „So vollende ich alles, was ich beginne" – Geduld

Die Heilung vom Zorn besteht in gelassener Ruhe, die im *Buch der Lebensverdienste* als Geduld auftritt. Die Geduld ist eine Kraft zum Standhalten. Sie ist fest und beharrlich, und dies tut sie mit einer Leichtigkeit: „Ich bin die liebliche Luft für alle Grünkraft", sagt sie. Ihre Kraft schöpft sie aus Gottes Geduld: Gott ist es, der bis zum Äußersten warten, ausharren und erdulden kann, und er schenkt uns auch diese Gabe. Die Geduld entsagt aller Gewalt und Macht, das Siegeswort gehört aber dennoch ihr: „Ich werde auf ewig bleiben."

📖 **Das Buch der Lebensverdienste, I. 12, S. 53.**

Und wiederum hörte ich aus der erwähnten stürmischen Wolke eine Stimme, die dieser Gestalt [dem Zorn] antwortete:

„Ich bin in den Höhen erschollen, habe die Erde berührt und bin aus der Erde wie Balsam herausgequollen. Du [Zorn] aber bist betrügerisch und trinkst Blut und bist immer der Nordsturm.

Ich aber bin die liebliche Luft für alle Grünkraft, die die Blüten und die Früchte aller Tugendkräfte hervorbringt und sie im Geist der Menschen fest aufbaut. So vollende ich alles, was ich beginne, und harre darin aus. Ich zertrete niemanden, sondern habe alles in Ruhe. Und niemand verurteilt mich. Wenn du aber einen Turm baust, zerstöre ich ihn mit einem Wort und zerstreue all seine Beute. So wirst du vergehen. Ich aber werde auf ewig bleiben."

88 „Niemand zupft die Harfe so, dass ihre Saiten zerreißen" – Enthaltsamkeit

Der zweite Teil im *Buch der Lebensverdienste* führt acht Laster auf, von denen das erste als ziemlich harmlos erscheint: die Völlerei. In Hildegards Vision bezieht sich die Völlerei, eine Rede haltend, sogar auf Gott. Wie sie es tut, bedeutet jedoch eine verkehrte Auffassung von der göttlichen Vorsehung und Fürsorge: „Gott hat alles erschaffen. Warum sollte ich verschmachten? Wenn Gott nicht wüsste, dass dies alles notwendig ist, hätte er es nicht erschaffen. So wäre ich töricht, wenn ich meinen eigenen Willen in all dem nicht walten lassen würde, da ja Gott will, dass der Körper des Menschen an Kräften nicht verliert" (*Buch der Lebensverdienste*, S. 112). Die Völlerei verherrlicht ihre Eigenwilligkeit.

In der Tradition der Kirchenväter ist die Völlerei daher als eine gefährliche Haltung bekannt, denn sie gehört zu den sogenannten acht Hauptsünden. Maßloses Essen zieht den Menschen in weitere Sünden, bis zum totalen Verfall. Diese Auffassung drückt Hildegard mit ihrer Bildersprache aus. Die Gestalt der Völlerei, die wie in einer Wiege auf dem Rücken liegt, erscheint im Bauch der Schlange. Die Schlange ist indes das Symbol des Teufels. Damit führt Hildegard die Wirklichkeit in ihrer Krassheit vor Augen: Die Völlerei ist mit dem Bösen eng verbunden. Zugleich setzt Hildegard ein Ausrufezeichen und ermahnt dazu, dass der Mensch sich schon am Anfang beherrschen soll, solange er noch fähig ist, der Versuchung im Keime zu widerstehen. Dazu verhilft die Kraft der Enthaltsamkeit.

Die Enthaltsamkeit bedeutet keineswegs Mangel. Sie will dem Menschen nichts entziehen. Im Gegenteil, sie fördert den Menschen und hilft ihm, das richtige Maß zu finden. Die Völlerei hat das Gespür für das richtige Maß verloren, sie stürzt bald in Zuviel, bald in Zuwenig. Denn nicht nur die maßlose Gefräßigkeit, auch das Verweigern von Essen und die überzogene Diät schaden, davon ist Hildegard überzeugt. Essen und Trinken vergleicht Hildegard mit dem Regen. Je nach Art und Weise kann der Regen nützlich oder schädlich sein. Der herabstürzende Regen zerstört die Saat, wie die Völlerei die leibliche und seelische Gesundheit. Ein bekömmlicher Regen dagegen lässt alles aufblühen, und auf diese Weise wirkt die Enthaltsamkeit im Menschen. Wieder einmal steht der Mensch in der Verantwortung, wie er mit seinen Bedürfnissen umgeht. Entweder ruiniert er sich in seiner Maßlosigkeit – um in den Bildern Hildegards zu sprechen: schlägt er so heftig in die Saiten seiner Zither, dass sie kaputt gehen – oder er kümmert sich um sein leibliches Wohl mit weisem Maßhalten, dann erklingt sein Dasein wie eine Harmonie. Dieser Klang ist wohltuend für einen selbst, für andere und dringt bis zum Himmel.

📖 **Das Buch der Lebensverdienste, II. 2, S. 112–113.**

Und wiederum hörte ich aus der erwähnten stürmischen Wolke, die sich von Süden nach Westen ausbreitete, eine Stimme, die mit folgenden Worten antwortete:

„Niemand zupft die Harfe so, dass ihre Saiten zerreißen. Wenn ihre Saiten kaputt sind, wie könnte sie klingen? Auf keine Weise! Du, Schlund, du stopfst deinen Bauch so voll, dass all deine Adern krank sind und in Raserei geraten. Und wo ist dann der süße Klang der Weisheit, die Gott dem Menschen gegeben hat? Du bist ja stumm und blind, und weißt nicht, was du so daherredest. Wie aber der herabstürzende Regen die Erde umwühlt, so lässt das Übermaß an Fleisch und Wein den Menschen in Hohn und Gotteslästerung stürzen. Ich dagegen sah im Lehm die schöne Gestalt, die Gott als den Menschen erschaffen hat. Daher bin ich ein angemessener Regen, damit das Fleisch nicht in Lastern wuchert. Und ich fördere in den Menschen die Mäßigung zutage, damit ihr Fleisch keinen Mangel leidet und durch maßloses Verschlingen von nahrhafter Speise nicht mehr zunimmt, als es nötig ist. Denn ich bin eine Harfe, da ich in schönen Klängen des Lobes erschalle und so die Härte des Herzens mit dem guten Willen durchbohre. Wenn nämlich der Mensch seinen Körper mit Maß ernährt, dann erklinge ich in seinen Gebeten auf der Harfe bis zum Himmel; und wenn er seinen Körper in maßvollem Essen rein hält, singe ich zur Orgel, was du, Schlund, nicht kennst, nicht verstehst, und auch nicht zu erkennen und zu verstehen suchst. Denn bald wühlst du dich im Übermaß des Fastens so sehr auf, dass du kaum mehr leben kannst, bald überfüllst du deinen Bauch so in Gefräßigkeit, dass du vor Hitze brodelst und Schaum erbrichst. Ich aber halte im Essen Maß, damit die Säfte im Menschen weder ausgetrocknet werden, noch ihr Maß übersteigen, und dann singe ich Lobgesänge zur Harfe und zur Orgel. O all ihr Getreuen, entzieht euch der Schlemmerei! Denn der Bauch der alten Schlange hat die Schlemmerei verschlungen und dadurch viel Dreck erbrochen."

89 „An den Peripherien der Erde" – Demut

Der hl. Benedikt zitiert in seiner Regel die Worte des Evangeliums: „Wer sich selbst erhöht, wird erniedrigt, wer sich aber selbst erniedrigt, wird erhöht werden" (Lukas 18,14; *Benediktusregel* 7,1). Damit zeigt er zwei Wege auf: Der eine führt zur Beschämung, der andere zur Würde. Hildegard greift zu Beginn des dritten Teiles im *Buch der Lebensverdienste* diese beiden Alternativen auf und schildert psychologisch klug den Hochmut und die Demut.

Der Hochmut ist im Größenwahn gefangen: „Über den Bergen schreie ich. Und wer ist es, der mir gleichen könnte? Meinen Mantel breite ich über die Hügel und die Felder aus, und will nicht, dass jemand mich im Kampf bezwingt. Ich erkenne niemanden an, der mir ähnlich wäre" (*Buch der Lebensverdienste*, S. 164). Der Hochmütige stellt sich über alle und will niemanden über sich anerkennen, nicht einmal neben sich. Jedem begegnet er nur mit Geringschätzung. Wenn er fragt: „Wer ist es, der mir gleichen könnte?", überhebt er sich über alle Geschöpfe. Er reißt etwas an sich, was er nicht ist. Allein über Gott können wir aussagen, dass es keinen ihm Ähnlichen gibt. Der Hochmut beansprucht für sich, absolut wie Gott zu sein. Weil er sich über seinen eigenen Platz stellt, wird er in die absolute Tiefe fallen. Hildegard erklärt, dass der erste Engel, der schöner war als alle anderen Geschöpfe, durch den Hochmut in die tiefste Finsternis stürzte (*Buch der Lebensverdienste*, S. 180, siehe auch Text Nr. 47). Es war ihm aber nicht genug, dass er selbst gefallen war, er wollte und will auch den Menschen mitreißen. Durch die Versuchung des Hochmuts („ihr werdet wie Gott", Genesis 3) hat er bereits das erste Menschenpaar verführt, das durch diese Selbsterhöhung aus dem Paradies in das Tal der Tränen und der Mühsal herausfiel: „Wer sich erhöht, wird erniedrigt werden."

Die Folgen des Hochmuts sind im *Buch der Lebensverdienste* an seiner Gestalt ablesbar (*Buch der Lebensverdienste*, S. 164 und S. 180–181). Seine Nase, schreibt Hildegard, ist mit Schlamm beschmutzt, was darauf hinweist, dass er der Unterscheidungsgabe entbehrt und sich als töricht entlarvt. In dieser Torheit kann er sich selbst nicht mehr richtig einschätzen, sondern bildet sich ein, mehr zu sein als andere, und betrachtet diese mit Verachtung. In

Wirklichkeit ist er jedoch eine elende Figur: „ohne die Haare der Klugheit und ohne das Gewand des Heils töricht und nackt" schreitet er einher (*Buch der Lebensverdienste*, S. 181), wie Hildegard in ihrer Vision bemerkt.

Die Demut, die dem Hochmut gegenübersteht und die Würde des Menschen begründet, bezieht sich auf den Anfang des unbegreiflichsten und geheimnisvollsten Werkes Gottes, nämlich die Menschwerdung. „Jesus Christus, der Gott war, hielt daran nicht fest, wie Gott zu sein, sondern erniedrigte sich und war gehorsam bis zum Tod, bis zum Tod am Kreuz. Darum hat ihn Gott über alle erhöht" (Philipperbrief 2,6–9). Im Herabsteigen Gottes kam die Demut auf die Erde, wie sie es in Hildegards Vision selber erzählt. Sie ist aus der Mitte von Gottes Herzen an die Peripherien der Welt gekommen, um uns Menschen zu finden. Gott besucht die Menschen, wie die Sonne, welche die Finsternis erleuchtet. Dieser Akt ist ein Ausdruck der Barmherzigkeit Gottes (vgl. Lukas 1,78), ebenso auch seiner Demut. Die Demut ist deshalb etwas Göttliches. Der Mensch ist in seiner existenziellen Lage gar nicht fähig, die Demut so zu vollziehen, wie Gott es getan hat. Gott ist Mensch geworden. Der Mensch kann sein Wesen in dieser Dimension nicht entäußern. Die Demut des Menschen besteht darin, dass er sich nicht anmaßt, was er nicht ist: „Daher kann ich keine flüchtigen Worte lügnerisch sprechen, nämlich dass ich sagen würde: Ich bin dieser oder jener, wobei ich es nicht bin." Demut heißt dementsprechend, die Wahrheit des eigenen Daseins erkennen. Demut ist, wenn der Mensch er- und anerkennt, wer und was er ist: Gottes geliebtes Geschöpf. Darin erkennt er seine große Würde. Diese Würde hat er auch in seinem Mitmenschen zu respektieren.

Die Demut kann durch ihre lichtvolle Gestalt in die Finsternisse aller Tiefen – in die Peripherien unserer Seele – eindringen, wo hinein der Mensch in seiner unvernünftigen Selbsterhöhung gefallen ist. Demut ist die mächtige Kraft, die uns und unsere Beziehungen erhebt und zum Leuchten bringt.

Das Buch der Lebensverdienste, III. 4, S. 164–165.

Und ich hörte aus der erwähnten Sturmwolke, die sich von Süden nach Westen ausstreckte, eine Stimme dieser Gestalt [dem Hochmut] antworten:
„Ich bin eine Wolkensäule. Warum sollte ich nicht ertragen, wenn jemand mir ein entsetzliches Unrecht zufügt, da der Schöpfer selbst vom Himmel herabstieg, um den Menschen an sich zu ziehen? Ich habe mit dem Schöpfer in den Höhen gewohnt und bin mit ihm auf die Erde herabgestiegen, so wohne ich an allen Peripherien der Erde. Daher kann ich keine flüchtigen Worte lügnerisch sprechen, nämlich dass ich sagen würde: Ich bin dieser oder jener, wobei ich es nicht bin. Wenn ich so sprechen würde, wäre ich nicht die Sonne, welche die Finsternis erleuchtet. Denn mit Gott ziehe ich durch alle Finsternisse hindurch. Daher kann mich kein Sturm erschüttern, weil ich in voller Güte mit Gott bin."

90 „Ich bin die liebenswürdige Freundin am Throne Gottes" – Liebe

Die psychologische Folge des Hochmuts ist der Neid. Er folgt auf den Hochmut als nächstes Laster im dritten Teil im *Buch der Lebensverdienste*. Der Hochmut wollte nicht, dass jemand ihm ähnlich wird, und wollte sich über alle erhöhen. Da er dies jedoch in Wahrheit nicht erreichen kann, schaut er mit Missgunst auf alles, was andere haben, was andere sind, und will es ihnen nicht gönnen. So entsteht der Neid. Mehr als der Hass wendet sich der Neid gegen die Liebe.

An der Gestalt des Neides in Hildegards Vision dominieren die menschlichen Körperteile. Das deutet Hildegard so, dass der Neid dem Menschen eigen ist. Der Mensch, der Vernunft hat und über das Wissen von Gut und Böse verfügt, kann, wenn er missgünstig ist, fähig sein, diese Gaben zu missbrauchen und gegen sich und seine Mitmenschen zu benutzen. Dann wird er aber das richtige Maß übersteigen, was die Vision an der Gestalt des Neides verdeutlicht: Brust, Bauch und Rücken sind überdimensioniert. Das Übermaß hat aber etwas Teuflisches in sich, wie Hildegard immer wieder unterstreicht. So bringt der Neid alles zum Verderben: „Alle männliche Grünkraft treibe ich fort, wo ich nur will" (*Buch der Lebensverdienste*, S. 165). Mit verkehrter Absicht schaut der Neid auf das

Positive der anderen und will das haben, was die anderen haben, sowohl an materiellen Gütern als auch an inneren Gaben. Er kann das natürlich nicht für sich ergreifen und will dann all dieses Positive bei anderen vernichten. Die Rede des Neides im *Buch der Lebensverdienste* wimmelt von zerstörerischen Worten: ich treibe aus, zernage, beschmutze, verletze …

Der Mensch, der von Neid gefangen ist, fügt nicht nur anderen Schaden zu, sondern zuvorderst sich selbst. Wenn er ehrlich und unverstellt auf sich selbst schauen würde, könnte er seine eigenen Gaben entdecken und seine eigene Würde anerkennen. Dann würde er in seinen positiven Eigenschaften einen Halt bekommen, durch den er den anderen Mitgeschöpfen Gutes gönnen könnte.

Die Liebe ist diese gönnende Freiheit. Sie lässt alles Leben zu und fördert es. Diese Großzügigkeit drückt Hildegard, wie so oft, mit treffenden poetischen Worten aus. Bei der Liebe gilt das göttliche Gesetz: „nach dem Maß, mit dem ihr messt und zuteilt, wird auch euch zugeteilt werden" (Lukas 6,38). Die Liebe gibt alles hin und ihr wird alles geschenkt: „Alles, was Gott gehört, gehört auch mir." In ihren Worten klingen die Worte Jesu Christi mit: „Alles, was mein ist, ist dein, und was dein ist, ist mein" (Johannes 17,10).

Die Liebe steht, so Hildegard, als liebenswürdige Freundin am Thron Gottes. Sie hat mit ihrer Demut Gott dazu bewegt, Mensch zu werden und das Erlösungswerk zu vollbringen. „Denn so sehr hat Gott die Welt geliebt, dass er seinen erstgeborenen Sohn hingab" (Johannes 3,16). Jesus Christus hat uns in seinem Wesen und in seinen Worten Gottes Liebe geoffenbart: „Gott ist Liebe" (1. Johannesbrief 4,16). Aus dieser Liebe heraus kommt sein neues Gebot: „Liebt einander, wie ich euch geliebt habe!" (Johannes 13,34) Dieses Gebot ist kein Befehl, sondern eine von Liebe erfüllte Bitte, durch deren Erfüllung wir die Freundschaft Gottes erlangen: „Ihr seid meine Freunde, wenn ihr tut, was ich euch auftrage" (Johannes 15,14). Wenn wir an Gottes Freundschaft Anteil haben, können wir uns nicht anders verhalten, als diese Liebe, mit der Gott uns schon seit jeher geliebt hat, einander weiterzuschenken: in der Form des Dienstes, der Verzeihung und der Versöhnung.

Das Buch der Lebensverdienste, III. 6, S. 165–166.

Und wiederum hörte ich aus der erwähnten Sturmwolke folgende Antwort an diese Gestalt [den Neid]:
„O du beißender Dreck! Du bist wie eine Viper, die sich selbst tötet. Denn alles, was in Beständigkeit und Ehre ist, kannst du nicht ertragen. Du bist jenes Götzenbild, das sich gegen Gott richtet und die Völker durch Unglauben tötet. Daher nennst du dich zu Recht die Hölle, weil diese gegen jede rechte Mäßigung ein Übermaß hat, und weil sie alles, was aus der Weisheit aufsteigt, zerfetzen will. Sie vermag aber nichts in den strahlenden Dingen.

Ich aber bin jene Luft, die alle Grünkraft nährt und die Blüten mit ihren reifenden Früchten sprießen lässt. Denn ich bin durch jede Einhauchung von Gottes Geist belehrt. So lasse ich die klarsten Bäche hervorquellen, das heißt die Tränen aus gutem Seufzen. Aus den Tränen bringe ich aber durch heilige Werke Wohlgeruch hervor. Auch bin ich jener Regen, der aus dem Tau hervorquillt, durch den alle Kräuter in fröhlichem Leben zu mir lachen.

Du aber, ein böses Wesen und schlimmes Gift, greifst in deinen Qualen alles an, aber zertreten kannst du es nicht. Denn je mehr du wütest, umso mehr wächst all das. Und wo du als tödlich erscheinst, da leben die Lebenskräfte auf und in Gottes Macht erscheinen die Blüten der Weinberge. Du bist ein verruchter und nächtlicher Gräuel und das Zischeln des Teufels, und nichts anderes ersehnst du. In der Überhebung deines Geistes sagst du: Ich werde mehr Völker an mich ziehen als die Zahl des Sandes am Meer. Doch wirst du dahinschwinden.

Ich aber bewirke bei Tag und bei Nacht die Kraft der Gleichheit und des guten Werkes. Denn ich breite meinen Mantel über den Tag und über die Nacht aus. Ich vollende alle guten Werke am Tag und salbe alle Schmerzen der Nacht, und so werde ich in keiner Hinsicht angeklagt. Ich bin die liebenswürdige Freundin am Throne Gottes, und Gott verbirgt mir keinen seiner Ratschlüsse. Das königliche Brautgemach besitze ich, und alles, was Gott gehört, gehört auch mir. Und wo der Sohn Gottes die Sünden der Menschen in seiner Tunika abwischt, da verbinde ich die Wunden mit mildestem Linnen. Du aber schäme dich, weil der bessere Teil nicht dein ist."

91 „Der Wille in Gott" – Gehorsam

Die allgemeine Vorstellung über den Gehorsam bleibt beim äußeren Tun stehen. Man meint, Gehorsam sei das Ausführen eines Befehls. Hildegards Vision hilft, die Vorurteile abzubauen und die befreiende Wirkung des Gehorsams zu erkennen.

Der Gehorsam ist für Hildegard eine göttliche Kraft von kosmischen Dimensionen, weil er schon beim Schöpfungsakt zugegen gewesen ist: „Als Gott in seinem Wort alles erschaffen hat, indem er sagte, ‚es werde' und es so geschah, da war ich das Auge und erwachte in Gottes Geheiß. Und so ist alles erschaffen worden." Im Auge ist das Sehen, aber auch das Gesehene, weil sich im Auge das gesehene Gegenüber spiegelt. Als Gott die Welt erschuf, schlug er sein lebendiges Auge auf, und in ihm erschien die ganze Schöpfung in ihrer vielfältigen Wirklichkeit. In Gottes Auge entstanden nicht nur Bilder, sondern wirkliche Geschöpfe, weil sein Auge lebendig ist. Deshalb kann der Gehorsam sagen: „Denn ich existiere als die Sonne, der Mond und die Sterne und der Quell der Wasser, und ich bin die Wurzel in allen Werken Gottes." Im Gehorsam ist die Welt entstanden.

Der Gehorsam ist nicht nur bei der Erschaffung der Welt anwesend gewesen, sondern auch wirkmächtig bei der Menschwerdung Gottes. Das Schöpfungswort Gottes „Es werde!" („Fiat!") hallt in der Heilsgeschichte mit Allmacht in dem „Es geschehe!" („Fiat!") wider, das Maria dem Engel bei der Verkündigung geantwortet hat (Lukas 1,38). Der Gehorsam Mariens ermöglicht eine Neuschöpfung, als die erlöste.

Der Gehorsam wächst aus der Liebe und setzt ein liebendes und geliebtes Gegenüber voraus. Der Liebende hört auf die Stimme der geliebten Person, horcht auf sie und wird gehorsam. Im Vollzug des Gehorsams erlangt der Mensch die Zugehörigkeit zu dem, dem er gehorcht: „Ich, der ich Gott gehorche, habe eine gewisse Bindung", spricht der Gehorsam. Das ist eine Bindung, die den Menschen in seiner Geschöpflichkeit frei macht und sogar zum Partner Gottes werden lässt. In Freiheit stellt sich der Mensch mit all seinen Gaben Gott zur Verfügung. Die größte Gabe ist der freie Wille. Im Gehorsam schenkt der Mensch seinen Willen Gott, aber nicht dadurch, dass er auf ihn verzichtet, sondern dadurch, dass er ihn in Gott zur

Entfaltung bringt. Der Gehorsam sagt: „Ich bin der Wille in Gott, der alles vollbringt, was Gott befiehlt." Der Wille ist unser Instrument, auf dem Gott seine Melodien spielen will. Wir dürfen dieses Instrument nicht vergammeln lassen. „Im Geheiß seines Wortes ertönte ich wie eine Harfe, weil ich sein Gebot bin", hören wir vom Gehorsam. Wenn jeder mit seinem Instrument verantwortungsvoll umgeht und es nach Gottes Gedanken ertönen lässt, kann in der Welt ein Wohlklang entstehen, eine Vorwegnahme der himmlischen Harmonie.

📖 **Das Buch der Lebensverdienste, III. 10, S. 169.**

Aus der erwähnten Sturmwolke hörte ich aber eine Stimme, die dieser Gestalt [dem Ungehorsam] antwortete:

„Ich, der ich Gott gehorche, habe eine gewisse Bindung. Aber was und welche ist sie? Als Gott in seinem Wort alles erschaffen hat, indem er sagte, ‚es werde' (Genesis 1,3) und es so geschah, da war ich das Auge und erwachte in Gottes Geheiß. Und so ist alles erschaffen worden. Als aber der erste Engel zu leben begann, widersetzte er sich sogleich Gott, ich aber sagte, dass seine Werke nicht leben, weil er auf eine andere Weise sein wollte. So versuchte er auch mich zu bedrängen und anzugreifen, aber er war dazu nicht imstande. Denn ich existiere als die Sonne, der Mond und die Sterne und der Quell der Wasser, und ich bin die Wurzel in allen Werken Gottes, so wie die Seele im Körper ist. Und wie der Wille im Menschen vollbringt, was er ersehnt, so bin ich der Wille in Gott, der alles vollbringt, was Gott befiehlt. Im alten Ratschluss war ich mit Gott, und Gott hat alles durch mich geordnet, was er erschaffen wollte. Im Geheiß seines Wortes ertönte ich wie eine Harfe, weil ich sein Gebot bin. Ich berühre nichts, ich will nichts, ich ersehne nichts, nur allein das, was in Gott ist, denn ich bin von ihm ausgegangen und durch ihn gewachsen, und ich will keinen anderen Gott. Du aber, du Übertretung der Gebote des Schöpfers, in deiner Vermessenheit sagst du, dass du Gott bist und du nimmst auf niemanden Rücksicht, sondern was du willst, das tust du. Wo sind also Himmel und Erde, die du geschaffen hast? Und wo ist die Schönheit der Berge und der Felder, die du geordnet hast? Nichts davon hast du gemacht, dennoch verschmähst du, was Gott geschaffen hat. Wieso? Wenn du nämlich von dir selbst redest und alles danach beurteilst, wie es dir gefällt, willst du Gott nicht, der vor der Vorzeit der Tage war und der nach der Vollendung des letzten Tages sein wird. Daher bist du, du Böser, den trockenen Blättern der Bäume und den

Schuppen der Fische ähnlich, weil du, wie sie, abgeworfen wirst. Denn dein Name bleibt nicht in Tauglichkeit, sondern im Tod."

92 „Beflügelt durch die gute Erkenntnis" – Heiligkeit

Die größte Gefahr, sein Leben zu verfehlen, erkennt Hildegard in einer Haltung, die wir heute Gleichgültigkeit nennen würden. Je mehr der Mensch seiner Trägheit nachgibt, umso tiefer gerät er in eine dauerhafte Nachlässigkeit, die ihn existenziell prägt. In Hildegards Wortgebrauch heißt diese negative Haltung Vergessen, und zwar Gottesvergessenheit. Diese Vergessenheit leitet einen unheilvollen Prozess ein: Was für einen nicht wichtig ist, das verdrängt und vergisst man. Ist die Sinnfrage des Lebens nicht mehr bedeutend genug, um die Denk- und Handlungsweise zu bestimmen, dann werden andere Gedanken das Innere des Menschen beschäftigen. Das Eigentliche entfällt dann. Der Mensch vergisst, dass es auch andere Dimensionen gibt, als sie der Alltag kurzfristig aufzeigt und als man vordergründig erkennen, verstehen und schmecken kann. Die Gleichgültigkeit macht sich nicht einmal die Mühe, sich mit den Fragen des Lebens auseinanderzusetzen und sich für oder gegen eine jenseitige, übersinnliche Wirklichkeit zu entscheiden.

Hildegard lässt die innere Physiognomie der Gleichgültigkeit in ihrem visionären Bild sehr plastisch erscheinen. Sie stellt die Gottesvergessenheit in der Gestalt einer Eidechse dar, die ihre Füße auf schwarze, stürmische, neblige Wolken setzt. Dieses Bild weist auf die Flüchtigkeit hin: eine völlige Haltlosigkeit. Wenn die Gedanken hin und her laufen wie eine flinke Eidechse, dann wird eine Konzentration auf das Eine und Wesentliche schwierig. Nicht nur, dass eine Wolke keine Stütze im Leben geben kann, sie verdeckt noch dazu den Horizont, so dass der Mensch nicht sieht, dass sich hinter seinem Blickfeld eine weite Welt auftut. Diese Haltlosigkeit und Kurzsichtigkeit gehen mit der Unfähigkeit einher, sich auf Beziehungen einzulassen. Diese Beziehungslosigkeit, die weder Gott noch Menschen beachtet, mag auf den ersten Blick unbeschränkte Möglichkeiten zum Handeln anbieten. Hildegard entlarvt sie jedoch als das, was sie in Wahrheit ist: als ein Erstarren des Herzens, als ein völliger Mangel dessen, was menschliche Existenz lebendig macht.

Die Heilung der Gottvergessenheit bietet Hildegards Vision in der Heiligkeit an. Sie steht als Chiffre für eine reife, charakterfeste, von Selbstsucht und Trägheit geheilte Persönlichkeit. Mit ihren eigenen Worten erklärt sie, dass diese sowohl gesammelt als auch flexibel ist und die Zusammenhänge des Universums über das Sichtbare hinaus zu verstehen vermag. Sie ist fähig, jene Dimension der Wirklichkeit wahrzunehmen, die über die diesseitige Welt hinausragt. Die Heiligkeit verfügt über ein sensibles Wahrnehmungsvermögen und zugleich über eine kampfbereite Durchsetzungskraft. Aufgeschlossen in der Erkenntnis, beflügelt sie zur Tat und steht fürstlich aufrecht in Beziehungen mit Gott und den Mitmenschen – so wird das Leben gewiss gelingen.

Das Buch der Lebensverdienste, IV. 6, S. 217–218.

Und aus der erwähnten stürmischen Wolke hörte ich eine Stimme, die dieser Gestalt [der Gottesvergessenheit] antwortete:

„O rasches Verderben, was redest du? Wer hat dich erschaffen und wer hat bewirkt, dass du lebst? Gott! Warum erkennst du nicht, dass nicht du dich selbst gemacht hast? Ich aber rufe Gott an und alles Notwendige erbitte ich von ihm. Seine Gebote sammle ich und bleibe darin, während ich Gott erblicke und erkenne. Auf welche Weise? So, dass ich beflügelt bin durch die gute Erkenntnis, in der ich Gott erspüre, in der ich die Harfe des Gebetes zupfe, wenn ich ihn anbete, und in der ich ihn erkenne. Wenn ich auf das Vergängliche achten würde, würde ich mich von Gott abwenden. Nicht die Erde gibt dem Menschen Speise, Kleidung und alles Notwendige, sondern Gott. Die Menschen sehen dies alles wachsen, aber sie sehen nicht, woher und wie es wächst, sie wissen allein darum, dass alles von Gott her wächst. Niemand vermag all die Menschen und die ganze Welt zum Wachstum zu bringen und niemand kann etwas, nicht einmal das Kleinste, was im Weltall existiert, beleben, nur Gott allein; und dadurch wird erkannt, dass es Gott gibt. Daher soll der Mensch in all seinen Werken mit Hingabe Gott dienen und sich des Bösen enthalten, damit er im Aufschwung seiner Erkenntnis nicht seinen Eigenwillen durchsetzt. Ich aber will den Gürtel der Enthaltsamkeit tragen und in der fröhlichen Blüte der Seligkeit bleiben. Denn unter dem Banner der heiligen Verehrung Gottes bin ich die Fürstin der geordneten Schlachtreihe des Königs, durch die Gott seine Werke wirkt."

93 „Die Sonne küsse ich und den Mond umarme ich" – Zufriedenheit

Unsere Hoffnung wartet auf die Erfüllung von alldem, was wir in uns als Sehnsüchte erfahren. Diese sind Signale auf ein Größeres hin, was den irdischen Rahmen sprengt, weil die zeitlichen und vorübergehenden Erfüllungen immer einen Rest an Unbefriedigtheit zurücklassen. Doch dürfen wir eine geschenkte Vorwegnahme der Erfüllung bereits in unserem diesseitigen Dasein empfangen? Ja! Sie hebt die erwartende Haltung des hoffenden Menschen nicht auf, sie bestärkt sie. Gerade im treuen Ausharren wird dem Menschen die beglückende Erfahrung der Zufriedenheit zuteil. In der langen Reihe der Gotteskräfte, die Hildegard im *Buch der Lebensverdienste* vor unseren Augen vorbeiziehen lässt, findet sich als vorletzte die Zufriedenheit. Auf Latein heißt sie „sufficientia" und leitet sich vom Wort „sufficit", „genug", ab. Sie bildet den positiven Gegensatz zur Habsucht, die um den beschenkten und verdankten Charakter des Lebens nicht weiß.

Die „sufficientia", Zufriedenheit als Genügsamkeit, lehrt den Menschen wahrzunehmen, was er braucht, und lehrt ihn, damit zufrieden zu sein. Weil er dieses „Genug" in Dankbarkeit als Erfülltsein erlebt, gönnt er aus seiner Fülle heraus den anderen, was ihnen zusteht. Dabei entwickelt der Mensch ein richtiges Gespür für seine Bedürfnisse und für die der anderen. Mit Selbstverständlichkeit übt er die Tugend der Gerechtigkeit aus, deren Wesen darin besteht, jedem zu geben, was ihm gebührt.

Die Zufriedenheit hat individuell-persönliche und gemeinschaftliche Formen. Die Verteilung der Güter nach dem eigenen Maß, wie sie jeder braucht, stiftet Frieden in der Gemeinschaft. Dieses Maß wird in der Heiligen Schrift auf folgende Weise festgelegt: Als Gott, der Herr, den Israeliten während ihrer Wüstenwanderung das Manna gab, „ordnete er an: Sammelt davon so viel, wie jeder zum Essen braucht, ein Gomer je Kopf. Jeder darf so viel Gomer holen, wie Personen im Zelt sind. Die Israeliten taten es und sammelten ein, der eine viel, der andere wenig. Als sie die Gomer zählten, hatte keiner, der viel gesammelt hatte, zu viel, und keiner, der wenig gesammelt hatte, zu wenig. Jeder hatte so viel gesammelt, wie er zum Essen brauchte" (Exodus 16,16–18). Diesem Ideal folgte die Urgemeinde in Jerusalem, indem jedem soviel zugeteilt wurde, wie er nötig hatte (Apostelgeschichte 4,34–35).

Wer genügsam und zufrieden lebt, wird einmal feststellen, dass ihm alles „in reichem, vollem, gehäuftem, überfließendem Maß" (Lukas 6,38) geschenkt wurde. Von der Zufriedenheit ist es nur noch ein hauchdünner Abstand bis zur wahren, erfüllten Freude.

📖 **Das Buch der Lebensverdienste, V. 9, S. 265–266.**

„Ich aber sitze über den Sternen, weil mir alle Güter Gottes genügen, und ich erfreue mich am süßen Klang des Hornes, da ich auf Gott vertraue. Die Sonne küsse ich, wenn ich sie in Freude besitze. Den Mond umarme ich, wenn ich ihn in Liebe halte und wenn alles, was dadurch wächst, mir genügt. Und warum sollte ich noch mehr wünschen, als was ich brauche? Da ich einem jeden Barmherzigkeit entgegenbringe, ist mein Gewand aus weißer Seide, und da ich in jeglicher Tauglichkeit weich bin, schmücken kostbare Edelsteine mein Gewand. So lebe ich im Haus des Königs, und es fehlt mir an nichts, wonach ich mich sehne. Ich halte mit dem König Mahl, denn ich bin die Tochter des Königs."

94 „Denn in mancher Traurigkeit findet sich noch Frohsinn" – Himmelsfreude

Das erste Laster im *Buch der Lebensverdienste*, die Weltliebe, kletterte auf einen Baum und riss seine Früchte an sich. Das Bild des Baumes kehrt am Ende beim letzten Laster wieder. Dieser Baum am Ende ist aber ganz vertrocknet und hält das Laster mit seinen Ästen gefangen. Zu Beginn war der Mensch frei und konnte die Eigeninitiative ergreifen, er hatte freie Wahlmöglichkeiten. Dann aber, je mehr er sich in den Lastern verstrickt, umso mehr verliert er seine Eigenständigkeit und wird immer mehr Sklave des Bösen. Am Ende steht der Mensch – bedroht in seiner Existenz – verloren da, und der Baum hält ihn ganz und gar gefangen: Der Mensch hat keine Wahlfreiheit mehr, sich zu entscheiden. Das Laster hat die Oberhand über ihn gewonnen. Der Prozess ist zu einem Zustand geworden, den Hildegard Welttrauer nennt. Die Worte von der Welttrauer zeugen von einer letzten Verzweiflung: „Wehe, dass ich erschaffen worden bin! Wehe, dass ich lebe! Wer wird mir helfen? Wer wird mich befreien?" (*Buch der Lebensverdienste*, S. 266) Anstatt Gott anzurufen, klagt sie ihn an, und verschließt sich dadurch vor der Hilfe.

Den Ausweg aus dieser verzweifelten Situation weist die Himmelsfreude: „Nun schau dir die Sonne, den Mond, die Sterne und allen Schmuck der Grünkraft der Erde an, und überlege, welch großes Glück Gott dadurch dem Menschen gibt." Das Aufblicken zu Gott befähigt den Menschen, sich selbst und alle Geschöpfe im richtigen Licht zu sehen. Dieses Aufblicken relativiert die Dinge (auf Latein „referre", zurückführen), d. h. führt sie zurück auf den letzten Bezugspunkt und stellt sie in eine richtige Relation. In dieser Sicht bekommen die Dinge Eindeutigkeit, das Positive wird als positiv wahrgenommen, das Negative als negativ. Die Welttrauer leidet an einem Verlust von Realitätssinn und kann die Wirklichkeit nicht mehr wahrheitsgemäß einschätzen. Das entlarvt die Himmelsfreude und mahnt an: „Wenn der Tag dir entgegenläuft, nennst du ihn Nacht; wenn dir das Heil nahe ist, behauptest du, es sei ein Fluch." Die Himmelsfreude dagegen überblickt alles richtig und kann die Wirklichkeit einordnen. Durch sie findet der in die Laster verstrickte und unfreie Mensch einen neuen Halt und heilende Orientierung in der Welt. In jeder Lebenslage kann die Himmelsfreude sich zurechtfinden: In Glück wie auch in Trauer bewahrt sie das Vertrauen in das Leben. Zugleich weiß sie um das Beschenktsein: Sie empfängt ihre Blüten, sie sind Geschenk, denn Freude kann man nicht erzwingen. Wer empfänglich und offen ist, dessen Leben wird aufblühen.

📖 **Das Buch der Lebensverdienste, V. 11, S. 267.**

Aus der erwähnten stürmischen Wolke hörte ich aber eine Stimme, die dieser Gestalt [der Welttrauer] eine Antwort gab:

„O, du bist blind und taub, du weißt nicht, was du so in dir daherredest. Gott hat den Menschen als lichtes Wesen erschaffen, die Schlange aber hat ihn mit ihrer Übertretung in diesen See des Elends geführt. Nun schau dir die Sonne, den Mond, die Sterne und allen Schmuck der Grünkraft der Erde an, und überlege, welch großes Glück Gott dadurch dem Menschen gibt, obwohl der Mensch mit großer Unbesonnenheit gegen Gott sündigt. Du bist hinterlistig, betrügerisch und gottlos, nur zur Hölle hast du Vertrauen. Du weißt nicht und bedenkst nicht, welches Heil von Gott kommt. Wer gibt dir das, was du an Lichtem und Gutem hast, wenn nicht Gott? Wenn der Tag dir entgegenläuft, nennst du ihn Nacht; wenn dir das Heil nahe ist, behauptest du, es sei ein Fluch; und wenn alle Ursachen und Dinge gut sind, dann sagst du, sie seien böse. Deshalb bist du höllisch.

Ich aber besitze den Himmel, wenn ich alles, was Gott erschaffen hat, richtig anschaue, während du aber das alles als schädlich anklagst. Die Blüten der Rosen und der Lilien und alle Grünkraft sammle ich sanft in meinem Schoß, wenn ich alle Werke Gottes lobe. In all dem ziehst du jedoch nur schmerzlichen Schmerz an dich, weil du in all deinen Werken traurig bist. Du bist ähnlich den höllischen Geistern, die mit all ihren Werken Gott ständig verleugnen. So mache ich es nicht, sondern ich schenke all meine Werke Gott. Denn in mancher Traurigkeit findet sich noch Frohsinn, doch in gewisser Freude gibt es kein Glück, so wie der Tag und die Nacht sind. Denn wie Gott den Tag und die Nacht festgesetzt hat, so sind auch die Taten des Menschen. Wenn nämlich die Habsucht ihre Festung baut, so reißt Gott sie schnell nieder; wenn das Fleisch nach Ausschweifung verlangt, dann durchsticht Gott es und tritt es zu Boden; und wenn die Lust des Fleisches im eitlen Ruhm den Lauf des Himmels laufen will, treibt Gott sie auseinander und haut sie um; und das ist gerecht und richtig. Nun betrachte die Beschaffenheit der Vögel am Himmel und die Beschaffenheit der lästigen Würmer in der Erde: Sie sind nützlich und untauglich zugleich, obwohl sie einander gegenseitig verschlingen. So ist es mit dem Glück und dem Missgeschick in dieser Welt. Nicht alles ist völlig zu verwerfen, denn was nützlich ist, reinigt das, was untauglich ist, und umgekehrt, so wie das Gold im Ofen geprüft wird. Du aber stimmst mit dem Teil der Untauglichen überein, was ich nicht tue. Ich schätze das Nützliche und das Untaugliche so ein, wie Gott es eingerichtet hat. Die Seele bezeugt den Himmel, das Fleisch die Erde; das Fleisch bedrängt die Seele, die Seele aber hält das Fleisch im Zaum. Daher überlege, was du redest, du, die du töricht und blind bist."

XII. Vollendetes Dasein

Schon zu Lebzeiten Hildegards wurde eine Beschreibung ihres Lebens in Angriff genommen. Gottfried, ein Mönch vom Disibodenberg, schrieb die wichtigsten Ereignisse in Hildegards Leben nieder. Er kam nach dem Tod Volmars, des langjährigen Vertrauten Hildegards, auf den Rupertsberg und übernahm dessen Aufgaben. Er unterstützte Hildegard bei der Leitung ihrer klösterlichen Gemeinschaft bis zu seinem Tod vermutlich im Jahr 1175/1176. Gottfried begann seine Erzählung mit der Schilderung von Hildegards Herkunft und verfolgte den Werdegang der Visionärin bis zur Gründung des neuen Klosters auf dem Rupertsberg.

Als der eigentliche Autor der vollständigen *Vita S. Hildegardis* (*Lebensbeschreibung der heiligen Hildegard*) gilt der Mönch Theoderich von Echternach. Im Prolog zur *Vita S. Hildegardis* teilt er mit, dass er im Auftrag seiner Äbte in Echternach, Ludwig und Gottfried, die von Disibodenberger Mönch Gottfried begonnene Lebensbeschreibung fortsetzte. Dazu ordnete er das ihm vorliegende Material, schrieb das Leben Hildegards bis zu ihrem Tod zu Ende, teilte die entstandenen Texte in Kapitel ein, verteilte sie auf drei Bücher und erstellte schließlich zu jedem Buch ein Inhaltsverzeichnis. Die von Gottfried angefertigte Biographie nahm er als erstes Buch in die *Vita* auf. In seiner schriftstellerischen Arbeit stützte sich Theoderich zudem auf Notizen, die Hildegard über ihr Leben aufgezeichnet hatte, und fügte diese in das zweite Buch der *Vita* ein. Somit kommt Hildegard in ihrer eigenen Lebensbeschreibung persönlich zu Wort und berichtet in der Ich-Form über ihr Leben, ihre Erfahrungen und ihre Visionen. Das dritte Buch umfasst zahlreiche Berichte von Wundern, die Hildegard wirkte, und endet mit der Beschreibung von wunderbaren Zeichen, die sich bei ihrem Tod ereigneten.

Von den beiden Äbten, die Theoderich mit dem Verfassen der *Vita* beauftragten, war Ludwig mit Hildegard freundschaftlich verbunden (siehe Text Nr. 8). Sie standen einander gegenseitig mit Trost und Zuspruch, Hilfsbereitschaft und Rat bei. So ist es verständlich, dass sich Ludwig darum bemühte, der von ihm verehrten

„liebevollsten Mutter", wie er Hildegard in einem Brief anspricht (*Briefe*, S. 338), ein Zeichen des Gedenkens durch eine Lebensbeschreibung zu setzen.

Mittelalterliche Lebensbeschreibungen von Heiligen, die als „hagiographische Literatur" bezeichnet werden, haben primär nicht das Ziel, historische Ereignisse festzuhalten und die Laufbahn einer bestimmten Person zu dokumentieren. Die hauptsächliche Absicht einer Heiligenvita besteht darin, Vorbilder für ein heiligmäßiges, gottgefälliges Leben bekannt zu machen und herausragende Persönlichkeiten als der Verehrung würdig darzustellen. Aus diesen Gründen bedient sich eine mittelalterliche Lebensbeschreibung vorgegebener Muster. Das Leben eines Menschen wird theologisch und spirituell gedeutet.

Vor diesem Hintergrund ist es erstaunlich, wie viele individuelle Züge in Hildegards Porträt auf der Grundlage ihrer Lebensbeschreibung enthalten sind. Obwohl eine Heiligenvita die Stärken und die außergewöhnlichen Taten des Protagonisten hervorhebt, werden in der *Vita S. Hildegardis* Schwächen und Krankheiten Hildegards nicht nur nicht verschwiegen, sondern ihnen wird eine positive Bedeutung in ihrem Leben beigemessen. Die autobiographischen Teile der *Vita* geben Einblick in Hildegards inneres Leben, in ihre Gefühle, Überlegungen und Überzeugungen. Zudem sind manche Ereignisse aus Hildegards Leben nur in ihrer *Vita* überliefert, bzw. die *Vita* hilft einige Andeutungen in ihren Werken in einen biographischen Kontext zu stellen. Der zeitlich lange Prozessablauf beispielsweise, während dessen Hildegard sich ihrer visionären Begabung bewusst wurde und vonseiten der kirchlichen Autoritäten Anerkennung für ihre Visionen erhielt, wird in der *Vita* ausführlich geschildert und sogar aus zwei Perspektiven (Buch I und Buch II) dargestellt. Die Heilung einer kranken Frau, auf die sie in ihren Briefen nur kurz eingeht, nimmt in der *Vita* einen großen Raum ein (Text Nr. 99).

Die beiden Biographen – Gottfried und Theoderich – geben nicht nur Tatsachen wieder, sondern deuten die Persönlichkeit Hildegards. Zwei Modelle der Deutung korrespondieren einander: Zum einen lassen die Biographen Hildegard als eine Prophetin auftreten, von gleichem Rang wie die biblischen Propheten, welche einen konkreten Auftrag zu erfüllen haben, zum anderen wird sie als Braut Christi angesehen, die in Gottes Liebe geborgen ist.

95 Mühe des tätigen Lebens im Verlangen nach dem Licht

Hildegards Leben vereint unterschiedliche Tendenzen. Sie war eine Benediktinerin und lebte im Kloster auf dem Disibodenberg, später auf dem Rupertsberg. Das Chorgebet und das gemeinschaftliche Leben bestimmten ihren Lebensrhythmus. Dazu kommt Hildegards visionäre Begabung, die eine vertiefte Form der Wahrnehmung der Wirklichkeit beinhaltet. Hildegard führte zweifelsohne das beschauliche Leben einer Nonne. Zugleich muss man jedoch ihre vielfältigen Tätigkeiten bedenken: Sie ließ ein neues Kloster auf dem Rupertsberg bauen, verfasste ein umfangreiches theologisches Werk und war häufig unterwegs, und dies unter den mittelalterlichen Reisebedingungen. Diese Seite von Hildegards Leben kommt einem rastlosen Einsatz gleich. Sie konnte diese beiden Formen der Lebensgestaltung – beschauliches („vita contemplativa") und tätiges Leben („vita activa") – offensichtlich in eine Synthese bringen.

Über diese Einheit in Hildegards Leben denkt ihr Biograph am Ende des ersten Buches ihrer Lebensbeschreibung nach. Er sieht das beschauliche, kontemplative Leben einerseits und das tätige, aktive Leben andererseits in einem Zusammenhang, der in Hildegards gelebter Gottesbeziehung begründet ist. Bei diesen Überlegungen geht der Biograph von einer Stelle im Buch Ezechiel aus (Ez 1,4–14). Der Prophet Ezechiel beschreibt eine Vision mit vier Lebewesen, die vier Gesichter und vier Flügel hatten. Auf dieselbe Vision Ezechiels beruft sich auch Hildegard im ersten Teil im *Buch der Lebensverdienste*, um dort das Verhältnis von Gott und Mensch darzustellen (siehe Text Nr. 65). Es handelt sich also um eine Bibelstelle, die für Hildegard Bedeutung besaß. Im *Buch der Lebensverdienste* konzentriert sich Hildegard auf die vier Gesichter der Lebewesen, der Biograph dagegen legt den Akzent auf die Flügel der Lebewesen. Er vergleicht Hildegard mit diesen beflügelten Lebewesen, die nach den Worten Ezechiels gingen, „wohin der Geist sie trieb" (Ez 1,12). Auch Hildegard lässt sich von Gottes Geist ergreifen, um Taten durchzuführen („vita activa"), wie auch um sich Gottes Licht zu nähern („vita contemplativa"). Im irdischen Leben ist das Schauen des unbegreiflichen Gottes nicht möglich, es bleibt eine Sehnsucht. Wenn diese Sehnsucht jedoch die Tätigkeiten des Menschen erfüllt, dann stehen „vita contemplativa" – ein nach Gottes Schau ausgerichtetes Verlangen – und „vita activa" – eine den Aufgaben gewidmete Konzentration und ein wirksames Handeln – nicht im Gegensatz zueinander. Die Mühen des alltäglichen Lebens werden den Abglanz des göttlichen Lichtes widerspiegeln, wie umgekehrt die erahnte Größe Gottes in der sehnsüchtigen Kontemplation die Anstrengungen des Alltags erleichtern wird.

📖 Das Leben der heiligen Hildegard, I. 9, S. 29.

Wie wir daher aus den vorangegangenen Worten folgern, besaß diese heilige Jungfrau eine wahrhaft wunderbare und überaus seltene Art des Schauens. Denn ähnlich den heiligen Lebewesen, die Ezechiel sah, ging sie gewiss als geflügeltes Lebewesen und kehrte nicht zurück, und wiederum ging sie und kehrte zurück (vgl. Ezechiel 1,14.17), weil sie von der „vita activa", die sie ergriffen hatte, nicht zu irgendetwas Niederem zurückkehrte, und von der „vita contemplativa", die sie im Fleisch lebend nicht ständig aushalten konnte, kehrte sie zur „vita activa" zurück. Gott nämlich – als würde er ihr über die Art der „vita activa" sagen: „Ich lasse dich nicht im Stich, noch verlasse ich dich" (Hebräerbrief 13,5) – ließ nicht zu, dass sie sich von ihrem guten Vorsatz abkehrte; und andererseits – als würde er ihr über die Art der „vita contemplativa" sagen: „Wende deine Augen ab, weil sie mich haben fortfliegen lassen" (Das Hohelied 6,5) – ließ er es zu, dass sie von der Anschauung seiner unbegreiflichen Majestät zur Mühe des tätigen Lebens zurückkehrte. „Wende deine Augen ab", spricht er „von meiner Betrachtung, weil sie mich fortfliegen lassen, da sie nicht ausreichen, mich in diesem Leben vollkommen zu erfassen." Daher sagt auch der Psalmist: „Der Mensch wird sich dem erhabenen Herzen nähern, und Gott wird erhöht werden" (Psalm 63,7–8 nach der Vulgata), weil man, je höher man mit reinem Herzen strebt, umso besser erfasst, wie unbegreiflich er ist. Solange die selige Jungfrau noch dem Fleisch verhaftet war, mühte sie sich auf diese Weise in der „vita activa" ab, und lechzte in der „vita contemplativa" mit all ihrem Verlangen nach dem unzugänglichen Licht der Gottheit. Hier aber wollen wir dem ersten Buch ein Ende setzen und den Herrn lobpreisen, der auf seine Magd geschaut hat, die er von ihrem ersten Ursprung an auserwählt hatte, und der sie als seine Geliebte bis zur Klarheit seiner Schau geführt hat.

96 Allen alles geworden

Hildegard strahlte eine Faszination aus, die zahlreiche Menschen anzog. Dabei kann man nicht behaupten, dass sie dem Volk nach dem Mund redete. Offenherzig ging sie mit ihren Besuchern um, die ihre Probleme an sie herantrugen. Je nach Charakter und Lebenslage verwendete sie angemessene Heilmittel, die nicht nur leibliche Krankheiten, sondern auch seelische Nöte linderten. Mit Weisheit wusste Hildegard zu unterscheiden, worauf es ankam: Manche Menschen musste sie tadeln, damit sie zur Einsicht kamen, zartere Seelen musste sie vorsichtig mahnen. Als wirksamstes Heilmittel erachtete Hildegard die Heilige Schrift. Mit Fragen regte sie die Ratsuchenden an, in der Heiligen Schrift zu forschen und dort Antworten auf die Fragen, die sie existenziell beschäftigten, zu finden. Hildegards Herzensanliegen war es, den Menschen zu einem gelingenden Leben, zum Heil, zu verhelfen, und sie setzte sich dafür mit ihrer ganzen Energie ein, ohne sich selber zu schonen.

Mit einer Notiz verweist der Biograph auch darauf, dass Hildegard mit Juden ins Gespräch kam. Das zeugt davon, dass Hildegard eine anerkannte Autorität in theologischen Fragen war und jüdische Gelehrte sie so hochschätzten, dass sie mit ihr (inter-)religiöse Gespräche führten.

Hildegard zeigte sich allen verfügbar und ließ sich mit ihren Begabungen in den Dienst der Menschen nehmen. Die Erfahrungen, die sie aus den Begegnungen mit den Nöten und Fragen der Menschen gewann und über die der Biograph an dieser Stelle resümierend berichtet, haben auch in ihren eigenen Schriften Niederschlag gefunden. In ihren Visionswerken bringt sie den Lesern bei, die Heilige Schrift richtig zu meditieren und zu verstehen. In ihren Briefen schrieb sie ihre Ratschläge für unterschiedliche Lebenslagen und Situationen nieder. Die Schwächen ihrer Mitschwestern waren wahrscheinlich eine Inspirationsquelle für die Laster im *Buch der Lebensverdienste*, kommen die vom Biographen aufgelisteten Fehler, wie z. B. Streit, Hass, Trägheit und Welttrauer, doch auch unter Hildegards Nonnen vor. Dadurch dass Hildegard versucht, die Konsequenzen solcher negativen Kräfte vom Ende des Lebens her zu erfassen, hilft sie uns heutigen Menschen bei der Besinnung, unseren Lebenswandel so zu gestalten, dass unser Leben ein gutes Ende nimmt. So stellt diese spirituelle Lebensbesinnung die Grundlage, den eigentlichen Anfang, dar, auf die es ankommt, um das zukünftige, verheißene, ewige Leben zu erlangen.

Bei all ihren Tätigkeiten konnte sich Hildegard des Beistandes ihres Vertrauten, Volmar von Disibodenberg (siehe Text Nr. 8), sicher sein. Selbst eine Person, die die Hingabe vollkommen lebt und allen alles wird, braucht einen Menschen, der sie als treuer Gefährte unterstützt, tröstet und ermutigt.

Der Biograph fasst das geistliche Leitmotiv, das Hildegards Leben bestimmt, in dem Schriftwort zusammen: „Gott widersteht den Hochmütigen, den Demütigen gibt er aber seine Gnade" (1. Petrusbrief 5,5). Mit diesem Zitat aus der Bibel hatte Bernhard von Clairvaux Hildegard zu Beginn ihres Wirkens seine Zustimmung erteilt und sie aufgefordert, der Gnade, die ihr in den Visionen zuteilwird, „mit der ganzen Liebeskraft der Demut und Hingabe zu entsprechen" (Text Nr. 2). Der Biograph kann nun auf Hildegards Leben rückblickend feststellen, dass Hildegard diesem hohen Anspruch bis zur Vollendung treu geblieben ist.

📖 Das Leben der heiligen Hildegard, II. 4, S. 36–37.

Als also nicht nur die gesamte Umgebung, sondern auch das ganze dreigeteilte Gallien und Germanien auf diese Weise mit vollen Strömen guter Werke gleichsam wie mit den Flüssen des Paradieses durchflutet wurde, strömten von allen Seiten Menschenscharen beiderlei Geschlechts zu ihr, denen sie durch Gottes Gnade unermüdlich für jede Lebensweise passende Ermahnungen erteilte.

Zum Heil ihrer Seelen nämlich legte sie ihnen Fragen zur Heiligen Schrift vor und löste sie. Sehr viele erhielten von ihr Rat in leiblichen Nöten, an denen sie litten, einige wurden auch durch ihren Segen von Krankheiten befreit. Weil sie aber in prophetischem Geist die Gedanken und Absichten der Menschen erkannte, wies sie einige zurecht, die mit falscher und kleinlicher Gesinnung zu ihr kamen, gleichsam um sie auszuforschen. Da diese aber dem Geist, der durch sie sprach, nicht zu widerstehen vermochten, wurden sie heftig getadelt, gebessert und gezwungen, von ihrem falschen Vorhaben abzulassen. Wenn aber Juden zu ihr kamen, um sie zu befragen, wurden auch sie durch ihr eigenes Gesetz widerlegt und mit Worten frommer Ermahnung zum Glauben an Christus ermuntert.

Gemäß dem Apostelwort ist sie nämlich „allen alles geworden" (1. Korintherbrief 9,22): Fremde, die zu ihr kamen, sprach sie freundlich und sanft an, selbst wenn sie tadelnswert waren, sofern sie glaubte, dass es ihnen angemessen sei; die Nonnen aber, die bei ihr lebten, züchtigte sie, von großer Liebe und mütterlicher Güte erfüllt, sooft unter ihnen aus irgendeiner Streitigkeit Hass entstand oder Trauer und Weltschmerz oder auch Trägheit und Nachlässigkeit. Ihre Wünsche schließlich, ihre Absichten und Gedanken sah sie so genau voraus, dass sie ihnen sogar im Gottesdienst mit eigenen, aus ihrem Herzen stammenden Segensformeln antwortete.

Denn sie sah im Geiste Leben und Wandel der Menschen voraus, bei einigen sogar auch das Ende des irdischen Lebens sowie Ruhm und Strafen für ihre Seelen gemäß der Art ihrer Sitten und Verdienste. Dennoch hat sie alle diese großen Mysterien nur einem einzigen Menschen offenbart, dem sie, wie wir schon sagten, alle ihre Geheimnisse dargelegt hat. Wie sie schließlich die Zeit zu schweigen kannte, so wusste sie, was und wo und zu wem und warum und wie und wann es Zeit sei, zu sprechen. Bei alledem aber bewahrte sie die höchste aller Tugenden, die Demut, und da sie wusste, dass „Gott den Hochmütigen widersteht, den Demütigen aber seine Gnade gibt" (1. Petrusbrief 5,5; Jakobusbrief 4,6), rühmte sie immer die allmächtige Güte der göttlichen Gnade.

97 Gleichsam Tropfen süßen Regens

Die Visionen bestimmen Hildegards Leben und Denken sowie ihr gesamtes Wirken in Wort und Tat. Unermüdlich betont sie, dass sie alles, was sie sagt und schreibt, in einer geheimnisvollen Schau („visio mystica") erfährt. Auch ihre autobiographischen Notizen, die der Biograph Theoderich in das zweite Buch ihrer Lebensbeschreibung aufnimmt, bestehen aus Visionen. Hildegard deutet und vermittelt ihre Erlebnisse, Eindrücke und Einsichten in der Form von Visionen.

Überraschend ist ihre letzte Vision am Ende des zweiten Buches in ihrer Lebensbeschreibung. Im Unterschied zu ihren langjährigen Visionserfahrungen, die sie nach ihrem Zeugnis bei wachem Bewusstsein ohne Entrückung empfing, berichtet Hildegard an dieser Stelle darüber, dass sie in einen „anderen Zustand" versetzt wurde, währenddessen sich ihre Sinneswahrnehmung einstellte. Aufgrund dieser Beschreibung ist eine Ekstase nicht auszuschließen. Ein umfassender Blick auf Hildegards Leben führt zu der Erkenntnis: Hildegards „Schauen" lässt sich nicht in einem einzigen System oder Schema einfangen, ihre Erfahrungen vollziehen sich vielfältig und vielschichtig.

Mit dieser ekstatisch anmutenden Vision sieht sich Hildegard in derselben Situation wie der Lieblingsjünger Johannes, der beim letzten Abendmahl an Jesu Brust lag (vgl. Johannes 13,23). Ähnlich dem Apostel, der in der intimen Beziehung mit Jesus die göttlichen Geheimnisse des menschgewordenen Wortes erkannte und sie in seinem Evangelium kundtat, wird Hildegard eine göttliche Eingebung zuteil, dergestalt, dass sie in die Geheimnisse des Johannesevangeliums Einblick gewinnt und dieses auszulegen vermag. Die Frucht, die sie dank dem „Tropfen süßen Regens" – als den sie die göttliche Inspiration erlebt – hervorbringen kann, ist das *Buch vom Wirken Gottes*. Wie eine Kurzformel bringt Hildegard in dieser autobiographischen Notiz den Inhalt dieses Werkes auf den Punkt. Damit fasst sie ihren Glauben und ihre ganze Theologie zusammen: die Verbindung von Schöpfung und Menschwerdung Gottes, die Gottebenbildlichkeit des Menschen und seine Gefährdung, wie auch die Überzeugung, dass der Mensch trotz aller Bedrohung für das Heil bestimmt ist.

📖 Das Leben der heiligen Hildegard, II. 16, S. 50.

In der folgenden Zeit sah ich dann eine geheimnisvolle und wunderbare Schau, so dass mein ganzes Inneres erschüttert und die Sinneswahrnehmung meines Körpers ausgelöscht wurde, weil mein Bewusstsein in einen anderen Zustand versetzt wurde, gleichsam als würde ich mich nicht kennen. Und aus der göttlichen Eingebung wurden gleichsam Tropfen süßen Regens in das Bewusstsein meiner Seele gegossen. Denn der Heilige Geist hat so auch den Evangelisten Johannes getränkt, als er die tiefste Offenbarung aus der Brust Jesu sog, wo sein Sinn von der heiligen Gottheit so berührt wurde, dass er ihre verborgenen Geheimnisse und Werke offenbarte, als er sprach: „Im Anfang war das Wort" (Johannes 1,1) und so weiter.

Denn das Wort, das ohne Anfang vor den Geschöpfen war und das nach ihnen ohne Ende sein wird, ließ alle Geschöpfe hervortreten, und es hat sein Werk ähnlich hervorgebracht wie der Schmied, der sein Werk unter Funken entstehen lässt, weil das, was vor der Zeit in seiner Vorsehung war, bald sichtbar aufschien. Deshalb ist auch der Mensch zusammen mit der ganzen Schöpfung Werk Gottes. Aber der Mensch muss auch Arbeiter für das Göttliche und Abbild seiner Geheimnisse sein und in allem die heilige Dreifaltigkeit offenbar machen, da Gott ihn nach seinem Abbild und Gleichnis (vgl. Genesis 1,26) geschaffen hat. Denn wie Luzifer in seiner Bosheit Gott nicht vernichten konnte, so wird er auch die Gestalt des Menschen nicht zu zerstören vermögen, obgleich er dies beim ersten Menschen versucht hat.

Den ganzen Text also und die Worte des Evangeliums, das vom Anfang der Gotteswerke handelt, hat mich die erwähnte Schau gelehrt und mich auslegen lassen. Und ich sah, dass diese Auslegung der Anfang einer anderen Schrift sein müsste, die noch nicht veröffentlicht worden war und in der viele Nachforschungen zu den Geheimnissen der göttlichen Schöpfung angestellt werden sollten.

98 Überfließender Quell heilbringender Weisheit

Zum Schluss des zweiten Buches reflektiert der Biograph Theoderich über das begnadete Leben Hildegards. Er erkennt, dass in ihrem vollendeten Dasein natürliche Begabungen und göttliche Gaben zusammenwirkten. Hildegard vereint in sich die Sensibilität einer Frau, die offen ist für die Schönheit der Welt, mit der Disziplin einer Nonne, die neben der Kontemplation über eine starke Durchsetzungskraft verfügt. Vernunft und Glaube sind bei Hildegard die zwei Seiten derselben Medaille. In der Vernunft erkennt Hildegard die Gottebenbildlichkeit des Menschen (siehe Text Nr. 11) und im Glauben jene geistlich-geistige Bewegung, die den Menschen dorthin erhebt, wo er seine Erfüllung findet: zum Höchsten, den wir als Gott verehren.

Diese Passage in Hildegards Lebensbeschreibung veranschaulicht das, was Leben in Fülle bedeutet, mit erfrischenden Bildern aus der Natur: überfließender Quell und beschwingte Flügel. Beide verweisen auf die spezifische Weisheit, die Hildegard eigen war und die sie anderen weitergab, damit alle zu ihrem wahren Glück finden können.

📖 Das Leben der heiligen Hildegard, II. 17, S. 50–51.

Siehe, die Fülle hervorragender Visionen, Taten und Worte der seligen Jungfrau schwoll uns in dem Maß an, in dem wir schreibend fortgeschritten sind.

Lehre und Wahrheit der höchsten Gnade quellen so reichlich aus ihnen hervor, dass es ungeheure Vermessenheit eines verbohrten Sinnes wäre, sie nicht aufs innigste zu umfassen und mit ganzem Herzen zu verehren. Denn wer, wenn nicht der göttliche Geist, der freigebige Gnadenspender, tränkte sie so aus dem überfließenden Quell heilbringender Weisheit, dass die Fülle geistlicher Lehre so reichlich wie ein Strom lebendigen Wassers (vgl. Offenbarung 22,1) aus ihrem Herzen quoll? Mit den Flügeln der inneren Anschauung nämlich flog sie in jene Tiefen höchster Schau, wo sie das Evangelium des Johannes verstehen lernte. Und welcher Weise mag anzweifeln, dass diese Heilige, der Gott einen so großen Schatz inneren Wissens offenbart hat, Sitz der ewigen Weisheit gewesen ist? Gewiss fügten Zucht und ehrbarer Wandel, die ihr eigen waren, die natürlichen Regungen ihrer Seele so ineinander, dass sie aus Liebe zur göttlichen Anschauung in vernunftgemäßem Aufstieg zum Höchsten emporgeführt wurde, wo sie sich daran erfreute, mit fröhlichem Jubel ihres Herzens ihrem Bräutigam Christus zuzurufen: „Ziehe mich dir nach, lasst uns eilen" (Das Hohelied 1,3) im „Duft deiner Salben" (Das Hohelied 4,10), wo sie unter denen, die Harfen in Händen halten, den „Gesang Moses, des Gottesdieners", sang und den „Gesang des Lammes" (Offenbarung 15,2–3), den Gesang des Gesetzes nämlich und des Evangeliums.

Und da wir hier das zweite Buch beenden, singen auch wir Gott ein Loblied, weil wir das so unermessliche Meer der Visionen der heiligen Jungfrau durchschifft haben. In der Zwischenzeit aber wollen wir durchatmen und mit Hilfe des Heiligen Geistes die Segel unseres Schiffes neu setzen, um den Band über ihre Wunder aufzuschreiben.

99 Niemand kann Gottes Stärke übertreffen

Das dritte Buch der Lebensbeschreibung Hildegards erzählt von Wundern, die Hildegard wirkte. Diese Sammlung zeigt, wie mächtig die „Gnade der Heilkraft" in Hildegard erstrahlte (*Das Leben der heiligen Hildegard*, S. 54). Meistens sind es kurze Berichte darüber, wie Kranke ihre Gesundheit zurückgewannen.

Ein besonderes heilsames Wirken wird aber in detaillierter Ausführlichkeit erzählt. Die hier geschilderte Heilung ereignete sich nicht in einem Moment der Handauflegung oder des Segenzeichens, wie es sonst größtenteils geschah. Dieses Mal kostete es einen langwierigen Kampf, bis eine psychisch kranke adlige Frau von ihren Nöten befreit wurde.

In der Lebensbeschreibung bleibt die Frau ohne Namen, sie wird als eine Adlige („nobilis") bezeichnet, die am niederen Teil des Rhein lebte, was auf die Gegend von Köln verweist. Sie lässt sich mit jener Sigewiza identifizieren, die in einem Brief erwähnt wird, den der Dekan der Kirche von St. Aposteln in Köln und ein weiterer Gelehrter an Hildegard schrieben (*Briefe*, S. 253). Die beiden, Dekan und Magister (in der Originalhandschrift, dem Riesenkodex, sind zwei Personen, Dekan und Magister, genannt, in der Edition und dementsprechend in der deutschen Übersetzung wird irrtümlich nur eine Person als Briefpartner angegeben), erkundigen sich nach dem Schicksal der von ihrer Besessenheit befreiten Frau. Diese prominenten Geistlichen nennen Frau Sigewiza ihre Schwester, „ja sogar vertraute Tochter". Auf ihre Frage hin skizziert Hildegard nur mit knappen Worten das wunderbare Geschehen und setzt den Akzent auf das Wirken Gottes, das sich in der Heilung der Sigewiza offenbarte. So hebt sie dieses biographische Ereignis in einen theologischen Horizont.

Aus ihrer Lebensbeschreibung erfahren wir die näheren Umstände. Demzufolge kümmerte sich zunächst der Abt vom Kloster Brauweiler mit Fürsorge um diese Frau, nachdem sie „von Freundeshand" geführt zu ihm gelangte (*Das Leben der heiligen Hildegard*, S. 62). Er ließ Hildegard wissen, dass mehrere Versuche, wie Gebete, Wallfahrten und Almosen, um eine wunderbare Heilung herbeizuführen, erfolglos geblieben waren. Schließlich nahm Hildegard die kranke Frau in ihr Kloster auf. Damit mutete sie sich und ihren Nonnen eine enorme Belastung zu. Die Anfälle der Frau setzten sich auch im Kloster fort. So musste die Gemeinschaft die Auffälligkeiten und Belästigungen einer Frau, die nach heutigen Maßstäben eigentlich in eine geschlossene Abteilung der Psychiatrie gehörte, ertragen. Hildegard verzagte nicht, sie glaubte unbeirrt an die therapeutische Wirkung des klösterlichen Lebens. Dazu gehörten intensive Gebete, Fasten, Bußübungen und Almosen, d. h. Werke der Barmherzigkeit. Die psychische Krankheit wurde als Besessenheit von Dämonen gedeutet. Dementsprechend waren auch die Heilmittel von religiöser und spiritueller Art. Sie erwiesen sich in der Tat als wirksam. Die wunderbare Heilung erfolgte während der Liturgiefeier am Karsamstag, unmittelbar vor Ostern, wenn das Taufwasser geweiht wird. Dadurch erhielt diese Heilung eine Bedeutung für den Glauben: Die Befreiung von der schweren Krankheit symbolisiert die Taufe, durch die der Mensch neu erschaffen wird. In der Heilung geschieht eine neue Schöpfung, wie in der Taufe der Mensch von der Besessenheit der Sünde befreit wird.

📖 **Das Leben der heiligen Hildegard, III. 20 und 22, S. 59–61 und 65–67.**

Neben den anderen herausragenden Fähigkeiten aber wurde der heiligen Jungfrau vom Herrn die Gnade verliehen, aus den Körpern Besessener Dämonen auszutreiben, so wie die ehrwürdige Herrin selbst ein solches Ereignis beschreibt, dass sich an einer adligen und noch jungen Frau zutrug. Sie sagt nämlich:

„Nachdem mich die Schau Rede und Worte des Johannesevangeliums gelehrt hatte, fiel ich auf das Krankenbett nieder und konnte mich aufgrund der Schwere dieser Krankheit ganz und gar nicht erheben. Durch das Blasen des Südwindes wurde diese Krankheit in mir entfacht, weshalb mein Körper von so großen Schmerzen aufgerieben wurde, dass es die Seele kaum aushielt. Nach einem halben Jahr hatte dieses Wehen meinen Körper so sehr durchdrungen, dass ich so heftig mit dem Tode rang, als ob meine Seele aus diesem Leben scheiden müsste. Dann mischte sich ein anderer, wasserführender Wind mit seinem Blasen unter diese Hitze, wovon mein Fleisch teilweise wieder abgekühlt wurde, damit es nicht gänzlich verbrenne. So bin ich ein ganzes Jahr lang heimgesucht worden, habe aber trotzdem in der wahren Schau gesehen, dass mein Leben in seinem zeitlichen Lauf noch nicht beendet sei, sondern sich noch etwas hinziehen werde.

Unterdessen wurde mir berichtet, dass in den unteren, von uns entfernten Regionen des Rheins eine adlige Frau vom Teufel besessen sei. Auch kamen ihretwegen häufiger Boten zu mir. Ich aber sah in der wahren Schau, dass sie mit Zustimmung Gottes von Rauch und dicht geballter teuflischer Schwärze besessen und umschattet war, die die Wahrnehmungsfähigkeit ihrer Vernunftseele völlig unterdrückte und sie nicht mit erhobenem Geist aufseufzen ließ, gleichwie der Schatten eines Menschen oder einer anderen Sache oder Rauch Gegenüberliegendes verdeckt und übergießt. Davon verlor sie ihr rechtes Wahrnehmen und Handeln und schrie und tat häufig Ungebührliches. Wenn sich aber auf Gottes Geheiß dieses Übel bei ihr verringerte, dann wurde sie weniger bedrängt.

Und da ich überlegte und zu wissen begehrte, wie die Gestalt des Teufels in den Menschen eindringe, sah ich und hörte als Antwort, dass der Teufel nicht in seiner wahren Gestalt in den Menschen eindringt, sondern ihn mit seinem schwarzen Schatten und Rauch umschattet und bedeckt. Wenn nämlich seine Gestalt in den Menschen eindränge, würden sich dessen Glieder noch rascher auflösen, als Streu vom Winde verweht wird. Deshalb lässt Gott es nicht zu, dass der Teufel in seiner Gestalt in den Menschen eindringt, sondern er umhüllt ihn mit der genannten Schwärze und verführt ihn so zu Wahnsinn und Unanständigkeit. Und er ruft durch ihn wie durch ein Fenster und bewegt von außen her seine Glieder, obgleich er doch nicht in seiner Gestalt in ihnen steckt, während die Seele solange gleichsam betäubt ist und nicht weiß, was das Fleisch ihres Körpers macht.

Darauf sah ich eine Schar böser Geister mit der genannten schlimmen Fähigkeit, die die ganze Welt durchstreiften und suchten, wo sie solche fänden, durch die sie Spaltungen und unsteten Lebenswandel hervorrufen könnten. Diese hatten bereits von Anfang an, sobald sie geschaffen wurden, Gott im Angesicht der gerechten Engel verachtet, indem sie sagten: ‚Wer ist jener, der so große Gewalt über uns hat?' Das sprachen sie aus Neid, Hass und Spott, und bis heute verharren sie darin und tun alles in dieser Gesinnung, weil sie als erste mit Irrtum und Spott begonnen haben. Weil aber Gott das Volk durch sie reinigen will, erregen sie mit seiner Zustimmung und auf sein Geheiß Erstaunen in der Luft, auch speien sie durch den Schaum der Luft Pest aus und veranlassen Überschwemmungen und Gefahren durch das Wasser, sie zetteln Kriege an, erzeugen Hass und Übel. Dies lässt Gott immer dann geschehen, wenn die Menschen sich durch ihre Überheblichkeit in Verbrechen und Morde verstrickt haben. Wenn aber Gott sein Volk so gereinigt hat, führt er diese Geister in Verwirrung, so wie es bei der genannten Frau geschah.

Denn als der böse Geist mit Gottes Zustimmung durch diese Frau mehrere ganz verwirrt hatte, und zwar wegen der schlimmen Sitten und Sünden, zu denen sie ihnen riet, wurde dieser schlechte Geist selbst in Verwirrung gestürzt, weil einige aufgeschreckt worden waren und darum Buße leisteten. Denn Gott lässt zu, dass Unglück und Krankheiten seine Freunde heimsuchen, damit sie vom Bösen gereinigt werden. Dadurch werden die Feinde in Verwirrung gestürzt, während die Auserwählten durch diese Reinigung vor Gott zu heller glänzenden Steinen werden.

Nachdem nun jene Frau an verschiedenen Stätten zu Heiligen geführt worden war, rief der Geist, der sie bedrängte – von den Verdiensten der Heiligen und den Gebeten des Volkes besiegt –, aus, dass in den oberen Regionen des Rheins eine alte Frau sei, durch deren Rat er ausgetrieben werden könne. Als das ihre Freunde vernahmen, führten sie die Frau im achten Jahr ihrer Bedrängnis zu uns, wie der Herr es gewollt hatte." [...]

„Über die Ankunft der besagten Frau erschraken wir sehr und fragten uns, wie wir die zu sehen oder hören vermöchten, von der so viel Volk über einen so langen Zeitraum hin beunruhigt worden war. Aber Gott regnete seinen milden Tau auf uns, und wir brachten sie ohne Furcht und Schrecken und ohne männliche Hilfe in den Wohnräumen der Schwestern unter. Und daraufhin gaben wir in keiner Hinsicht nach, weder dem Schrecken und der Verwirrung, in die der Dämon die Vorbeikommenden entsprechend ihren Sünden stürzte, noch den höhnischen und den schändlichen Worten, mit denen er uns besiegen wollte, noch seinem unheilvollen Blasen. Und ich sah, dass er in jener Frau dreierlei Qualen erlitten hat: die erste, als sie von einer heiligen Stätte zur anderen geführt wurde; die zweite, als das einfache Volk Almosen für sie darbrachte; die dritte, als er durch die Gebete von Geistlichen mit Gottes Gnade fortzugehen gezwungen wurde. Deshalb plagten wir uns für sie zusammen mit Männern und Frauen unserer Umgebung von der Reinigung Mariens bis zum Ostersamstag mit Fasten, Beten, Almosen und körperlichen Züchtigungen.

Unterdessen trug der unreine Geist, von der Macht Gottes gezwungen, vieles über das Heil der Taufe, das Sakrament des Leibes Christi, die Gefährdung der Exkommunizierten, das Verderben der Katharer und ähnliches öffentlich, aber gegen seinen Willen vor – zu seiner Verwirrung, zum Ruhm Christi –, wodurch viele fester gemacht wurden im Glauben, viele bereitwilliger, ihre Sünden zu tilgen. Sobald ich aber in der wahren Schau sah, dass er Falsches vortrug, habe ich ihn sofort der Lüge bezichtigt, weshalb er bald verstummte und mit den Zähnen gegen mich knirschte. Wegen des Volkes habe ich ihn aber nicht daran gehindert zu sprechen, wenn er Wahres vortrug.

Am heiligen Samstag schließlich, als das Taufwasser geweiht wurde durch den Hauch, den der Priester in das Wasser schickt zusammen mit den Worten, die der Heilige Geist dem vernunftbegabten Menschen und den Kirchenlehrern eingegeben hat – denn bei der ersten Schöpfung bewegte der Geist des Herrn die Wasser, wie geschrieben steht: ‚Der Geist des Herrn schwebte über den Wassern' (Genesis 1,2) –, war jene Frau dort zugegen und zitterte von großer Furcht ergriffen so, dass sie mit ihren Füßen die Erde aufgrub und ihr immer wieder wegen des schrecklichen Geistes, der sie bedrängte, ein Stöhnen entfuhr. Bald sah und hörte ich in der wahren Schau, dass die Kraft des Höchsten, die die heilige Taufe umschattet hat und immer noch umschattet, zur teuflischen Zusammenballung, von der jene Frau bedrängt wurde, sagte: ‚Weiche, Satan, aus dem Zelt des Körpers dieser Frau, und mache Platz darin für den Heiligen Geist!' Darauf fuhr der unreine Geist zusammen mit Verdauungsausscheidungen auf schreckliche Weise durch die Schamteile der Frau aus, und sie selbst wurde befreit und blieb von da an gesund an Körper und Seele, solange sie in dieser Welt lebte. Nachdem dies im Volk verbreitet worden war, riefen alle mit Lobgesängen und Gebeten: ‚Ehre sei dir, o Herr.'

Seht also: Gott ließ zu, dass Satan den ganzen Körper Ijobs mit schmutzigen und stinkenden Würmern bedeckte, und Satan glaubte, er könne durch seine List, in der er die Ehre Gottes verleugnet hatte, auch Ijob besiegen (vgl. Ijob 2,4–6), aber da Gott dessen Seele schützte, konnte er ihn nicht anrühren, weil Ijob Gott im Glauben nicht verließ. Daher wich Satan auch verwirrt von ihm, weil Gott ihn durch Ijob überwunden hatte, damit er wisse, dass niemand Gott in seiner Stärke übertreffen kann. So geschah es auch bei jener Frau: Als sie dem bösen Geist zum Quälen übergeben wurde, ließ Gott es nicht zu, dass ihre Seele vom rechten Glauben abfiel, weshalb auch der Feind in ihr verwirrt wurde, weil er sie von Gottes Gerechtigkeit nicht abwenden konnte."

100 Mut zur Schwachheit

Kannte Hildegard Stress? Litt sie zwischendurch an Burn-out? Schaut man auf ihre rastlosen Aktivitäten und bedenkt man, dass sie wiederholt krank war, sind diese Fragen berechtigt. Eine Antwort gibt ihre Lebensbeschreibung. Hildegard schildert ihre Krankheitssymptome sehr ausdrücklich. Eine totale Erschöpfung zwang sie zu Bett. Hildegard deutete aber ihre Ermüdung nie als Folge ihrer großen Anstrengungen. Sie bezog sich auf die Offenbarung, die dem hl. Paulus zuteilgeworden war: Um Hochmut und Überheblichkeit vorzubeugen, wurde ihr wie auch dem Apostel ein „Stachel ins Fleisch" gegeben (2. Korintherbrief 12,7), der sie ihrer Gebrechlichkeit gemahnte. Mit Demut und Großmut ertrug sie ihre Krankheiten.

Diese Phasen der Schlaffheit dienten zugleich als Vorbereitung auf den nächsten Einsatz. Wenn Hildegard die Zeit ihrer Krankheit mit dem Winter vergleicht, in dem die Kräuter ihre Grünkraft verlieren, dann klingt schon die Hoffnung auf den Frühling mit, in welchem ihr die Kräfte wieder erwachen. Durch die Annahme neuer Aufgaben wichen ihr tatsächlich die Schmerzen. So konnte sie mutig zu ihrer Schwachheit stehen. Als „kreative Auszeit" bildete sie einen konstitutiven Bestandteil ihres Lebens.

Das Leben der heiligen Hildegard, III. 23, S. 67.

Mit diesen und ähnlichen Worten berichtete die Jungfrau Gottes sanft, süß, sittsam und bescheiden von den Werken göttlichen Erbarmens, die durch sie und für sie vollbracht wurden, ohne sich etwas zuzuschreiben, weil sie es als Tugend erachtete, das rühmende Hervorheben ihrer Tugenden zu meiden. Daher fügt sie nach dieser so demütigen und ganz und gar nichts für sich beanspruchenden Darstellung sofort das an, was ihr, gleichsam wie ein wahrer Stachel gegen den Hochmut, in der Folge geschah: die gänzliche Schwächung ihres Fleisches – gleichsam als spräche sie mit dem Apostel: „damit die Größe der Offenbarung mich nicht überhebt, ist mir ein Stachel in mein Fleisch gegeben worden, ein Bote Satans, der mich ohrfeigen soll" (2. Korintherbrief 12,7).

„Danach", so spricht sie – nämlich nach der Befreiung jener Frau – „überfiel mich wieder schwere Krankheit, so dass das Blut in meinen Adern, das Mark in meinen Knochen verdorrte und meine Eingeweide in meinem Innern zerrissen wurden und mein ganzer Körper so erschlaffte, wie die Kräuter im Winter ihre Grünkraft verlieren. Und ich sah, dass die bösen Geister darüber lachend spotteten und sprachen: ‚Ha, diese da wird sterben, und ihre Freunde, mit denen zusammen sie uns zugrunde richtete, werden weinen.' Ich aber sah, dass die Trennung von meiner Seele noch nicht da war. An dieser Krankheit aber litt ich mehr als vierzig Tage und Nächte.

Währenddessen wurde mir in der wahren Schau gezeigt, dass ich einige Gemeinschaften geistlicher Menschen, Männer wie Frauen, aufsuchen und ihnen die Worte, die Gott mir zeigen werde, offen darlegen solle. Als ich dies schließlich zu tun versuchte, aber die körperlichen Kräfte nicht hatte, wurde meine Krankheit ein wenig gemildert, und der Weisung Gottes folgend, habe ich die Streitigkeiten, die einige untereinander hatten, geschlichtet. Wenn ich aus Furcht vor dem Volk diese Wege, die Gott mir wies, vernachlässigte, wurden meine körperlichen Schmerzen vermehrt, und sie wichen nicht, bis ich gehorchte, so wie es auch Jona erging, der heftig bedrängt wurde, bis er sich wieder auf den Gehorsam besann" (vgl. Jona 1,3–2,11).

101 Am Sonntag bei beginnender Abenddämmerung ...

Gleich den Visionen steht auch Hildegards Tod im Zeichen des Lichtes. Die Nonnen aus Hildegards Kloster beschreiben mit einfühlsamen Worten das Ableben ihrer geliebten Meisterin und geistlichen Mutter. Theoderich fügt diesen Bericht als Abschlusskapitel der Lebensbeschreibung Hildegards hinzu.

Manche Begebenheiten bei Hildegards Sterben und Tod sind Motive, die in der hagiographischen Literatur als Standard gelten. Dazu gehört beispielsweise die Vorhersage des eigenen Todes oder der liebliche Duft am Grab. Wenn diese Zeichen auch bei Hildegards Tod auftreten, sollen sie darauf hinweisen, dass Hildegard als Heilige starb.

Interessant sind die individuellen Angaben, mit denen die persönlichen Züge Hildegards auch in ihrem Tod zum Vorschein kommen. Im Vergleich zu ihren Zeitgenossen starb sie im hohen Lebensalter, im 82. Lebensjahr. Da ihr Geburtsjahr bekannt ist, lässt sich das Todesjahr 1179 mit Sicherheit festlegen. Ihr Todestag wird nach dem lateinischen Muster mit „15 Kalendas octobris" angegeben, was nach moderner Zeitrechnung der 17. September ist. Heute noch wird an diesem Tag das große Hildegardisfest gefeiert, in dessen Rahmen die Gebeine Hildegards, die in einem im 20. Jahrhundert angefertigten Reliquienschrein aufbewahrt sind, in einer Prozession verehrt werden.

Auch der Wochentag wird erwähnt. Es war ein Sonntag, im Originaltext steht dafür „der Tag des Herrn". Soweit es über den Zeitlauf der Jahrhunderte hinweg festgestellt werden kann, fiel der 17. September im Jahre 1179 nicht auf einen Sonntag, sondern auf einen Montag. Wenn die Biographie trotzdem Wert darauf legt, Hildegards Todesstunde ausdrücklich auf den Herrentag zu versetzen, dann vermittelt dies eine tiefere Botschaft. Am Sonntag, dem Herrentag, wird der Auferstehung Jesu Christi gedacht. Hildegards Sterben und Tod wird in das Auferstehungslicht eingetaucht. Das wird mit dem Lichtwunder, das sich zu Hildegards Tod ereignete, zeichenhaft verdeutlicht. Das Licht, das Hildegard ein Leben lang erfüllte, erhellt auch ihre Todesstunde. Hildegards Erbe zu bewahren und für die Zukunft weiterzugeben bedeutet, das Licht dort aufleuchten zu lassen, wo wir heutigen Menschen konkret stehen, und unermüdlich die Wege zu gehen, die vom Dunkel in das Licht führen.

📖 Das Leben der heiligen Hildegard, III. 27, S. 70–71.

Weil wir auf das Ende dieses Werkes zueilen, wollen wir nach diesen Berichten betrachten, mit welchen Zeichen Gott das Ende des Lebens der heiligen Jungfrau ausgeschmückt hat, so wie es die genannten Schwestern beschrieben haben. „Nachdem die selige Mutter", so sagen sie, „dem Herrn in zahlreichen schweren Kämpfen treu gedient hatte, ergriff sie Lebensüberdruss, und sie begehrte täglich, ‚abgelöst zu werden und bei Christus zu sein' (Philipperbrief 1,23). Gott erhörte ihren Wunsch, und wie sie es selbst zuvor begehrt hatte, offenbarte er ihr im prophetischen Geist ihr Ende, dass sie auch ihren Schwestern ankündigte. Nachdem sie sich eine Zeit lang mit ihrer Krankheit abgemüht hatte, wanderte sie also im 82. Jahr ihres Lebens am 17. September in glücklichem Heimgang zu ihrem himmlischen Bräutigam. Ihre Töchter aber, deren ganze Freude und Trost sie war, standen bitterlich weinend am Totenbett der geliebten Mutter. Denn wenn sie auch an ihren Verdiensten und an den Fürbitten, die ihnen durch sie zuteilwerden würden, nicht zweifelten, so wurden ihre Herzen doch mit größter Trauer über das Hinscheiden derjenigen, von der sie immer getröstet worden waren, erfüllt. Gott aber zeigte bei ihrem Heimgang deutlich, welche Verdienste sie bei ihm hatte.

Denn über dem Wohnhaus, in dem die heilige Jungfrau am Sonntag bei beginnender Abenddämmerung ihre glückliche Seele Gott zurückgab, erschienen zwei hell leuchtende, verschiedenfarbige Bögen am Firmament, die sich bis zur Größe einer breiten Straße ausdehnten und zu den vier Weltenden erstreckten, so dass der eine vom Norden zum Süden, der andere vom Osten zum Westen reichte. Aber am Scheitelpunkt, wo die beiden Bögen sich kreuzten, tauchte ein helles Licht in der Größe der Mondscheibe auf, das sich weit ausdehnte und die nächtliche Finsternis vom Wohnhaus zu vertreiben schien. In diesem Licht erschien ein rötlich schimmerndes Kreuz, zuerst klein, später aber ins Unermessliche wachsend, um das herum unzählige verschiedenfarbige Kreise entstanden und in diesen jeweils einzelne rötlich leuchtende kleine Kreuze. Diese wuchsen mit ihren Kreisen, sahen aber doch kleiner aus als das erste Kreuz. Und nachdem sie sich am Firmament ausgebreitet hatten, erstreckten sie sich in ihrer Breite mehr nach Osten, schienen sich zur Erde hin dem Haus zuzuneigen, in dem die heilige Jungfrau heimgegangen war, und erhellten den ganzen Berg. Man darf glauben, dass Gott mit diesem Zeichen kundtat, mit welcher Klarheit er seine Geliebte im Himmel erleuchtete."

Auch fehlte es vor ihrer Bestattung nicht an Wundern, um das Verdienst ihrer Heiligkeit zu bezeugen. Denn zwei Menschen, die ihren Körper voller Hoffnung zu berühren wagten, genasen von schwerer Krankheit. Nachdem also die Totenfeier von ehrwürdigen Männern ehrfürchtig vollzogen worden war, wurde sie an ehrbarem Ort begraben, wo durch ihre Verdienste allen, die mit frommem Herzen darum bitten, viele Wohltaten erwiesen werden. Auch durchdringt ein wunderbar süßer Duft, der von ihrem Grab ausströmt, mit seinem lieblichen Wohlgeruch die Nasen und Herzen mancher Menschen.

Daher hoffen und glauben wir zuversichtlich, dass ihr Gedächtnis bei Gott unsterblich ist, der ihr schon in diesem Leben einen besonderen Vorgeschmack seiner Gaben zugeteilt hat. Ihm sei Lob und Ehre in Ewigkeit. Amen.

102 Aufbruch ins dritte Jahrtausend

Kurz nach ihrem Tod begann die Verehrung Hildegards als Heilige. Die Sammlung von Wunderberichten, die im dritten Buch ihrer Lebensbeschreibung aufbewahrt ist, zeugt von dieser Verehrung. Ein Altartuch (Antependium) aus dem 13. Jahrhundert ist erhalten geblieben, auf dem Hildegard mit Heiligenschein dargestellt wird. Obwohl das zu Beginn des 13. Jahrhunderts eingeleitete Heiligsprechungsverfahren im Mittelalter offiziell nicht abgeschlossen wurde, galt Hildegard für das Volk schon lange als Heilige.

Dieser Tatsache entsprach Papst Benedikt XVI. (* 1927, Pontifikat 2005–2013), als er den Heiligsprechungsprozess zu einem erfolgreichen Ende brachte und Hildegard mittels eines Päpstlichen Dekrets am 10. Mai 2012 offiziell in den Katalog der Heiligen eintrug. Damit haben die jahrhundertelangen Bemühungen um die Heiligsprechung Hildegards Frucht getragen. Darüber hinaus zeichnete Papst Benedikt XVI. die heilige Hildegard dadurch aus, dass er sie am 7. Oktober 2012 zur Kirchenlehrerin erhob. Mit diesem bedeutungsvollen Akt aktualisierte der Papst die Bedeutung von Person und Botschaft der hl. Hildegard für das Geschick der Kirche im jungen dritten Jahrtausend.

In seinem *Apostolischen Schreiben* (*Litterae apostolicae*), das er zu diesem Anlass verfasste, stellt Benedikt XVI. die neue Kirchenlehrerin Hildegard als „glaubwürdige Zeugin der Neuevangelisierung" (*Apostolisches Schreiben*, S. 99) dar und betont, dass sich die hl. Hildegard mit ihren zahlreichen Schriften „ausschließlich der Darlegung der göttlichen Offenbarung und der Verkündigung Gottes in der Klarheit seiner Liebe" widmete (*Apostolisches Schreiben*, S. 92). Der Papst sieht in Hildegard eine vielbegabte Benediktinerin, die für die heutigen Herausforderungen in Gesellschaft und Kirche neue Impulse zu geben vermag. Der Radius ihrer Wirkung ist sehr breit gefasst: Wissenschaft und Forschung, Bewahrung der Schöpfung und Verantwortung für unsere Umwelt, Kunst und Kultur, Aufgeschlossenheit für die Mitgestaltung der Politik, Mut zum gesellschaftlichen Diskurs und Kirchenreform im Sinne von einer gläubigen Zuwendung zu Gott. Nicht zuletzt würdigt der Papst Hildegard als ein Vorbild für Frauen, die sich in Kirche und Gesellschaft mit ihren eigenen Charismen einsetzen.

Das sind Themen, die einerseits aus Hildegards Selbstverständnis als Prophetin im Dienst der Kirche resultieren und die andererseits unsere moderne Gesellschaft beschäftigen und für gegenwärtige Krisen Lösungsansätze bieten. Bei der Aktualisierung der Botschaft Hildegards gilt es jedoch, eine dem Zeitgeist gemäße Vereinnahmung und Verengung oder sogar Verzerrung zu vermeiden. Hildegards Visionen, obwohl sie einen konkreten Bezug auf ihr Zeitgeschehen haben, vermitteln eine theologische Botschaft, die keine kurzfristigen Lösungen im Zeitgeist enthält. Hildegard deutet die Welt – Schöpfung und Geschichte und darin den Menschen – mit dem langen Atem einer Benediktinerin, in der Gegenwart Gottes lebend, von Gott her: Sie erkennt die Schöpfung als Ort der Gottesoffenbarung und die Geschichte als Heilshandeln Gottes an den Menschen. So hat Hildegards Botschaft etwas Zeitloses, etwas Bleibendes. Sie motiviert uns dazu, den Mut zum verantwortungsvollen Mitwirken am Schöpfungsgeschehen aufzubringen, indem wir uns auf die aufrüttelnde Aktualität ihrer heilsgeschichtlichen Deutung der Welt einlassen.

Hildegards „Worte wie von Feuerzungen" geben unserem Leben Leuchtkraft und Glut. Diese prophetischen Worte erreichen ihr

Ziel, wenn wir bereit sind, Licht zu empfangen und Licht weiterzugeben; wenn wir unseren Auftrag zur Weltgestaltung sowohl im Kleinen als auch im Großen mit Überzeugung und Begeisterung erfüllen und dadurch an dem Ort, wo wir zu stehen bestimmt sind, Gottes liebende Zuwendung zu uns Menschen authentisch bezeugen und aufleuchten lassen.

📖 **Apostolisches Schreiben, 1 und 7, in:** *Das Leben der heiligen Hildegard*, **S. 91 und 98–100.**

„Licht ihres Volkes und ihrer Zeit": Mit diesen Worten bezeichnete Unser ehrwürdiger Vorgänger, der selige Johannes Paul II., die hl. Hildegard von Bingen im Jahr 1979 anlässlich des 800. Todestages der deutschen Mystikerin. Und tatsächlich hebt sich vor dem Horizont der Geschichte diese große Frauengestalt durch die Heiligkeit ihres Lebens und die Originalität ihrer Lehre ab. Ja, wie bei jeder echten menschlichen und theologalen Erfahrung reicht ihr Ansehen weit über die Grenzen einer Epoche und einer Gesellschaft hinaus, und ungeachtet der zeitlichen und kulturellen Distanz erweist sich ihr Denken von bleibender Aktualität.

In der hl. Hildegard von Bingen offenbart sich eine außergewöhnliche Harmonie zwischen Lehre und täglichem Leben. In ihr kommt die Suche nach dem Willen Gottes in der Nachfolge Christi als eine ständige Übung der Tugenden zum Ausdruck, die sie mit höchster Großherzigkeit übt und die sie aus den biblischen, liturgischen und patristischen Wurzeln im Licht der Regel des hl. Benedikt nährt: In ihr erstrahlt auf besondere Weise ihre beharrliche Übung des Gehorsams, der Einfachheit, der Nächstenliebe und der Gastfreundschaft. Die Benediktiner-Äbtissin versteht es, in diesen Willen zur vollkommenen Zugehörigkeit zum Herrn ihre ungewöhnlichen menschlichen Gaben, ihren scharfen Verstand und ihre Fähigkeit zur Durchdringung der himmlischen Wirklichkeit einzubringen. [...]

Die herausragende Lehre Hildegards spiegelt die Lehre der Apostel, die Literatur der Kirchenväter und die Werke von Autoren ihrer Zeit wider, während sie in der Regel des hl. Benedikt von Nursia einen ständigen Bezugspunkt findet. Die klösterliche Liturgie und die Verinnerlichung der Heiligen Schrift stellen die Leitlinien ihres Denkens dar, das sich auf das Geheimnis der Menschwerdung konzentriert und zugleich in einer tiefen stilistischen und inhaltlichen Einheit zum Ausdruck kommt, die alle ihre Schriften durchzieht.

Die Lehre der heiligen Benediktinerin stellt sich als ein Wegweiser für den „homo viator" (den pilgernden Menschen) dar. Ihre Botschaft erscheint außerordentlich aktuell in der heutigen Welt, die für das Gesamtbild der von ihr vorgeschlagenen und gelebten Werte besonders empfänglich ist. Wir denken zum Beispiel an Hildegards charismatische und spekulative Fähigkeit, die wie ein lebendiger Ansporn zur theologischen Forschung erscheint; an ihr Nachdenken über das in seiner Schönheit betrachtete Geheimnis Christi; an den Dialog der Kirche und der Theologie mit der Kultur, der Wissenschaft und der zeitgenössischen Kunst; an das Ideal des geweihten Lebens als Möglichkeit menschlicher Verwirklichung; an die Aufwertung der Liturgie als Feier des Lebens, an die Idee einer Reform der Kirche, nicht als sterile Veränderung der Strukturen, sondern als Umkehr des Herzens; an ihre Feinfühligkeit für die Natur, deren Gesetze zu schützen sind und nicht verletzt werden dürfen.

Daher hat die Zuerkennung des Titels Kirchenlehrerin der Gesamtkirche an Hildegard von Bingen große Bedeutung für die heutige Welt und außerordentliche Bedeutung für die Frauen. In Hildegard kommen die edelsten Werte der Fraulichkeit zum Ausdruck: Deshalb werden von ihrer Gestalt her auch die Anwesenheit der Frau in der Kirche und in der Gesellschaft aus der Sicht sowohl der wissenschaftlichen Forschung wie des pastoralen Wirkens beleuchtet. Ihre Fähigkeit, zu denen zu sprechen, die dem Glauben und der Kirche fernstehen, macht Hildegard zu einer glaubwürdigen Zeugin der Neuevangelisierung.

Kraft des Rufes der Heiligkeit und ihrer herausragenden Lehre hat am 8. März 1979 Kardinal Joseph Höffner, Erzbischof von Köln und Vorsitzender der Deutschen Bischofskonferenz, zusammen mit den Kardinälen, Erzbischöfen und Bischöfen dieser Konferenz, der damals auch Wir als Kardinalerzbischof von München und Freising angehörten, dem sel. Johannes Paul II. die Bitte unterbreitet, dass Hildegard von Bingen zur Kirchenlehrerin erklärt werden möge. In der Bittschrift hob der hochwürdigste Purpurträger die im 12. Jahrhundert von Papst Eugen III. anerkannte Rechtgläubigkeit von Hildegards Lehre, ihre ständig ausgewiesene und vom Volk gefeierte Heiligkeit sowie das Ansehen ihrer Traktate hervor. Zu diesem Ersuchen der Deutschen Bischofskonferenz sind im Laufe der Jahre weitere hinzugekommen, als erstes jenes der Nonnen des nach ihr benannten Klosters in Eibingen. Zu dem gemeinsamen Wunsch des Gottesvolkes, Hildegard sollte offiziell als heilig ausgerufen werden, ist dann die Bitte hinzugekommen, sie möge auch zur „Kirchenlehrerin der Gesamtkirche" ausgerufen werden.

Mit Unserer Zustimmung bereitete deshalb die Kongregation für die Selig- und Heiligsprechungsprozesse sorgfältig eine *Positio super canonizatione et concessione tituli Doctoris Ecclesiae universalis* für die Mystikerin aus Bingen vor. Da es sich um eine angesehene Lehrmeisterin der Theologie handelt, der viele und angesehene Studien gewidmet wurden, haben wir die von Artikel 73 der Apostolischen Konstitution Pastor bonus vorgesehene Dispens gewährt. Der Fall wurde also von den bei der Plenarsitzung am 20. März 2012 versammelten Kardinälen und Bischöfen unter Vorsitz des Referenten des Falles, des hochwürdigsten Herrn Kardinals Angelo Amato, Präfekt der Kongregation für die Selig- und Heiligsprechungsprozesse, mit einstimmig positivem Ausgang geprüft. In der Audienz vom 10. Mai 2012 hat uns Kardinal Amato selbst detailliert über den status quaestionis und über die einhellige Zustimmung der Bischöfe bei der erwähnten Plenarsitzung der Kongregation für die Selig- und Heiligsprechungsprozesse informiert. Am 27. Mai 2012, dem Pfingstsonntag, hatten wir die Freude, zu Beginn der Versammlung der Bischofssynode und am Vorabend des „Jahres des Glaubens" auf dem Petersplatz der Menge der aus der ganzen Welt zusammengeströmten Pilger die Nachricht von der Zuerkennung des Titels Kirchenlehrer an die Heilige Hildegard von Bingen und an den Heiligen Johannes von Avila mitzuteilen.

Das ist also heute mit Gottes Hilfe und unter dem Beifall der ganzen Kirche geschehen. Auf dem Petersplatz haben wir in Anwesenheit vieler Kardinäle und Bischöfe der Römischen Kurie und der katholischen Kirche, indem wir das Vollbrachte bestätigten, und mit großer Freude über die Befriedigung der Wünsche der Bittsteller, während des eucharistischen Opfers folgende Worte gesprochen:

„Indem wir den Wunsch vieler Brüder im Bischofsamt und vieler Gläubigen der ganzen Welt annehmen, nachdem wir das Gutachten der Kongregation für die Selig- und Heiligsprechungsprozesse erhalten und lange darüber nachgedacht haben und zu einer vollen und sicheren Überzeugung gelangt sind, erklären wir mit der vollen apostolischen Autorität den hl. Johannes von Avila, Weltpriester, und die hl. Hildegard von Bingen, Nonne des Ordens des hl. Benedikt, zu Kirchenlehrern. Im Namen des Vaters und des Sohnes und des Heiligen Geistes."

Das beschließen und ordnen Wir an, indem Wir festlegen, dass dieses Schreiben immer sicher, gültig und wirksam sei und bleibt und dass es seine vollen und unverkürzten Wirkungen erziele und erreiche, und dass man es dementsprechend beurteile und definiere. Außerdem wird entschieden und festgelegt, dass es vergeblich und zwecklos ist, hieran bewusst oder unbewusst etwas zu ändern, gleich von welcher Seite es ausgehen mag und mit welcher Autorität auch immer.

Gegeben zu Rom, bei Sankt Peter, mit dem Siegel des Fischers,
am 7. Oktober 2012, dem achten Jahr Unseres Pontifikats.
Benedictus PP XVI.

Literaturverzeichnis

1. Lateinische Ausgaben der Werke Hildegards von Bingen

Abkürzungen:
CChr. CM   Corpus Christianorum. Continuatio Mediaevalis, Turnhout 1963ff.
PL   Patrologiae cursus completus. Series Latina, accurante Jacques-Paul Migne, Paris 1841–1855, 1862–1866.

Analecta Sanctae Hildegardis opera parata, ed. Joannes Baptista PITRA (Analecta Sacra Spicilegio Solesmensi Parata 8), Monte Cassino 1882.
HILDEGARDIS BINGENSIS: *Cause et Cure*, ed. Laurence MOULINIER, recognovit Rainer BERNDT (Rarissima Mediaevalia. Opera Latina 1), Berlin 2003.
HILDEGARDIS BINGENSIS: *De Regula Sancti Benedicti*, ed. Hugh FEISS, in: HILDEGARDIS: *Opera minora* (2007), 65–97.
HILDEGARDIS BINGENSIS: *Epistolarium*, Pars I, ed. Lieven Van ACKER (CChr. CM 91), Turnhout 1991.
HILDEGARDIS BINGENSIS: *Epistolarium*, Pars II, ed. Lieven Van ACKER (CChr. CM 91A), Turnhout 1993.
HILDEGARDIS BINGENSIS: *Epistolarium*, Pars III, ed. Lieven Van ACKER (†), Monika KLAES-HACHMÖLLER (CChr. CM 91B), Turnhout 2001.
HILDEGARDIS BINGENSIS: *Explanatio Symboli Sancti Athanasii*, ed. Christopher EVANS, in: HILDEGARDIS: *Opera minora* (2007), 107–133.
HILDEGARDIS BINGENSIS: *Expositiones Euangeliorum*, ed. Beverly Mayne KIENZLE, Carolyn A. MUESSIG, in: HILDEGARDIS: *Opera minora* (2007), 185–333.
HILDEGARDIS BINGENSIS: *Liber diuinorum operum*, ed. Albert DEROLEZ, Peter DRONKE (CChr. CM 92), Turnhout 1996.
HILDEGARDIS BINGENSIS: *Liber uite meritorum*, ed. Angela CARLEVARIS (CChr. CM 90), Turnhout 1995.
HILDEGARDIS BINGENSIS: *Lingua ignota*, ed. Kurt GÄRTNER, Michael EMBACH, in: HILDEGARDIS: *Opera minora* (2016), 285–336.
HILDEGARDIS BINGENSIS: *Litterae ignotae*, ed. Kurt GÄRTNER, Michael EMBACH, in: HILDEGARDIS: *Opera minora* (2016), Abbildung 1–4.
HILDEGARDIS BINGENSIS: *Opera minora*, ed. Peter DRONKE, Christopher P. EVANS, Hugh FEISS, Beverly Mayne KIENZLE, Carolyn A. MUESSIG, Barbara NEWMAN (CChr. CM 226), Turnhout 2007.

HILDEGARDIS BINGENSIS: *Opera minora II*, ed. Jeroen DEPLOIGE, Michael EMBACH, Christopher P. EVANS, Kurt GÄRTNER, Sara MOENS (CChr. CM 226A,) Turnhout 2016.

HILDEGARDIS BINGENSIS: *Opera omnia*, ed. Jacques-Paul MIGNE (PL 197), Paris 1855.

HILDEGARDE DE BINGEN: *Opuscules monastiques, Tome 1: Testament Prophétique*, ed. José Luis NARVAJA, übersetzt von Hildegarde BOEMARE (Sources Chrétiennes 216), Paris 2021.

HILDEGARDE DE BINGEN: *Opuscules monastiques, Tome 2: Sur la Règle de Saint Benoît, Vie de Saint Disibod, Solutions à trente-huit questions*, ed. Maura ZÁTONYI, Mechthild DREYER, übersetzt von Hildegarde BOEMARE (Sources Chrétiennes 617), Paris 2021.

HILDEGARDIS BINGENSIS: *Ordo uirtutum*, ed. Peter DRONKE, in: HILDEGARDIS: *Opera minora* (2007), 503–521.

HILDEGARD VON BINGEN: *Physica*. Edition der Florentiner Handschrift (Cod. I. Laur. Ashb. 1323, ca. 1300) im Vergleich mit der Textkonstitution der Patrologia Latina (Migne), hg. von Irmgard MÜLLER und Christian SCHULZE unter Mitarbeit von Sven Neumann, Hildesheim 2008.

HILDEGARD VON BINGEN: *Physica*. Liber subtilitatum diversarum naturarum creaturarum, Textkritische Ausgabe, hg. von Reiner HILDEBRANDT und Thomas GLONING, Bd. 1: Text mit Berliner Fragment im Anhang; Bd. 2: Apparate, Berlin/New York 2010; Bd. 3: Kommentiertes Register der deutschen Wörter von Reiner Hildebrandt, Berlin/Boston 2014.

HILDEGARDIS BINGENSIS: *Sciuias*, ed. Adelgundis FÜHRKÖTTER, collaborante Angela CARLEVARIS (CChr. CM 43-43A), Turnhout 1978.

HILDEGARDIS BINGENSIS: *Symphonia armonie celestium reuelationum*, ed. Barbara NEWMAN, in: HILDEGARDIS: *Opera minora* (2007), 371–477.

HILDEGARDIS BINGENSIS: „*Testamentum propheticum*". Zwei Briefe aus dem Wiesbadener Riesenkodex, präsentiert und ediert von José Luis NARVAJA SJ (Rarissima Mediaevalia. Opera Latina 4), Münster 2014.

HILDEGARDIS BINGENSIS: *Triginta octo questionum solutiones*, ed. Christopher P. EVANS, in: HILDEGARDIS: *Opera minora* (2016), 111–129.

HILDEGARDIS BINGENSIS: *Vita Sancti Disibodi Episcopi*, ed. Christopher P. EVANS, in: HILDEGARDIS: *Opera minora* (2016), 59–87.

HILDEGARDIS BINGENSIS: *Vita Sancti Ruperti Confessoris*, ed. Christopher P. EVANS, in: HILDEGARDIS: *Opera minora* (2016), 91–108.

Vita Sanctae Hildegardis, ed. Monika KLAES (CChr. CM 126), Turnhout 1993.

KLÖCKNER, Stefan / SCHNEIDER, Dominik / WILHELM, Ursula (Hg.): *Symphoniae – Gesänge der Hildegard von Bingen*. Praxisbuch, Münsterschwarzach 2020.

2. Deutschsprachige Übersetzungen

Das Leben der heiligen Hildegard von Bingen – Vita Sanctae Hildegardis, mit einer Einführung von Michael Embach, übersetzt von Monika KLAES-HACHMÖLLER (Hildegard von Bingen. Werke 3), Beuron 2013.

HILDEGARD VON BINGEN: *Antworten auf die 38 Fragen der Mönche von Villers – Solutiones triginta octo quaestionum*, übersetzt von Michael EMBACH und Paul DRÄGER, in: HILDEGARD: *Katechesen* (2015), 176–197.

HILDEGARD VON BINGEN: *Auslegung des Athanasianischen Glaubensbekenntnisses – Explanatio Symboli sancti Athanasii*, übersetzt von Viki RANFF, in: HILDEGARD: *Katechesen* (2015), 157–175.

HILDEGARD VON BINGEN: *Auslegung einiger Evangelien – Explanatio quorundam Evangeliorum*, übersetzt von Paul Suso HOLDENER, überarbeitet von Pius ENGELBERT OSB, in HILDEGARD: *Katechesen* (2015), 23–129.

HILDEGARD VON BINGEN: *Briefe – Epistolae*, vollständige Ausgabe, übersetzt und eingeleitet von Walburga STORCH OSB (Hildegard von Bingen. Werke 8), Beuron 2012.

HILDEGARD VON BINGEN: *Briefwechsel*, nach den ältesten Handschriften übersetzt und erläutert von Adelgundis FÜHRKÖTTER, Salzburg 1990².

HILDEGARD VON BINGEN: *Das Buch der Lebensverdienste – Liber vitae meritorum*, übersetzt und eingeleitet von Maura ZÁTONYI OSB (Hildegard von Bingen. Werke 7), Beuron 2014.

HILDEGARD VON BINGEN: *Das Buch vom Wirken Gottes – Liber divinorum operum*, Neuübersetzung aus dem Lateinischen von Mechthild HEIECK, Einführung von Caecilia Bonn OSB (Hildegard von Bingen. Werke 6), Beuron 2012.

HILDEGARD VON BINGEN: *Das Leben des heiligen Disibod – Vita sancti Disibodi*, übersetzt von Gottfried KNEIB, in: HILDEGARD: *Katechesen* (2015), 198–221.

HILDEGARD VON BINGEN: *Das Leben des heiligen Rupertus – Vita sancti Ruperti*, übersetzt von Eva SCHULZ-FLÜGEL, in: HILDEGARD: *Katechesen* (2015), 222–237.

HILDEGARD VON BINGEN: *Der heilige Disibod. Vita und Gesänge lateinisch und deutsch*; hg. von Gottfried KNEIB (Heimatkundliche Schriftenreihe des Landeskreises Bad Kreuznach 38), Bad Kreuznach: Kreisverwaltung 2012.

HILDEGARD VON BINGEN: *Heilsame Schöpfung – Die natürliche Wirkkraft der Dinge. Physica*, übersetzt und eingeleitet von Ortrun RIHA (Hildegard von Bingen. Werke 5), Beuron 2012.

HILDEGARD VON BINGEN: *Katechesen – Kommentare – Lebensbilder. Opera minora*, hg. von der Abtei St. Hildegard, Rüdesheim/Eibingen (Hildegard von Bingen. Werke 9), Beuron 2015.

HILDEGARD VON BINGEN: *Lieder – Symphoniae*, übersetzt und eingeleitet von Barbara STÜHLMEYER (Hildegard von Bingen. Werke 4), Beuron 2012.

HILDEGARD VON BINGEN: *Prophetisches Vermächtnis – Testamentum propheticum*, übersetzt und eingeleitet von Maura ZÁTONYI OSB (Hildegard von Bingen. Werke 10), Beuron 2016.

HILDEGARD VON BINGEN: *Spiel der Kräfte – Ordo virtutum*, übersetzt und eingeleitet von Barbara STÜHLMEYER, in: HILDEGARD: *Lieder* 2012, 227–283.

HILDEGARD VON BINGEN: *Ursprung und Behandlung der Krankheiten – Causae et Curae*, übersetzt und eingeleitet von Ortrun RIHA (Hildegard von Bingen. Werke 2), Beuron 2011.

HILDEGARD VON BINGEN: *Über die Regel des heiligen Benedikt – De Regula Sancti Benedicti*, übersetzt und eingeleitet von Maura ZÁTONYI OSB, in: HILDEGARD: *Katechesen* (2015), 130–156.

HILDEGARD VON BINGEN: *Wisse die Wege – Liber Scivias*. Eine Schau von Gott und Mensch in Schöpfung und Zeit, Neuübersetzung von Mechthild HEIECK, mit einer Einführung von Maura Zátonyi OSB (Hildegard von Bingen. Werke 1), Beuron 2010.

3. Literaturempfehlungen

Das folgende Literaturverzeichnis enthält eine kleine Auswahl zur weiterführenden Lektüre. Eine Erfassung aller auf Leben und Werk Hildegards bezogenen Titel bietet die „Digitale wissenschaftliche Gesamtbibliographie – Hildegard von Bingen", die auf der Homepage der *St. Hildegard-Akademie Eibingen e. V. Zentrum für Wissenschaft, Forschung und europäische Spiritualität* frei zugänglich ist (https://www. hildegard-akademie.de/bibliographie.html).

ALTENBURG, Tilo: *Soziale Ordnungsvorstellungen bei Hildegard von Bingen* (Monographien zur Geschichte des Mittelalters 54), Stuttgart 2007.

ARIS, Marc-Aeilko: *Hildegard bei den Kartäusern. Beobachtungen zur handschriftlichen Überlieferung der Werke Hildegards von Bingen im Spätmittelalter* (Mitteilungen und Verzeichnisse aus der Bibliothek des Bischöflichen Priesterseminars zu Trier 13), Trier 1999.

BAILLET, Louis: *Les Miniatures du „Scivias" de Sainte Hildegarde conservé à la Bibliothèque de Wiesbaden*, in: Monuments et Mémoires 19 (1911) 49–149.

BÄUMER-SCHLEINKOFER, Änne (Hg.): *Hildegard von Bingen in ihrem Umfeld – Mystik und Visionsformen im Mittelalter und früher Neuzeit. Katholizismus und Protestantismus im Dialog*, Würzburg 2001.

BERNDT, Rainer (Hg.): *Im Angesicht Gottes suche der Mensch sich selbst.* Hildegard von Bingen (1098–1179), Kongreß vom 16.–21. März 1998 im Erbacher Hof, Mainz (Erudiri Sapientia 2), Berlin 2001.

BERNDT, Rainer (Hg.): *Unversehrt und unverletzt.* Hildegards von Bingen Menschenbild und Kirchenverständnis heute, hg. in Verbindung mit Maura Zátonyi OSB (Erudiri Sapientia 12), Münster 2015.

BERNDT, Rainer / ZÁTONYI, Maura: *Glaubensheil.* Wegweisung ins Christentum gemäß Hildegard von Bingen (Erudiri Sapientia 10), Münster 2013.

BÖCKELER, Maura: „Die heilige Hildegard als Äbtissin im Rahmen des 12. Jahrhunderts", in: *Benediktinische Monatsschrift 11* (1929) 435–450.

BÖCKELER, Maura: „Der einfältige Mensch – Hildegard von Bingen", in: HILDEGARD VON BINGEN: *Wisse die Wege.* Scivias, übersetzt von Maura BÖCKELER, Salzburg 1963^5, 373–408.

BRÜCK, Anton Ph. (Hg.): *Hildegard von Bingen 1179–1979*, Festschrift zum 800. Todestag der Heiligen, Mainz 1979.

BUND, Konrad: „Zu methodischen Problemen der Neuedition des Epistolariums der Hildegard von Bingen, eines Briefwechsels mit komplizierter Überlieferungslage", in: *Rheinische Vierteljahresblätter 57* (1993) 338–349 [auch in: *Mittellateinisches Jahrbuch 28* (1993) 136–147].

BURNETT, Charles Stuart F. / DRONKE, Peter (Hg.): *Hildegard of Bingen. The Context of Her Thought and Art* (Warburg Institute Colloquia 4), London 1998.

CARLEVARIS, Angela: *Das Werk Hildegards von Bingen im Spiegel des Skriptoriums von Trier St. Eucharius* (Mitteilungen und Verzeichnisse aus der Bibliothek des Bischöflichen Priesterseminars zu Trier 12), Trier 1999.

CHÁVEZ, Alvarez Fabio: *Die brennende Vernunft.* Studien zur Semantik der ‚rationalitas' bei Hildegard von Bingen (Mystik in Geschichte und Gegenwart, Abteilung I 8), Stuttgart-Bad Cannstatt 1991.

DREYER, Mechthild: „Hildegard von Bingen. Geschichte des Selbst als Geschichte der Taten Gottes", in: DREYER, Mechthild / SIMON, Werner (Hg.): *Spiritualität aus Glaubenserfahrung.* Gestaltungen christlicher Existenz (Schriften der Katholischen Akademie in Berlin 4), Berlin 1990, 86–102.

DREYER, Mechthild: „Hildegard von Bingen. Ihr Denken im Horizont der Theologie und Philosophie des 12. Jahrhunderts", in: BARDELEBEN, Renate von (Hg.): *Frauen in Kultur und Gesellschaft.* Ausgewählte Beiträge der 2. Fachtagung Frauen-/Genderforschung in Rheinland-Pfalz, Tübingen 2000, 25–32.

DRONKE, Peter: „Problemata Hildegardiana", in: *Mittellateinisches Jahrbuch 16* (1981) 97–131.

DRONKE, Peter: *Women Writers of the Middle Ages.* A Critical Study of Texts from Perpetua († 203) to Marguerite Porete († 1310), Cambridge 1984.

DRONKE, Peter: „Platonic-Christian Allegories in the Homilies of Hildegard of Bingen", in: WESTRA, Haijo Jan (Ed.): *From Athens to Chartres. Neoplatonism and Medieval Thought* (Studies in Honour of Édouard Jeauneau), Leiden/New York/Köln 1992, 381–396.

DRONKE, Peter: „The Four Elements in the Thought of Hildegard of Bingen: Cosmology and Poetry", in: *Studi medievali 3a Serie 54* (2013) 905–922.

EIDEN, Matthia OSB: „Eibingen", in: *Die benediktinischen Mönchs- und Nonnenklöster in Hessen*, in Verbindung mit Regina Elisabeth SCHWERDTFEGER bearbeitet von Friedhelm JÜRGENSMEIER und Franziskus BÜLL OSB (Germania Benedictina 7), St. Ottilien 2004, 125–151.

EIDEN, Matthia: „Die Geschichte der Verehrung und des Kultes Hildegards von Bingen 1179–2012", in: *Archiv für mittelrheinische Kirchengeschichte 65* (2013) 41–81.

ELIASS, Claudia: *Die Frau ist die Quelle der Weisheit*. Weibliches Selbstverständnis in der Frauenmystik des 12. und 13. Jahrhunderts, Pfaffenweiler 1995.

EMBACH, Michael: „Die Beziehungen Hildegards von Bingen zu Trier", in: *Jahrbuch Kreis Trier-Saarburg 31* (2000) 229–235.

EMBACH, Michael: *Die Schriften Hildegards von Bingen*. Studien zu ihrer Überlieferung und Rezeption im Mittelalter und in der Frühen Neuzeit (Erudiri Sapientia 4), Berlin 2003.

EMBACH, Michael: „Hildegard von Bingen. VI. Deutsche Rezeption", in: *Die deutsche Literatur des Mittelalters*. Verfasserlexikon, Band 11: Nachträge und Korrekturen, hg. von Burghart WACHINGER zusammen mit Gundolf Keil, Kurt Ruh, Werner Schröder, Franz Josef Worstbrock, Berlin/New York 2004, 658–670.

EMBACH, Michael: „Hildegard von Bingen in ihren Beziehungen zu den Zisterziensern – und zur Abtei Himmerod?", in: FROMME, Bruno (Hg.): *Hic vere claustrum est beatae Mariae virginis*. 875 Jahre Findung des Klosterortes Himmerod. Festschrift, Redaktion Franz Irsigler (Quellen und Abhandlungen zur mittelrheinischen Kirchengeschichte 127), Mainz 2010, 203–220.

EMBACH, Michael: *Hildegard von Bingen (1098–1179)*. Leben, Werk und Wirkung, Trier 2014.

EMBACH, Michael: „Ein neuentdeckter Textzeuge der Physica Hildegards von Bingen. Das Trierer Fragment aus E II 55 8°", in: NEUHEUSER, Hanns-Peter / STAMMBERGER, Ralf M. W. / TISCHLER, Matthias M. (Hg.): *Diligens Scrutator Sacri Eloquii*. Beiträge zur Exegese- und Theologiegeschichte des Mittelalters, Festschrift für Rainer Berndt SJ zum 65. Geburtstag, hg. zusammen mit Christiane Storeck (Archa Verbi. Subsidia 14), Münster 2016, 489–505.

EMBACH, Michael / WALLNER, Martina: *Conspectus der Handschriften Hildegards von Bingen*, Münster 2013.

ESCUDERO, Maria José Ortúzar: *Die Sinne in den Schriften Hildegards von Bingen. Ein Beitrag zur Geschichte der Sinneswahrnehmung* (Monographien zur Geschichte des Mittelalters 62), Stuttgart 2016.

FORSTER, Edeltraud (Hg.): *Hildegard von Bingen. Prophetin durch die Zeiten*, Freiburg im Breisgau 1997.

FÜHRKÖTTER, Adelgundis: „Die Gotteswerke. Vom Sinn und Aufbau des Liber divinorum operum der heiligen Hildegard", in: *Benediktinische Monatsschrift 29* (1953) 195–204 und 306–314.

FÜHRKÖTTER, Adelgundis (Hg.): *Hildegard von Bingen. Briefwechsel*, nach den ältesten Handschriften übersetzt und erläutert von Adelgundis Führkötter, Salzburg 1990².

GOSEBRINK, Hildegard: *Hildegard von Bingen begegnen* (Zeugen des Glaubens), Augsburg 2002.

GOSEBRINK, Hildegard: „,Intellectum expositionis librorum sapiebam' .... Die Heilige Schrift in der visionären Theologie Hildegards von Bingen (1098–1179)", in: BRÜSKE, Gunda / HAENDLER-KLÄSENER, Anke (Hg.): *Oleum laetitiae*, Festgabe für P. Benedikt Schwank OSB, Münster 2003, 274–287.

GOSEBRINK, Hildegard: *Maria in der Theologie Hildegards von Bingen* (Studien zur systematischen und spirituellen Theologie 29), Würzburg 2004.

GÖSSMANN, Elisabeth: „Maß- und Zahlenangaben bei Hildegard von Bingen", in: ZIMMERMANN, Albert (Hg.): *Mensura, Mass, Zahl, Zahlensymbolik im Mittelalter* (Miscellanea mediaevalia 16), 2. Halbband, Berlin/New York 1984, 294–309.

GÖSSMANN, Elisabeth: *Hildegard von Bingen. Versuche einer Annäherung* (Archiv für philosophie- und theologiegeschichtliche Frauenforschung, Sonderband), München 1995.

HAMBURGER, Jeffrey F.: *Bücher der Menschheit.* Johannes Tauler über den *Scivias* Hildegards von Bingen (Mitteilungen und Verzeichnisse aus der Bibliothek des Bischöflichen Priesterseminars zu Trier 20), Trier 2005.

HAVERKAMP, Alfred: „Tenxwind von Andernach und Hildegard von Bingen. Zwei ,Weltanschauungen' in der Mitte des 12. Jahrhunderts", in: FENSKE, Lutz (Hg.): *Institutionen, Kultur und Gesellschaft im Mittelalter*, Festschrift für Josef Fleckenstein, Sigmaringen 1984, 515–548.

HAVERKAMP, Alfred (Hg.): *Hildegard von Bingen in ihrem historischen Umfeld.* Internationaler wissenschaftlicher Kongress zum 900jährigen Jubiläum 13. –19. September 1998, Bingen am Rhein, Mainz 2000.

HEINZELMANN, Josef: „Hildegard von Bingen und ihre Verwandtschaft. Genealogische Anmerkungen", in: *Jahrbuch für westdeutsche Landesgeschichte 23* (1997) 7–88.

HERWEGEN, Ildefons: „Les Collaborateurs de Sainte Hildegarde", in: *Revue Bénédictine 21* (1904) 192–203; 302–315; 381–403.

HILBERATH, Bernd Jochen: „Das Athanasianische Glaubensbekenntnis in der Auslegung Hildegards von Bingen. Bemerkungen zur Trinitätslehre", in: *Theologie und Philosophie 63* (1988) 321–341.

HÖING, Anette: *Gott, der ganz Reine, will keine Unreinheit. Die Reinheitsvorstellungen Hildegards von Bingen aus religionsgeschichtlicher Perspektive* (Münsteraner Theologische Abhandlungen 63), Altenberge 2000.

KIENZLE, Beverly Mayne: *Hildegard of Bingen and Her Gospel Homilies. Speaking New Misteries* (Medieval Women. Texts and Contexts 12), Turnhout 2009.

KIENZLE, Beverly Mayne / STOUDT, Debra L. / FERZOCO, George (Hg.): *A companion to Hildegard of Bingen* (Brill's companion to the Christian tradition 45), Leiden 2014.

KÖTTING, Martina: *Die Anthropologie des geistlichen Kampfes bei der Heiligen Hildegard von Bingen*, Freiburg im Breisgau 1990.

LAUTENSCHLÄGER, Gabriele: *Hildegard von Bingen. Die theologische Grundlegung ihrer Ethik und Spiritualität*, Stuttgart-Bad Cannstatt 1993.

LIEBESCHÜTZ, Hans: *Das allegorische Weltbild der hl. Hildegard von Bingen* (Studien der Bibliothek Warburg, hg. von Fritz Saxl), Leipzig/Berlin 1930.

MECONI, Honey: „Hildegard's Lingua ignota and Music", in: KLEINERTZ, Rainer / FLAMM, Christoph / FROBENIUS, Wolf (Hg.): *Musik des Mittelalters und der Renaissance. Festschrift für Klaus-Jürgen Sachs zum 80. Geburtstag* (Veröffentlichungen des Staatlichen Instituts für Musikforschung 18; Studien zur Geschichte der Musiktheorie 8), Hildesheim/Zürich/New York 2010, 59–79.

MEIER, Christel: „Die Bedeutungen der Farben im Werk Hildegards von Bingen", in: *Frühmittelalterliche Studien 6* (1972) 245–355.

MEIER, Christel: „Zwei Modelle von Allegorie im 12. Jahrhundert: Das allegorische Verfahren Hildegards von Bingen und Alans von Lille", in: HAUG, Walter (Hg.): *Formen und Funktionen der Allegorie*, Symposion Wolfenbüttel 1978, Stuttgart 1979, 70–89.

MEIER, Christel: „Eriugena im Nonnenkloster? Überlegungen zum Verhältnis von Prophetentum und Werkgestalt in den figmenta prophetica Hildegards von Bingen", in: *Frühmittelalterliche Studien 19* (1985) 466–497.

MEIER, Christel: „Scientia Divinorum Operum. Zu Hildegards von Bingen visionär-künstlerischer Rezeption Eriugenas", in: BEIERWALTES, Werner (Hg.): *Eriugena redivivus. Zur Wirkungsgeschichte seines Denkens im Mittelalter und im Übergang zur Neuzeit*, Heidelberg 1987, 89–141.

MEIER, Christel: „*Virtus* und *operatio* als Kernbegriffe einer Konzeption der Mystik bei Hildegard von Bingen", in: SCHMIDT, Margot / BAUER, Dieter R. (Hg.): *Grundfragen christlicher Mystik* (Mystik in Geschichte und Gegenwart, Abteilung I 5), Stuttgart 1987, 73–101.

MEIER, Christel: „Prophetentum als literarische Existenz: Hildegard von Bingen (1098–1179). Ein Portrait", in: BRINKER-GABLER, Gisela (Hg.): *Deutsche Literatur von Frauen*, Bd. 1: Vom Mittelalter bis zum Ende des 18. Jahrhunderts, München 1988, 76–87.

MEIER, Christel: „Nostris Temporibus Necessaria. Wege und Stationen der mittelalterlichen Hildegard-Rezeption", in: ERNST, Ulrich (Hg.): *Architectura Poetica*, Festschrift für Johannes Rathofer zum 65. Geburtstag (Kölner germanistische Studien 30), Köln u. a. 1990, 307–338.

MERGENTHALER, Gabriele: *Die mittelalterliche Baugeschichte des Benediktiner- und Zisterzienserklosters Disibodenberg. Zwischen Tradition und Reform* (Heimatkundliche Schriftenreihe des Landeskreises Bad Kreuznach 32), Bad Kreuznach 2003.

NEWMAN, Barbara: *Hildegard von Bingen*. Schwester der Weisheit, aus dem Amerikanischen von Annette Esser und Mónica Priester, Freiburg im Breisgau 1995.

NEWMAN, Barbara (Hg.): *Voice of Living Light*. Hildegard of Bingen and Her World, Berkeley/Los Angeles/London 1998.

PEREIRA, Michaela: *Ildegarda di Bingen*. Maestra di sapienza nel suo tempo e oggi, Verona 2017.

RAININI, Marco: „Sanctissimam humanitatem Filii Dei negant. Ildegarda e gli eretici, fra visione e teologia in Germania nel XII secolo", in: *Rivista di Storia del Cristianesimo* 16 (2019) 333–358.

RANFF, Viki: *Wege zu Wissen und Weisheit*. Eine verborgene Philosophie bei Hildegard von Bingen (Mystik in Geschichte und Gegenwart, Abteilung I 17), Stuttgart-Bad Cannstatt 2001.

RANFF, Viki: „Zur Auslegung eines Trinitätsternars durch Hildegard von Bingen für Bischof Eberhard von Bamberg", in: *Archa Verbi 8* (2011) 65–80.

RAUH, Horst Dieter: *Das Bild des Antichrist im Mittelalter*. Von Tyconius zum Deutschen Symbolismus (Beiträge zur Geschichte der Philosophie und Theologie des Mittelalters. Neue Folge 9), Münster 1973.

RICHERT PFAU, Marianne / MORENT, Stefan Johannes: *Hildegard von Bingen*. Der Klang des Himmels, Köln 2005.

RIEDEL, Ingrid: *Hildegard von Bingen*. Prophetin der kosmischen Weisheit, Zürich 1994.

RIHA, Ortrun: „'Weil der Maulwurf sich mal zeigt'. Argumentationsstrukturen in Hildegards von Bingen Cause et cure", in: *Sudhoffs Archiv 95* (2011) 222–234.

Rozumek, Angela: *Die sittliche Weltanschauung der hl. Hildegard von Bingen*. Eine Darstellung der Ethik des Liber vitae meritorum, Eichstätt 1934.

Salvadori, Sara: *Das Geheimnis der Bilder*. Hildegard von Bingen und ihre Visionen. Darmstadt 2021.

Saurma-Jeltsch, Lieselotte E.: *Die Miniaturen im „Liber Scivias" der Hildegard von Bingen*. Die Wucht der Vision und die Ordnung der Bilder, Wiesbaden 1998.

Schipperges, Heinrich: *Das Menschenbild Hildegards von Bingen*, Leipzig 1962.

Schipperges, Heinrich: *Die Welt der Engel bei Hildegard von Bingen*, Salzburg 1963.

Schipperges, Heinrich: *Gott sehen*, München 1985.

Schipperges, Heinrich: *Hildegard von Bingen*. Ein Zeichen für unsere Zeit, Frankfurt am Main 1988.

Schipperges, Heinrich: *Hildegard von Bingen*, München 1995.

Schmandt, Matthias: „Hildegard von Bingen und das Kloster Eibingen. Revision einer historischen Überlieferung", in: *Nassauische Annalen 125* (2014) 29–52.

Schmidt, Margot: „,Discretio' bei Hildegard von Bingen als Bildungselement", in: *Spiritualität heute und gestern*. Internationaler Kongress vom 4. bis 7. 8. 1982, Bd. 2 (Analecta Cartusiana 35), Salzburg 1983, 73–94.

Schmidt, Margot: „Hildegards Lichtschau als Einheit von ‚Rationalitas' und Mystik", in: *Forum Katholische Theologie* (1986) 24–42.

Schmidt, Margot: „Zu den Caritas-Gestalten bei Hildegard von Bingen", in: Gordan, Paulus (Hg.): *Der Christ in der Zukunft: ein Mystiker*, Graz/Wien/Köln 1992, 123–148.

Schmidt, Margot (Hg.): *Tiefe des Gotteswissens*. Schönheit der Sprachgestalt bei Hildegard von Bingen, Internationales Symposium in der Katholischen Akademie Rabanus Maurus, Wiesbaden-Naurod vom 9.–12. September 1994 (Mystik in Geschichte und Gegenwart, Abteilung I 10), Stuttgart-Bad Cannstatt 1995.

Schomer, Josef: *Die Illustrationen zu den Visionen der hl. Hildegard als künstlerische Neuschöpfung*. Das Verhältnis der Illustrationen zueinander und zum Text, Bonn 1937.

Schönfeld, Hildegard: „Codex illuminatus", in: Hildegard von Bingen: *Scivias*. Die Miniaturen vom Rupertsberg, hg. von Hildegard Schönfeld unter Mitarbeit von Wolfgang Podehl, Bingen 1979.

Schrader, Marianna: *Die Herkunft der heiligen Hildegard*, neu bearbeitet von Adelgundis Führkötter (Quellen und Abhandlungen zur mittelrheinischen Kirchengeschichte 43), Mainz 1981.

SCHRADER, Marianna / FÜHRKÖTTER, Adelgundis: *Die Echtheit des Schrifttums der heiligen Hildegard von Bingen. Quellenkritische Untersuchungen*, Köln/Graz 1956.

STAAB, Franz: „Beobachtungen zum Leben Hildegards von Bingen aus historischer Sicht", in: FERRARI, Jean / GRÄTZEL, Stephan (Hg.): *Spiritualität im Europa des Mittelalters. L'Europe spirituelle au Moyen Âge. 900 Jahre Hildegard von Bingen. 900 anns l'abbaye de Cîteaux* (Philosophie im Kontext 4), St. Augustin 1998, 105–121.

STÜHLMEYER, Barbara: *Die Gesänge der Hildegard von Bingen. Eine musikologische, theologische und kulturhistorische Untersuchung*, Hildesheim 2003.

SUDBRACK, Josef: *Hildegard von Bingen. Schau der kosmischen Ganzheit*, Würzburg 1995.

SUZUKI, Keiko: *Bildgewordene Visionen oder Visionserzählungen. Vergleichende Studie über die Visionsdarstellungen in der Rupertsberger „Scivias"-Handschrift und im Luccheser „Liber Divinorum Operum"-Codex der Hildegard von Bingen* (Neue Berner Schriften zur Kunst 5), Bern u. a. 1998.

ULRICH, Jörg: *Die „Canonizatio sanctae Hildegardis" (1233/1234). Anmerkungen zu einer (zunächst) gescheiterten Heiligsprechung* (Vorträge im Europäischen Romanik Zentrum 5), Halle an der Saale 2017.

UNGRUND, Magna: Die *metaphysische Anthropologie der heiligen Hildegard von Bingen* (Beiträge zur Geschichte des alten Mönchtums und des Benediktinerordens, Heft 26), Münster 1938.

VAN ACKER, Lieven: „Der Briefwechsel der heiligen Hildegard von Bingen. Vorbemerkungen zu einer kritischen Edition", in: *Revue Bénédictine 98* (1988) 141–168.

VAN ACKER, Lieven: „Der Briefwechsel der heiligen Hildegard von Bingen. Vorbemerkungen zu einer kritischen Edition", in: *Revue Bénédictine 99* (1989) 118–154.

WIDMER, Bertha: *Heilsordnung und Zeitgeschehen in der Mystik Hildegards von Bingen*, Basel/Stuttgart 1955.

ZÁTONYI, Maura: *Vidi et intellexi. Die Schrifthermeneutik in der Visionstrilogie Hildegards von Bingen* (Beiträge zur Geschichte der Philosophie und Theologie des Mittelalters. Neue Folge 76), Münster 2012.

ZÁTONYI, Maura: *Hildegard von Bingen* (Zugänge zum Denken des Mittelalters 8), Münster 2017.

ZÁTONYI, Maura / DREYER, Mechthild: „Die Briefe Hildegards von Bingen. Werkstattbericht zum Projekt einer Neuedition und Neubewertung", in: *Studien und Mitteilungen zur Geschichte des Benediktinerordens 129* (2018) 27–58.

ZÖLLER, Michael: *Gott weist seinem Volk seine Wege. Die theologische Konzeption des „Liber Scivias" der Hildegard von Bingen* (Tübinger Studien zur Theologie und Philosophie 11), Tübingen 1997.

Register

Apostolisches Schreiben
1 und 7   Nr. 102

Briefe
Briefe 1–1r   Nr. 2
Briefe 2–3   Nr. 12
Brief 8   Nr. 6
Brief 23   Nr. 26
Brief 40r   Nr. 6
Brief 85r/a   Nr. 40
Brief 103r   Nr. 4
Briefe 156–156r
   Nr. 82
Briefe 159–159r
   Nr. 81
Briefe 179r–180   Nr. 5
Brief 201r   Nr. 6
Brief 319   Nr. 84
Briefwechsel aus dem
   Riesenkodex
   Nr. 83

Das Buch der Lebensverdienste
Prolog   Nr. 3
I. 6–8   Nr. 86
I. 12   Nr. 87
I. 17   Nr. 65
I. Vision; 18–20;
   23–24; 27–33;
   35–36   Nr. 10
II. 2   Nr. 88
III. 1–2   Nr. 56
III. 4   Nr. 89
III. 6   Nr. 90
III. 10   Nr. 91
IV. 6   Nr. 92
V. 9   Nr. 93
V. 11   Nr. 94

V. 31   Nr. 28
V. 45–46   Nr. 78
V. 77   Nr. 17
VI. 33–34 und
   36–37   Nr. 71

Das Buch vom Wirken Gottes
I. 1. 2–4   Nr. 11
I. 2. 2   Nr. 30
I. 2. 15   Nr. 66
I. 4. 100   Nr. 16
I. 4. 14–15 und 17
   Nr. 20
I. 4. 105   Nr. 34
I. 4. 105   Nr. 35
II. 2. 2–5   Nr. 72
III. 2. 2–3   Nr. 41
III. 3. Vision und 3
   Nr. 69
III. 3. 2   Nr. 37
III. 5. 35–37   Nr. 53
III. 5. 38   Nr. 7
Epilog   Nr. 8

Das Leben der heiligen Hildegard
I. 9   Nr. 95
II. 4   Nr. 96
II. 16   Nr. 97
II. 17   Nr. 98
III. 20 und 22   Nr. 99
III. 23   Nr. 100
III. 27   Nr. 101

Heilsame Schöpfung
I. Prolog   Nr. 14
IV. Prolog   Nr. 49
VI. Prolog   Nr. 33
VII. Prolog   Nr. 33
IX. Prolog   Nr. 29

Lieder
Lieder 1–2   Nr. 58
Lied 4   Nr. 62
Lied 10   Nr. 15
Lied 12   Nr. 74
Lied 13   Nr. 85
Lied 16   Nr. 27
Lied 18   Nr. 64
Lied 19   Nr. 46
Lied 37   Nr. 77
Lied 60   Nr. 22
Spiel der Kräfte
   Nr. 42

Prophetisches Vermächtnis
c. 15   Nr. 80
c. 22   Nr. 18
c. 49 und 52   Nr. 76
c. 80   Nr. 39

Über die Regel des heiligen Benedikt Nr. 79

Ursprung und Behandlung
I. 1–14   Nr. 13
I. 33–36   Nr. 21
I. 42–47   Nr. 31
II. 81–86   Nr. 68
II. 85–90   Nr. 73
II. 91–95   Nr. 59
II. 97–99   Nr. 61

Wisse die Wege
Protestificatio   Nr. 1
I. 1   Nr. 9
I. 2. 11   Nr. 23

I. 2. 33   Nr. 38
I. 3. Vision und 1
   Nr. 32
I. 4. 1–3   Nr. 57
I. 4. 18–26   Nr. 19
I. 6. 4   Nr. 24
II. 1. Vision; 1; 7–8
   Nr. 55
II. 2. Vision und 1–4
   Nr. 36
II. 3. 1–2; 4; 6   Nr. 43
II. 6. 1   Nr. 44
II. 6. 17–18   Nr. 45
II. 6. 29   Nr. 75

III. 1. 3–4 und 6
   Nr. 63
III. 1. 14   Nr. 47
III. 1. 16–17   Nr. 48
III. 2. 3–7   Nr. 50
III. 2. 8–9 und
   11–12   Nr. 25
III. 3. 3   Nr. 70
III. 8. 8   Nr. 60
III. 8. 13   Nr. 67
III. 11. 1–6   Nr. 51
III. 11. 25–27   Nr. 52
III. 13. 10–13 und
   15–16   Nr. 54

Zeitfracht Medien GmbH
Ferdinand-Jühlke-Straße 7,
99095 - DE, Erfurt
produktsicherheit@zeitfracht.de